GALVANI
Chemie

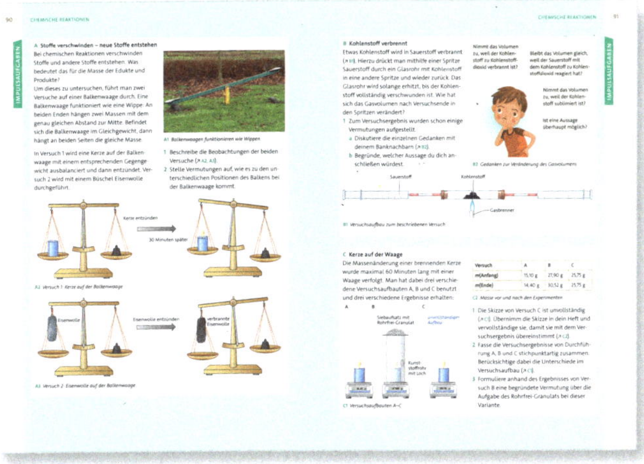

IMPULSAUFGABEN

Lernaufgaben vor größeren Sinnabschnitten ermöglichen eine aktive und anspruchsvolle Auseinandersetzung mit dem Inhalt.

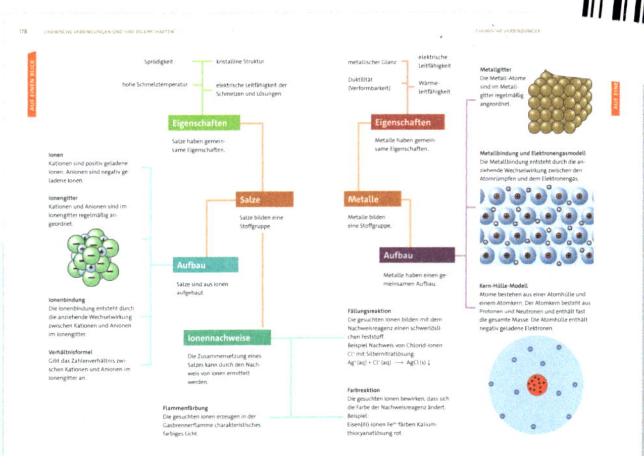

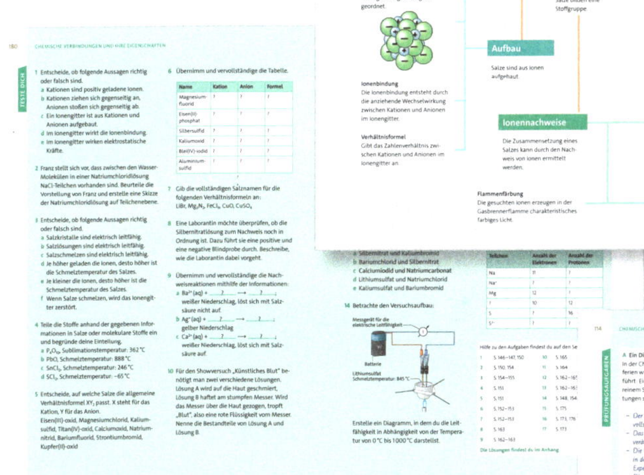

AUF EINEN BLICK UND TESTE DICH

Am Kapitelende findest du die wichtigsten Inhalte und Begriffe in einer Mind-Map übersichtlich strukturiert.
Unter *Teste dich* findest du zur Überprüfung des Grundwissens zusätzliche Aufgaben mit den Lösungen im Anhang.

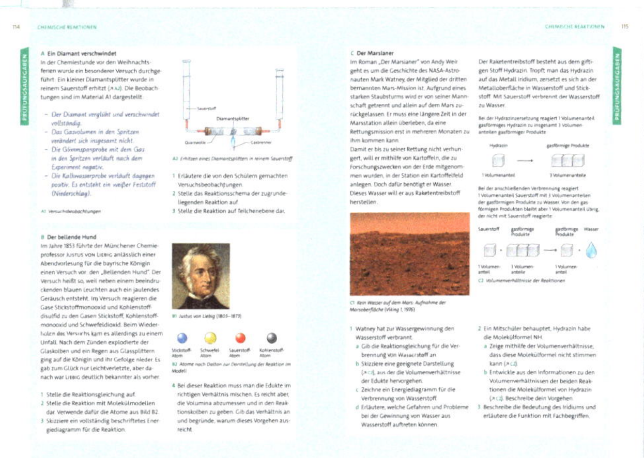

PRÜFUNGSAUFGABEN

Hier wird es knifflig: Ähnlich wie in einer Leistungskontrolle fordern dich diese Aufgaben heraus! Beschäftige dich zuerst mit dem vorgestellten Material, damit du diese Aufgaben lösen kannst.

Stoffe und ihre Eigenschaften 6

Stoffgemische und Stofftrennung 40

✗ – enthält weitere Vorschläge für den Profilbereich

Chemische Reaktionen 74

Quantitative Aspekte chemischer Reaktionen 116

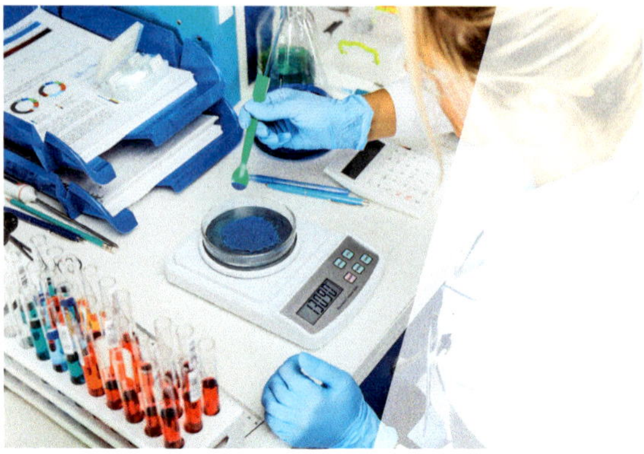

Chemische Verbindungen und ihre Eigenschaften 142

Anhang 184

Stoffe und ihre Eigenschaften

→ Chemie als Naturwissenschaft

Naturwissenschaftler versuchen mithilfe von Experimenten, Phänomene in der Natur zu erklären. Mit welchen Geräten arbeitet man beim Experimentieren? Welche Sicherheitsregeln sind zu beachten?

→ Aggregatzustände und Teilchenmodell

Wolken, Eisberge und das Meer – alle enthalten Wasser. Warum gibt es einen Stoff in verschiedenen Aggregatzuständen? Das Teilchenmodell hilft bei der Erklärung dieses Phänomens.

→ Stoffeigenschaften

Verschiedene Stoffe unterscheiden sich in ihren Eigenschaften. Welche Eigenschaften gibt es? Wie kann man sie messen?

A Was ist Chemie?

Das neue Fach „Chemie“ steht auf dem Stundenplan. Auf dem Bild A1 siehst du Schüler, die sich darüber unterhalten, was sie in diesem Fach erwartet.

1 Formuliere deine eigenen Vorstellungen über die Naturwissenschaft Chemie und deine Erwartungen an das Unterrichtsfach Chemie.
2 Vergleiche deine Ergebnisse mit denen eines Mitschülers.
3 Der Begriff Chemie taucht im Alltag an vielen Stellen auf. Gib Beispiele an.

Chemie ist eine Naturwissenschaft.

Wir arbeiten mit Chemikalien.

A1 *Schülervorstellungen zum Fach Chemie*

B Biologisch oder chemisch?

Beim Friseur hörst du den folgenden Satz: „Unser Haarfärbemittel ist rein biologisch, da steckt keine Chemie drin!“
Das Etikett (↗ B1) zeigt die Zusammensetzung eines Haarfärbemittels; es enthält natürliche und künstliche Inhaltsstoffe.

Zusammensetzung:
Aloe Extrakt; Ammoniakwasser; 4-Chlororesorcinol; Citronensäure; Natriumdisulfit; p-Phenylendiamin; Propan-1,2-diol; Sonnenhut Extrakt; Walnuss Extrakt; Wasser; Wasserstoffperoxid; Zaubernuss Extrakt

B1 *Etikett eines Haarfärbemittels*

B2 *Haare färben beim Friseur*

1 Arbeite mithilfe der Inhaltsstoffe des Haarfärbemittels die Bedeutung der Aussage des Friseurs heraus und beurteile seine Aussage.
2 Der Friseur möchte mit seiner Aussage „rein biologisch“ das Haarfärbemittel besonders positiv darstellen. Zeige an einem Beispiel, dass auch natürliche Inhaltsstoffe problematisch sein können.

C Chemische Industrie

Die chemische Industrie ist in Deutschland ein sehr wichtiger Wirtschaftszweig.
Produkte der chemischen Industrie (↗ C2) sind z. B. Düngemittel, Kunststoffe, Farbstoffe, Waschmittel, Medikamente, Duftstoffe und Kosmetika.

Produkte	Anteil in %
Kunststoffe	19,4
Wasch- und Körperpflegemittel	6,8
Medikamente	23,6
Pflanzenschutz- und Desinfektionsmittel	2,0
Farbstoffe	8,6
Sonstige chemische Erzeugnisse wie Düngemittel, Industriegase und Grundchemikalien	39,6

C1 *Anteil der unterschiedlichen Produkte an der Gesamtproduktion der chemischen Industrie, Stand: 2018, Destatis, VCI*

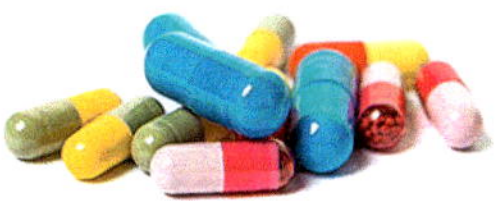

C2 *Produkte der chemischen Industrie*

1 Erstelle mit den Daten aus der Tabelle C1 ein Kreisdiagramm, das den Anteil der unterschiedlichen Produkte an der Gesamtproduktion der chemischen Industrie zeigt.
2 Diskutiere mit deinem Banknachbarn, welche Bedeutung die chemische Industrie für folgende gesellschaftlich relevanten Werte hat: Umweltschutz, Wohlstand, Fortschritt, Rohstoffverbrauch, Gesundheit.

D Berufe und Chemie

Chemische Vorgänge spielen in vielen Berufszweigen eine wichtige Rolle. So machen Kriminaltechniker Blutspuren am Tatort durch Zugabe bestimmter Chemikalien sichtbar.

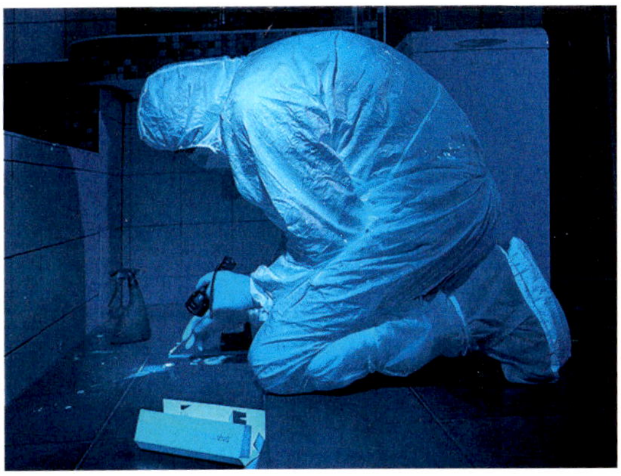

D1 *Der Stoff Luminol leuchtet bei Kontakt mit Blut unter UV-Licht grünblau auf.*

„Metallbrände lösche ich nicht mit Wasser, sondern mit trockenem Sand.“
„Ich gebe Backpulver in den Teig, damit beim Backen ein Gas entstehen kann, das den Teig aufgehen lässt.“
„Ich muss gut über die Eigenschaften der Materialien Bescheid wissen, z. B. welchen Belastungen sie standhalten.“
„Ich stelle Salben und Tinkturen her, indem ich die benötigten Substanzen in exakten Mengen mische.“

D2 *Chemische Tätigkeiten in verschiedenen Berufen*

1 Für weitere Berufe sind in der Tabelle D2 Tätigkeiten beschrieben, bei denen chemische Vorgänge eine Rolle spielen. Gib die dazu passenden Berufe an.
2 Nenne zwei weitere Berufe, in denen chemische Vorgänge eine wichtige Rolle spielen.

Das ist Chemie ...

Gibt man Essig oder Zitronensaft zum Entkalken in einen Wasserkocher, verschwindet die weiße Kalkschicht am Boden und es bilden sich Gasblasen.

1 *Glimmende Kohle in einem Grill*

AUFGABEN

1 Du möchtest nachweisen, dass beim Entkalken des Wasserkochers Kohlenstoffdioxid entsteht. Plane und beschreibe einen passenden Versuch.

2 Die Zellatmung der Lebewesen ist ein sehr wichtiger Vorgang, um Energie freizusetzen. Bei diesem chemischen Vorgang verschwinden Stoffe und andere Stoffe entstehen. Nenne die Stoffe, die bei der Zellatmung verschwinden und entstehen.

Chemische Vorgänge im Alltag Wenn man einen Wasserkocher länger mit hartem Wasser benutzt, bildet sich darin eine weiße Schicht aus Kalk. Sie stört die Wärmeübertragung vom Metall auf das Wasser, sodass das Erhitzen länger dauert. Zum Entfernen der Kalkschicht verwendet man z. B. Essig. Sobald der Essig mit dem Kalk in Kontakt kommt, bilden sich Gasblasen. Das Gas ist Kohlenstoffdioxid (↗ Aufgabe 1). Die Kalkschicht wird immer kleiner, bis sie schließlich verschwindet. Damit endet auch die Gasentwicklung. Der Wasserkocher ist nun entkalkt.

In der Chemie beschäftigt man sich mit solchen Vorgängen, bei denen Stoffe verschwinden und andere Stoffe entstehen. Die verschiedenen Stoffe kann man an ihren unterschiedlichen Eigenschaften erkennen: Im Beispiel mit dem Wasserkocher entsteht aus dem weißen Feststoff Kalk u. a. das farb- und geruchlose Gas Kohlenstoffdioxid.

Auch beim Grillen finden chemische Vorgänge statt. Um hohe Temperaturen zu erzeugen, kann glimmende Kohle verwendet werden (↗1). Nach dem Entzünden ist eine gute Luftzufuhr nötig, damit die schwarzen Kohlestücke glimmen und möglichst viel Wärme abgeben. Die Kohlestücke verschwinden im Laufe des Vorgangs und ein brüchiges Material bleibt zurück, das zu Asche zerfällt. Aus schwarzer Kohle ist weißgraue Asche entstanden.

Die Chemie beschäftigt sich mit Stoffen, ihren Eigenschaften und den Vorgängen, bei denen Stoffe verschwinden und andere Stoffe entstehen.

Geschichte der Chemie Schon lange nutzten die Menschen chemische Vorgänge, jedoch ohne sie wissenschaftlich zu hinterfragen. Mithilfe von Feuer konnten sie ihre Nahrung erhitzen und damit länger haltbar sowie besser verdaulich machen. In der Bronze- und Eisenzeit entdeckte man, wie man aus Erzen mit Kohle und Feuer Metalle herstellen konnte. Diese und weitere Verfahren, wie die Herstellung von Arzneien, das Färben von Kleidung oder das Bierbrauen, wurden durch Zufall entdeckt, konnten aber zunächst nicht erklärt werden. Erste Aufzeichnungen über ein planvolles und damit wissenschaftliches Vorgehen stammen aus der arabischen Welt. Dieses Wissen wurde im Mittelalter als Alchemie nach Europa gebracht. Die Alchemie war zunächst eine von Aberglauben geprägte Geheimlehre: Mithilfe von Zauberformeln versuchte man z. B. aus Urin Gold herzustellen. Erst im 17. Jahrhundert setzte sich mit ROBERT BOYLE (↗2) das exakte wissenschaftliche Arbeiten durch. Dieses beruht auf der genauen Beobachtung der Natur und sorgfältig dokumentierten und daher wiederholbaren Experimenten. Die neuen Arbeits- und Denkweisen führten schnell zu neuen Entdeckungen und Erfindungen.

2 Robert Boyle (rechts) gilt als Vorreiter der modernen Chemie.

Chemie – eine Naturwissenschaft Wissenschaften, die sich mit der Erforschung der Natur beschäftigen, bezeichnet man als Naturwissenschaften. Hierzu gehören neben der Chemie auch die Physik und die Biologie (↗3). Um Erscheinungen der Natur zu verstehen, werden in allen Naturwissenschaften ähnliche Arbeitsmethoden angewendet: Beobachten, Messen und Durchführen von Experimenten. In der Chemie untersucht man auf diese Weise die Eigenschaften natürlicher Stoffe und stellt neue Stoffe her (↗4).

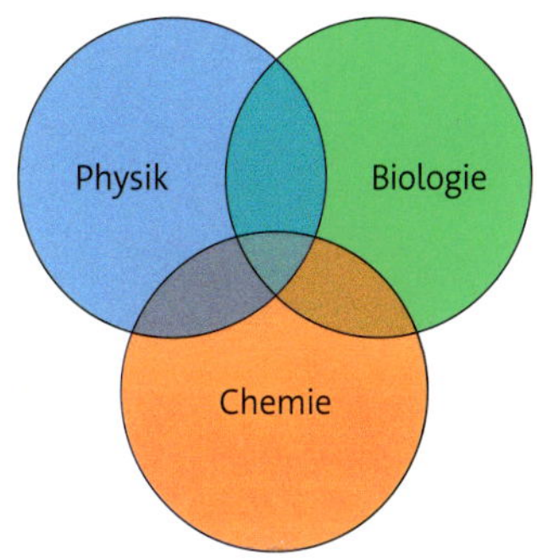

3 Physik, Biologie und Chemie sind nicht nur drei Schulfächer.

Um Erkenntnisse zu gewinnen, wird in den Naturwissenschaften beobachtet, gemessen und experimentiert.

4 Ausgangsstoffe und Produkte der chemischen Industrie: Aus Erdöl werden Kunststoffe, aus Eisenerz wird Stahl, aus Olivenöl wird Seife

AUFGABEN

3 Erkläre die Aussage von Abbildung 3.

4 Zum Entkalken kann Essig oder Zitronensaft verwendet werden. Plane ein Experiment, mit dem du die Wirkung der beiden Stoffe vergleichen kannst.

Laborgeräte

Zur Chemie gehören das Planen und Durchführen von Experimenten. Im Umgang mit den dafür benötigten Stoffen und Geräten sind einige Regeln zu beachten.
Der Laborführerschein verschafft dir einen ersten Überblick.

Zum Experimentieren benötigt man verschiedene Laborgeräte (↗1).
Einen Versuchsaufbau kann man mit einem Text oder einer beschrifteten Skizze beschreiben. Durch zweidimensionale Schnittzeichnungen sind solche Skizzen leicht zu zeichnen.

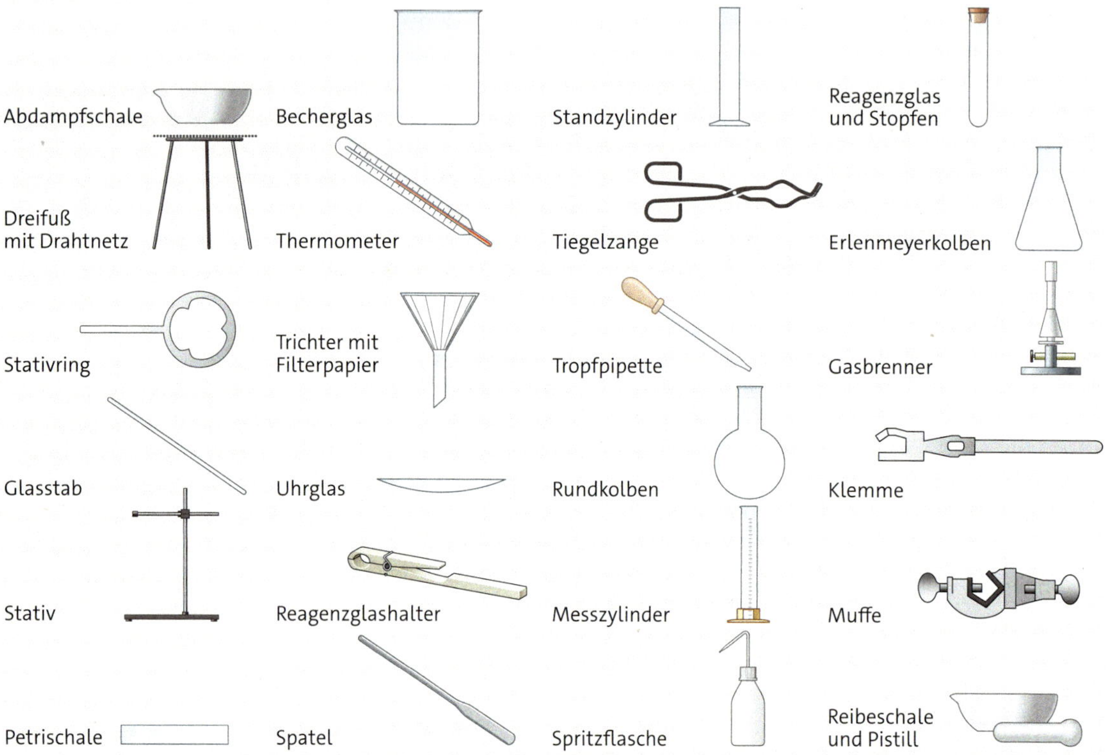

1 *Schnittzeichnungen wichtiger Laborgeräte*

AUFGABEN

1 Beim Filtrieren von Flüssigkeiten werden enthaltene Feststoffe abgetrennt. Erstelle eine Skizze des Aufbaus der Filtration und benenne die verwendeten Geräte.

2 Die Skizze zeigt einen Versuch zum Schmelzen von Kerzenwachs. Übernimm die Skizze in dein Heft und ergänze die Beschriftung der verwendeten Geräte.

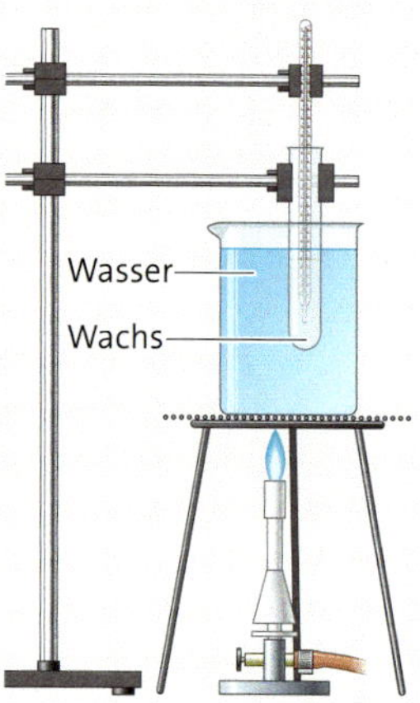

Gefahrstoffe

Aufbewahren von Gefahrstoffen

Stoffe, die in einem Labor verwendet werden, nennt man Chemikalien. Sie werden in eigenen Behältern aufbewahrt (↗1), die mit dem Stoffnamen eindeutig beschriftet sind. In Lebensmittelbehältern dürfen Chemikalien nicht abgefüllt und gelagert werden, da es ansonsten zu gefährlichen Verwechslungen kommen kann.

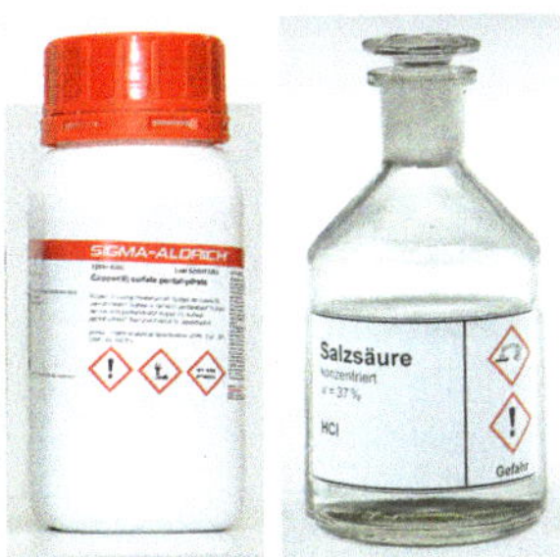

1 *Glasflaschen und Kunststoffbehälter mit Gefahrstoffen*

2 *Alltagschemikalien mit Gefahrenpiktogrammen*

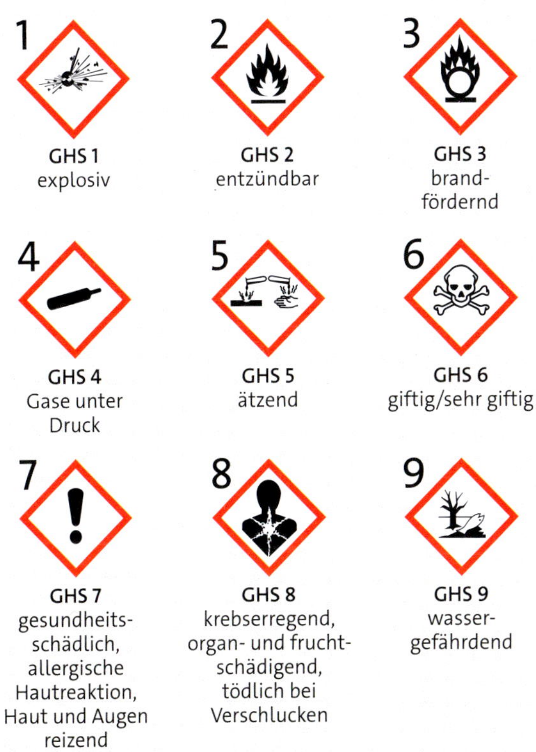

3 *GHS-Piktogramme kennzeichnen Gefahren, die von Stoffen ausgehen.*

Kennzeichnung von Gefahrstoffen

Gehen von einem Stoff Gefahren aus, sind zusätzlich **Gefahrenpiktogramme** (↗3) sowie Gefahren- und Sicherheitshinweise (H- und P-Sätze, ↗ S. 193–195) aufgedruckt. Die Kennzeichnung von Gefahrstoffen erfolgt nach einem weltweit einheitlichen System der Vereinten Nationen, dem „global harmonisierten System“ (GHS) zur Einstufung und Kennzeichnung von Chemikalien. Die Gefahrenpiktogramme können zusätzlich mit einem Signalwort („Achtung“ oder „Gefahr“) ergänzt werden, um anzugeben, wie schwerwiegend die Gefährdung ist. Die **H-Sätze** (engl. *hazard* Gefahr) konkretisieren die Gefahren. Das Piktogramm GHS 8 bedeutet z. B. mit dem H-Satz H304, dass der Stoff bei Verschlucken und Eindringen in die Atemwege tödlich sein kann. In Kombination mit H350 und dem Signalwort Gefahr weist es aus, dass dieser Stoff Krebs erzeugen kann. Die **P-Sätze** (engl. *precautionary* vorsorglich) geben Hinweise, wie man sicher mit den Gefahrstoffen umgehen kann und welche Maßnahmen im Notfall, z. B. beim Verschlucken des Stoffs, eingeleitet werden müssen.
Auch im Alltag verwendete Stoffe können gefährlich sein und sind daher gegebenenfalls mit Gefahrenpiktogrammen gekennzeichnet (↗2).

AUFGABEN

1 Finde zuhause drei Alltagschemikalien mit Gefahrenpiktogrammen. Erstelle eine Tabelle mit den Namen und den Gefahren, die von den enthaltenen Stoffen ausgehen.

2 Gefahrguttransporter müssen im Straßenverkehr mit Warntafeln gekennzeichnet sein. Recherchiere die Bedeutung dieser Warntafeln.

Sicherheit beim Experimentieren

Beim Experimentieren mit Chemikalien müssen in der Schule dieselben Sicherheitsregeln beachtet werden wie in einem Chemielabor.

Verhalten im Chemieraum

- Den Fachraum nur bei Anwesenheit der Lehrkraft betreten.
- Im Fachraum weder essen noch trinken.

Vor dem Experimentieren

- Lange Haare zurückbinden.
- Beim Experimentieren immer eine Schutzbrille tragen. Das Brillensymbol weist bei einer Versuchsbeschreibung darauf hin.
- Unnötige Materialien und Gegenstände vom Experimentiertisch räumen.

Beim Experimentieren

- Die Anweisungen der Lehrkraft sind unbedingt zu befolgen. Nur nach Erlaubnis der Lehrkraft mit dem Experimentieren beginnen.
- Vor der Entnahme von Chemikalien die Gefahrenpiktogramme auf dem Etikett lesen.
- Chemikalien nicht mit bloßen Händen anfassen: Flüssigkeiten mit einer Pipette entnehmen oder bei größeren Mengen die Flüssigkeit mit einem Trichter direkt aus der Flasche umgießen. Feststoffe mit einem Spatel aus dem schräg gehaltenen Behälter entnehmen. Bei der Entnahme der Stoffe müssen Pipette und Spatel sauber sein.
- Nur die Stoffportionen entnehmen, die vom Lehrer vorgegeben werden, sodass keine Stoffe verschwendet werden.
- Einmal entnommene Stoffe nicht mehr in das Behältnis zurückgeben, da es sonst zu Verunreinigungen kommen kann.
- Keine Geschmacksproben von Stoffen nehmen.
- Den Geruch von Stoffen durch vorsichtiges Zufächeln prüfen.
- Flüssigkeiten vorsichtig erhitzen (↗S. 16).

Nach dem Experimentieren

- Nach Versuchsende die Chemikalienreste sachgerecht nach den Anweisungen der Lehrkraft sammeln und entsorgen (↗1).
- Vor dem Verlassen des Fachraums die Hände waschen.
- Gefahrstoffe niemals mit nach Hause nehmen.

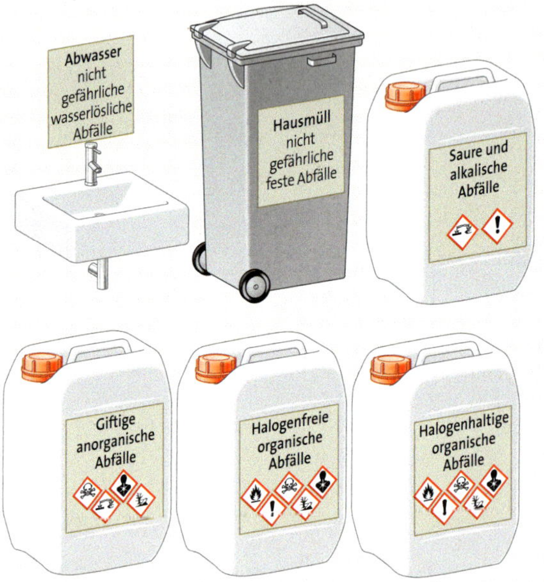

1 *Zur umweltgerechten Entsorgung hat jede Schule eigene Sammelbehälter.*

Verhalten im Gefahrenfall

- Wenn etwas zerbrochen oder verschüttet wurde, sofort die Lehrkraft informieren.
- Verletzungen sofort der Lehrkraft melden.
- Die Sicherheitseinrichtungen des Fachraums, z. B. Feuerlöscher, Augendusche und Not-Aus-Schalter (↗2), müssen bekannt sein.

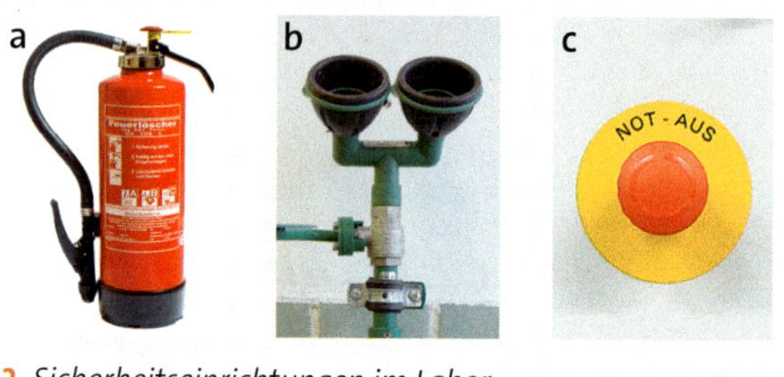

2 *Sicherheitseinrichtungen im Labor:*
***a** Feuerlöscher, **b** Augendusche, **c** Not-Aus-Schalter*

3 *Sicheres Arbeiten mit Chemikalien*

AUFGABEN

1 In Abbildung 3 siehst du Bilder von experimentierenden Schülern. Schreibe zu jedem Bild eine Experimentierregel auf.

2 Wird eine Flüssigkeit aus einer Chemikalienflasche gegossen, dann wird die Flasche so gehalten, dass das Etikett nach oben zeigt. Begründe diese Vorgehensweise.

LABORFÜHRERSCHEIN

Experimentieren mit Flüssigkeiten

Beim Arbeiten mit Flüssigkeiten ist es wichtig, Flüssigkeitsmengen exakt abzumessen. Beim Erhitzen von Flüssigkeiten sind wichtige Sicherheitsregeln zu beachten.

Abmessen des Volumens einer Flüssigkeit

1 Geeignete Geräte
Die Skala von Bechergläsern und Erlenmeyerkolben ist nur zum ungefähren Abmessen von Flüssigkeiten geeignet. Zum genauen Abmessen von z. B. 15 mL Wasser verwendet man Geräte, die eine exakte Skala besitzen, z. B. Messzylinder. Die Skala solcher Messgeräte ist geeicht.

2 Exaktes Ablesen
Flüssigkeiten bilden in engen Röhren wie Messzylindern eine nach unten gewölbte Oberfläche, einen sogenannten Meniskus (griech. *meniskos*: mondförmiger Körper). Das richtige Ablesen des Volumens wird in Abbildung 1 beschrieben.

Sicheres Erhitzen von Flüssigkeiten

1 Erhitzen von entzündlichen Flüssigkeiten
Leicht entzündliche Flüssigkeiten wie Brennspiritus dürfen nicht mit offenen Flammen erhitzt werden. Hier kommen besondere elektrische Geräte wie Heizplatten oder Heizpilze (↗2) zum Einsatz.

2 Erhitzen von Flüssigkeiten im Reagenzglas
Reagenzglas nur zu 1/3 mit der Flüssigkeit füllen, eventuell ein Siedesteinchen hinzugeben. Reagenzglas schräg in die Brennerflamme halten. Reagenzglas dabei leicht hin- und herbewegen (↗3). Die Flüssigkeit überall gleichmäßig erhitzen – nicht nur von unten. Die Öffnung des Reagenzglases nicht auf andere Personen richten.

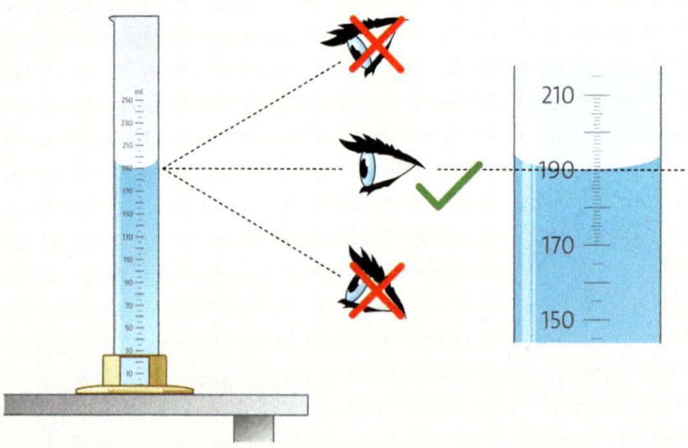

1 Die Oberfläche einer Flüssigkeit in einem Messzylinder ist nach unten gewölbt. Bringe die Augen in Höhe des Meniskus, um das Volumen exakt abzulesen. Dabei sollte der Messzylinder auf dem Tisch stehen. Am unteren Rand des Meniskus' liest man das exakte Volumen ab.

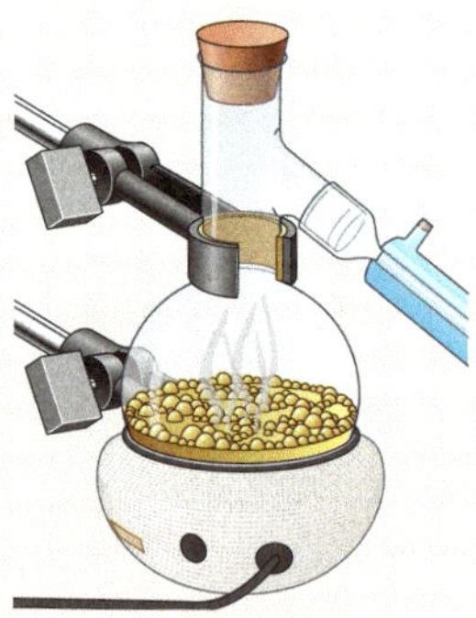

2 Flüssigkeiten in einem Rundkolben lassen sich mit einem Heizpilz auch ohne offene Flamme erhitzen.

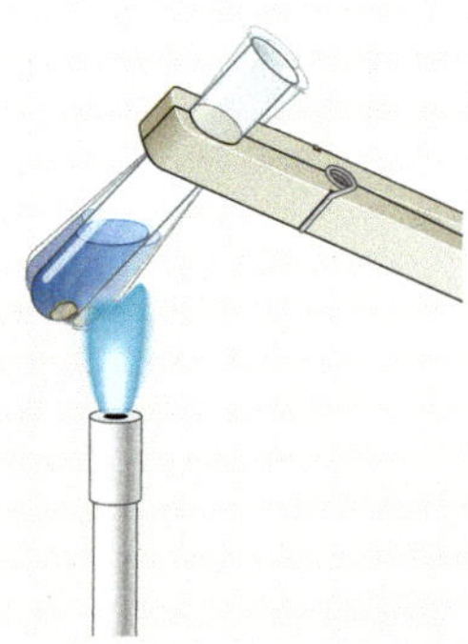

3 Zum Vermeiden eines Siedeverzugs wird das Reagenzglas schräg in die Flamme gehalten und leicht bewegt.

AUFGABEN

1 Fülle ein Becherglas bis zur 50-mL-Markierung mit Wasser. Gieße diese Menge an Wasser nun in einen Messzylinder und bestimme das exakte Volumen.

2 Siedesteinchen vermindern die Gefahr des Siedeverzugs. Fülle ein Reagenzglas zu 1/3 mit Wasser und gib ein Siedesteinchen hinzu. Erhitze das Wasser vorsichtig bis zum Sieden.

Der Gasbrenner

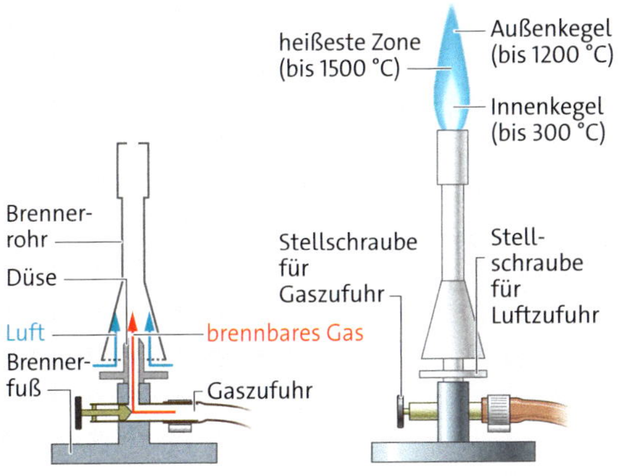

1 *Teclubrenner (links im Längsschnitt, rechts mit Temperaturzonen der rauschenden Flamme)*

2 *Verschiedene Flammenarten: leuchtende, nicht leuchtende und rauschende Flamme*

Aufbau des Gasbrenners

Ein wichtiges Arbeitsgerät zum Erhitzen von Stoffen im Labor ist der Gasbrenner. Der Bunsenbrenner ist nach seinem Konstrukteur Robert Wilhelm Bunsen benannt. Heute werden im Labor oft auch Teclubrenner eingesetzt, die eine effektivere Art der Luftzufuhr haben (↗1). Als Brennstoff werden Erdgas oder Propangas verwendet. Der Brenner steht auf einem Brennerfuß, in dem sich Stellschrauben zur Regulierung der Gas- und Luftzufuhr befinden (↗1). Beim Öffnen der Hauptgaszufuhr gelangt das Gas in den unteren Teil des Brenners. Mit dem Öffnen der Stellschraube strömt das Gas durch eine Düse in das Brennerrohr, wird mit Luft durchmischt und am oberen Ende des Brennerrohrs entzündet. Durch Verstellen der Stellschraube für die Luftzufuhr werden verschiedene Flammenarten eingestellt (↗2). Ist die Luftzufuhr geschlossen, bildet sich eine orangefarbene **leuchtende Flamme**. Wird die Luftzufuhr etwas geöffnet, ist sie hellblau, man spricht von der **nicht leuchtenden Flamme**. Wird die Luftzufuhr vollständig geöffnet, erkennt man einen hellblauen Innenkegel und man hört ein Rauschen. Diese **rauschende Flamme** ist mit über 1000 °C die heißeste Flamme.

Arbeiten mit dem Gasbrenner

Trage beim Arbeiten mit offenen Flammen immer eine Schutzbrille und binde lange Haare zurück. Lass die Brennerflamme nicht unbeobachtet.
Das Bedienen des Brenners erfolgt in einer bestimmten Reihenfolge.

1 Entzünden des Gases
- Stelle sicher, dass Luft- und Gaszufuhr am Brenner geschlossen sind und halte ein Feuerzeug bereit.
- Schließe den Schlauch für die Gaszufuhr am Tischanschluss an.
- Öffne die Gaszufuhr am Tisch und dann am Brenner.
- Entzünde das ausströmende Gas sofort am oberen Ende des Brennerrohrs.

2 Regulieren der Flamme
- Öffne die Luftzufuhr, bis die nicht leuchtende Flamme eingestellt ist.
- Verändere die Luftzufuhr, um andere Flammenarten einzustellen.

3 Löschen der Flamme
- Schließe zunächst die Luft- und dann die Gaszufuhr am Brenner.
- Schließe die Gaszufuhr am Tisch.

IMPULSAUFGABEN

A Vielfalt der Stoffe

Im Alltag sind wir umgeben von vielen unterschiedlichen Gegenständen. Diese bestehen aus den verschiedensten Materialien. In den Naturwissenschaften werden Materialien als Stoffe bezeichnet.

A1 *Verschiedene Haushaltsgegenstände aus verschiedenen Materialien*

1 Das Wort „Stoff" wird im Alltag auch in anderen Zusammenhängen verwendet. Nenne zwei weitere Bedeutungen des Wortes „Stoff".

2 Notiere mindestens fünf Begriffe, in denen der Wortteil „stoff" vorkommt.

3 Im Bild oben (↗ A1) sind verschiedene Gegenstände aus dem Haushalt zu sehen.
Gib das Kriterium an, nach dem die Gegenstände in zwei Zeilen angeordnet sind.

4 Die Haushaltsgegenstände (↗ A1) bestehen aus verschiedenen Materialien.
- **a** Nenne Vorteile und Nachteile der verwendeten Materialien.
- **b** Sortiere die Haushaltsgegenstände nach weiteren Kriterien.

B Eigenschaften der Stoffe

Die meisten Gegenstände bestehen aus mehreren Materialien. So besteht ein Hammer (↗ B1) aus einem meist hölzernen Stiel und einem Hammerkopf. Dieser besteht je nach Verwendungszweck des Hammers aus verschiedenen Stoffen: Um einen Nagel in die Wand zu schlagen, wird ein Hammer mit Metallkopf verwendet; ein Bierfass wird mit einem Holzhammer angezapft und für empfindliche Bauteile wird ein Gummihammer eingesetzt. Man verwendet verschiedene Stoffe, um ihre unterschiedlichen Eigenschaften auszunutzen. So besteht beispielsweise ein Smartphone (↗ B2) aus einer Vielzahl verschiedenster Materialien.

B1 *Hämmer gibt es aus verschiedenen Materialien*

B2 *Smartphone mit Kopfhörern*

Stoff	Eigenschaften
Glas	hart, durchsichtig, spröde
Silikon	dehnbar, widerstandsfähig, wasserabweisend, nicht elektrisch leitend
Metall	elektrisch leitend, glänzend, hart
harter Kunststoff	leicht, wasserabweisend, nicht elektrisch leitend, widerstandsfähig, hart

B3 *Übersicht wichtiger Stoffe, aus denen ein Smartphone besteht, und ihrer Eigenschaften*

B4 *Fahrradmontage*

1 Ein Hammer besteht meist aus nur zwei Stoffen (↗ B1). Erkläre den Grund für die im Vergleich zum Smartphone geringe Zahl an verwendeten Materialien.

2 Ordne die Stoffe aus der Tabelle B3 den Bauteilen eines Smartphones zu und begründe die Verwendung der Stoffe anhand ihrer Eigenschaften.

3 Du bist in den Ferien zu einem Camp für Nachwuchsingenieure eingeladen und erhältst den Auftrag ein funktionstüchtiges Fahrrad zu konstruieren (↗ B4). Dir stehen für die Planung unter anderem die Stoffe aus B3 zur Verfügung. Erläutere deine Vorgehensweise, um diesen Auftrag zu erfüllen.

Stoffe und Stoffportionen

Ob Zuckerwürfel, Zuckerhut oder Kristallzucker – es handelt sich immer um den Stoff Rohrzucker.

1 *Nägel aus Eisen*

Form und Stoffart Rohrzucker wird im Handel in verschiedenen Formen angeboten: Neben dem pulvrigen Kristallzucker gibt es die quaderförmigen Zuckerwürfel zum Süßen von Getränken und die an der Spitze abgerundeten kegelförmigen Zuckerhüte (↗ Aufgabe 2). Trotz unterschiedlicher Formen handelt es sich immer um die gleiche **Stoffart,** den Rohrzucker. In den Naturwissenschaften bezeichnet der Begriff Stoff die Materialien, aus denen unsere Welt besteht. Auch andere Stoffe können zu Würfeln gepresst oder pulvrig vorkommen. Aus der Form kann daher nicht auf die Stoffart geschlossen werden.

Quantität und Stoffart Ein Zuckerwürfel hat eine Masse von etwa 3 g. Der pulvrige Kristallzucker ist hingegen beliebig portionierbar. Dies ist praktisch beim Backen, da je nach Rezept unterschiedliche Massen an Zucker benötigt werden. Auch durch das Volumen kann die Stoffportion bestimmt werden, z. B. bei Flüssigkeiten und Gasen. Für sie gilt dasselbe wie für die Form: Aus der Größe der Stoffportion, der **Quantität,** kann nicht auf die Stoffart geschlossen werden. Befinden sich z. B. in einem Messbecher 250 mL einer farblosen Flüssigkeit, so kann aus dieser Mengenangabe nicht abgeleitet werden, ob die Flüssigkeit Wasser oder Brennspiritus ist. Dennoch ist die genaue Angabe der Größe einer Stoffportion wichtig. Die Stoffportion eines Zuckerwürfels ist z. B. abgestimmt auf das Volumen einer Tasse Heißgetränk.

In den Naturwissenschaften werden die verschiedenen Materialien als Stoffe bezeichnet. Die Stoffart ist unabhängig von der Form und der Größe der Stoffportion.

AUFGABEN

1 Eine Packung Eisennägel enthält hundert Nägel. Auf der Packung wird die gesamte Masse der Nägel mit 200 g angegeben.
Erkläre die Begriffe Stoffart, Stoffportion und Form anhand der Eisennägel (↗ 1).

2 Zuckerhüte werden bei uns heute fast nur noch zur Zubereitung von Feuerzangenbowlen verwendet. Recherchiere die Geschichte zur Form des Zuckerhuts.

Teilchenmodell zum Aufbau der Materie

Taucht man einen Teebeutel in heißes Wasser, bilden sich am Teebeutel farbige Schlieren, die sich im Wasser ausbreiten (↗2). Auch ohne Umrühren ist das gesamte Teewasser nach einiger Zeit gefärbt. Dieses Phänomen beruht darauf, dass der Stoff Wasser in den Teebeutel gelangt. Im Wasser lösen sich die Farbstoffe und weitere Inhaltsstoffe des Tees. Die gelösten Stoffe können sich in der ganzen Flüssigkeit verteilen.

Das Teilchenmodell Um Beobachtungen zu erklären und Vorhersagen zu treffen, nutzt man in den Naturwissenschaften **Modelle**. Modelle sind dabei immer eine Vereinfachung der Wirklichkeit. Mit dem **Teilchenmodell,** das auf den griechischen Philosophen DEMOKRIT (4. Jh. v. Chr.) zurückgeht, kann man die Bildung der Schlieren erklären. Die wesentlichen Aussagen des Teilchenmodells sind:

- **Alle Stoffe bestehen aus Teilchen.** Die Teilchen kann man nicht direkt mit den Augen sehen. Zwischen den Teilchen ist nichts, d. h. leerer Raum. Die Teilchen verschiedener Stoffe unterscheiden sich in Form, Größe und Masse (↗3).
- **Die Teilchen sind ständig in Bewegung.** Durch Erwärmen einer Stoffportion werden die Teilchen schneller, durch Abkühlen langsamer.
- **Zwischen den Teilchen wirken Anziehungskräfte.** Die Anziehungskräfte sind stark vom Abstand abhängig. Sie wirken umso stärker, je kleiner die Abstände zwischen den Teilchen sind. Die Anziehungskräfte der Teilchen verschiedener Stoffe unterscheiden sich in ihrer Stärke.

Wasser besteht aus Wasser-Teilchen, die ständig in Bewegung sind. Die Wasser-Teilchen sind klein genug, um durch die Poren im Teebeutel zu dringen. Dort lagern sie sich aufgrund der Anziehungskräfte um die Farbstoff-Teilchen und lösen sie durch ihre Eigenbewegung voneinander. So können die von Wasser-Teilchen umgebenen Farbstoff-Teilchen den Teebeutel verlassen und sich im gesamten Teewasser verteilen (↗2). Dieser Vorgang der selbstständigen Durchmischung von Farbstoff und Wasser im Tee ist ein Beispiel für **Diffusion** (lat. *diffundere:* verstreuen, ausbreiten). Die Diffusion beruht auf der ständigen Eigenbewegung der Teilchen und führt zu deren gleichmäßiger Verteilung. Diese Eigenbewegung wird als **Brownsche Bewegung** bezeichnet. Sie wurde vom schottischen Botaniker ROBERT BROWN im Jahr 1827 entdeckt.

Diffusion ist die selbstständige Durchmischung von Stoffen. Sie beruht auf der ständigen Eigenbewegung der Teilchen.

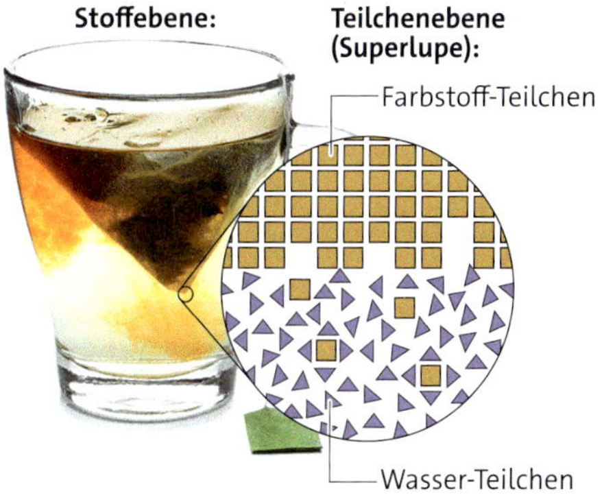

2 *Teebeutel in Wasser. Die Darstellung der Teilchenebene im Modell geschieht durch eine „Superlupe".*

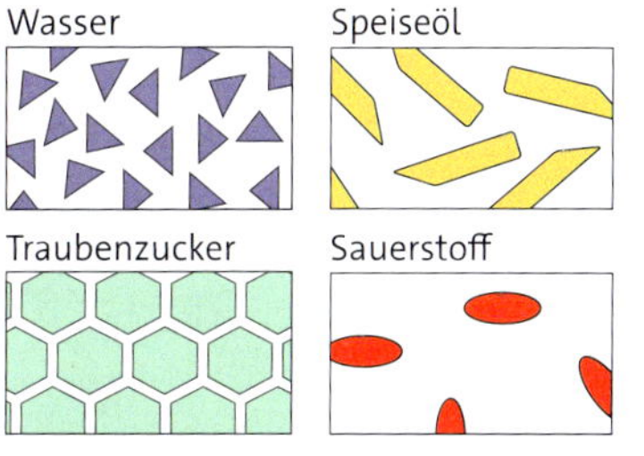

3 *Die Teilchen verschiedener Stoffe unterscheiden sich in Größe, Masse und Stärke der Anziehungskräfte.*

AUFGABEN

1 Fülle ein Glas mit warmem Wasser, ein anderes mit kaltem Wasser. Tauche gleichzeitig in beide Gläser je einen Teebeutel. Beschreibe deine Beobachtungen und erkläre die Unterschiede.

2 Ein Schüler aus der letzten Reihe schält heimlich eine Mandarine. Nach einiger Zeit bemerkt die Lehrerin den Geruch. Erkläre auf Teilchenebene, wie sie dies bemerken konnte, ohne die Mandarine zu sehen.

Aggregatzustände

Eine erloschene, noch rauchende Kerze lässt sich wieder entzünden, wenn man ein brennendes Streichholz in den aufsteigenden Rauch hält.

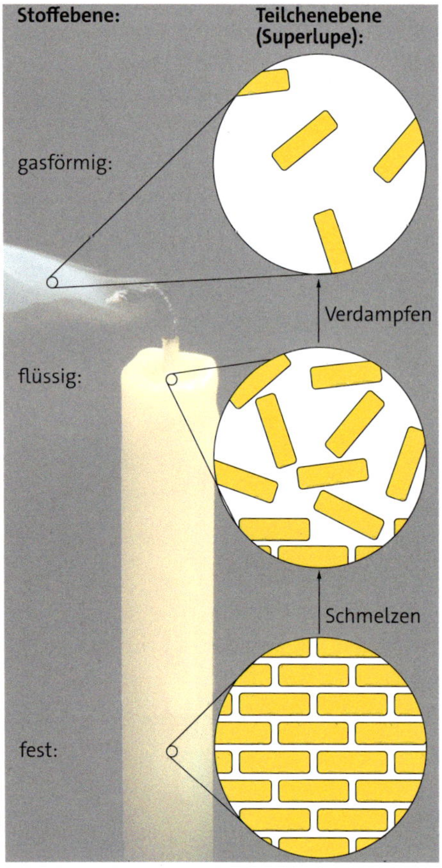

1 *Die drei Aggregatzustände fest, flüssig und gasförmig am Beispiel vom Wachs einer Kerze auf Stoff- und Teilchenebene*

Der Flammensprung Eine gerade erloschene Kerze kann man effektvoll über den oben beschriebenen Flammensprung wieder entzünden.

Das Geheimnis hinter dieser „chemischen Zauberei" liegt in den verschiedenen Aggregatzuständen des Kerzenwachses. Wird ein Feuerzeug an einen Kerzendocht gehalten, verflüssigt sich das feste Wachs und wird dann gasförmig. Erst dieses Gas kann entzündet werden. Wird die Kerze ausgepustet, dann befindet sich in der kleinen Rauchsäule über dem Docht noch gasförmiges Wachs. Es kann wieder entzündet werden und die Flamme wandert entlang der Rauchsäule nach unten.

Teilchenmodell und Aggregatzustände Die verschiedenen Aggregatzustände können auf Teilchenebene erklärt werden (↗1). Im festen Wachs sind die Teilchen dicht geordnet und ziehen sich gegenseitig stark an. Durch Temperaturerhöhung erhält man flüssiges Wachs: Durch die stärkere Bewegung der Wachs-Teilchen werden ihre Abstände größer und die Anziehungskräfte nehmen ab.

Im gasförmigen Wachs sind die Abstände zwischen den Teilchen am größten, sie bewegen sich sehr schnell und sind völlig ungeordnet. Da die Anziehungskräfte nicht mehr wirken, verteilen sich die Teilchen auf dem gesamten Raum, der ihnen zur Verfügung steht.

Fest, flüssig und gasförmig sind die Aggregatzustände von Stoffen. Der Aggregatzustand hängt von der Temperatur ab. Dadurch ändern sich die Bewegung der Teilchen, deren Abstand und die Anziehungskräfte zwischen ihnen.

Übergänge zwischen den Aggregatzuständen Alle Stoffe können in den drei Aggregatzuständen vorkommen. Der Übergang zwischen diesen Zuständen (↗4) kann besonders leicht bei Wasser beobachtet werden. Wasser ist einer der wenigen Stoffe, der auf der Erde natürlicherweise als Feststoff (Eis), Flüssigkeit und Gas (Wasserdampf) vorkommt. Wird Eis über 0 °C erwärmt, dann **schmilzt** es, d. h. festes Wasser wird zu flüssigem Wasser. Das flüssige Wasser wird durch weitere Wärmezufuhr ab 100 °C zu gasförmigem Wasser, es **verdampft.** Neben diesem als Sieden bezeichneten Vorgang, kann Wasser auch unterhalb der Siedetemperatur gasförmig werden, es verdunstet. Dies kann man z. B. beobachten, wenn eine Pfütze langsam immer kleiner wird.

Die Übergänge zwischen den Aggregatzuständen finden auch umgekehrt statt. Der Wasserdampf in der Luft kann an einer kalten Scheibe wieder flüssig werden, der Dampf **kondensiert** (↗2). Bei noch stärkerer Abkühlung können die flüssigen Wassertropfen zu festem Eis **erstarren.**
Es gibt auch einen direkten Übergang zwischen dem festen und dem gasförmigen Aggregatzustand. Dieser als Sublimieren bezeichnete Vorgang kann beim Wäschetrocknen im Winter beobachtet werden: Hängt man nasse Wäsche bei Frost nach draußen, dann erstarrt das Wasser. Trotzdem trocknet die Wäsche mit der Zeit, denn das feste Wasser wird ohne zu schmelzen gasförmig, es **sublimiert.** Zum umgekehrten Vorgang, dem Resublimieren, kommt es, wenn Wasserdampf aus der Luft direkt zu Eis wird und sich z. B. als Raureif ablagert (↗3). Das Wasser **resublimiert.**

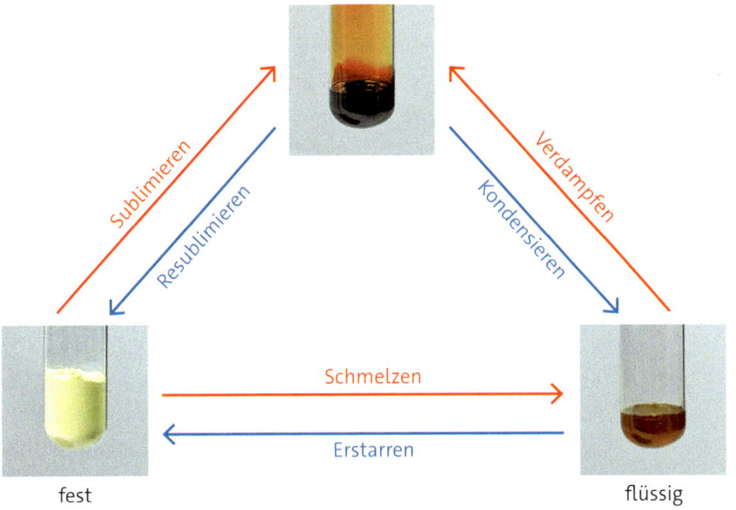

4 Die Übergänge zwischen den Aggregatzuständen können auf der Stoffebene beobachtet werden, hier am Beispiel von Schwefel.

2 An kalten Fensterscheiben kondensiert der Wasserdampf aus der Luft, d. h. das gasförmige Wasser wird flüssig.

3 Raureif entsteht, wenn der Wasserdampf aus der Luft bei sehr tiefen Temperaturen direkt zu Eis wird.

AUFGABEN

1 Wenn man aus der Dusche kommt, kann es sein, dass man sich im Spiegel nicht mehr sehen kann. Hält man den eingeschalteten Föhn Richtung Spiegel, dann kann man sich nach kurzer Zeit wieder darin sehen. Erkläre beide Phänomene.

2 Schwefel (↗4) kommt an Vulkanen gasförmig, flüssig und fest vor. Nenne die Fachbegriffe für die Übergänge der Aggregatzustände und skizziere die drei Zustände im Teilchenmodell.

1 *Ein Gasfeuerzeug enthält unter Druck verflüssigtes Butan.*

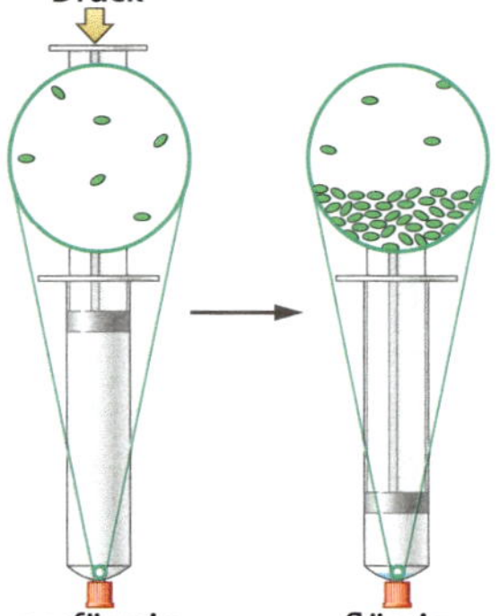

2 *Modellvorstellung zur Verflüssigung von Butan auf Teilchenebene*

Auch der Druck spielt eine Rolle Der Aggregatzustand eines Stoffs kann nicht nur durch die Temperatur, sondern auch durch den Druck verändert werden. Bei Raumtemperatur ist der in Feuerzeugen verwendete Brennstoff Butan gasförmig. Dennoch erkennt man in Gasfeuerzeugen eine Flüssigkeit (↗1). Diese erhält man, wenn Butangas unter hohem Druck in die Feuerzeuge gepresst wird. Der hohe Druck entsteht, wenn man das Volumen des Butangas verringert. Zwischen den Butan-Teilchen verkleinern sich dadurch die Abstände, während die Anziehungskräfte stärker werden. Es entsteht flüssiges Butan (↗2). Beim Zündvorgang wird ein Ventil am Feuerzeug geöffnet. Dadurch verringert sich der Druck, die Abstände zwischen den Teilchen vergrößern sich, die Anziehungskräfte werden geringer und das Butan verdampft.

Der Aggregatzustand eines Stoffs hängt nicht nur von der Temperatur, sondern auch vom Druck ab. Gase können durch Druckerhöhung flüssig werden.

Fest, flüssig oder gasförmig? Bei Raumtemperatur und normalem Luftdruck sind manche Stoffe fest, andere flüssig bzw. gasförmig. Dies liegt an den unterschiedlich starken Anziehungskräften zwischen den jeweiligen Teilchen. Bei den Teilchen der meisten Metalle sind diese so groß, dass Gold, Silber, Eisen oder Kupfer als Feststoffe vorliegen. Eine Ausnahme ist das giftige Quecksilber (↗3). Die Anziehungskräfte zwischen den Quecksilber-Teilchen sind so schwach, dass das Metall sogar leicht verdampfen kann.

Kohlenstoffdioxid ist bei Raumtemperatur gasförmig. Wird es abgekühlt, dann erstarrt es ohne vorher flüssig zu werden. Es resublimiert bei einer Temperatur von −78,5 °C zu festem Kohlenstoffdioxid (↗4). Dieses wird auch als Trockeneis bezeichnet, da es nicht flüssig wird, sondern direkt zu gasförmigem Kohlenstoffdioxid sublimiert. Trockeneis wird zum Kühlen medizinischer Präparate verwendet oder für Showeffekte eingesetzt (↗Bild: S. 40–41).

EXP. 1 Flüssiges Metall
Gib etwas gekörntes Zinn auf einen Teelöffel und schmelze es über der Flamme einer Kerze. Gieße das flüssige Zinn in kaltes Wasser.
Entsorgung: Zinnreste einsammeln und wiederverwenden.

Auswertung: Skizziere die auftretenden Änderungen der Aggregatzustände auf Teilchenebene.

AUFGABE

1 Recherchiere mögliche Gefahren von Quecksilber in Energiesparlampen und bewerte den Einsatz des Metalls in diesen Lampen.

3 *Quecksilber ist das einzige Metall, das bei Raumtemperatur flüssig ist.*

4 *Trockeneis besteht nicht aus Wasser, sondern ist festes Kohlenstoffdioxid.*

Ein Versuchsprotokoll erstellen

In den Naturwissenschaften werden Fragestellungen mithilfe von Experimenten untersucht. Diese müssen genau protokolliert werden, um später den Ablauf des Experiments nachvollziehen zu können. Auch bei einfachen Versuchen, die bekannte Sachverhalte zeigen, sind Versuchsprotokolle ein wichtiges Hilfsmittel.

Wie man ein Versuchsprotokoll erstellt, wird an folgendem Versuch gezeigt: Die Änderungen der Aggregatzustände des Stoffs Iod werden genutzt, um Fingerabdrücke sichtbar zu machen.

Bestandteile des Versuchsprotokolls

1 Versuchstitel
Notiere den Titel des Versuchs und das Datum.

2 Materialien
Notiere alle Geräte und Chemikalien, die du für die Durchführung des Versuchs verwendest.

3 Durchführung
Beschreibe Schritt für Schritt, wie du den Versuch durchgeführt hast. Ergänze die Beschreibung mit einer beschrifteten Skizze des Versuchsaufbaus. Die Beschreibung muss so genau sein, dass auch eine andere Person den Versuch wiederholen kann. Benutze genaue Mengenangaben, z. B. 3 Tropfen, 5 g, 100 mL.

4 Beobachtungen
Schreibe alles als Beobachtung auf, was du bei dem Versuch hörst, riechst, siehst oder misst. Du kannst die Beobachtungen auch in Form von Skizzen, Fotos, Tabellen oder Diagramme festhalten.

5 Erklärung
Formuliere eine Erklärung für deine Beobachtungen.

Name Klasse Datum

Fingerabdrücke mit Iod sichtbar machen

Materialien
Petrischale aus Glas mit Deckel, Spatel, Pinzette, weißer Rundfilter (im Durchmesser etwas kleiner als die Petrischale), Iod (GHS 8|7|9)

Durchführung:
Das Filterpapier wird halbiert und man drückt eine Fingerkuppe fest auf das Papier. Dieses Papier legt man mit einer Pinzette in die Petrischale.
Im Abzug wird neben dem Papier eine Spatelspitze Iod in der Schale platziert. Die Schale wird mit dem Deckel verschlossen und 20 Minuten stehen gelassen.

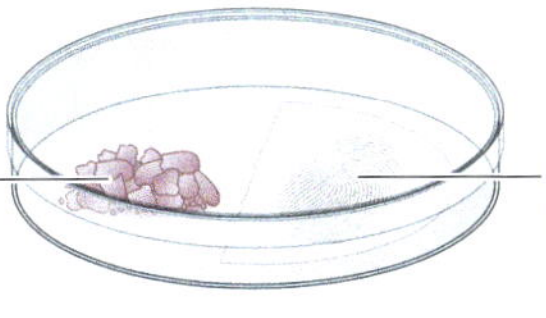

Beobachtungen
Ein violettes Gas bildet sich über dem Iod. Das Papier färbt sich gelbbraun. Der Fingerabdruck wird dunkelbraun sichtbar.

Erklärung
Unsere Haut ist von einer dünnen Fettschicht bedeckt, die als Fingerabdruck auf dem Filterpapier haftet. Der Feststoff Iod sublimiert bereits bei Raumtemperatur, sodass in der Petrischale gasförmiges Iod entsteht. Am Fett der Fingerabdrücke lagert sich das Iod an und verursacht eine braune Färbung. Iod kann daher verwendet werden, um Fingerabdrücke sichtbar zu machen.

Eigenschaften von Stoffen

Brausepulver enthält unterschiedliche Stoffe. Dies ist auf den ersten Blick zu erkennen.

Mit den Sinnen erkennbare Eigenschaften Brausepulver besteht aus verschiedenen Stoffen. Es sind unter anderem Farbstoffe, Zucker, Aromastoffe, Zitronensäure und Natron enthalten. Diese Stoffe sind an ihren unterschiedlichen Eigenschaften zu erkennen, von denen wir einige mit unseren Sinnesorganen wahrnehmen können: Der **Geruch** nach Himbeere oder Waldmeister kommt von im Pulver enthaltenen Aromastoffen, der süße und zugleich saure **Geschmack** wird durch Zucker und Zitronensäure hervorgerufen. Farbstoffe erzeugen die verschiedenen **Farben**.

Farbe, Geruch und Geschmack sind Eigenschaften der Stoffe, die mit den Sinnen erkennbar sind.

Löslichkeit Auch die Löslichkeit kann genutzt werden, um Stoffe voneinander zu unterscheiden. Die **Löslichkeit** gibt die Masse eines Stoffs in Gramm (g) an, die sich bei 20 °C in einer bestimmten Menge, z. B. 1 Liter, Wasser oder einem anderen Lösungsmittel löst. Wird eine größere Masse des Stoffs hinzugegeben, dann bildet sich ein Bodensatz aus nicht gelöstem Stoff. Zitronensäure und Zucker haben ein große Löslichkeit. Sie sind gut in Wasser löslich. Natron hingegen ist nur mäßig löslich (↗1).

Stoff	Löslichkeit bei 20 °C in 1 Liter Wasser
Haushaltszucker	1970 g
Kochsalz	358 g
Natron	96 g
Zitronensäure	1450 g

1 *Löslichkeit einiger Feststoffe*

Sauer, neutral oder basisch Um Zitronensäure, Zucker und Natron zu unterscheiden, kann auch eine weitere Eigenschaft genutzt werden. Löst man die Stoffe einzeln in Wasser und gibt etwas Blaukrautsaft hinzu, so zeigen sich unterschiedliche Farben (↗EXP. 3). Die Zitronensäurelösung färbt sich rötlich, die Zuckerlösung bleibt lilablau und die Natronlösung wird blaugrün (↗2).

2 *Blaukrautindikator zeigt an, ob ein Stoff eine saure, neutrale oder basische Lösung ergibt.*

Gibt man Blaukrautsaft zu anderen sauren Lösungen, z. B. Essig, färbt er sich ebenfalls rötlich. Lösungen, die eine Farbveränderung nach blaugrün bewirken, nennt man basische Lösungen. Die lila-blaue Farbe ist kennzeichnend für eine neutrale Lösung.
Der Blaukrautsaft ist ein Stoff, der durch Farbänderung das Vorliegen einer sauren, neutralen oder basischen Lösung anzeigen kann. Solche Stoffe heißen **Indikatoren** (lat. *indicare:* anzeigen).

Elektrische Leitfähigkeit Mit einem einfachen Stromkreis (↗3) kann die elektrische Leitfähigkeit von Stoffen geprüft werden. Zwar leiten Zucker, Zitronensäure und Natron den elektrischen Strom nicht, löst man sie jedoch in Wasser, kann man einen Unterschied feststellen: Die Lösungen von Zitronensäure und Natron sind elektrisch leitfähig, Zuckerlösung jedoch nicht. Für ihre gute elektrische Leitfähigkeit sind vor allem Metalle bekannt. So werden Kupferdrähte in Kabeln verwendet.

Magnetische Eigenschaft Während man das Metall Kupfer leicht an seiner rotbraunen Farbe erkennen kann, sind die meisten anderen Metalle grau. Ob ein Nagel z. B. aus den Metallen Eisen oder Zink gefertigt ist, kann daher an der Farbe nicht unterschieden werden. Zur sicheren Identifikation kann die magnetische Eigenschaft genutzt werden, da nur die Metalle Eisen, Nickel und Cobalt magnetisch sind. Zink kann so von Eisen mithilfe eines Magneten unterschieden werden.

Härte Eisen unterscheidet sich auch in seiner Härte von Zink. Da Eisen härter ist, erzeugt es Kratzspuren auf dem weicheren Zink. Zinknägel verwendet man daher für weiche Materialien wie Holz, in eine Betonwand kann man sie nicht schlagen. Der härteste natürlich vorkommende Stoff ist der Diamant.

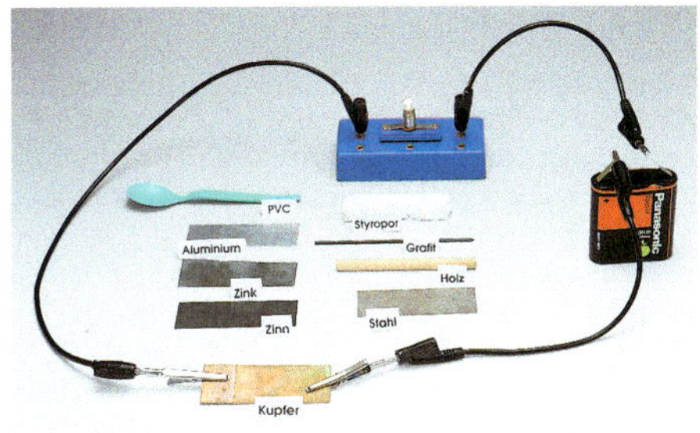

3 *Versuchsaufbau zur Bestimmung der elektrischen Leitfähigkeit von Stoffen*

EXP. 2 Eigenschaften
Untersuche die Eigenschaften elektrische Leitfähigkeit, Magnetisierbarkeit und Härte für folgende Stoffportionen: Eisennagel, Zinkblech, Kupferdraht, Aluminiumfolie, Bleistiftmine aus Graphit, Kochsalzkristall, Kandiszucker.
Entsorgung: Materialien einsammeln und wiederverwenden.

AUFGABE

1 Trenne Himbeer-Brausepulver in seine Bestandteile, indem du die unterschiedlichen Stoffeigenschaften nutzt. Beschreibe deine Vorgehensweise und die Beobachtungen.

EXP. 3 Sauer oder nicht?
Materialien: Gasbrenner, Dreifuß, Drahtnetz, 2 Bechergläser (400 mL), Messer, Spatel, Glasstab, Blaukrautblätter, Trichter, Filterpapier, Pipette, Reagenzglasgestell, 5 Reagenzgläser, Essig (GHS 7), Zitronensäure (GHS 7), Zucker, Natron, Wasser

Durchführung: Gib eine Hand voll in Streifen geschnittene Blaukrautblätter in ein Becherglas mit 200 mL Wasser. Erhitze diese Mischung über der nicht leuchtenden Flamme des Gasbrenners, bis sie aufkocht. Lass die Mischung abkühlen und filtriere sie in ein weiteres Becherglas. Verteile den Blaukrautsaft auf 5 Reagenzgläser. Teste nun die Wirkung von Essig, Zitronensäure, Zucker und Natron, indem du jeweils eine geringe Menge davon zum Blaukrautsaft gibst.

Entsorgung: Flüssigkeiten in das Abwasser geben.

Auswertung: Ordne den Lösungen anhand ihrer Farben die Begriffe sauer, neutral oder basisch zu.

7

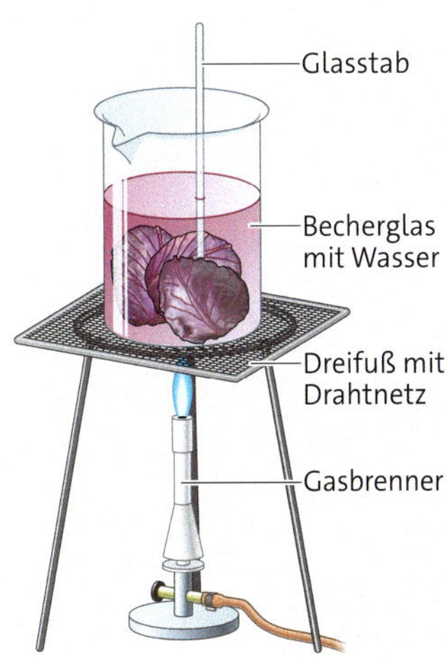

Stoff	Schmelztemperatur in °C	Siedetemperatur in °C	Dichte bei 20 °C in $\frac{g}{cm^3}$
Aluminium	660	2470	2,698
Magnesium	650	1110	1,738
Wasser	0	100	0,998
Ethanol	–114	78	0,789

1 *Kenneigenschaften verschiedener Stoffe*

2 *Zwei gleichgroße Anspitzer auf der Balkenwaage*

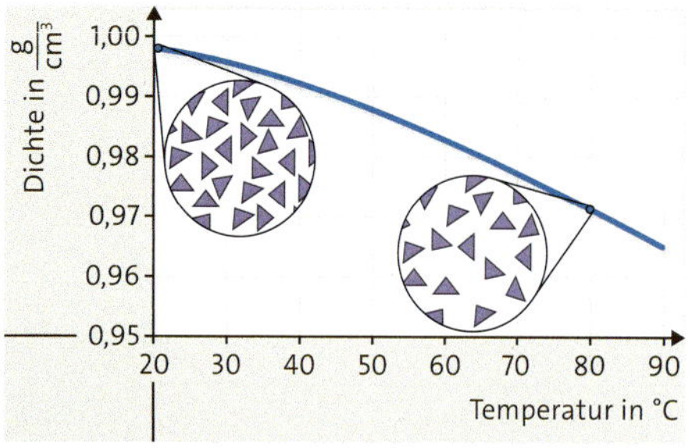

3 *Beim Erhitzen von 20 °C warmen Wasser sinkt die Dichte mit steigender Temperatur, da der Teilchenabstand größer wird.*

AUFGABE

1 Stoff A schmilzt bei 1713 °C und siedet bei 2230 °C, Stoff B siedet bei 65 °C und schmilzt bei –98 °C. Gib den Aggregatzustand von Stoff A und von Stoff B bei einer Raumtemperatur von 25 °C an.

Kenneigenschaften Viele Stoffe lösen sich gut in Wasser oder zeigen elektrische Leitfähigkeit. Um einen Stoff eindeutig zu identifizieren, benötigt man seine Schmelz- und Siedetemperatur sowie Dichte. Diese **Kenneigenschaften** sind für einen bestimmten Stoff konstant und unabhängig von der Größe der Stoffportion.

Schmelz- und Siedetemperatur Wasser und Ethanol sind farblose Flüssigkeiten. Durch ihre Kenneigenschaften können sie eindeutig unterschieden werden. Bei einem Luftdruck von 1013 hPa siedet Ethanol bereits bei 78 °C, während die **Siedetemperatur** von Wasser erst bei 100 °C liegt. Das Größensymbol für die Siedetemperatur in °C ist ϑ_b (griech. ϑ, gesprochen *theta*, b von engl. *to boil:* kochen). Auch in der **Schmelztemperatur** ϑ_m (m von engl. *to melt:* schmelzen) unterscheiden sich die beiden Stoffe (↗1). Ursache für die unterschiedlichen Schmelz- und Siedetemperaturen ist die Stärke der Anziehungskräfte zwischen den Teilchen des Stoffs. Sind Stoffe bei Raumtemperatur fest, liegen starke Anziehungskräfte vor. Dies ist bei den meisten Metallen der Fall. Ihre Schmelztemperatur liegt über der Raumtemperatur.

Dichte Das Gehäuse eines Anspitzers kann z. B. aus Aluminium oder Magnesium bestehen. Diese Metalle sind auf den ersten Blick nicht zu unterscheiden. Legt man sie auf eine Waage, zeigt sich ein Unterschied in der Masse. Bei gleichem Volumen hat Magnesium eine kleinere Masse als Aluminium (↗2).
Bildet man für eine Stoffportion das Verhältnis aus Masse und Volumen, erhält man eine weitere Kenneigenschaft, die **Dichte**. Das Größensymbol für die Dichte ist ϱ (*rho*). Die Einheit ist $\frac{g}{cm^3}$.

$$\text{Dichte (Stoff)} = \frac{\text{Masse (Stoff)}}{\text{Volumen (Stoff)}} \qquad \varrho(\text{Stoff}) = \frac{m}{V}$$

Der Wert dieses Quotienten ist bei konstanter Temperatur für einen bestimmten Stoff immer gleich, unabhängig von der Größe der Stoffportion. Gründe für die unterschiedliche Dichte von Magnesium und Aluminium sind die verschiedenen Massen und Abstände ihrer Teilchen.

Die Dichte lässt sich auch für flüssige und gasförmige Stoffe bestimmen. Gase haben eine geringere Dichte als Flüssigkeiten und Feststoffe. Dies liegt an den größeren Teilchenabständen. Dadurch befinden sich im gleichen Volumen weniger Teilchen. Wird ein Stoff erwärmt, vergrößern sich die Abstände zwischen den Teilchen des Stoffs. Seine Dichte wird dadurch kleiner (↗3).

Kenneigenschaften sind Dichte, Schmelz- und Siedetemperatur. Sie sind unabhängig von der Größe der Stoffportion.

Digitale Messwerterfassung

Mit der digitalen Messwerterfassung können während eines Experiments Messwerte digital aufgenommen und gespeichert werden. Dafür benötigt man Sensoren wie einen Thermofühler (Temperaturfühler), der die Temperatur messen kann. Im Gegensatz zu einem Thermometer werden die Messwerte bei einem Thermofühler in ein elektrisches Signal umgewandelt, das an einen Computer, Tablet oder ein Smartphone übertragen werden kann. Mithilfe einer geeigneten Software können die aufgenommenen Daten dann ausgewertet werden.

Aufnahme einer Temperaturkurve

In einem Becherglas wird entmineralisiertes Wasser auf einer Heizplatte bis zum Sieden erhitzt. Mit dem Thermofühler kann die Änderung der Temperatur gemessen werden (↗1). Für die digitale Erfassung und Auswertung der Messwerte geht man dabei wie folgt vor:

- Wähle einen Thermofühler aus, der für den Temperaturbereich der Messung geeignet ist. Verbinde ihn mit einer digitalen Anzeige oder mit einem Computer, auf dem eine Software zur Messwerterfassung installiert ist.
- Lege bei der Nutzung eines Computerprogramms die gesamte Messdauer fest und stelle die Zeitabstände ein, in denen die einzelnen Messwerte automatisch aufgenommen werden sollen.
- Schalte die Heizplatte ein und starte die Messung. Beobachte den Verlauf der Temperaturkurve am Computer (↗2) bis zum Ende der Messung. Schalte die Heizplatte aus.
- Die vom Programm erstellte Temperaturkurve kann anschließend bearbeitet und ausgewertet werden.

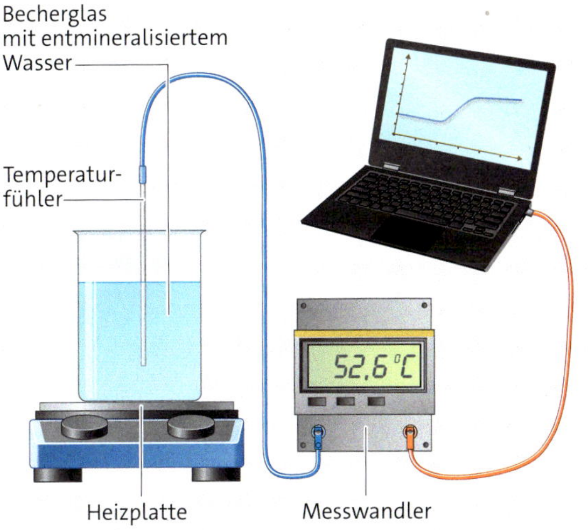

1 *Einsatz eines Thermofühlers beim Erhitzen von entmineralisiertem Wasser*

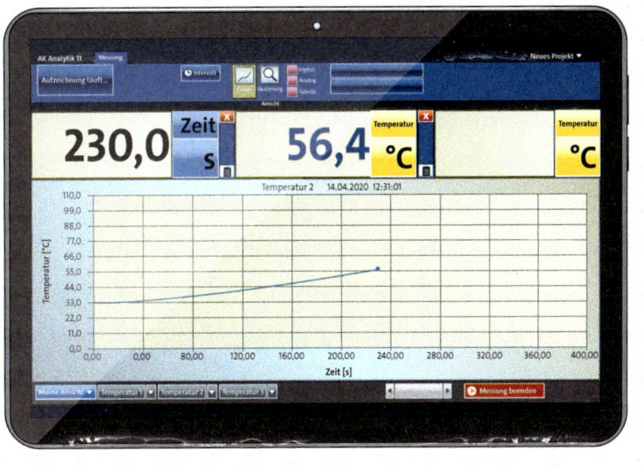

2 *Messwerte können von einem angeschlossenen Computer grafisch angezeigt und gespeichert werden.*

AUFGABEN

1 Die in Abbildung 1 dargestellte Temperaturmessung könnte man auch mit einem Thermometer durchführen. Diskutiere den Einsatz einer digitalen Messwerterfassung bei diesem Experiment.

2 Recherchiere drei weitere Sensoren, die zur digitalen Messwerterfassung eingesetzt werden können.

PRAKTIKUM

Ermitteln der Kenneigenschaften

EXP. 4 Ermittlung der Siedetemperatur von Wasser

Materialien: Thermometer, hohes Becherglas (250 mL), Gasbrenner und Dreifuß mit Drahtnetz, Stativ, Klemme, Muffe, Stoppuhr, destilliertes Wasser

Durchführung:
– Fülle 100 mL Wasser in das Becherglas und stelle es auf das Drahtnetz mit Dreifuß.
– Befestige das Thermometer mit dem Stativmaterial so, dass es in das Wasser taucht, den Boden des Becherglases aber nicht berührt.
– Stelle am Gasbrenner die rauschende Flamme ein. Notiere alle 30 Sekunden die Temperatur des Wassers. Nachdem das Wasser anfängt zu kochen, nimmst du noch drei Messwerte auf.

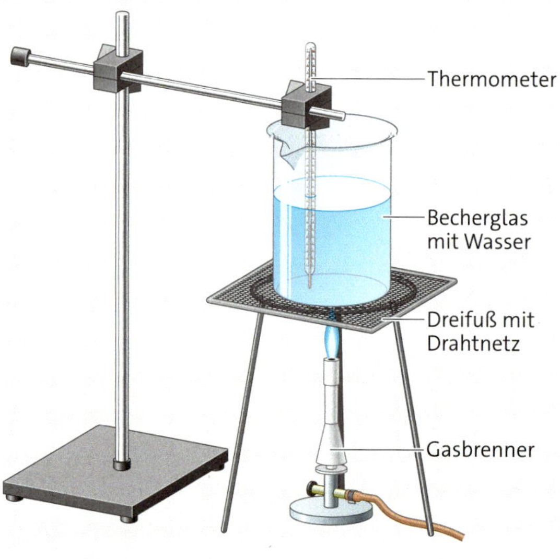

Auswertung:
1 Erstelle eine Tabelle mit den Messwerten zu den verschiedenen Zeiten.
2 Erstelle aus den Daten ein Liniendiagramm des Temperaturverlaufs und ermittle die Siedetemperatur.
3 Dein Ergebnis wird vermutlich nicht dem erwarteten Wert von 100 °C entsprechen. Diskutiere Gründe einer Abweichung.

EXP. 5 Ermittlung der Schmelztemperatur von Stearinsäure

Materialien: dünnwandiges Reagenzglas (Fiolax), Thermometer, Stativ, Klemme, Muffe, 400 mL-Becherglas, Heizplatte, Spatel, Stearinsäure, Wasser

Durchführung:
– Befülle das Reagenzglas etwa 4 cm hoch mit Stearinsäure.
– Befestige es mit der Klemme am Stativ und stelle ein Thermometer mittig in das Reagenzglas.
– Bringe etwa 300 mL Wasser im Becherglas zum Sieden.
– Hänge das Reagenzglas in das siedende Wasser.
– Warte bis die Stearinsäure vollständig geschmolzen ist und entferne das Reagenzglas aus dem Wasser.
– Notiere alle 20 Sekunden die Temperatur der Stearinsäure, bis sie vollständig erstarrt ist.

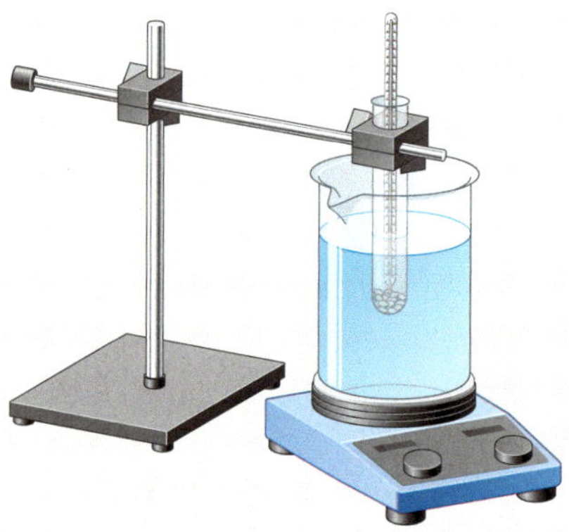

Auswertung:
1 Erstelle eine Tabelle mit den Messwerten zu den verschiedenen Zeiten.
2 Erstelle daraus ein Liniendiagramm des Temperaturverlaufs und ermittle daraus die Schmelztemperatur der Stearinsäure.
3 Vergleiche dein Ergebnis mit dem Literaturwert von etwa 69,5 °C und diskutiere Gründe einer Abweichung.

EXP. 6 Bestimmung der Dichte von Flüssigkeiten mithilfe einer Eichgeraden

Materialien: Messzylinder (10 mL), Waage, Wasser, Ethanol (GHS 2|7), Glycerin

Durchführung:
- Stelle den leeren Messzylinder auf die Waage und tariere sie auf 0 g.
- Fülle 1 mL Wasser in den Messzylinder und notiere die Masse.
- Verfahre genauso für 5 mL und 10 mL Wasser. Das Ermitteln mehrerer Wertepaare ist nötig, um eine Eichgerade zu erstellen.
- Führe den gleichen Versuch mit Ethanol und Glycerin durch.

Entsorgung: Reste ins Abwasser geben.

Auswertung:
1. Erstelle für jede Flüssigkeit eine Wertetabelle mit den Volumina und ermittelten Massen.
2. Stelle alle Messwerte in einem gemeinsamen Liniendiagramm dar. Die entstehenden Geraden sind die Eichgeraden zur Dichtebestimmung der Stoffe. Achte darauf, dass die Geraden durch den Nullpunkt gehen.
3. Ermittle aus den Eichgeraden jeweils die Dichte der Flüssigkeiten. Die folgende Abbildung zeigt das Vorgehen am Beispiel des Stoffs Eisen: Die Dichte $\varrho(\text{Eisen}) = \frac{m}{V}$ wird mit einem Wertepaar auf der Geraden ermittelt.

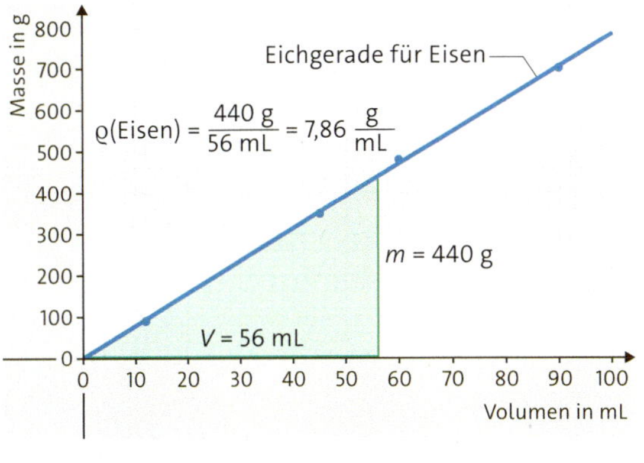

EXP. 7 Bestimmung der Dichte von Feststoffen durch Flüssigkeitsverdrängung

Materialien: Messzylinder (100 mL), verschiedene Gegenstände, z. B. Eisenschraube, Magnesiumanspitzer, Aluminiumanspitzer (jeweils ohne Klinge und Schraube), Waage

Durchführung:
- Bestimme und notiere zuerst jeweils die Masse der Gegenstände.
- Fülle genau 50 mL Wasser in den Messzylinder.
- Gib einen der Gegenstände in den Messzylinder. Lies das Volumen ab und notiere es.
- Verfahre für die anderen Gegenstände genauso.

Auswertung:
1. Ermittle aus dem verdrängten Wasservolumen das Volumen der Gegenstände.

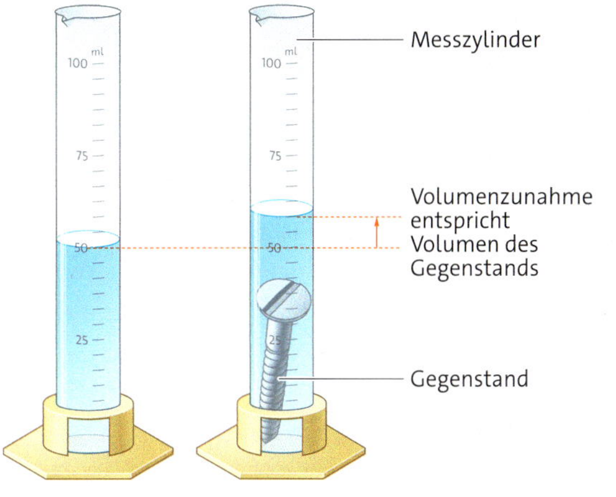

2. Berechne aus dem Volumen der Gegenstände und ihrer Masse die Dichte der Stoffe.
3. In diesem Experiment wird die Wasserverdrängung zur Volumenmessung eines Feststoffs genutzt. Es gibt weitere Möglichkeiten, um das Volumen eines Feststoffs zu bestimmen. Erkläre dies am Beispiel von feinkörnigem Sand und einem Eisenwürfel.

Daten darstellen, auswerten und interpretieren

Nimmt man bei einem Versuch Messungen vor, dann muss man im Protokoll die Messwerte als Beobachtung aufführen und anschließend interpretieren. In einem Versuch gibt man jeweils eine Brausetablette unter einen mit Wasser gefüllten Standzylinder bei zwei Wassertemperaturen und untersucht die Gasentwicklung. Man misst das Volumen des entstehenden Gases Kohlenstoffdioxid in Abhängigkeit von der Zeit und notiert es in einer Tabelle (↗1).

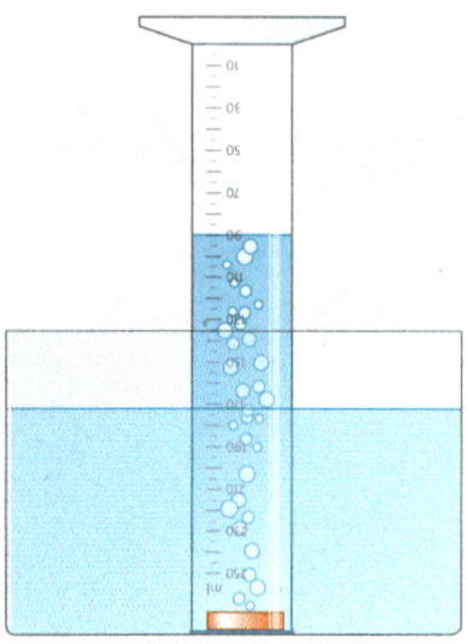

t in s	*V* in mL für ϑ = 20 °C	ϑ = 45 °C
0	0	0
10	60	110
20	100	340
30	270	600
40	420	630
50	425	640

1 *Versuchsaufbau und Messwerttabelle*

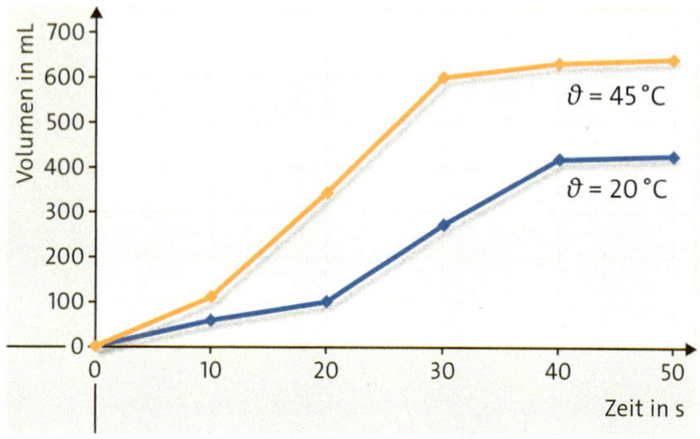

2 *Gasvolumen bei zwei Wassertemperaturen*

Wertetabelle erstellen

Bei einer Messung unterscheidet man die **unabhängige Variable** von der **abhängigen Variablen**: Im Beispiel sind die Zeit und die Temperatur die unabhängigen Variablen. Die gemessene Größe, hier das Volumen, ist die abhängige Variable. Man sagt daher auch, das Volumen wird in Abhängigkeit von der Zeit und der Temperatur gemessen.

- Notiere in einer Wertetabelle zuerst die unabhängige Variable, dann die abhängige Variable, also die Größe, deren Werte du im Experiment gemessen hast.
- Gib jeder Spalte oder Zeile der Tabelle eine Überschrift. Darin muss die Messgröße mit ihrer Maßeinheit angegeben werden. z. B. die Zeit *t* in Sekunden s.
- Eine Tabelle kann auf diese Weise mit Stift und Papier oder digital erstellt werden. Für eine digitale Wertetabelle eignet sich ein Tabellenkalkulationsprogramm, denn es bietet im Vergleich zu Tabellen in Textverarbeitungsprogrammen weitere Möglichkeiten der Datenauswertung.

Werte in einem Diagramm darstellen

Diagramme (↗2) stellen Messwerte anschaulich dar und helfen dabei, Zusammenhänge leichter zu erkennen.

- Häufig verwendete Diagrammformen sind das Säulendiagramm und das Liniendiagramm. In einem Liniendiagramm werden die gemessenen Werte durch eine Linie verbunden, wodurch auch auf Werte geschlossen werden kann, die nicht direkt gemessen wurden. Diese Diagrammform ist nur dann sinnvoll, wenn es zwischen den einzelnen Messpunkten weitere Werte gibt und die Messabstände nicht zu groß sind. Man spricht von **kontinuierlichen Messgrößen**.
- Trage in einem Diagramm die unabhängige Variable an der *x*-Achse (horizontal), die abhängige Variable an der *y*-Achse (vertikal) auf.
- Beschrifte die Achsen mit Messgröße und Maßeinheit.
- Wähle die Skalierung der Achsen so, dass die Messwerte den größten Teil des Diagramms ausfüllen.
- Trage die Wertepaare in das Diagramm ein.

Mit einem Tabellenkalkulationsprogramm kann man Diagramme digital erstellen (↗3). Dies geht sehr schnell und ermöglicht auch ein nachträgliches Vornehmen von Ergänzungen und Änderungen.

Erstellen eines digitalen Diagramms

① Markiere den Bereich der Wertetabelle, der im Diagramm dargestellt werden soll.

② Erstelle ein Diagramm durch Anklicken des Reiters Einfügen.

③ Wähle einen geeigneten Diagrammtyp aus. Für die Darstellung von Wertepaaren erhält man mit dem Menüpunkt Punkt (X, Y) die Auswahl für das passende Liniendiagramm.

④ Bearbeite die verschiedenen Diagrammelemente, z. B. indem du sie im Diagramm anklickst. Du kannst einen Achsentitel einfügen, die Skalierung anpassen und beschriften. Außerdem kannst du die Legende anpassen, die Farbgebung ändern oder einen Titel einfügen.

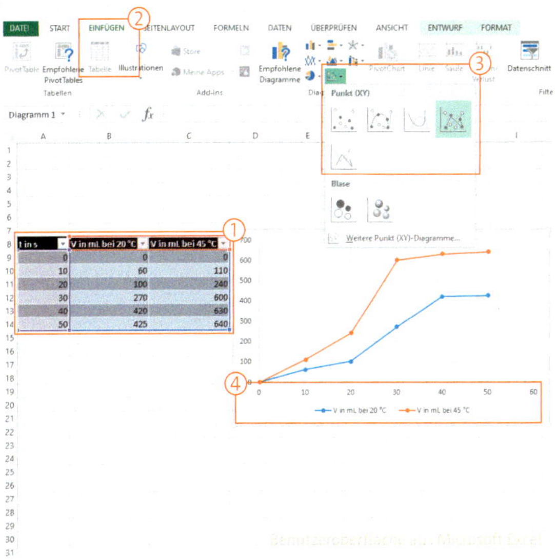

3 *Erstellen eines Diagramms am Computer*

AUFGABE

1 Erstelle ein Diagramm zu den Dichten der Stoffe von Seite 28 aus der Tabelle 1. Entscheide begründet, ob ein Kreis-, Linien- oder Säulendiagramm sinnvoll ist.

Auch Säulen- und Kreisdiagramme (↗4) können auf diese Weise erstellt werden. Das Säulendiagramm eignet sich zur Darstellung unabhängiger Variablen. Kreisdiagramme zeigen die Teilwerte eines Ganzen an.

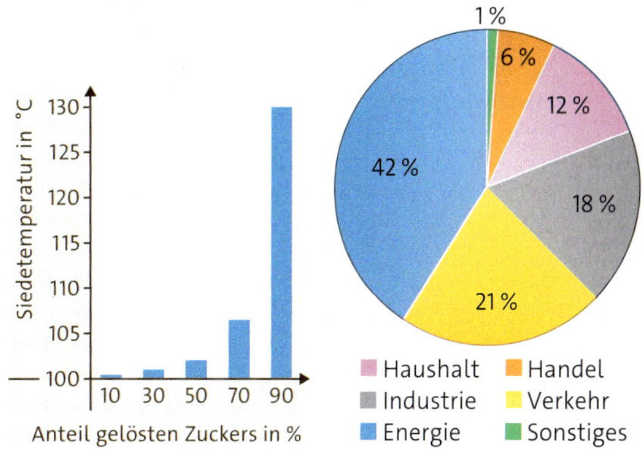

4 *Säulen- und Kreisdiagramm*

Dateninterpretation

Die im Diagramm dargestellten Daten zeigen die Beobachtungen des Experiments mit der Brausetablette (↗2) übersichtlich und anschaulich: Zu Versuchsbeginn steigt das Gasvolumen langsam. Nach 20 Sekunden steigt das Volumen stärker an, bis es nach 40 Sekunden nahezu gleich bleibt. Die Interpretation besteht aus der Beschreibung der Daten und einer anschließenden Erklärung.

AUFGABEN

2 Das Experiment mit der Brausetablette wurde bei zwei Wassertemperaturen durchgeführt (↗2). Vergleiche die Ergebnisse.

3 Entscheide begründet, ob es sich bei den folgenden Aussagen zum obigen Experiment um Beobachtungen oder Erklärungen handelt.
- a Je wärmer das Wasser ist, desto größer ist das Volumen des aufgefangenen Gases.
- b Ist die Brausetablette komplett verschwunden, bleibt das Gasvolumen gleich.
- c Gasblasen steigen im Zylinder nach oben.
- d Zu Versuchsbeginn steigt das Volumen nur langsam, da sich zunächst das Gas in Wasser löst.

AUF EINEN BLICK

Die Chemie beschäftigt sich mit Stoffen, ihren Eigenschaften und Vorgängen, bei denen Stoffe verschwinden und dabei andere Stoffe entstehen.

Chemie ist eine Naturwissenschaft. In den Naturwissenschaften werden durch Beobachten, Messen und Durchführen von Experimenten neue Erkenntnisse gewonnen.

Aufbau eines Versuchsprotokolls:
- Materialien
- Durchführung
- Beobachtung
- Erklärung

Chemie

Chemie ist die Wissenschaft von den Stoffen.

Stoffe

Unsere Welt besteht aus Stoffen.

Teilchen

Stoffe bestehen aus Teilchen.

Zwischen den Teilchen ist nichts, d. h. leerer Raum. Die Teilchen verschiedener Stoffe unterscheiden sich in ihrer Größe, Masse, Form und der Stärke ihrer Anziehungskräfte.

Die Teilchen sind ständig in Bewegung. Durch Erwärmen einer Stoffportion werden die Teilchen schneller, durch Abkühlen langsamer.

Zwischen den Teilchen herrschen Anziehungskräfte. Je kleiner die Abstände zwischen den Teilchen sind, desto stärker wirken die Anziehungskräfte.

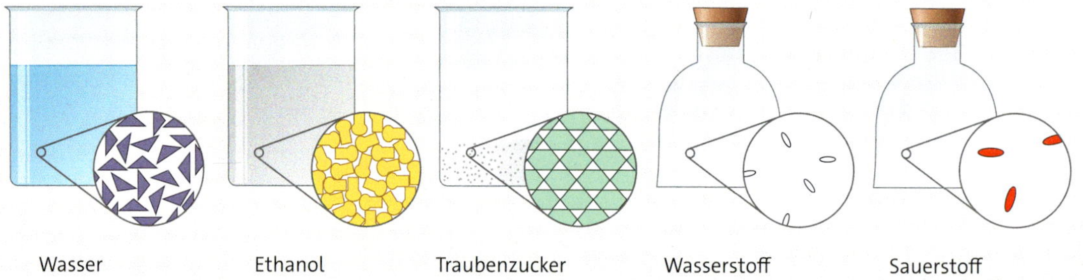

Eigenschaften der Stoffe

Stoffe unterscheiden sich in ihren Eigenschaften.

- mit den Sinnen erfassbare Eigenschaften
  - Geruch
  - Geschmack
  - Farbe
- weitere Eigenschaften
  - Löslichkeit
  - magnetische Eigenschaft
  - elektrische Leitfähigkeit
- Kenneigenschaften
  - Schmelztemperatur ϑ_m
  - Siedetemperatur ϑ_b
  - Dichte ϱ

Aggregatzustände

Stoffe können in drei verschiedenen Aggregatzuständen vorkommen. Der Aggregatzustand hängt von der Temperatur und dem Druck ab. Temperatur und Druck beeinflussen die Teilchenbewegung und den Teilchenabstand.

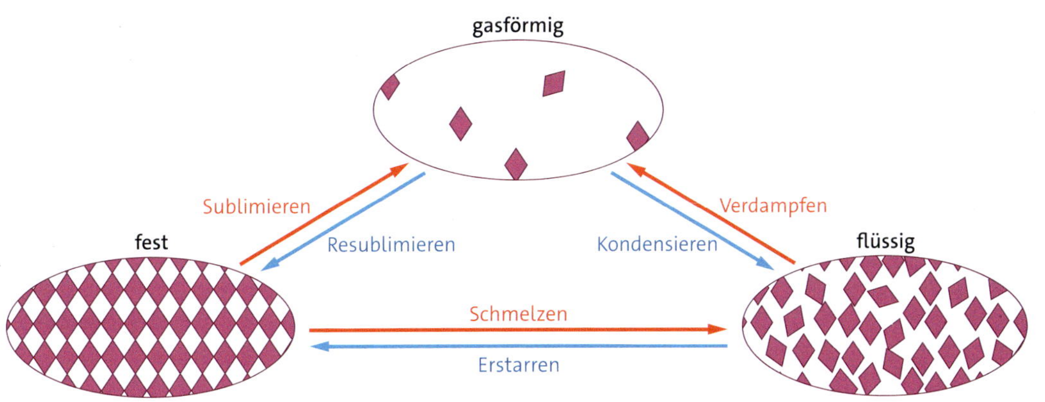

1 Erst in den 1960er Jahren wurde die Brausetablette erfunden. Bis dahin musste man Tabletten lange ins Wasser legen, bis sie sich vollständig aufgelöst hatten. Die Brausetablette löst sich durch einen chemischen Vorgang schnell in Wasser auf. Die enthaltenen Stoffe Zitronensäure und Natron kommen im Wasser miteinander in Kontakt und es entsteht das Gas Kohlenstoffdioxid. Begründe, dass es sich beim Auflösen der Brausetablette um einen chemischen Vorgang handelt.

2 Die abgebildeten Chemikalienflaschen sind mit Gefahrenpiktogrammen gekennzeichnet. Gib die Gefahren an, die von diesen Stoffen ausgehen.

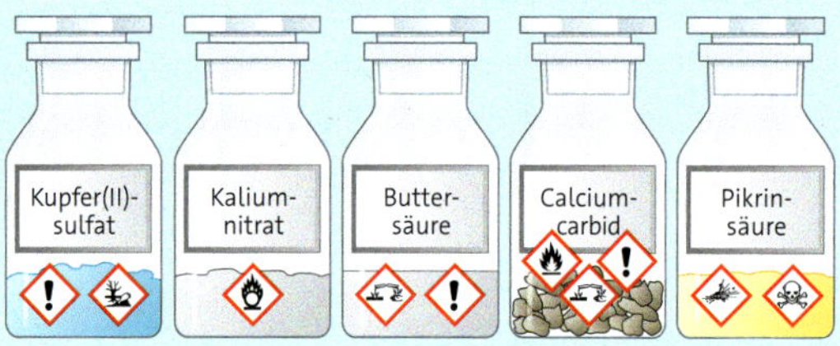

3 Begründe die Forderung, dass Chemikalien grundsätzlich nicht in Gefäße für Lebensmittel abgefüllt werden dürfen.

4 Die Viskosität beschreibt die Zähflüssigkeit eines Stoffs. Je größer die Viskosität ist, desto dickflüssiger (weniger fließfähig) ist die Flüssigkeit. In einem Experiment misst man die Zeit bis zum vollständigen Auslaufen von 50 mL Wasser aus einer 50-mL-Messpipette bei verschiedenen Wassertemperaturen:

Wassertemperatur in °C	8	27	41
Zeit in s	47,1	46,4	45,1

a Erstelle aus den Werten ein Liniendiagramm.

b Beschreibe und erkläre den darin gezeigten Zusammenhang.

5 Bringe die Tätigkeiten für die Inbetriebnahme des Gasbrenners in die richtige Reihenfolge.

A	Feuerzeug- oder Streichholzflamme über die Öffnung des Brennerrohrs halten.
B	Gasschlauch am Tischanschluss befestigen.
C	Gaszufuhr am Tisch und am Brenner öffnen.
D	Geschlossene Luftzufuhr und Gaszufuhr am Brenner kontrollieren, Feuerzeug/Streichhölzer bereitlegen.
E	Luftzufuhr öffnen und regulieren.

6 Ein Gasbrenner wird entzündet und die rauschende Flamme eingestellt. Zwei Holzstäbchen werden für etwa eine Sekunde waagerecht an jeweils verschiedenen Positionen in die Brennerflamme gehalten, woraus sich folgende Beobachtungen ergeben:

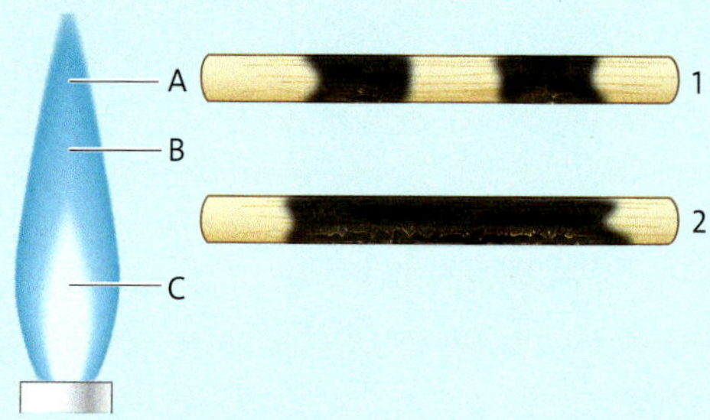

a Ordne jedem Stäbchen die passende Position in der Flamme zu.

b Erkläre die Beobachtungen. Ordne hierzu die Temperaturen 390 °C, 1110 °C und 1500 °C den Bereichen der Flamme in der Skizze zu.

7 Mit dem folgenden Versuchsaufbau soll die Siedetemperatur von Wasser bestimmt werden. Benenne alle verwendeten Laborgeräte.

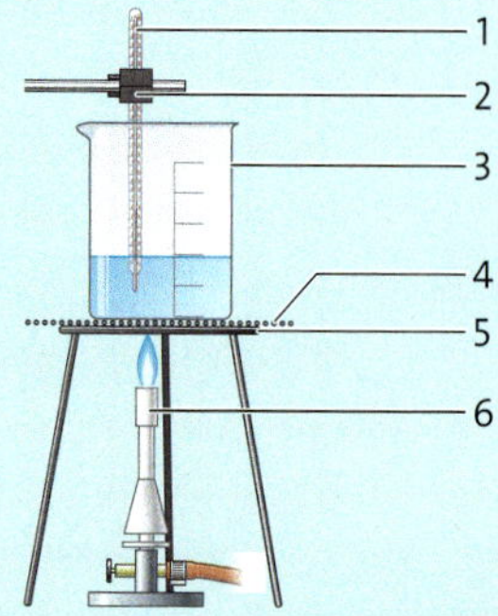

8 Auf Seite 12 sind Laborgeräte abgebildet. Ordne diese nach folgenden Kriterien: Geräte zur Halterung, Geräte zum Messen, Geräte zum Abfüllen.

9 In einem Versuch wird Feuerzeuggas in einer Spritze zusammengedrückt. Das Volumen verringert sich dadurch. Da die Masse des Gases gleich bleibt, erhöht sich die Dichte.

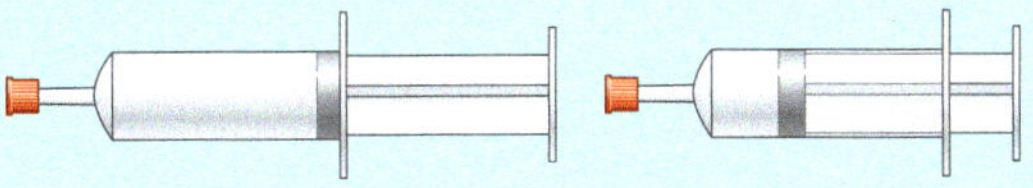

a Erstelle für den Inhalt der beiden Spritzen jeweils eine Skizze auf Teilchenebene.

b Wird das Gas noch weiter zusammengedrückt, wird eine Flüssigkeit sichtbar. Dies liegt an den Anziehungskräften zwischen den Teilchen. Entscheide, ob diese Kräfte zwischen den Teilchen beim Zusammendrücken der Spritze stärker oder schwächer wirken. Wähle die passende Begründung für deine Entscheidung aus:

- Je höher die Temperatur ist, desto stärker ist die Teilchenbewegung.
- Je kleiner die Abstände zwischen den Teilchen sind, desto stärker wirken die Anziehungskräfte.
- Je größer die Teilchen sind, desto stärker wirken die Anziehungskräfte.

10 Gibt man Gase oder Flüssigkeiten in ein Gefäß, füllen sie dessen Form aus. Festkörper behalten ihre eigene Form. Erkläre diesen Unterschied.

11 Entwickle ein Experiment zur Unterscheidung von Zucker, Salz und Natron.

12 Trockeneis ist festes Kohlenstoffdioxid, das bei −78,5 °C und Normaldruck sublimiert. Beschreibe den Vorgang auf Teilchenebene.

13 In vielen Versuchsprotokollen finden sich beschriftete Skizzen des Versuchsaufbaus. Beim Filtrieren werden Feststoffe von Flüssigkeiten getrennt. Erstelle eine zweidimensionale, beschriftete Skizze (Schnittskizze) dieses Aufbaus der Filtration.

14 Eis, das als pulverförmiger Schnee weiß erscheint, blauschimmerndes flüssiges Wasser und farbloser gasförmiger Dampf, der von der heißen Quelle aufsteigt und zu Nebel wird, sind in der Winterlandschaft sichtbar. Beurteile die Aussage, dass es sich dabei um drei unterschiedliche Stoffe handelt.

Hilfe zu den Aufgaben findest du auf den Seiten ...

1	S. 10	8	S. 12
2	S. 13	9	S. 21, 24
3	S. 13	10	S. 21, 22
4	S. 32, 21	11	S. 26–28
5	S. 17	12	S. 22–24
6	S. 17	13	S. 12
7	S. 12	14	S. 22–23

Die Lösungen findest du im Anhang.

Material A: Plastikflasche

Paul nimmt eine leere, verschlossene Plastik-Getränkeflasche aus seinem warmen Zimmer mit nach draußen. „Hier ist es aber kalt!", denkt Paul und bemerkt plötzlich, dass sich die Flasche geräuschvoll zusammenzieht.

A1 *Eine Plastik-Getränkeflasche zieht sich beim Abkühlen zusammen.*

1 Erkläre diese Beobachtung mithilfe des Teilchenmodells.

Material B: Schnellkochtopf

In einem Schnellkochtopf herrscht ein hoher Druck von bis zu 1800 hPa. Kocht man mit ihm Kartoffeln, werden sie daher schneller weich als in einem normalen Kochtopf.

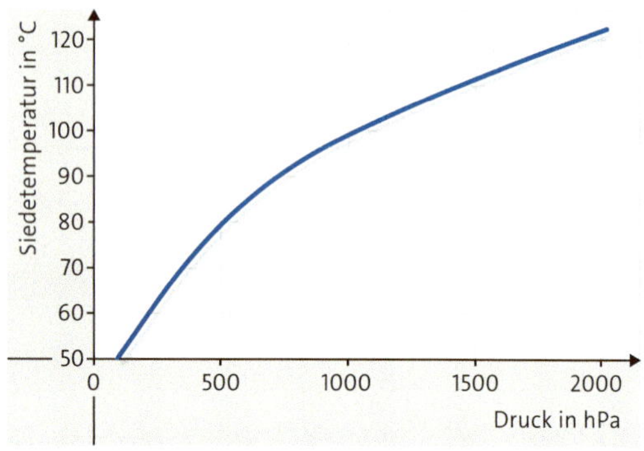

B1 *Druckabhängigkeit der Siedetemperatur von Wasser*

1 Erkläre mithilfe des Diagramms (↗ B1) die Vorteile eines Schnellkochtopfs.

2 Auf der Zugspitze herrscht ein Druck von durchschnittlich 693 hPa. In einem normalen Topf lassen sich Kartoffeln dort nicht weich kochen. Erkläre dieses Phänomen.

Material C: Experiment mit Coffein

Kaffee, Cola und Energy-Drinks sind beliebte Getränke. Sie enthalten Coffein und wirken dadurch anregend. Coffein ist ein weißer Feststoff, der bei 178 °C sublimiert. Das in gemahlenem Kaffee enthaltene Coffein kann in einem Versuch durch Sublimation und anschließender Resublimation in Form weißer Nadeln sichtbar gemacht werden. Hierzu gibt man einen Teelöffel Kaffeepulver in eine Teelichthülle, die auf einem Drahtgestell befestigt ist und deckt die Teelichthülle mit einem kalten Uhrglas ab.

C1 *Versuchsaufbau zur Sublimation und Resublimation von Coffein*

1 Erstelle ein vollständiges Versuchsprotokoll mithilfe der gegebenen Informationen.

Material D: Spezi

Tatjana möchte auf ihrer Party besondere Getränke reichen. Sie findet im Internet das Foto einer Mischung aus zuckerhaltiger Orangenlimonade und Cola light.

D1 *Mischung aus Cola light und zuckerhaltiger Orangenlimonade*

Stoff	Dichte bei 20 °C in $\frac{g}{cm^3}$
Glycerin	1,26
Olivenöl	0,91
Wasser	0,99
Spiritus	0,79

D2 *Dichte einiger flüssiger Stoffe*

1 Ihr Partygast Bernhard möchte wissen, warum es zu dieser interessanten Schichtung kommt (↗D1).

a Formuliere eine Hypothese zur Erklärung des Phänomens.

b Plane ein Experiment zur Überprüfung der Hypothese.

2 Im Internet liest Tatjana auch, dass diese Schichtung besonders gut mit kalten Getränken funktioniert. Erkläre diesen Tipp.

3 Auch im Chemiepraktikum soll Tatjana Stoffe übereinander schichten. Sie verwendet Glycerin, Olivenöl, Wasser und Spiritus (↗D2).
Gib die Reihenfolge an, in der sie die Stoffe in ein Glas geben sollte und erstelle eine Skizze des Versuchsergebnisses.

Material E: 3D-Drucker

Andrea hat einen 3D-Drucker. Damit werden aus Kunststofffäden dreidimensionale Gegenstände hergestellt. Der Kunststoff wird in der Düse des Druckers erhitzt und in flüssiger Form Schicht für Schicht gemäß der Programmierung des Druckers aufgetragen. Zwei häufig eingesetzte Kunststoffe sind PLA (Polylactid) und ABS (Acrylnitril-Butadien-Styrol).

E2 *Bei einem 3D-Drucker werden Kunststofffäden geschmolzen und Schicht für Schicht aufgetragen.*

	ABS	PLA
Schmelzbereich	210–240 °C	160–190 °C
Kosten	mittel	gering
Besondere Eigenschaften	aus Erdöl hergestellt, nicht biologisch abbaubar	aus nachwachsenden Rohstoffen, biologisch abbaubar

E1 *Eigenschaften von ABS und PLA*

1 Andrea möchte den Griff eines Kochtopfs ausdrucken und fragt sich, welchen Kunststoff sie verwenden soll.
Bewerte die Eignung der beiden Kunststoffe für die Herstellung des Griffs (↗E1).

2 Einwegprodukte wie Strohhalme könnten mithilfe des 3D-Druckers aus PLA hergestellt werden. Erläutere die Verwendung von PLA für diese Produkte.

Stoffgemische und Stofftrennung

→ Stoffgemische

Der Nebel über dem Glas ist ein Stoffgemisch aus einem Gas, in dem die Tröpfchen einer Flüssigkeit fein verteilt sind. Welche Arten von Stoffgemischen gibt es? In welchen Eigenschaften unterscheiden sie sich von reinen Stoffen? Wie kann man die Menge eines Stoffs in einem Gemisch angeben?

→ Stofftrennung

Stoffgemische lassen sich in ihre Bestandteile auftrennen. Welche Trennverfahren gibt es und welche Eigenschaften werden zur Stofftrennung genutzt?

→ Luft als Stoffgemisch

Luft ist ein Stoffgemisch aus verschiedenen Gasen. Welche Gase sind enthalten? Wie gewinnt man die einzelnen Gase und wie weist man sie nach?

IMPULSAUFGABEN

A Nudeln kochen

Zum Kochen von Nudeln wird gesalzenes Wasser verwendet (↗A1). Liegt dies nur am Geschmack oder hat die Zugabe von Salz noch andere Gründe?

A1 *Das Kochwasser für Nudeln wird gesalzen.*

in 100 mL Wasser gelöste Masse an Salz in g	0	5	10	15	20
Siedetemperatur in °C	100	101	102	103	104

A2 *Siedetemperatur des Kochwassers*

1 In der Tabelle A2 ist die Siedetemperatur des Kochwassers in Abhängigkeit von der enthaltenen Salzmenge angegeben. Zeichne zu diesen Daten ein Säulendiagramm.

2 Beurteile den folgenden Vorschlag: „Am besten, wir geben 100 g Salz ins Kochwasser, dann werden die Nudeln ganz schnell weich!"

B Eisfrösche

Eisfrösche (↗B1) überstehen Temperaturen unterhalb der Schmelztemperatur von Wasser, weil das Zellplasma in ihren Zellen auch bei diesen niedrigen Temperaturen nicht erstarrt. Ermöglicht wird dies durch eine große Menge Traubenzucker im Zellplasma. Lebensnotwendige Stoffwechselvorgänge laufen weiter ab.

B1 *Der Waldfrosch, auch Eisfrosch genannt, übersteht Umgebungstemperaturen von bis zu −5 °C.*

B2 *Erstarren von Wasser im Teilchenmodell*

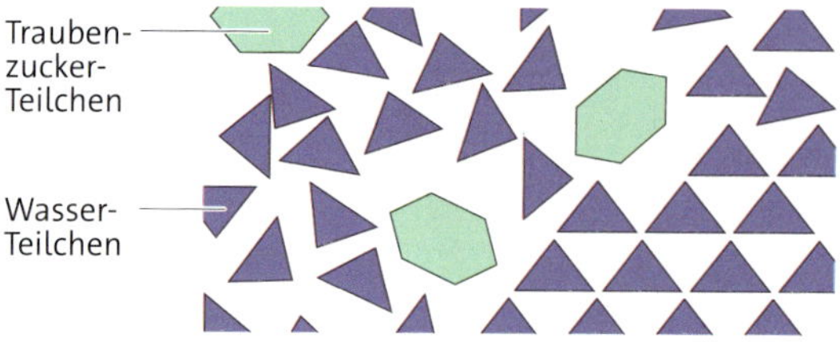

B3 *Zuckerhaltiges Wasser im Teilchenmodell*

1 Erkläre mithilfe des Teilchenmodells (↗B2) den Vorgang des Erstarrens von Wasser.

2 Reines Wasser erstarrt bereits bei 0 °C. Das zuckerhaltige Wasser im Zellplasma der Eisfrösche erstarrt erst bei Temperaturen unter −5 °C. Erkläre dies mithilfe von Bild B3.

C Verschiedene Aggregatzustände

Die folgenden Abbildungen (↗C1) zeigen Mischungen verschiedener Stoffe. Diese Stoffe haben unterschiedliche Aggregatzustände.

C1 *Mischungen verschiedener Stoffe. A: Früchteteemischung; B: Müsli; C: spritziges Mineralwasser; D: Öl auf Wasser; E: Plastikmüll im Meer; F: Rauch*

Kombination von Aggregatzuständen	Beispiel
fest/fest	?
flüssig/fest	?
flüssig/flüssig	?
gasförmig/flüssig	?
gasförmig/fest	?

C2 *Aggregatzustände und Mischungen*

1 Übertrage die Tabelle C2 in dein Heft. Ordne die Beispiele aus C1 in deiner Tabelle zu.

D Zuckergehalt in Lebensmitteln

Zucker ist ein wichtiger Nährstoff. Doch zu viel Zucker ist ungesund. Daher wird der Zuckergehalt von Lebensmitteln auf der Verpackung angegeben (↗D1).

Durchschnittliche Nährwerte	Pro 100 g	Pro Stück 4,9 g	%*
Energie	1709 kJ/ 405 kcal	84 kJ/ 20 kcal	1 %
Fett	10,3 g	0,5 g	<1 %
davon gesättigte Fettsäuren	5,8 g	0,3 g	2 %
Kohlenhydrate	77,4 g	3,8 g	1 %
davon Zucker	42,5 g	2,1 g	2 %
Eiweiß	2,1 g	0,1 g	<1 %
Salz	0,31 g	0,02 g	<1 %

Ⓓ Ⓐ **6 Karamell-Kaubonbons**
Zutaten: Glukosesirup, kondensierte **Süßmolke**, Zucker, Palmfett, Feuchthaltemittel Sorbitsirup, kondensierte **Magermilch**, modifizierte Stärke, magerer Kakao, Karamellzuckersirup, **Molkenerzeugnis**, Aromen, Salz, Emulgator Mono- und Diglyceride von Speisefettsäuren.

D1 *Etikett mit Angabe des Zuckergehalts*

1 Betrachte verschiedene Lebensmittelverpackungen und beschreibe die Art der Angabe des Zuckergehalts auf dem Etikett.

2 Erstelle eine Übersicht, die den Zuckergehalt von fünf beliebigen Lebensmitteln zeigt. Entwirf eine möglichst kreative Darstellung.

E Fruchtsaft und Fruchtnektar

Es gibt verschiedene Getränke mit einem Fruchtanteil, z. B. Fruchtsaft oder Fruchtnektar. Die Bezeichnungen Saft oder Nektar hängen vom Fruchtgehalt ab (↗E1).

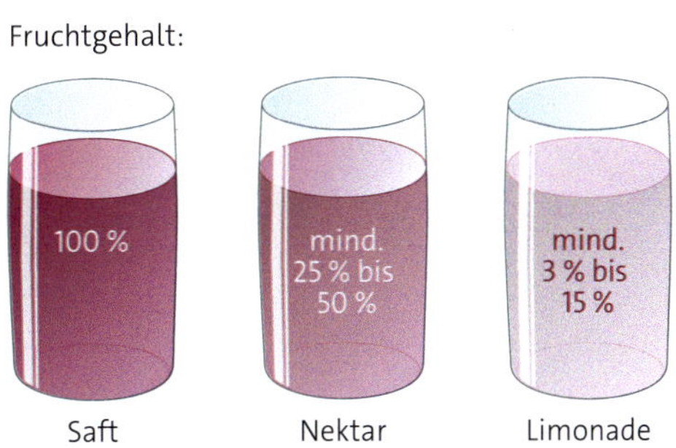

E1 *Fruchtgehalt in Getränken*

1 Beschreibe anhand der Informationen aus Bild E1 die Unterschiede zwischen den verschiedenen Getränken.

2 Diese Getränke unterscheiden sich auch im Preis. Begründe den höheren Preis von Fruchtsaft im Vergleich zu Fruchtnektar.

Reinstoffe und Stoffgemische

Zitronenlimonade oder Wasser? Auf den ersten Blick ist dies nicht zu erkennen.

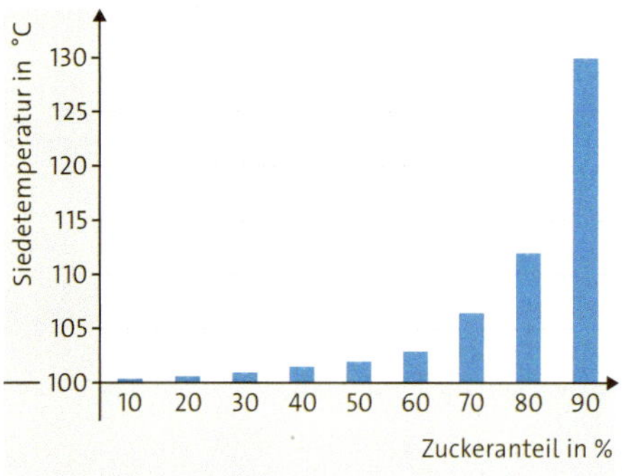

1 *Siedetemperatur verschiedener Zuckerlösungen*

2 *Ringe aus Gelb- und Weißgold*

AUFGABEN

1 Beschreibe den im Diagramm (↗1) dargestellten Zusammenhang.

2 Wasser schwimmt auf zuckerhaltiger Orangenlimonade. Erkläre dies.

Stoffebene Zitronenlimonade ist wie Wasser eine farblose Flüssigkeit. Geruch und Geschmack der Limonade unterscheiden sich aber von Wasser, weil man bei der Herstellung verschiedene Stoffe wie Aromen und vor allem Zucker zum Wasser gibt. Limonade ist ein **Stoffgemisch**. Auch unser Trink- bzw. Leitungswasser ist ein Stoffgemisch. Erst im aufbereiteten, reinen Wasser sind keine weiteren Stoffe enthalten. Dieses Wasser ist ein **Reinstoff**.

Stoffgemische haben andere Eigenschaften als die Reinstoffe, aus denen sie zusammengesetzt sind. So ist die Siedetemperatur von reinem Wasser bei normalem Luftdruck immer 100 °C. Die Siedetemperatur von Limonade liegt über 100 °C. Auch die Dichte und Schmelztemperatur der Zuckerlösung (Limonade) unterscheiden sich vom reinen Wasser.

Erhöht man in einer Zuckerlösung den Zuckergehalt, so verändert sich die Siedetemperatur der Lösung (↗1). Stoffgemische haben im Gegensatz zu Reinstoffen keine konstanten Kenneigenschaften. Ihre Eigenschaften ändern sich mit der Zusammensetzung des Stoffgemischs. Dies macht man sich bei der Herstellung von Schmuck zunutze: Goldschmuck besteht meist nicht aus reinem Gold, sondern enthält noch andere Metalle wie Silber und Kupfer. Je nach Zusammensetzung erhält man das härtere und blassere Weißgold oder das weichere und kräftiger gefärbte Gelbgold (↗2).

Ein Stoffgemisch besteht aus mehreren Stoffen. Seine Eigenschaften hängen von der Zusammensetzung ab.
Ein Reinstoff besteht aus nur einem Stoff und besitzt gleichbleibende Kenneigenschaften.

Teilchenebene Um die unterschiedlichen Stoffeigenschaften einer Zuckerlösung und reinem Wasser zu erklären, muss die Teilchenebene betrachtet werden. In einer Zuckerlösung befinden sich Zucker-Teilchen zwischen den Wasser-Teilchen (↗3). Die Zucker-Teilchen unterscheiden sich in Masse, Form und Größe von den Wasser-Teilchen. Dies führt zu zusätzlichen Anziehungskräften zwischen Zucker- und Wasser-Teilchen. Diese Anziehungskräfte müssen beim Verdampfen überwunden werden, weshalb die Siedetemperatur der Zuckerlösung höher ist als die Siedetemperatur von reinem Wasser.
Auch die Schmelztemperatur verändert sich durch Zugabe von Zucker zu Wasser. Beim Erstarren der Lösung lagern sich die Wasser-Teilchen geordnet aneinander. Die Zucker-Teilchen behindern diesen Vorgang. Die Zuckerlösung gefriert daher erst bei einer tieferen Temperatur. Einen ähnlichen Effekt beobachtet man bei der Zugabe von Salz zu Wasser. Der Winterdienst verwendet daher Streusalz, um das Gefrieren von Wasser hinauszuzögern (↗4).

Ein Stoffgemisch enthält Teilchen verschiedener Stoffarten. Dies führt zu einer Veränderung der Anziehungskräfte und damit zu veränderten Eigenschaften.

Reinstoff oder Stoffgemisch? Mithilfe der unterschiedlichen Eigenschaften kann man herausfinden, ob es sich bei einer Stoffportion um einen Reinstoff oder ein Stoffgemisch handelt. Über einen Vergleich der Siedekurven kann man ohne Geschmacksprobe farblose Limonade von Wasser unterscheiden. Erhitzt man flüssiges Wasser, so bleibt seine Temperatur mit Beginn des Siedens konstant (↗5). Beim Erhitzen einer Zuckerlösung liegt die Temperatur bereits zu Beginn des Siedens über 100 °C und bleibt nicht konstant, sondern steigt an (↗5).
Dies liegt daran, dass sich die Zusammensetzung des Stoffgemischs während des Verdampfens ändert: Im Laufe des Siedevorgangs wird nur das Wasser gasförmig. In der Stoffportion wird die Menge an Wasser immer geringer, während die Zuckermenge gleichbleibt. Der Zuckeranteil wird somit immer größer; durch die zusätzlichen Anziehungskräfte zwischen den Teilchen steigt die Siedetemperatur an.

EXP. 1 Eis – mal mit Zucker, mal mit Salz!
Nimm drei Gefäße und gib in jedes einen gleichgroßen Eiswürfel. Streue auf den ersten Eiswürfel einen Teelöffel Kochsalz, auf den zweiten einen Teelöffel Zucker. Vergleiche die Geschwindigkeit des Schmelzens bei allen drei Eiswürfeln.

Entsorgung: Wasser in den Ausguss geben.

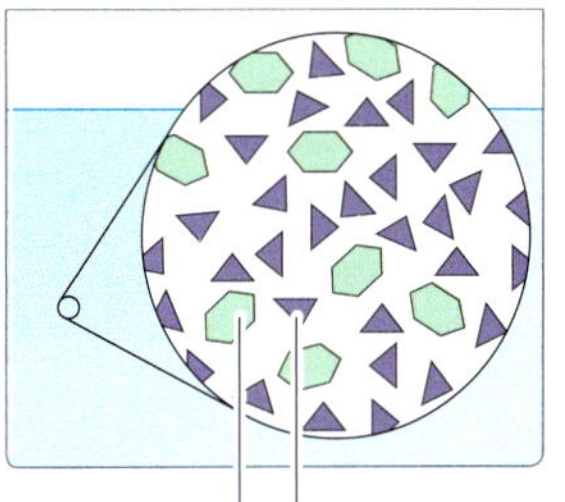

3 *Eine Zuckerlösung besteht aus Zucker- und Wasser-Teilchen.*

4 *Um glatten Straßen vorzubeugen, wird im Winter Salz gestreut.*

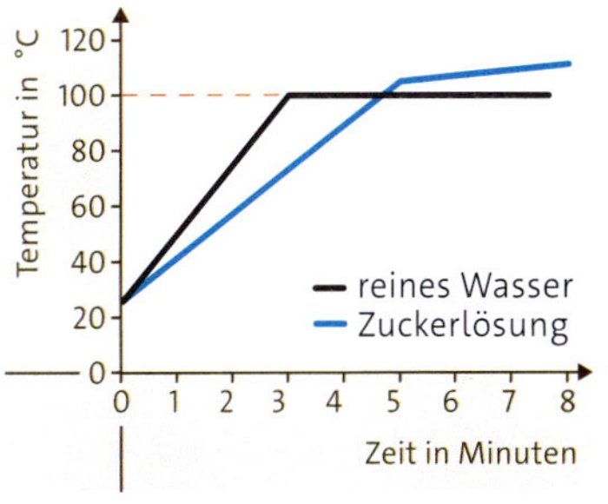

5 *Siedekurven von reinem Wasser und einer Zuckerlösung*

AUFGABEN

3 Einer Sage nach fand der Grieche Archimedes heraus, dass die Königskrone nicht aus reinem Gold bestand. Er verwendete einen bis zum Rand gefüllten Wasserbehälter und einen Goldbarren, der genauso schwer war wie die Krone. Beschreibe seine Vorgehensweise und erkläre sein Ergebnis.

Homogene und heterogene Stoffgemische

Dieser Fruchtcocktail ist auf den ersten Blick als ein Stoffgemisch zu erkennen.

1 *In Taucherflaschen ist Luft enthalten oder besondere Gasgemische, die z. B. mehr Sauerstoff enthalten als Luft.*

Stoffgemische In einem Fruchtcocktail sieht man auf einen Blick verschiedene Bestandteile: Beeren, Limettenscheiben, Minzblätter, Gasblasen und eine klare Flüssigkeit. Stoffgemische, in denen man die verschiedenen Stoffe optisch unterscheiden kann, nennt man **heterogene** Stoffgemische (griech. *heteros:* verschieden). Doch auch die klare Flüssigkeit ist kein Reinstoff, sondern ein Gemisch aus Wasser, Zucker und weiteren Bestandteilen. Ein solches Stoffgemisch, das einheitlich aussieht, nennt man **homogenes** Stoffgemisch (griech. *homos:* gleich).

Die verschiedenen Bestandteile eines heterogenen Stoffgemischs kann man optisch unterscheiden. Homogene Stoffgemische sehen hingegen einheitlich aus.

Homogene Stoffgemische Eine Zuckerlösung ist ein homogenes Stoffgemisch aus der Flüssigkeit Wasser und dem Feststoff Zucker. Alle homogenen Gemische mit mindestens einem flüssigen Bestandteil nennt man **Lösung.** Die weiteren Bestandteile können fest, flüssig oder gasförmig sein. Weitere bekannte Lösungen sind Wein, bei dem Alkohol in Wasser gelöst ist; oder Mineralwasser, ein Lösung aus dem Gas Kohlenstoffdioxid und Wasser. Auch der Sauerstoff, den Wasserlebewesen für ihre Atmung nutzen, ergibt mit der Flüssigkeit Wasser eine Lösung.

Auch die Luft, die wir atmen (↗1), ist ein homogenes Stoffgemisch, ein **Gasgemisch.** Sie besteht vor allem aus den Gasen Stickstoff und Sauerstoff. Weitere Bestandteile sind Edelgase und Kohlenstoffdioxid.

AUFGABEN

1 Gib löffelweise Zucker in ein Glas mit Leitungswasser. Rühre nach jedem Löffel so lange um, bis sich der Zucker nicht mehr löst. Benenne die auftretenden Gemischtypen.

2 Erwärmt man Wasser in einem Topf, beobachtet man lange bevor das Wasser kocht, die Bildung von Luftblasen. Erkläre dieses Phänomen.

Viele Gebrauchsmetalle sind homogene Feststoffgemische, die als **Legierungen** bezeichnet werden: Sie entstehen, wenn verschiedene Metalle im flüssigen Zustand vermischt werden und zu einer einheitlichen Masse aushärten. Die in Abbildung 2 dargestellten Cent-Münzen bestehen aus einer Legierung, die als Nordisches Gold bezeichnet wird und neben Kupfer noch die Metalle Aluminium, Zink und Zinn enthält (↗2).

Auch Stahl ist eine Legierung. Neben Eisen sind Chrom, Nickel, Silicium und Kohlenstoff enthalten. Stahl hat im Vergleich zu reinem Eisen vorteilhafte Eigenschaften: Er bricht nicht so leicht und ist daher besser formbar. Durch den Zusatz von Chrom wird Stahl zum rostfreien Edelstahl.

Heterogene Stoffgemische Das **Gemenge** ist ein heterogenes Gemisch verschiedener Feststoffe. Ein Beispiel ist das Gestein Granit. Dieses Gemenge besteht aus mindestens drei unterschiedlichen Reinstoffen, den Mineralien Feldspat, Quarz und Glimmer. Auch Müsli ist ein Gemenge aus mehreren festen Bestandteilen.

Eine heterogene Mischung aus Flüssigkeit und Feststoff nennt man **Suspension** (lat. *suspendere:* schweben lassen). Wasser und darin fein verteilter Sand bilden eine Suspension. Setzt sich der feste Bestandteil einer Suspension ab, dann spricht man von einer entmischten Suspension. Nach dem Regen ist eine Pfütze zunächst trüb. Die Suspension aus Sand, Schlamm und Wasser wird nach einiger Zeit wieder klar, da sich die unlöslichen Bestandteile als Bodensatz abgesetzt haben.

Emulsionen sind Mischungen aus Flüssigkeiten, die sich nicht ineinander lösen. In einer Salatsoße sind die zwei nicht ineinander löslichen Flüssigkeiten Essig und Öl gemischt. Es entsteht eine milchig trübe **Emulsion,** in der das Öl in kleinen Tröpfchen im Essig fein verteilt ist. Lässt man das Gemisch einige Zeit stehen, entmischt sich die Emulsion und das Öl sammelt sich auf dem Essig. Eine besondere Emulsion ist Milch. Sie erscheint mit dem bloßen Auge homogen. Unter dem Lichtmikroskop erkennt man jedoch fein verteilte Fetttröpfchen in der Flüssigkeit (↗3).

Es gibt auch heterogene Stoffgemische, bei denen ein Bestandteil gasförmig ist: Beim **Rauch** ist ein Feststoff fein in einem Gas verteilt, z. B. Ruß in Luft. Beim **Nebel** sind feinste Flüssigkeitströpfchen in einem Gas, z. B. Wassertröpfchen in der Luft. **Schaum** entsteht, wenn Gas in eine Flüssigkeit geleitet wird. In Badeschaum (↗4) sind die Luftblasen von Seifenwasser umschlossen.
Eine Übersicht der Stoffgemische befindet sich auf Seite 48.

2 *10-, 20- und 50-Cent-Münzen bestehen aus der Legierung Nordisches Gold.*

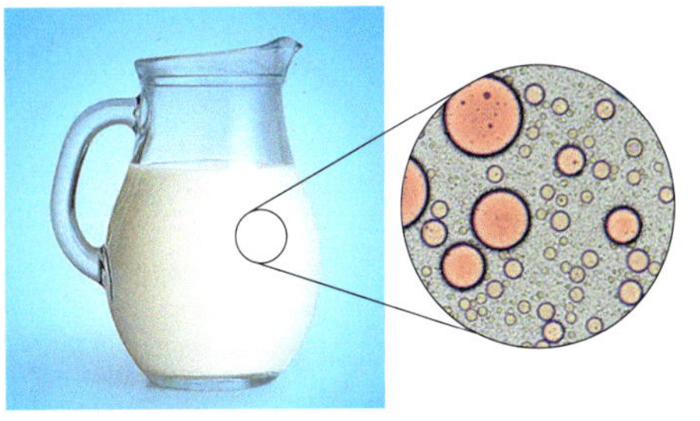

3 *Mikroskopbild: Milch ist eine Emulsion.*

4 *Badeschaum – ein heterogenes Stoffgemisch*

AUFGABEN

3 Ordne tabellarisch die folgenden Beispiele in Reinstoff, homogenes oder heterogenes Stoffgemisch: Sandsturm, Kohlenstoffdioxid, Leitungswasser, Blumenerde und Meerwasser.

4 Recherchiere die Bestandteile der Legierung Bronze.

5 Eiswürfel schwimmen im Wasser. Zeichne das dazu gehörige Teilchenmodell und beurteile, ob es sich um eine Suspension handelt.

6 Zeichne Badeschaum im Teilchenmodell (↗4).

Homogene und heterogene Stoffgemische in der Übersicht Die verschiedenen Arten von Stoffgemischen unterscheiden sich in den Aggregatzuständen ihrer Bestandteile. Dies veranschaulicht eine Darstellung auf Teilchenebene.

Homogene Stoffgemische	**Stoffebene**	**Teilchenebene**
Gasgemisch, z. B. Luft (gasförmig/gasförmig)		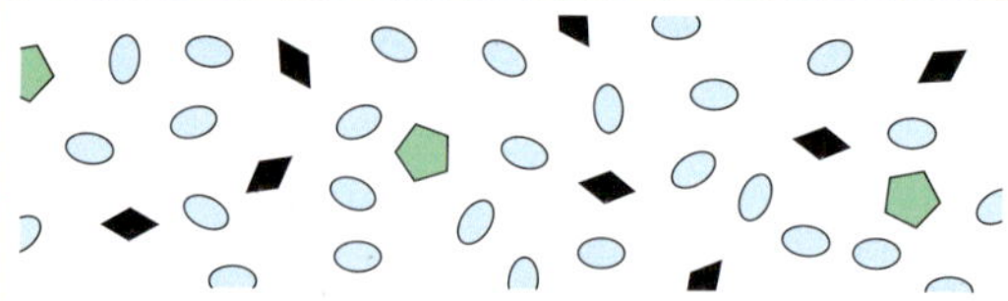
Lösung, z. B. Wein (flüssig/flüssig)		
Legierung, z. B. Messing (fest/fest)		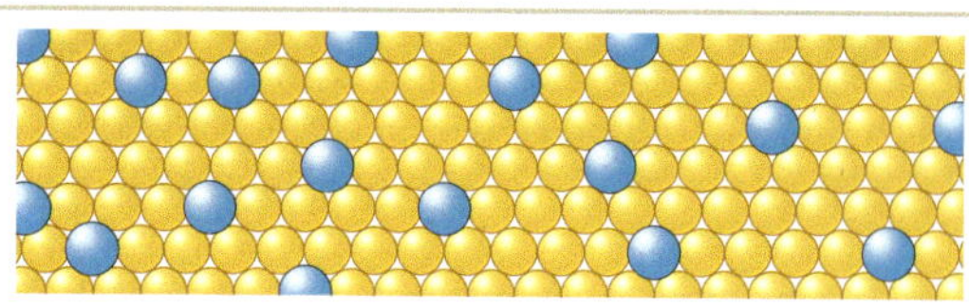
Heterogene Stoffgemische		
Gemenge, z. B. Granit (fest/fest)	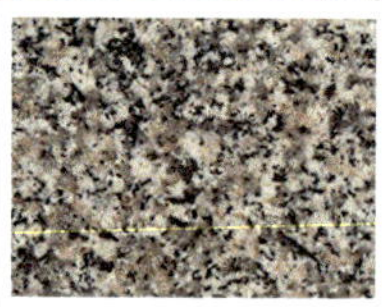	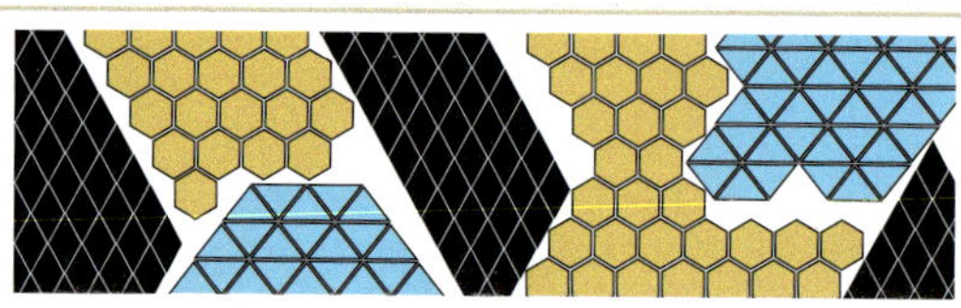
Suspension, z. B. Sandwasser (flüssig/fest)		
Emulsion, z. B. Salatsoße (flüssig/flüssig)		
Rauch (gasförmig/fest)		
Nebel (gasförmig/flüssig)		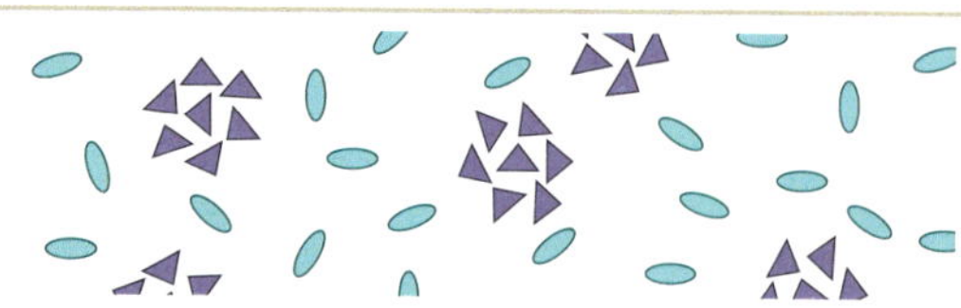

1 *Ausgewählte Stoffgemische mit Teilchendarstellung*

Bestimmen des Zuckeranteils in Getränken

Um den Zuckergehalt in Getränken zu bestimmen, ist die Dichte ein wichtiges Hilfsmittel. Denn diese hängt fast ausschließlich vom Zuckeranteil ab, da die weiteren Inhaltsstoffe nur in sehr geringer Menge enthalten sind. Je größer der Zuckeranteil ist, desto größer ist auch die Dichte des Getränks.

Bestimmt man für verschiedene Zuckerlösungen die jeweilige Dichte und trägt sie in einem Diagramm gegen den Zuckeranteil auf, erhält man eine Eichgerade.
Ermittelt man nun die Dichte eines Getränks, kann man an der Eichgeraden den zugehörigen Gehalt an Zucker ablesen.

EXP. 2 Erstellen einer Eichgeraden

Materialien: Waage, Messzylinder, Spatel, 7 Bechergläser, Haushaltszucker, entmineralisiertes Wasser

Durchführung:
Stelle in nummerierten Bechergläsern Zuckerlösungen mit verschiedenen Zuckeranteilen her. Wiege dazu die Massen aus der Tabelle ein:

Nr. der Lösung	Masse Zucker in g	Masse Wasser in g	Zuckeranteil der Lösung
1	0	100	0
2	5	95	0,05
3	10	90	0,1
4	15	85	0,15
5	20	80	0,2
6	25	75	0,25
7	30	70	0,3

Bestimme anschließend für genau 50 mL jeder Zuckerlösung die Masse. Bilde hierzu jeweils die Differenz der Masse des leeren Messzylinders und des Messzylinders mit 50 mL Lösung. Notiere in einer Tabelle die ermittelte Masse für das Volumen von 50 mL und berechne daraus die jeweilige Dichte (↗S. 28).

Nr. der Lösung	Masse von 50 mL der Zuckerlösung	Dichte der Zuckerlösung
1	...	...
...	...	...

Auswertung:
Erstelle aus diesen Werten ein Punktdiagramm, indem du die Dichte (y-Achse) gegen den Massenanteil der Lösung (x-Achse) aufträgst. Verbinde die Punkte sinnvoll zu einer Eichgeraden (↗S. 31).

EXP. 3 Zuckeranteil von Cola

Materialien: Waage, Messzylinder, Glasstab, Becherglas, Cola

Durchführung:
Fülle etwa 100 mL Cola in ein Becherglas und rühre solange, bis keine Gasblasen mehr aufsteigen, um das enthaltene Kohlenstoffdioxid zu entfernen.
Berechne die Dichte der Cola durch Bestimmung der Masse von 50 mL des Getränks.

Entsorgung: Lösungen in den Ausguss geben.

Auswertung: Ermittle den Zuckergehalt der Cola mithilfe der Eichgeraden aus EXP. 2. Recherchiere den tatsächlichen Zuckergehalt und vergleiche ihn mit deinem ermittelten Wert. Beurteile die Zuverlässigkeit deiner Messmethode und gib mögliche Fehlerquellen an.

Gehaltsgrößen

Bei alkoholhaltigen Getränken muss auf dem Etikett angegeben werden, wie viel Alkohol enthalten ist. Wein enthält meist 9–13 Vol.-% Alkohol.

1 *Der Ethanolgehalt in alkoholischen Getränken ist unterschiedlich.*

AUFGABEN

1 250 mL Bier haben einen Alkoholgehalt von 5 Vol.-%. Berechne das enthaltene Volumen an Ethanol.

2 Im Jugendschutzgesetz ist in § 9 der Umgang mit alkoholischen Getränken geregelt. Recherchiere die Regelungen und ihre Bedeutung für dich.

3 Alkohol übt auf Jugendliche eine starke Anziehungskraft aus. Gib Gründe für dieses gesellschaftliche Problem an.

Wie viel ist enthalten? In alkoholischen Getränken ist der Alkohol Ethanol enthalten. Es ist ein Suchtmittel; seine Abbauprodukte wirken im Körper schädigend und können die Gehirnentwicklung von Jugendlichen empfindlich stören. Der Ethanolgehalt in Getränken muss daher angegeben werden. Dies geschieht meist durch die **Gehaltsgröße** Volumenprozent „Vol.-%" (↗1).

Gehaltsgrößen geben den Anteil eines Stoffs in einem Stoffgemisch an.

Volumenkonzentration Die Zusammensetzung von Lösungen, die aus mehreren Flüssigkeiten bestehen, wird durch die Gehaltsgröße **Volumenkonzentration** beschrieben. Sie gibt das Volumen des Stoffs X bezogen auf das Volumen der gesamten Lösung an und hat das Größensymbol σ (gesprochen: *sigma*).

$$\sigma(\text{X}) = \frac{V(\text{X})}{V(\text{Lösung})}$$

So enthält z. B. ein Liter Wodka 380 mL Ethanol. Mit diesen Angaben kann die Volumenkonzentration σ(Ethanol) im Wodka berechnet werden:

$$\sigma(\text{Ethanol}) = \frac{V(\text{Ethanol})}{V(\text{Lösung})} = \frac{380\ \text{mL}}{1000\ \text{mL}} = 0{,}38$$

Für die übliche Angabe des Alkoholgehalts in Volumenprozent muss die Volumenkonzentration mit 100 % multipliziert werden. Wenn die Volumenkonzentration 0,38 beträgt, dann entspricht dies 38 Vol.-%.

Massenkonzentration In vielen Erfrischungsgetränken ist sehr viel Zucker enthalten (↗2). Um den Gehalt eines gelösten Feststoffs in einer Lösung anzugeben, wird die Masse des gelösten Stoffs X auf das Volumen der Lösung bezogen. Diese **Massenkonzentration** hat das Größensymbol β (gesprochen: *beta*).

$$\beta(\mathrm{X}) = \frac{m(\mathrm{X})}{V(\text{Lösung})}$$

Sind in einem Glas Limonade (250 mL) 20 g Zucker enthalten, beträgt die Massenkonzentration $\beta(\text{Zucker}) = 80\ \frac{\mathrm{g}}{\mathrm{L}}$:

$$\beta(\text{Zucker}) = \frac{m(\text{Zucker})}{V(\text{Lösung})} = \frac{20\ \mathrm{g}}{0{,}25\ \mathrm{L}} = 80\ \frac{\mathrm{g}}{\mathrm{L}}$$

Auch die im Mineralwasser enthaltenen Mineralstoffe werden auf dem Etikett aufgeführt und ihre Menge als Massenkonzentration in $\frac{\mathrm{mg}}{\mathrm{L}}$ angegeben. Der Gehalt an Mineralstoffen in den verschiedenen Wassersorten kann damit leicht verglichen werden.

Massenanteil Auf verpackten Lebensmitteln gibt eine Tabelle Auskunft über deren Zusammensetzung (↗3). Aufgelistet sind dort die Massen von z. B. Fett, Kohlenhydraten und Eiweißen bezogen auf 100 g des Lebensmittels. Der **Massenanteil *w*** gibt die Masse eines Stoffs X bezogen auf die Masse des gesamten Stoffgemischs an.

$$w(\mathrm{X}) = \frac{m(\mathrm{X})}{m(\text{Stoffgemisch})}$$

Sind in 100 g einer Schokolade 38 g Fett enthalten, dann kann damit der Massenanteil an Fett in der Schokolade berechnet werden.

$$w(\text{Fett}) = \frac{m(\text{Fett})}{m(\text{Schokolade})} = \frac{38{,}0\ \mathrm{g}}{100\ \mathrm{g}} = 0{,}38$$

Der Massenanteil wird nicht nur für die Beschreibung der Zusammensetzung von Lebensmitteln verwendet. Diese Gehaltsgröße gibt auch Auskunft über den Anteil eines Metalls in einer Legierung. In der Legierung Messing beträgt der Massenanteil des Metalls Zink zwischen 0,2 und 0,4.

Auch die Alkoholmenge im menschlichen Blut wird als Massenanteil angeben. Ist 1 g Ethanol in 1000 g Blut enthalten, ergibt sich ein Alkoholgehalt von einem Promille (1 Tausendstel = 1‰). Bereits bei einem Massenanteil von 0,1‰ Alkohol im Blut verändert sich die Wahrnehmung, wodurch z. B. Entfernungen falsch eingeschätzt werden. Dies kann zu gefährlichen Situationen z. B. im Straßenverkehr führen.

2 *Erfrischungsgetränke enthalten häufig viel Zucker.*

Durchschnittliche Nährwerte	pro 100 g
Energie	2210 kJ / 533 kcal
Fett	38 g
davon gesättigte Fettsäuren	25 g
Kohlenhydrate	32 g
davon Zucker	28 g
Eiweiß	9,6 g
Salz	0,04 g

3 *Auf Verpackungen werden die Massen der Inhaltsstoffe pro 100 g Lebensmittel aufgelistet.*

AUFGABEN

4 Auf dem Etikett einer 1,5-L-Mineralwasserflasche ist ein Chloridgehalt von 2,8 $\frac{\mathrm{g}}{\mathrm{L}}$ angeben. Berechne die Masse dieses Mineralstoffs in der Flasche.

5 Alkopops sind alkoholische Getränke, die viel Zucker enthalten.

a In 275 mL sind 14 g Zucker enthalten. Berechne die Massenkonzentration.

b Recherchiere den Grund für die hohe Menge an Zucker in Alkopops.

IMPULSAUFGABEN

A Kläranlage

Abwasser aus Haushalt und Industrie wird in Kläranlagen behandelt (↗ A1), bevor es in natürliche Gewässer eingeleitet werden darf. Die im Wasser enthaltenen Verschmutzungen werden in einer Kläranlage meist in drei Reinigungsstufen entfernt (↗ A2). Zunächst werden in der mechanischen Reinigungsstufe Feststoffe abgetrennt. In der folgenden biologischen Stufe werden viele der gelösten Stoffe von Mikroorganismen abgebaut und so aus dem Abwasser entfernt. Mikronährstoffe wie Phosphate können ein starkes Algenwachstum begünstigen. Sie werden in einer chemischen Reinigungsstufe entfernt.

A1 *Luftaufnahme einer großen Kläranlage*

A3 *Rechen der mechanischen Reinigungsstufe*

1 Abwasser ist ein Stoffgemisch. Ordne begründet passende Fachbegriffe zu.

2 In der mechanischen Reinigungsstufe fließt das Abwasser zunächst durch einen Rechen (↗ A3). Dabei werden verschiedene Feststoffe aus dem Abwasser entfernt. Auch mit einem Filter können Feststoffe aus Wasser abgetrennt werden.
   - a Vergleiche das Funktionsprinzip von Rechen und Filter.
   - b Begründe den Einsatz eines Rechens statt eines Filters in Kläranlagen.
   - c Im Sandfang- und im Vorklärbecken wird Sand aus dem Abwasser entfernt (↗ A2). Beschreibe den Aufbau dieser Becken und erkläre die zugrundeliegende Funktionsweise.

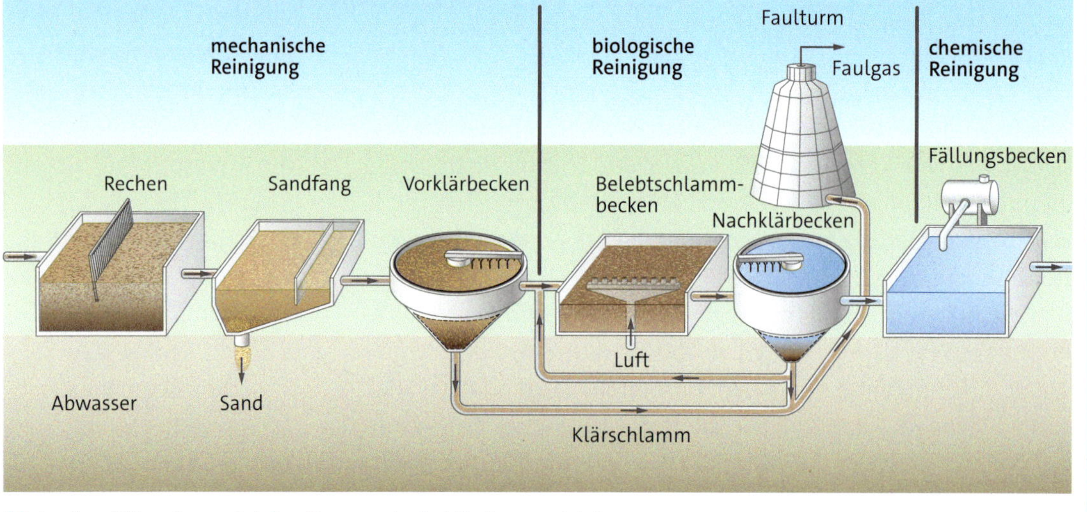

A2 *In einer Kläranlage wird das Abwasser in drei Stufen gereinigt.*

B Schnapsbrennen

Alkoholische Getränke wie Bier oder Wein werden mithilfe von Hefepilzen durch alkoholische Gärung hergestellt. Man kann so einen Trinkalkoholgehalt von bis zu 20 Volumenprozent (20 Vol.-%) erreichen. Da Alkohol ein Zellgift ist, sterben die Hefezellen bei diesem Alkoholgehalt ab.
Um hochprozentigere Spirituosen wie Obstbrände, Wodka oder Whiskey herzustellen, wird in einer Brennerei das Verfahren der Destillation verwendet. In einem Kessel, der Brennblase (↗B1), wird die bei der Gärung entstandene Maische erhitzt und so in ihre Bestandteile getrennt. Diese Bestandteile sind neben dem Trinkalkohol Ethanol der giftige Alkohol Methanol, das nach Klebstoff riechende Ethylacetat, Fuselöle und vor allem Wasser.

B1 *Brennblasen einer Schnapsbrennerei*

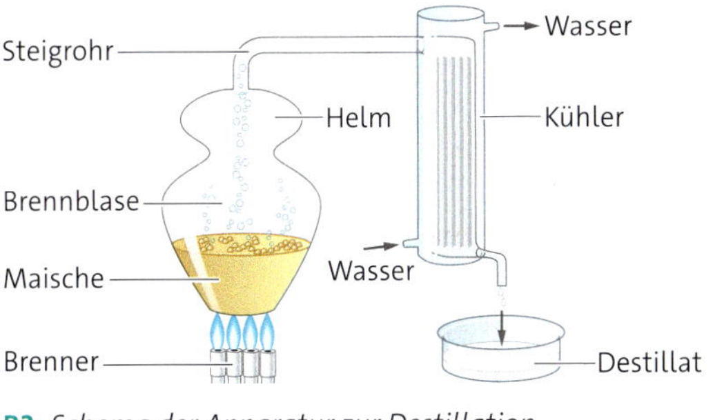

B2 *Schema der Apparatur zur Destillation (Schnapsbrennen)*

Stoff	Siedetemperatur
Trinkalkohol (Ethanol)	78 °C
Methanol	65 °C
Fuselöle	97–131 °C
Wasser	100 °C

B3 *Inhaltsstoffe der Maische*

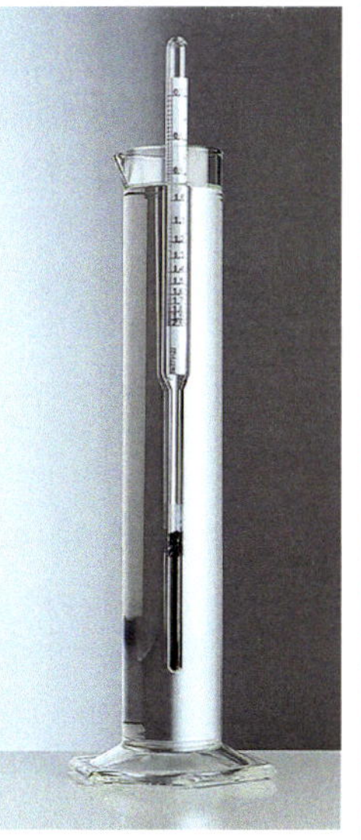

B4 *Aräometer in einer Alkohollösung*

1 In der Apparatur zum Schnapsbrennen (↗B2) ändern die Stoffe der Maische ihre Aggregatzustände. Benenne anhand von Abbildung B2 die Änderungen der Aggregatzustände mit Fachbegriffen und beschreibe die dabei ablaufenden Vorgänge auf Teilchenebene.

2 Die zuerst in den Auffangbehälter tropfende Flüssigkeit nennt man Vorlauf. In einem neuen Behälter wird danach der Hauptlauf aufgefangen und abgefüllt. Abschließend tropft noch der sogenannte Nachlauf aus der Apparatur.
Erkläre diese Vorgehensweise, indem du den drei Läufen die einzelnen Stoffe begründet zuordnest. Verwende hierfür die Siedetemperaturen (↗B3).

3 Mithilfe einer Dichtespindel (Aräometer) lässt sich der Alkoholgehalt bestimmen. Aus der Eintauchtiefe der Spindel kann die Dichte der Flüssigkeit an einer geeichten Skala direkt abgelesen werden (↗B4). Erkläre die Funktionsweise einer Dichtespindel bei der Messung des Alkoholgehalts.
Hinweis:
$\varrho(\text{Ethanol}) = 0{,}79\,\frac{g}{mL}$, $\varrho(\text{Wasser}) = 1{,}00\,\frac{g}{mL}$

Trennen von Stoffgemischen

EXP. 4 Papierchromatografie von Blattfarbstoffen

Materialien: rechteckiges Chromatografiepapier (ersatzweise: Filterpapier), Bleistift, Lineal, Schere, Mörser, Pistill, Becherglas, Glaskapillare, Uhrglas, Quarzsand, Heptan (GHS 2|8|7|9), Propan-2-ol (GHS 2|7), Pflanzenblätter (z. B. Petersilie)

Durchführung:
- Ziehe auf einem rechteckigen Stück Chromatografiepapier etwa 2,5 cm vom unteren Rand entfernt eine waagrechte Linie mit Bleistift. Das ist die sogenannte Startlinie.
- Stelle aus Heptan und Propan-2-ol das Laufmittel her. Mische hierzu die beiden Flüssigkeiten im Volumenverhältnis 9 : 1, z. B. 9 mL Heptan und 1 mL Propan-2-ol.
- Zerreibe im Mörser die Pflanzenblätter mit etwas Quarzsand und 10 mL Laufmittel. Nimm die tiefgrüne Lösung mit einer Glaskapillare auf und trage sie als Punkt auf der Startlinie auf. Das Ergebnis wird besser, wenn man die Lösung nach Trocknen des Flecks mehrfach übereinander aufträgt.
- Fülle das Laufmittel etwa 1 cm hoch in das Becherglas.
- Hänge das Papier wie im Bild zu sehen in das Becherglas. Beachte, dass zwar der untere Rand vom Papier, aber nicht die Startlinie ins Laufmittel taucht. Das Glas nicht mehr bewegen und mit dem Uhrglas abdecken.
- Entnimm das Papier, sobald das Laufmittel ca. 1 cm unterhalb des oberen Randes ist.

Entsorgung: Lösungen in den Behälter für halogenfreie organische Abfälle geben.

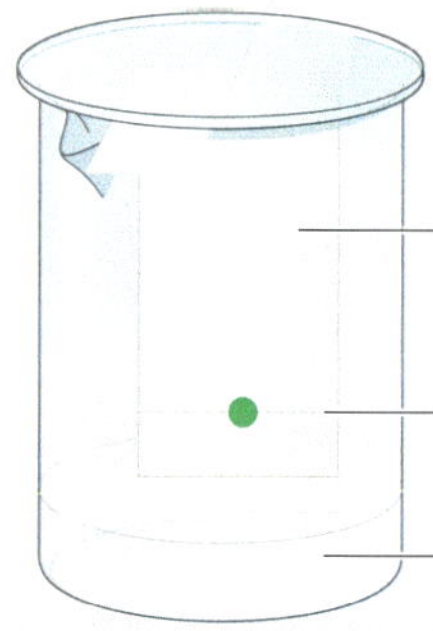

Auswertung: In den Blättern sind verschiedene Farbstoffe enthalten: grüne Chlorophylle, orangefarbene Carotine, gelbes Lutein und gelbe Xanthophylle. Erstelle eine Skizze deines Ergebnisses. Kannst du einzelne Farbstoffe zuordnen?

EXP. 5 Papierchromatografie mit Filzstiftfarben

Materialien: Petrischale, Rundfilter, Filzstifte z. B. Fineliner, Wasser

Durchführung: Stich mit einem Bleistift ein Loch in die Mitte des runden Filterpapiers. Male im Abstand von etwa 1 cm mit dem Filzstift einen Kreis um das Loch. Halbiere ein zweites Filterpapier und rolle es zu einem dünnen Röhrchen auf. Stecke es in das Loch des Rundfilters. Stelle das Röhrchen mit dem Filter wie auf der Abbildung zu sehen in eine Petrischale mit Wasser. Achte darauf, dass nur das Röhrchen in das Wasser taucht.

Entsorgung: Rundfilter in den Hausmüll geben.

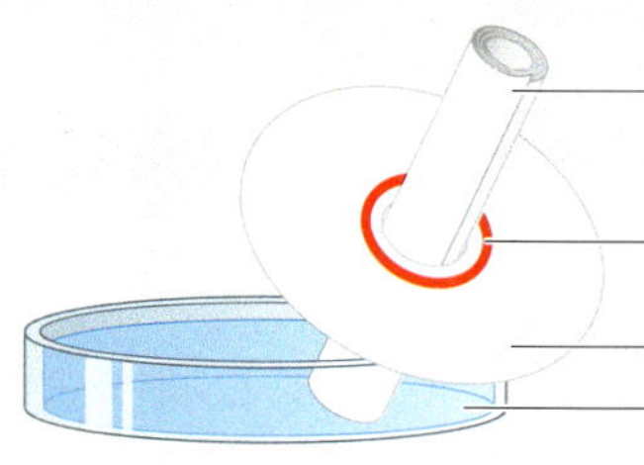

Auswertung:
1 Erkläre deine Beobachtung.
2 Du möchtest drei Filzstiftfarben auf einem einzigen Filterpapier untersuchen. Dazu malst du mit jeder Farbe einen Kreis um das Loch. Beurteile, ob dieses Vorgehen zu einem aussagekräftigen Ergebnis führt.

EXP. 6 Extraktion von Kokosfett

Materialien: Reagenzglas, Reagenzglasgestell, Spatel, Heizplatte, Becherglas, Stativ, Klemme, Muffe, Trichter, Filterpapier, Uhrglas, Leitungswasser, Kokosraspeln, Heptan (GHS 2|8|7|9)

Durchführung: Befülle ein Reagenzglas ca. 2–3 cm hoch mit Kokosraspeln. Überschichte die Kokosraspeln vorsichtig mit etwas Heptan, sodass das Reagenzglas höchstens zur Hälfte gefüllt ist. Erhitze das Gemisch im Reagenzglas vorsichtig im Wasserbad (siehe Abbildung) bis eine Trübung des Heptans erkennbar ist, jedoch nur so lange bis das Heptan zu Sieden beginnt.

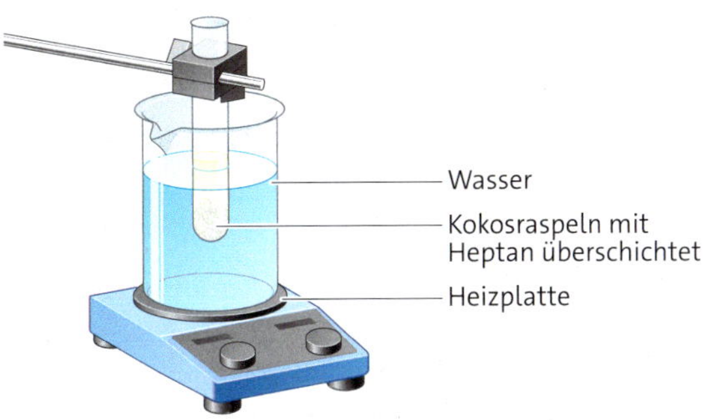

Nimm nun das Reagenzglas aus dem Wasserbad, lass es kurz abkühlen und filtriere seinen Inhalt auf ein Uhrglas. Lass das Filtrat einige Zeit auf dem Uhrglas stehen. Es entsteht ein schmieriger „Film“. Der Nachweis des Fetts kann über die Fettfleckprobe erfolgen.

Entsorgung: Reste in den Hausmüll geben.

Auswertung: Dokumentiere und erkläre deine Beobachtungen.

EXP. 7 Destillation von Rotwein

Materialien: Reagenzglas, Siedesteinchen, durchbohrter Stopfen mit gewinkeltem Glasrohr, Porzellanschale, Teelicht, Reagenzglashalter, Holzspan, Rotwein

Durchführung: Fülle 2–3 cm hoch Rotwein in ein Reagenzglas und gib ein Siedesteinchen dazu. Setze den Stopfen mit dem gewinkelten Glasrohr auf das Reagenzglas.
Erhitze vorsichtig mit der Teelichtflamme den Rotwein im schräg gehaltenen Reagenzglas. Bewege das Reagenzglas ständig durch leichtes Schütteln über der Flamme. Erhitze solange, bis im Glasrohr eine Flüssigkeit kondensiert und in die Porzellanschale tropft. Halte einen brennenden Holzspan an die Flüssigkeit.

Entsorgung: Reste in den Ausguss geben.

Auswertung:

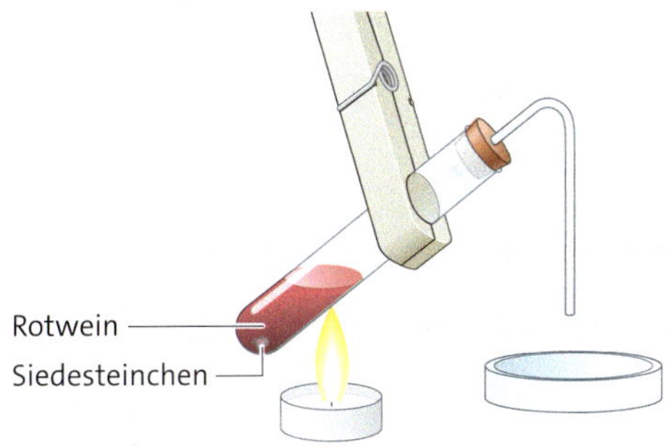

1 Erkläre deine Beobachtung.

2 Ein besseres Ergebnis erhält man, wenn man das Glasrohr mit einem feuchten Tuch umwickelt. Erkläre dieses Phänomen.

EXP. 8 Entfärben von Cola

Materialien: Reagenzglas mit Stopfen, abgekochte Cola, Trichter, Filterpapier, Becherglas, Aktivkohle, Katzenstreu

Durchführung: Schüttle im Reagenzglas Aktivkohle mit der Cola. Filtriere anschließend die Probe. Wiederhole dieses Vorgehen mehrmals und beobachte die Farbe der Flüssigkeit.

Auswertung:

1 Der Vorgang beruht auf dem Prinzip der Adsorption. Recherchiere die Bedeutung dieses Fachbegriffs und erkläre deine Beobachtung.

2 Führe den Versuch mit Katzenstreu statt Aktivkohle durch. Vergleiche die Ergebnisse.

Trennmethoden

Beim Spaziergang am Strand kannst du mit viel Glück das fossile Harz Bernstein finden. Doch wie kannst du ihn von der Vielzahl anderer gelber Steine unterscheiden?

1 *Gibt man einige Löffel Kochsalz in ein Glas Wasser, erhält man Salzwasser mit einer Dichte, die größer als* $1{,}1\,\frac{g}{cm^3}$ *ist. Bernstein schwimmt auf dem Salzwasser, während Feuerstein zu Boden sinkt.*

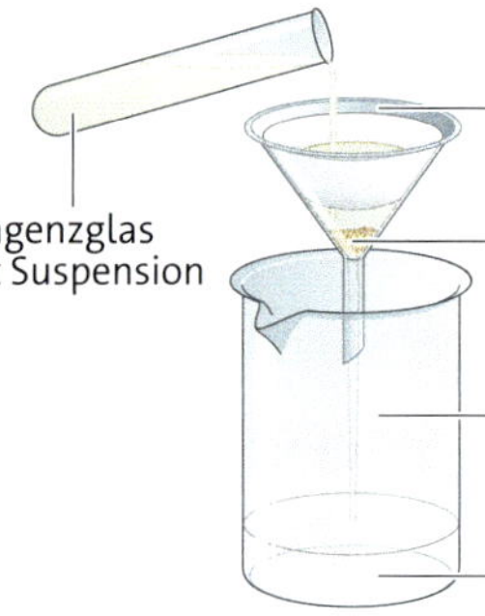

2 *Versuchsaufbau zur Filtration einer Suspension*

Stoffeigenschaften helfen beim Trennen Um Stoffgemische wie ein Gemenge aus Bernstein und anderen Steinen zu trennen, nutzt man die unterschiedlichen Eigenschaften der Stoffe. Bernstein ist ein fossiles Harz und hat eine geringere Dichte als der sehr ähnlich aussehende gelbe Feuerstein. Zur Trennung der gelben Steine nutzt man Salzwasser mit einer höheren Dichte als Bernstein. Gibt man dieses Gemenge in ein Glas mit Salzwasser, steigt nur der Bernstein zur Wasseroberfläche auf (↗1).
Auch weitere Stoffeigenschaften wie die Löslichkeit oder die Siedetemperatur können zum Trennen von Gemischen herangezogen werden.

Trennmethoden für Stoffgemische beruhen auf den unterschiedlichen Eigenschaften der Reinstoffe.

Trennen durch Filtration Gießt man Sandwasser auf ein Filterpapier, so fließt das Wasser durch den Filter und kann als Filtrat aufgefangen werden (↗2). Der Sand bleibt als Rückstand auf dem Filter zurück. Mit dem Verfahren **Filtration** kann eine Suspension in ihre festen und flüssigen Bestandteile getrennt werden. Es wird auch genutzt, um beim Zubereiten von Filterkaffee die festen Bestandteile zurückzuhalten.

Trennen durch Extraktion Aus gelber Limonade kann durch **Extraktion** (lat. *extrahere:* herausziehen, herauslösen) der Farbstoff beta-Carotin abgetrennt werden. Dabei wird ausgenutzt, dass die Löslichkeit von beta-Carotin in der Flüssigkeit Ethansäureethylester besser ist als im Wasser der Limonade.

Ethansäureethylester ist das **Extraktionsmittel,** um den gelben Farbstoff aus der Limonade herauszulösen.
Für die Extraktion gibt man die Limonade und das Extraktionsmittel in einen Scheidetrichter (↗3). Durch Schütteln wird eine große Kontaktfläche zwischen der Limonade und dem Extraktionsmittel geschaffen. Das beta-Carotin geht aus dem Wasser in den Ethansäureethylester über.
Auch bei der Zubereitung von Kaffee erfolgt eine Extraktion. Mithilfe des Extraktionsmittels Wasser werden Farb- und Aromastoffe aus dem Kaffeepulver herausgelöst.

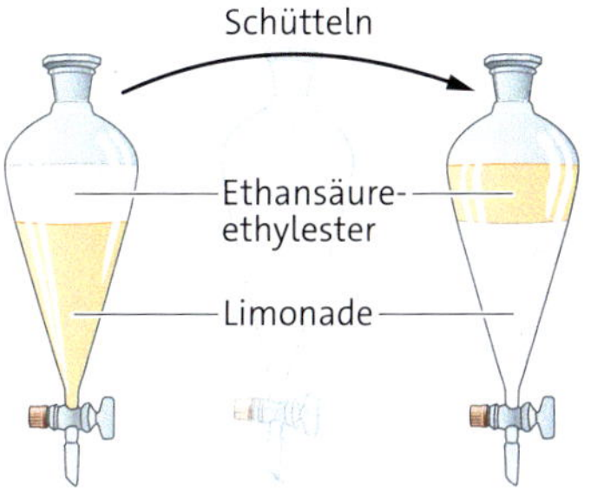

3 *In einem Scheidetrichter kann der gelbe Farbstoff beta-Carotin aus Limonade herausgelöst werden.*

Mithilfe eines Extraktionsmittels können aus einem Stoffgemisch Bestandteile herausgelöst werden. Die Extraktion beruht auf der unterschiedlichen Löslichkeit der Stoffe.

Trennen durch Chromatografie Im Herbst verändern Laubblätter ihre Farbe von Grün nach Gelb-Orange. Die gelben und orangenen Farbstoffe sind aber bereits in den grünen Blättern enthalten. Mithilfe der Chromatografie kann dies gezeigt werden. Bei der Chromatografie nutzt man die unterschiedliche Löslichkeit und Adsorptionsstärke der Stoffe, d. h. die Eigenschaft der Stoffe, unterschiedlich stark an anderen Stoffen zu haften.

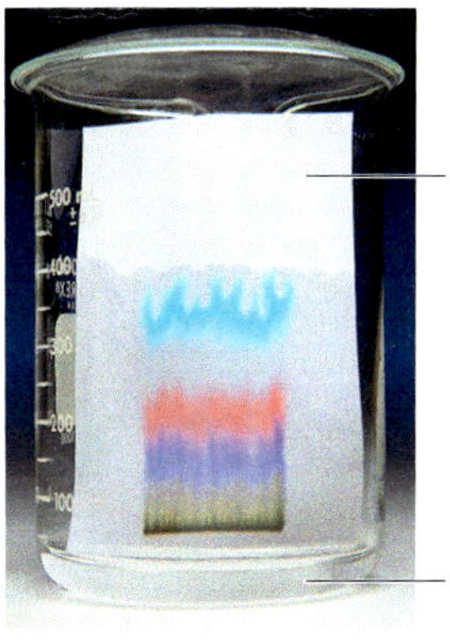

4 *Bei der Chromatografie benötigt man ein Adsorptionsmittel und ein Lösungsmittel.*

Für die Stofftrennung benötigt man deshalb ein geeignetes Adsorptionsmittel, an dem die Stoffe unterschiedlich stark anhaften, und ein geeignetes Lösungsmittel, in dem sich die Stoffe unterschiedlich gut lösen. Bei der Papier-Chromatografie wird das Stoffgemisch, z. B. ein Extrakt der Blattfarbstoffe, auf dem Papier als Adsorptionsmittel aufgetragen und das Lösungsmittel steigt im Papier nach oben (↗4). Es nimmt dabei je nach Adsorptionsstärke und Löslichkeit die Farbstoffe unterschiedlich weit mit. Das Ergebnis der Chromatografie bezeichnet man als Chromatogramm (↗5).

5 *Das Chromatogramm eines Extraktes aus Laubblättern zeigt die im Blatt enthaltenen Farbstoffe.*

Bei der Chromatografie werden die unterschiedliche Löslichkeit und Adsorptionsstärke der Stoffe genutzt, um ein Gemisch zu trennen.

AUFGABEN

1 Bernstein schwimmt auf Salzwasser mit einer Dichte von mehr als 1,1 $\frac{g}{cm^3}$, während Feuerstein am Boden bleibt (↗1).
Recherchiere die Dichten von Bernstein und Feuerstein und erkläre damit die Versuchsbeobachtung.

2 Sandwasser kann auch durch Sedimentieren und Dekantieren getrennt werden. Dabei setzen sich die festen Bestandteile am Boden des Gefäßes ab und die Flüssigkeit kann abgegossen werden. Gib Vor- und Nachteile dieses Verfahrens im Vergleich zur Filtration an.

1 *Eindampfen auf einem Uhrglas*

2 *Becken zur Gewinnung von Meersalz*

Eindampfen Ein besonders einfaches Verfahren zur Stofftrennung von Lösungen ist das **Eindampfen.**
Erhitzt man eine Salzlösung bis zum Sieden, verdampft das Wasser und das Salz bleibt zurück (↗1). Auf diese Weise kann aber nur der Stoff mit der größeren Siedetemperatur gewonnen werden, die anderen Stoffe verdampfen und werden bei dieser Methode nicht aufgefangen. Das Eindampfen wird daher vor allem zur Gewinnung von festen Stoffen aus Lösungen angewendet.

Trennen durch Destillation Aus alkoholhaltigen Lösungen kann durch **Destillation** hochprozentiger Alkohol erhalten werden. Bei dieser Trennmethode nutzt man die unterschiedlichen Siedetemperaturen der in der Lösung enthaltenen Flüssigkeiten: Der Stoff mit der niedrigsten Siedetemperatur wird beim Erwärmen als erstes gasförmig und verdampft. Die Siedetemperatur von Trinkalkohol (Ethanol) ist mit 78 °C niedriger als die von Wasser. Erhitzt man eine Mischung aus Ethanol und Wasser auf etwa 80 °C, verdampft überwiegend Ethanol, aber nur wenig Wasser.

Der Dampf wird aufgefangen, abgekühlt und durch Kondensieren als flüssiges Destillat in der Vorlage gesammelt (↗3).
Zum Abkühlen kann ein Liebigkühler verwendet werden. Dieser besteht aus einem inneren Glasrohr, das von einem weiteren Glasrohr ummantelt ist. Im äußeren Glasrohr fließt Wasser gegenläufig zur Destillationsrichtung. So nimmt die Temperatur in Richtung der Vorlage ab und der Dampf wird gekühlt. Als Rückstand bleibt das Wasser aufgrund seiner höheren Siedetemperatur im Destillierkolben zurück.

Bei der Destillation nutzt man zur Trennung einer Lösung die unterschiedlichen Siedetemperaturen der enthaltenen Flüssigkeiten.

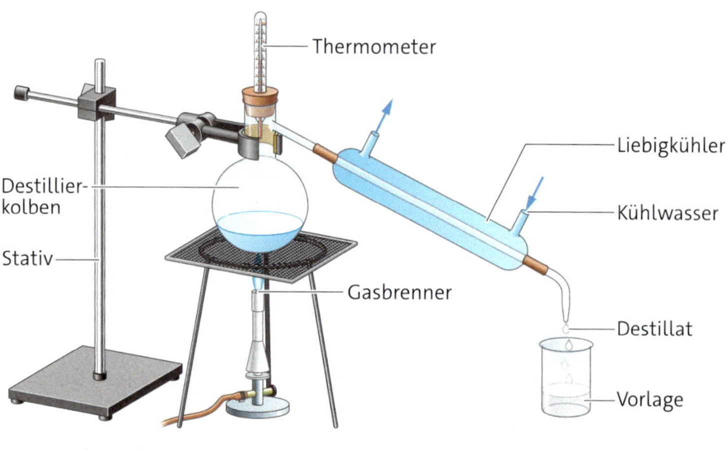

3 *Versuchsaufbau zur Destillation*

AUFGABEN

1 Aus einem Aceton-Wasser-Gemisch soll durch Destillation reines Wasser gewonnen werden. Aceton hat eine Siedetemperatur von 56 °C. Entwickle eine Vorgehensweise, um dies zu erreichen.

2 Bei der Salzgewinnung aus dem Meer wird das Meerwasser durch die Sonne erwärmt und der Wasserdampf entweicht in die Umgebung. Das feste Salz bleibt zurück (↗2). Vergleiche dieses Verfahren mit den Trennmethoden Eindampfen und Destillation.

Auffangen von Gasen

Beim Experimentieren können Gase entstehen. Um mit ihnen zu arbeiten, muss man sie auffangen. Hierzu leitet man die Gase in ein Auffanggefäß ein.

Auffangen durch Luftverdrängung

Beim Einleiten eines Gases in ein Gefäß verdrängt es die darin enthaltene Luft.

1 Gase mit einer größeren Dichte als Luft
Das Gas, z. B. Kohlenstoffdioxid, wird von oben in das Gefäß eingeleitet. Es sammelt sich am Boden.

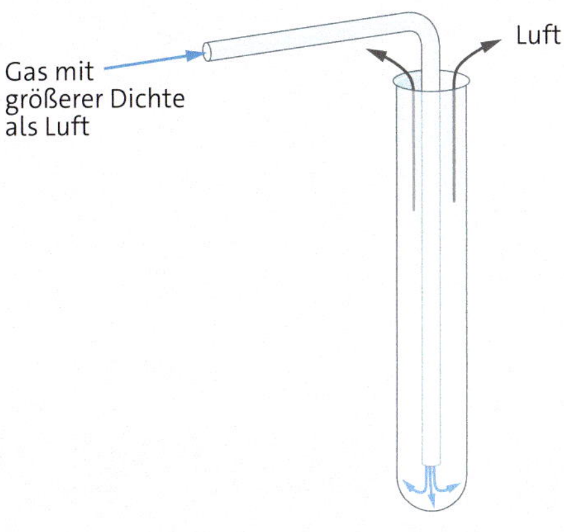

2 Gase mit einer geringeren Dichte als Luft
Das Auffanggefäß muss mit der Öffnung nach unten gehalten werden. Das Gas, z. B. Wasserstoff, steigt aufgrund seiner geringen Dichte nach oben und sammelt sich im Gefäß.

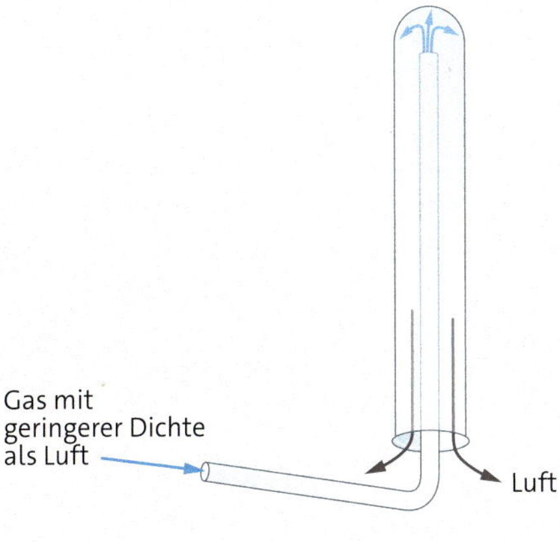

Pneumatisches Auffangen von Gasen

Beim pneumatischen Auffangen von Gasen wird die im Gefäß enthaltene Luft zunächst durch Wasser verdrängt. Das Gas wird dann in das wassergefüllte Gefäß eingeleitet. Wird als Auffanggefäß statt eines Reagenzglases ein Messzylinder verwendet, kann auch das Volumen des Gases bestimmt werden. Gase, die sich gut in Wasser lösen, können mit dieser Methode nicht vollständig aufgefangen werden. Volumenmessungen sind für diese Gase ungenau. Ein Beispiel ist das Gas Kohlenstoffdioxid.

1 In einer Glaswanne mit Wasser wird das Auffanggefäß vollständig mit Wasser gefüllt und so mit Stativmaterial befestigt, dass die Öffnung unter der Wasseroberfläche bleibt.

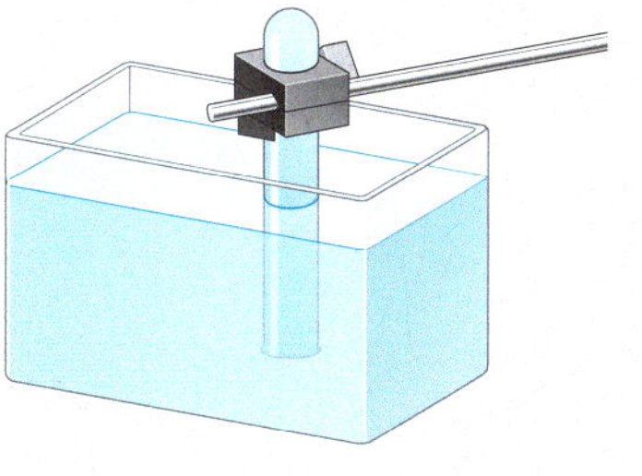

2 Das Gas wird über einen Schlauch oder ein gebogenes Glasrohr von unten in das wassergefüllte Auffanggefäß eingeleitet und verdrängt das Wasser. Der sinkende Wasserspiegel im Auffanggefäß zeigt die Menge des gebildeten Gases an.

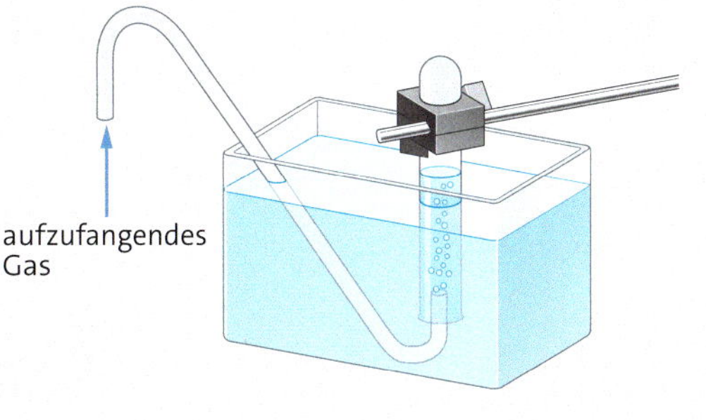

ARBEITSWEISEN IN DER CHEMIE

Luft als Stoffgemisch

Die Erde ist von einer Lufthülle, der Atmosphäre, umgeben. Sie erstreckt sich bis in eine Höhe von 1000 km.

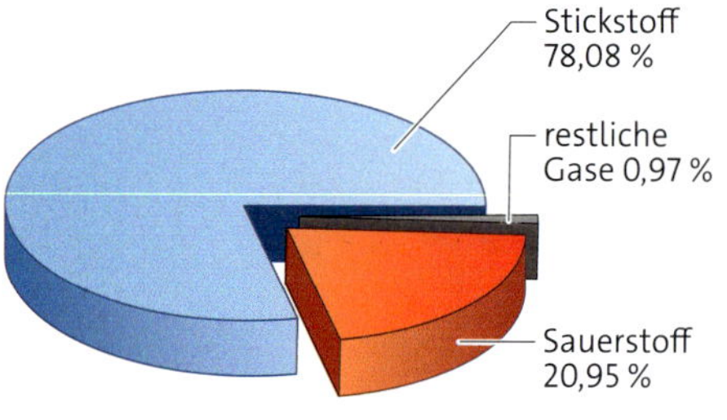

1 *Die Hauptbestandteile der Luft sind die Gase Stickstoff und Sauerstoff.*

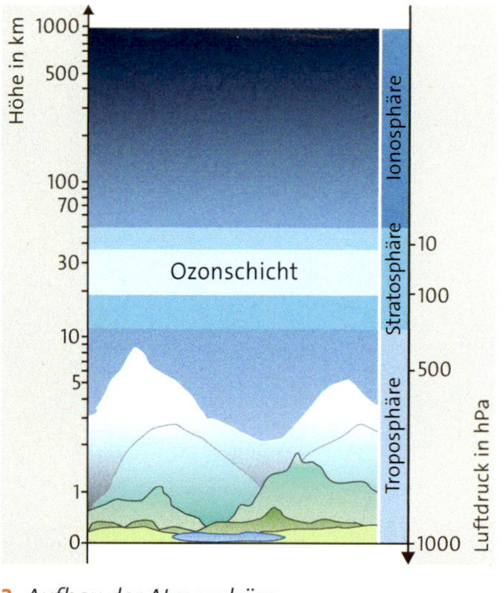

2 *Aufbau der Atmosphäre*

Luft – ein Gasgemisch Die Bezeichnung „Luft" beschreibt die besondere Zusammensetzung der Erdatmosphäre (↗1). Sie besteht hauptsächlich aus den beiden Gasen Stickstoff (78 %) und Sauerstoff (21 %). Die restlichen 1 % bilden viele weitere Gase u. a. Argon, Kohlenstoffdioxid, Helium, Methan und Stickstoffoxide.

Luft enthält auch gasförmiges Wasser. Der maximal mögliche Gehalt des Wasserdampfs ist von der Temperatur abhängig. Bei einer Temperatur von 20 °C kann ein Kubikmeter Luft nicht mehr als 18 mL Wasserdampf aufnehmen. Die sogenannte relative Luftfeuchtigkeit beträgt dann 100 %. Ist mehr Wasser in der Luft enthalten, so können sich Wassertröpfchen bilden. Aus dem homogenen Gasgemisch Luft wird das heterogene Gemisch Nebel. Die Luft enthält auch verschiedene Feststoffe wie Staub und Pollen. Bei der Verbrennung von Holz, Kohle und Kraftstoffen entstehen zusätzlich Ruß und Feinstaub.

Das Stoffgemisch Luft enthält vor allem die Gase Stickstoff und Sauerstoff. Außerdem enthält es weitere Gase wie Argon, Kohlenstoffdioxid und Wasserdampf.

Der Luftdruck Da Luft nicht „Nichts" ist, hat sie auch eine entsprechende Masse. Die Masse der gesamten Atmosphäre beträgt etwa $5 \cdot 10^{18}$ kg (5 Trillionen Kilogramm). Auf einer Fläche von einem Quadratmeter lastet das erstaunliche Gewicht von etwa 10 Tonnen. Dies ist als Luftdruck messbar. Die Masse der Atmosphäre wirkt sich als Luftdruck aus. Auf Meeresspiegelhöhe wirkt ein Luftdruck von 1013 hPa, der mit der Höhe abnimmt.

Ozon – nützlich und schädlich In höheren Schichten der Atmosphäre ändert sich die Zusammensetzung der Luft. Durch die starke UV-Strahlung der Sonne bildet sich in einer Höhe von 20 bis 35 km das Gas Ozon. Diese Ozonschicht (↗2) entfernt gefährliche UV-Strahlung aus dem Sonnenlicht und schützt dadurch die Lebewesen z. B. vor Hautkrebs. Der Ozongehalt schwankt; vor allem über dem Nord- und Südpol wurde eine besonders starke Ausdünnung gemessen. Durch diese sogenannten „Ozonlöcher" (↗3) gelangt verstärkt UV-Strahlung der Sonne zur Erdoberfläche.

Auch in bodennahen Luftschichten kann Ozon entstehen. Stickstoffoxide, die unter anderem in Verbrennungsmotoren gebildet werden, erzeugen bei der im Sommer erhöhten UV-Strahlung Ozon. Wird das Gas eingeatmet, kann es zu einer Schädigung der Atmungsorgane kommen. Luftmessstationen kontrollieren daher regelmäßig die Belastung der Luft. Ab einer Menge von 180 $\frac{\mu g}{m^3}$ Ozon wird die Bevölkerung informiert. Körperliche Anstrengungen sollten dann vermieden werden.

Luftbestandteile Neben den Hauptbestandteilen Stickstoff und Sauerstoff (↗4) ist das Edelgas Argon mit fast 1 % der dritthäufigste Bestandteil der Luft. Für unser Leben von großer Bedeutung ist Kohlenstoffdioxid, das nur in Spuren in der Luft vorkommt. Es entsteht unter anderem bei Verbrennungsvorgängen und beim Stoffwechsel von Lebewesen. In der Fotosynthese wird es von Pflanzen aufgenommen und zum Aufbau von Traubenzucker verwendet.
Die Zunahme des Kohlenstoffdioxidanteils in der Atmosphäre in den letzten Jahrhunderten gilt als Hauptverursacher für den Klimawandel.

	Stickstoff	Sauerstoff
Anteil in der Luft	78,08 %	20,94 %
Schmelztemperatur	–210 °C	–219 °C
Siedetemperatur	–196 °C	–183 °C
Dichte bei 0 °C	1,25 $\frac{g}{L}$	1,43 $\frac{g}{L}$
Löslichkeit in Wasser (0 °C/1013 hPa)	wenig: 29,0 $\frac{mg}{L}$	wenig: 70,2 $\frac{mg}{L}$
Verwendung (Beispiele)	Herstellung von Düngemittel; Schutzgas in Lebensmittelverpackungen; Treibmittel beim Aufschlagen von Sahne oder Frischkäse	Atemgas in medizinischen Beatmungsgeräten und Taucherflaschen; Bestandteil von Raketentreibstoff; Bleichmittel

4 *Eigenschaften und Verwendung der beiden Hauptbestandteile von Luft*

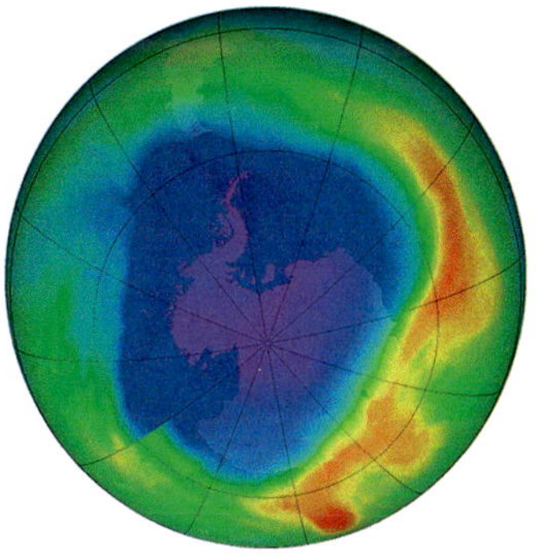

3 *Die bisher größte Ausdehnung des Ozonlochs über der Antarktis wurde 2006 gemessen (blauer Fleck).*

AUFGABEN

1 Direkt über die Flamme einer Kerze wird eine weiße Porzellanschale gehalten. Ein schwarzer Feststoff wird auf der Schale sichtbar. Erkläre diese Beobachtung.

2 Durch Verbrennung von Erdöl, Erdgas und Kohle nimmt der Kohlenstoffdioxidanteil der Atmosphäre zu. Recherchiere den aktuellen Anteil und vergleiche ihn mit dem Anteil von vor 20 Jahren.

3 Erstelle für die Gase Argon und Kohlenstoffdioxid Steckbriefe nach dem Muster von Tabelle 4.

4 Die folgenden Zahlen geben die Verteilung dieser Spurengase in der Luft an. Erstelle aus diesen Werten mit einem Tabellenkalkulationsprogramm ein Kreisdiagramm: Kohlenstoffdioxid: 93,82 %, Neon: 4,19 %, Helium: 1,21 %, Methan: 0,41 %, Krypton: 0,26 %, Wasserstoff: 0,11 %.

Verflüssigung von Luft

1 *Carl von Linde (1842–1934)*

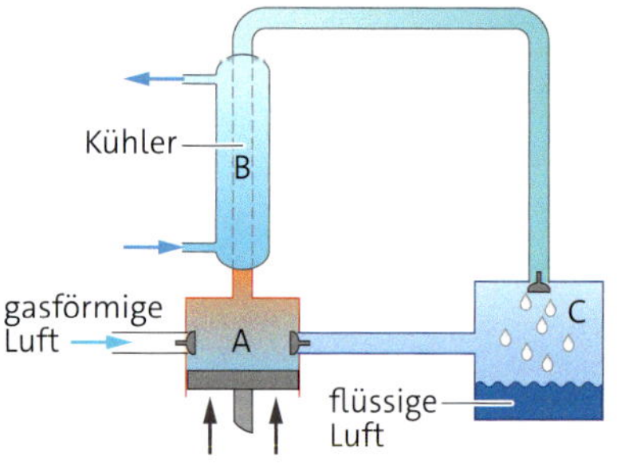

2 *Linde-Verfahren zur Gewinnung flüssiger Luft*

Luft-bestandteil	Sdt. in °C	Luft-bestandteil	Sdt. in °C
Stickstoff	−196	Neon	−246
Sauerstoff	−183	Helium	−269
Argon	−186	Methan	−162
Kohlen-stoffdioxid	−79*	Krypton	−152

3 *Siedetemperaturen (Sdt.) der Luftbestandteile; *Sublimationstemperatur bei Kohlenstoffdioxid bei 1013 hPa (Normaldruck)*

Das Linde-Verfahren 1895 entwickelte CARL VON LINDE (↗1) ein Verfahren, um die einzelnen Luftbestandteile als Reinstoffe zu erhalten. Im Linde-Verfahren wird Luft stark abgekühlt, sodass sie zu einer Flüssigkeit kondensiert. Um die dafür notwendigen tiefen Temperaturen zu erreichen, wird eine Kombination aus Druckänderung und Abkühlung eingesetzt (↗2). Zunächst wird die Luft durch Druckerhöhung komprimiert (↗2A). Durch das verringerte Luftvolumen werden die Abstände zwischen den Teilchen kleiner, sodass die Anziehungskräfte zwischen ihnen stärker wirken. Da sich die Luft dabei erwärmt, ist eine Kühlung notwendig (↗2B).

Im nächsten Schritt wird der Druck durch ein Ventil schlagartig verringert (↗2C). Es kommt zu einer Ausdehnung (Expansion) der Luft, bei der die Anziehungskräfte zwischen den Teilchen wieder überwunden werden. Dabei verringert sich die Teilchenbewegung, was zu einer starken Abkühlung der Luft führt. Durch Wiederholung von Kompressions- und Expansionsschritten wird in der Apparatur die Luft soweit abgekühlt, bis sie flüssig wird.
Die flüssige Luft wird anschließend destilliert und aufgrund der unterschiedlichen Siedetemperaturen (↗3) erhält man die einzelnen Gase. Sie werden in Druckgasflaschen abgefüllt und kommen so in den Handel.

Bei der Gasverflüssigung nach dem Linde-Verfahren wird ein Gas oder ein Gasgemisch durch einen Wechsel von Kompression und Expansion soweit abgekühlt, bis es kondensiert und als Flüssigkeit vorliegt.

EXP. 9 Flüssiges Butan im Reagenzglas

Feuerzeuge enthalten als Brennstoff hochentzündliches Butan, das bei Raumtemperatur und normalem Druck gasförmig ist. In Feuerzeugen und in den Nachfülldosen wird es unter Druck eingefüllt und liegt dort als Flüssigkeit vor.

Materialien: Reagenzglas, etwa 20 cm langer Silikonschlauch (Durchmesser 3 mm), Nachfülldose mit Feuerzeuggas (GHS 2), Reagenzglashalter

Durchführung: Stecke das Schlauchstück auf den Adapter der Nachfülldose. Halte die Öffnung der Dose nach unten und stecke das Schlauchende in das Reagenzglas. Leite durch Eindrücken des Ventils das flüssige Butan etwa 3 cm hoch in das Reagenzglas. Berühre den unteren Teil des Reagenzglases mit deiner Hand.

Entsorgung: Reagenzglas im Abzug vollständig ausgasen.

Auswertung: Erkläre deine Beobachtungen. Skizziere die Vorgänge auf Teilchenebene.

AUFGABEN

1 Die Destillation flüssiger Luft erfolgt durch schrittweise Erwärmung. Gib die Reihenfolge an, in der die Stoffe bei der Destillation gasförmig werden (↗3).

Nachweis von Gasen

EXP. 10 Knallgasprobe

Durchführung: Halte zwei Reagenzgläser bereit und entzünde ein Teelicht. Fülle ein Reagenzglas zu einem Drittel mit Essigessenz (GHS 7) und gib ein Stück Magnesiumband (GHS 2) dazu. Halte darüber das zweite Reagenzglas mit der Öffnung nach unten, um das entstehende Gas aufzufangen. Verschließe nach einer Minute das zweite Reagenzglas mit deinem Daumen und bringe es in die Nähe der Flamme. Nimm den Daumen weg und halte die Öffnung des Reagenzglases sofort an die Flamme.

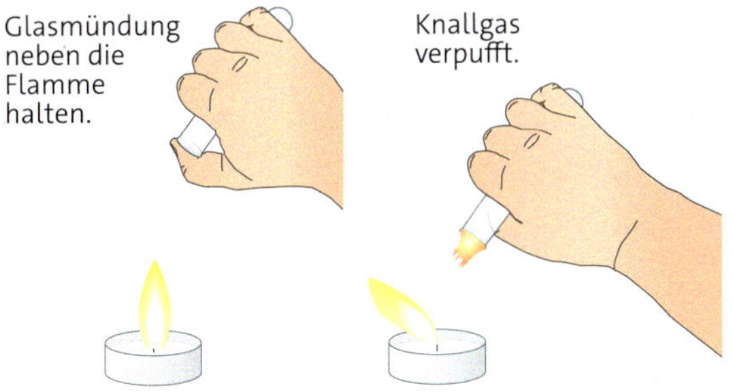

Entsorgung: Lösungen in den Ausguss geben.

Auswertung: Erstelle ein Versuchsprotokoll.

EXP. 11 Glimmspanprobe

Durchführung: Gib etwa 1 cm hoch 30%ige Wasserstoffperoxidlösung (GHS 3|5|7) in ein Reagenzglas. Gib eine Spatelspitze Braunstein (GHS 8|7) zur Lösung. Entzünde einen Holzspan, warte bis er richtig brennt und puste dann die Flamme aus. Halte die noch glimmende Spitze des Spans in das Reagenzglas, ohne die Flüssigkeit darin zu berühren.

Entsorgung: Reste in den Ausguss geben.

Auswertung: Erstelle ein Versuchsprotokoll mit einer Skizze der Versuchsdurchführung.

EXP. 12 Kalkwasserprobe

Die Abbildung zeigt einen Versuchsaufbau zur Herstellung und zum Nachweis von Kohlenstoffdioxid.

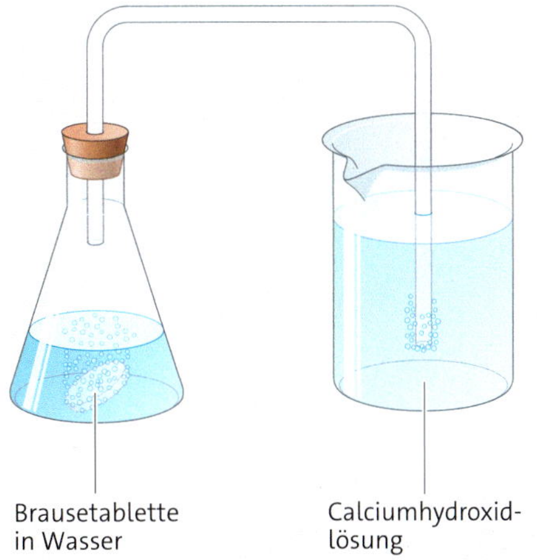

Führe das Experiment durch und erstelle ein Versuchsprotokoll mit Materialien, Durchführung, Beobachtung und Ergebnis.

Entsorgung: Reste der Calciumhydroxidlösung in den Behälter für saure und basische Abfälle geben.

EXP. 13 Untersuchung von Schutzgasen

Lebensmittelverpackungen wie Chipstüten, Joghurtbecher und Frischfleischverpackungen enthalten häufig Schutzgase, welche die Lebensmittel vor Verderb schützen sollen. Schutzgase sind zum Beispiel Kohlenstoffdioxid, Sauerstoff und Stickstoff.

Durchführung: Klebe auf die Lebensmittelpackung ein kleines Stück Moosgummi. Stich mit einer Spritze vorsichtig durch den Moosgummi in die verschlossene Verpackung. Ziehe etwa 20 mL des Gases auf.
Führe mit dem aufgezogenen Gas die Glimmspan- und die Kalkwasserprobe durch.

Auswertung: Erstelle ein Versuchsprotokoll.

Gasnachweise

Gibt man Brausetabletten in Wasser, so kommt es zu einer Gasentwicklung. Um welches Gas handelt es sich?

Mit den Sinnen nicht erfassbar Brausetabletten sprudeln in Wasser, da sich ein Gas bildet. Dieses Gas ist, wie auch viele andere Gase, farblos und geruchlos. Man kann mit den Sinnen nicht erkennen, ob es sich zum Beispiel um Sauerstoff oder um Kohlenstoffdioxid handelt. Daher gibt es für einige Gase Nachweismethoden.

1 *Brennt die Kerze, dann hat sich im Weinkeller noch kein Kohlenstoffdioxid angesammelt.*

Nachweis von Kohlenstoffdioxid Früher nahm man eine brennende Kerze mit in den Gärkeller (↗1), um zu überprüfen, ob sich eine gefährliche Menge des farb- und geruchlosen Gases Kohlenstoffdioxid angesammelt hat. Kohlenstoffdioxid entsteht unter anderem bei der alkoholischen Gärung. Da es eine größere Dichte als Luft hat, kann es sich in geschlossenen Räumen am Boden ansammeln. Dort verdrängt es den Sauerstoff und führt zum Erlöschen der Kerze. Dies ist jedoch kein spezifischer Nachweis für das Gas Kohlenstoffdioxid. Auch andere nicht brennbare Gase wie Stickstoff und Argon führen zum Erlöschen von Flammen.

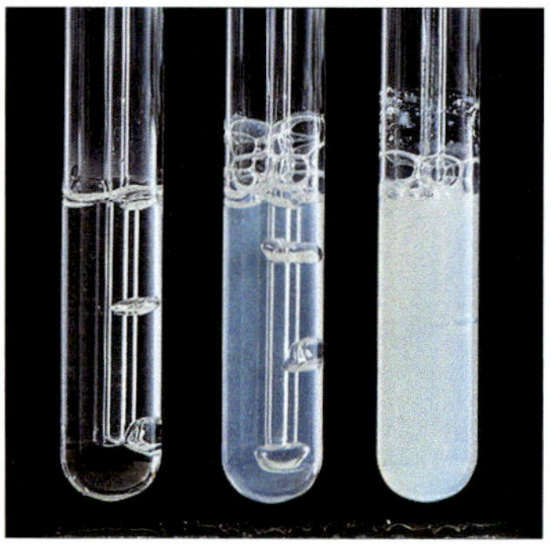

2 *Durch ein Glasrohr eingeleitetes Kohlenstoffdioxid wird durch die weiße Trübung nachgewiesen.*

Um Kohlenstoffdioxid nachzuweisen, führt man die **Kalkwasserprobe** durch: Das Gas wird in eine Calciumhydroxidlösung geleitet. Die farblose Flüssigkeit trübt sich milchig weiß, wenn sie in Kontakt mit Kohlenstoffdioxid kommt (↗2). Es entsteht der weiße Feststoff Kalk, der eine Suspension mit der Lösung bildet. Nach einiger Zeit setzt sich der fein verteilte Kalk am Boden des Gefäßes ab.

Das Gas Kohlenstoffdioxid lässt sich mithilfe der Kalkwasserprobe nachweisen: Wird Kohlenstoffdioxid in Calciumhydroxidlösung eingeleitet, entsteht eine weiße Trübung.

Nachweis von Sauerstoff Pflanzen produzieren in der Fotosynthese aus Kohlenstoffdioxid und Wasser mithilfe von Licht Traubenzucker und das Gas Sauerstoff. Der Sauerstoff kann aufgefangen und durch die **Glimmspanprobe** nachgewiesen werden. Hierzu entzündet man ein längeres Holzstäbchen. Die Flamme wird ausgepustet und der noch glimmende Holzspan in das Gefäß mit dem Gas gehalten. Der Glimmspan flammt hell auf, wenn sich im Gefäß Sauerstoff befindet (↗3).

Das Gas Sauerstoff lässt sich mithilfe der Glimmspanprobe nachweisen: Wird ein glimmender Holzspan in Sauerstoff gehalten, flammt er hell auf.

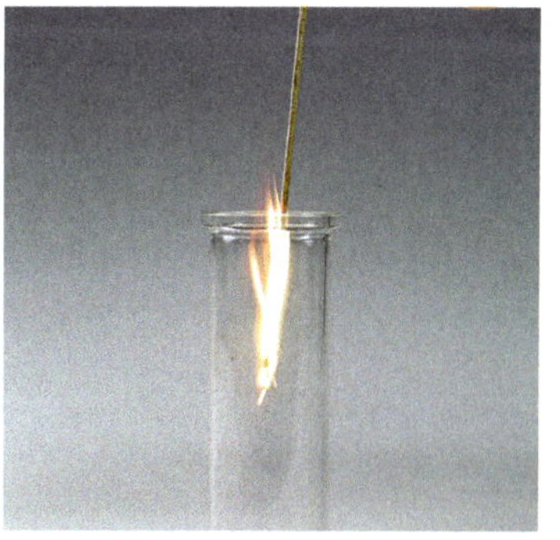

3 *Aufflammen des Glimmspans in Sauerstoff*

Nachweis von Wasserstoff Das Gas Wasserstoff hat die geringste Dichte aller Stoffe (↗4) und ist brennbar. Aufgrund seiner geringen Dichte wird Wasserstoff zur Befüllung von Wetterballons verwendet. Früher wurde er auch als Füllgas in Luftschiffen eingesetzt. Es kam jedoch zu schweren Unglücken, bei denen sich das leicht brennbare Gas entzündete. Mittlerweile verwendet man als Füllgas nicht mehr Wasserstoff, sondern das nicht brennbare Helium.

Stoff	Dichte in $\frac{g}{L}$ bei 0 °C
Luft	1,29
Kohlenstoffdioxid	1,98
Sauerstoff	1,43
Wasserstoff	0,09

4 *Dichte einiger Gase*

Wasserstoff bildet mit Sauerstoff bzw. Luft ein explosives Gemisch, das als Knallgas bezeichnet wird. Auf diesem Phänomen beruht der Nachweis von Wasserstoff, die **Knallgasprobe:** Hierzu wird das zu testende Gas in einem Reagenzglas aufgefangen und die Öffnung des Glases an eine Flamme, z. B. des Gasbrenners, gehalten (↗5). Ist das Gas Wasserstoff, kommt es sofort zu einem pfeifenden oder ploppenden Geräusch.

Das Gas Wasserstoff lässt sich mithilfe der Knallgasprobe nachweisen: Wird Wasserstoff in einem Reagenzglas aufgefangen und dessen Öffnung an eine Flamme gehalten, ist ein pfeifendes oder ploppendes Geräusch zu hören.

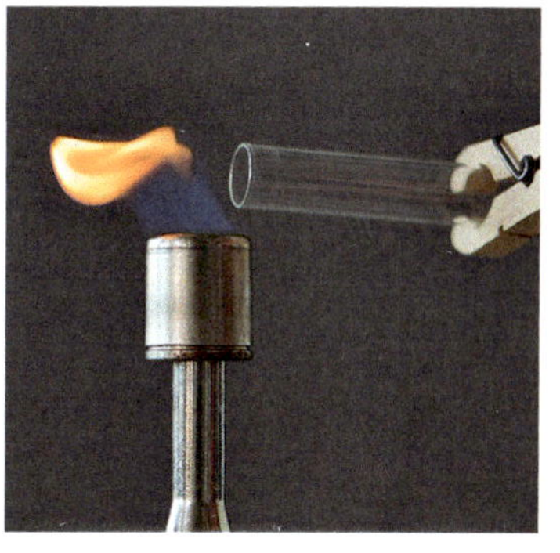

5 *Erfolgreiche Knallgasprobe*

AUFGABEN

1 Ordne den verschiedenen Stoffgemischen, die bei der Kalkwasserprobe auftreten, die Fachbegriffe zu.

2 Bei der Knallgasprobe darf das Reagenzglas nicht mit der Öffnung nach oben an die Flamme gehalten werden. Begründe diese Forderung.

3 Calciumhydroxidlösung, die in einem offenen Gefäß steht, trübt sich nach einiger Zeit weiß. Erkläre dieses Phänomen.

4 Wasserstoffgas wird heute in vielen Bereichen eingesetzt. Recherchiere drei Verwendungsbereiche.

5 1937 verunglückte das Luftschiff „Hindenburg" bei der Landung im US-amerikanischen Lakehurst. Das Luftschiff war mit dem Gas Wasserstoff gefüllt.
Recherchiere die Ursache für das Unglück.

Der naturwissenschaftliche Erkenntnisweg

Wie kommen Naturwissenschaftler zu ihren Erkenntnissen? Um Naturphänomene zu erklären, stellt man zunächst Vermutungen auf, die experimentell überprüft werden. Die Ergebnisse der Experimente bestätigen oder widerlegen diese Vermutungen.

1 *Naturphänomen: Brausetablette in Wasser*

Naturphänomen Du gibst eine Brausetablette in Wasser. Sie löst sich auf und es entstehen Gasblasen (↗1).

Forschungsfrage Du fragst dich: Woher kommt das Gas beim Auflösen einer Brausetablette in Wasser?

Recherche Auf der Packung der Brausetablette liest du die Inhaltsstoffe: Es sind Citronensäure und Natron enthalten.

Hypothese(n) Du hast drei Vermutungen, woher das Gas kommen könnte:

Das Gas ist bereits im Wasser gelöst und wird durch die Stoffe aus der Brausetablette verdrängt.	Kommen Citronensäure und Natron im Wasser in Kontakt, so entsteht ein Gas.	Das Gas befindet sich in den Hohlräumen der Tablette.

Planung und Experiment Du planst für jede Vermutung ein passendes Experiment:

Man gibt eine Brausetablette zu abgekochtem Wasser. Dieses enthält keine gelösten Gase mehr.	Man gibt Citronensäure und Natron in Wasser.	Eine Brausetablette wird fein zerrieben und in Wasser gegeben.

Beobachtung Du machst bei den Experimenten folgende Beobachtungen

Es findet eine Gasentwicklung statt. ✗ Vermutung widerlegt.	Es kommt zu einer Gasentwicklung. ✓ Vermutung bestätigt.	Es findet eine Gasentwicklung statt. ✗ Vermutung widerlegt.

Auswertung/ Erkenntnis Deine Vermutung, dass aus den Stoffen Citronensäure und Natron in Wasser ein Gas entsteht, hat sich bestätigt. Die beiden anderen Vermutungen hast du widerlegt.

Das Vorgehen beim Untersuchen der Gasentwicklung bei Brausetabletten lässt sich bei allen naturwissenschaftlichen Fragestellungen anwenden.
Ausgehend von einem Naturphänomen wird eine Forschungsfrage formuliert. Um der Frage auf den Grund zu gehen, recherchiert man zunächst nach Informationen, z. B. in Büchern oder im Internet, oder man befragt andere Personen. Beachte, dass nicht alle Quellen naturwissenschaftlich exakte Angaben machen.

Auf Grundlage dieser Informationen stellt man eine Hypothese auf, die man durch ein passendes Experiment überprüft. Das Experiment wird mehrfach durchgeführt, um Zufallsergebnisse auszuschließen. Die Beobachtungen werden festgehalten und ausgewertet. Die Auswertung kann zu weiteren Fragen führen, die erneut nach dem naturwissenschaftlichen Erkenntnisweg bearbeitet werden können. Aus den Ergebnissen kann auf Gesetzmäßigkeiten oder Theorien geschlossen werden.

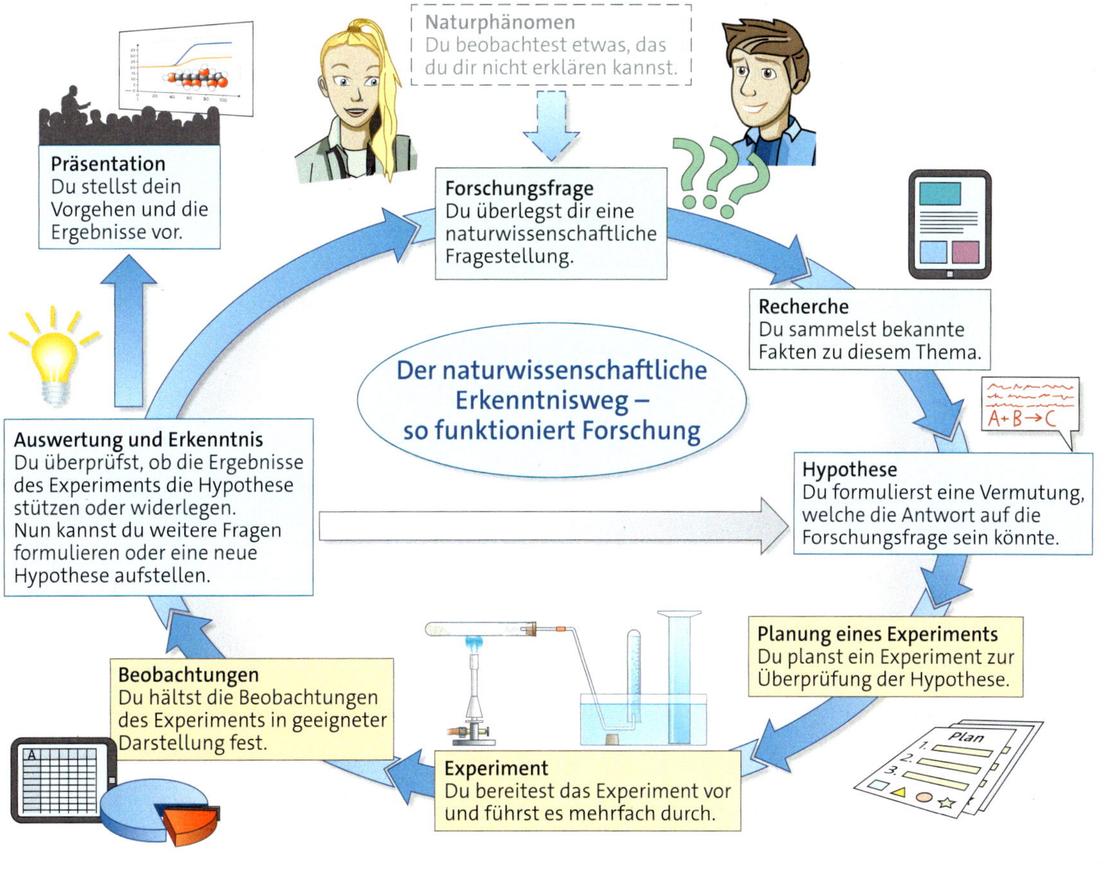

AUFGABEN

1 Es gibt Rotkraut und Blaukraut. Beide Gerichte werden aus demselben Gemüse hergestellt. Wende den naturwissenschaftlichen Erkenntnisweg auf dieses Phänomen an. Recherchiere hierzu die Unterschiede in den jeweiligen Rezepten.

2 Ein Mitschüler behauptet, wenn man eine Brausetablette in Wasser gibt, entstehe Sauerstoff. Plane mithilfe des naturwissenschaftlichen Erkenntnisweges ein Experiment zur Überprüfung der Hypothese: Aus einer Brausetablette in Wasser entsteht Sauerstoff.

Stoffgemische

Stoffgemische bestehen aus mehreren Reinstoffen.

heterogene Stoffgemische

Ein heterogenes Stoffgemisch ist optisch uneinheitlich.

- Gemenge (fest, fest)
- Suspension (flüssig, fest)
- Emulsion (flüssig, flüssig)
- Rauch (gasförmig, fest)
- Nebel (gasförmig, flüssig)
- Schaum (flüssig, gasförmig)

homogene Stoffgemische

Ein homogenes Stoffgemisch ist optisch einheitlich.

- Gasgemisch (nur gasförmige Bestandteile)
- Legierung (nur feste Bestandteile)
- Lösung (mindestens ein flüssiger Bestandteil)

Gehaltsgrößen

Die Menge eines Reinstoffs in einem Stoffgemisch wird mit Gehaltsgrößen angegeben.

Massenanteil

$$w(\mathrm{X}) = \frac{m(\mathrm{X})}{m(\text{Stoffgemisch})}$$

Volumenkonzentration

$$\sigma(\mathrm{X}) = \frac{V(\mathrm{X})}{V(\text{Lösung})}$$

Massenkonzentration

$$\beta(\mathrm{X}) = \frac{m(\mathrm{X})}{V(\text{Lösung})}$$

Luft lässt sich mit dem Linde-Verfahren verflüssigen.

Luft

Luft ist ein Stoffgemisch.

Luft ist ein Gasgemisch mit den Hauptbestandteilen Stickstoff und Sauerstoff.

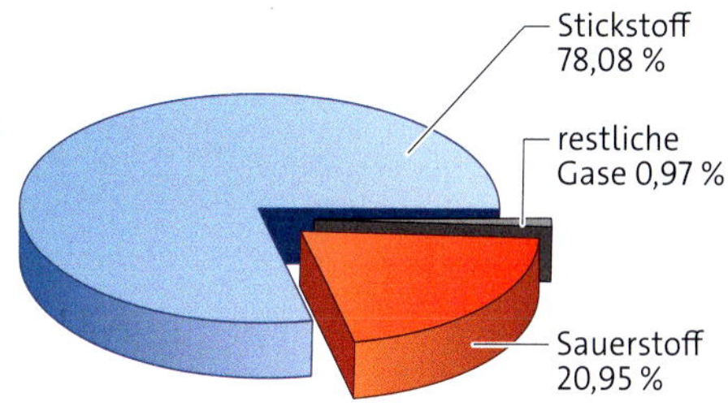

Gasnachweise

Sauerstoff, Kohlenstoffdioxid und Wasserstoff können nachgewiesen werden.

Glimmspanprobe:
Ein glimmender Holzspan flammt in **Sauerstoff** hell auf.

Knallgasprobe:
Wasserstoff verbrennt im Reagenzglas mit einem pfeifenden oder ploppenden Geräusch.

Kalkwasserprobe:
Calciumhydroxidlösung bildet mit **Kohlenstoffdioxid** eine weiße Trübung.

Stofftrennung

Die Stofftrennung beruht auf den unterschiedlichen Eigenschaften der Bestandteile eines Stoffgemischs.

- Chromatografie
- Extraktion
- Destillation
- Filtration

TESTE DICH

1 Wasser ist nicht immer gleich Wasser. Im Alltag meint man mit dem Begriff verschiedene Varianten. Nenne verschiedene „Wasserarten“ und beschreibe die Unterschiede mit Fachbegriffen.

2 Butter hat keine genaue Schmelztemperatur, sondern einen Schmelzbereich von 28–38 °C. Begründe dieses Phänomen.

3 Es sind folgende Stoffgemische gegeben: das Innere eines Schokokusses, naturtrüber Apfelsaft, Müsli, Mehlstaub in der Luft, Eistee, eine Münze. Benenne die verschiedenen Stoffgemische und zeichne das jeweilige Stoffgemisch auf der Teilchenebene.

4 Das Etikett von Mineralwasser (Bild oben) und einem Joghurtdrink (Bild unten) gibt den Gehalt ausgewählter Inhaltstoffe an.

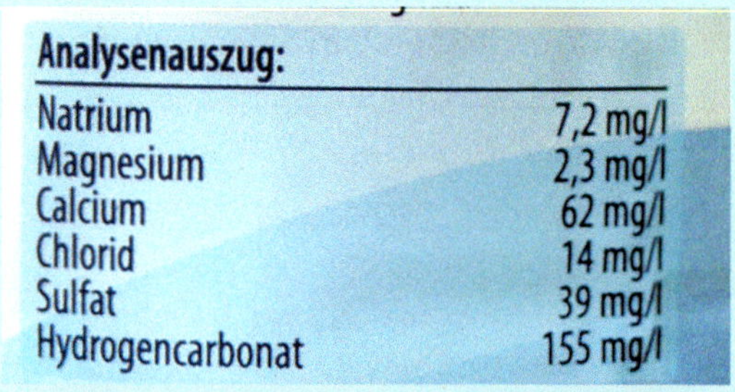

Analysenauszug:	
Natrium	7,2 mg/l
Magnesium	2,3 mg/l
Calcium	62 mg/l
Chlorid	14 mg/l
Sulfat	39 mg/l
Hydrogencarbonat	155 mg/l

Durchschnittliche Nährwerte:	pro 100 g	pro Portion (200 g)
Energie:	218 kJ/52 kcal	436 kJ/104 kcal (5 % RM[1])
Fett:	<0,1 g	<0,1 g (<1 % RM)
davon gesättigte Fettsäuren:	<0,1 g	<0,1 g (<1 % RM)
Kohlenhydrate:	11 g	22 g (8 % RM)
davon Zucker:	11 g	22 g (24 % RM)
Eiweiß:	1,2 g	2,4 g (5 % RM)
Salz:	0,10 g	0,20 g (3 % RM)

[1] Referenzmenge für einen durchschnittlichen Erwachsenen (8400 kJ/2000 kcal) Die Packung enthält 5 Portionen.

a Gib an, um welche Gehaltsgröße es sich jeweils handelt.
b Berechne die Masse an Sulfat, die in einem Glas Mineralwasser (100 mL) enthalten ist.
c Berechne die Masse an Zucker, die im gesamten Joghurtdrink (1000 g) enthalten ist.

5 Trompeten und andere Blasinstrumente bestehen zu einem großen Teil aus der Legierung Messing. Sie wird aus den Metallen Kupfer, Zink und Blei zusammengeschmolzen. Für die Legierung werden 58 g Kupfer, 39 g Zink und 3 g Blei verwendet. Berechne die Massenanteile der Metalle im entstehenden Messingkörper.

6 Desinfektionsmittel enthalten oft Isopropanol. Dieser Alkohol tötet Bakterien ab. In 250 mL eines solchen Desinfektionsmittels sind 175 mL Isopropanol enthalten. Berechne die Volumenkonzentration von Isopropanol in dem Desinfektionsmittel.

7 Kochsalz, Eisenspäne, Sand und grober Kies sind in einem Eimer vermischt. Plane die notwendigen Schritte zur Trennung dieses Gemischs. Entwickle zur Darstellung deines Plans ein geeignetes Schema, z. B. ein Fließdiagramm.

8 Die Atmosphäre des Planeten Venus enthält 96,5 % Kohlenstoffdioxid und 3,5 % Stickstoff.

a Erstelle ein Kreisdiagramm, das die Zusammensetzung der Venusatmosphäre veranschaulicht.
b Vergleiche die Zusammensetzung der Venusatmosphäre mit der Zusammensetzung der Luft.

9 Die Brennstoffzelle ist eine moderne Technologie zum Antrieb von Kraftfahrzeugen. Auch Spielzeugautos können damit betrieben werden. Für den Betrieb einer Brennstoffzelle werden die Gase Sauerstoff und Wasserstoff aus zwei getrennten Tanks zugeführt. Um zu überprüfen, welches Gas sich in welchem Tank befindet, kannst du die Gasnachweise durchführen.
Nenne und beschreibe die beiden Methoden zum Nachweis der beiden Gase Sauerstoff und Wasserstoff.

10 In einer Glaswanne werden Kerzen mit unterschiedlichen Größen entzündet. Anschließend leitet man das Gas Kohlenstoffdioxid von oben in das Gefäß ein. Beschreibe die zu erwartende Beobachtung und erkläre sie.

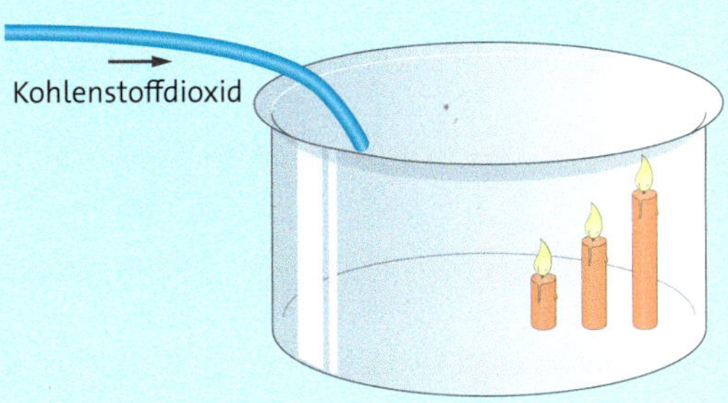

11 Gegen Glatteis auf Straßen wird im Winter Salz gestreut. Auch Zucker könnte als Streumittel verwendet werden.
Bewerte den Einsatz von Zucker als Streumittel.

12 Zum Aufpumpen eines Fahrradreifens kann eine Handluftpumpe verwendet werden. Darin wird die Luft mithilfe eines Kolbens komprimiert und in den Reifen gepresst. Die Luft erwärmt sich dabei. Öffnet man das Reifenventil und lässt die Luft schnell entweichen, so kühlt sich diese spürbar ab.
Erkläre die Temperaturveränderungen auf Teilchenebene auch unter Verwendung von Skizzen.

13 Bei manchen Krankheiten, z. B. starken Durchfallerkrankungen, verliert der Körper sehr viel Flüssigkeit. Es kann notwendig sein, den Flüssigkeitsverlust durch Infusionen auszugleichen. Hierzu verwendet man „physiologische Kochsalzlösung", deren Zusammensetzung für den Körper sehr gut verträglich ist. In einem Liter Lösung sind 9 g Kochsalz enthalten.

a Benenne die im Text beschriebene Gehaltsgröße.

b Beschreibe das Vorgehen zur Herstellung der im Text genannten physiologischen Kochsalzlösung.

c Erläutere eine experimentelle Möglichkeit zur Bestimmung des Salzgehalts einer Kochsalzlösung.

Hilfe zu den Aufgaben findest du auf den Seiten …

1	S. 44, 46–48	8	S. 60–61
2	S. 45	9	S. 63–65
3	S. 46–48	10	S. 64
4	S. 50–51	11	S. 44–45
5	S. 51	12	S. 62
6	S. 50	13	S. 50–51, 58
7	S. 56–58		

Die Lösungen findest du im Anhang.

Material A Enfleurage

Um Parfüm herzustellen, können Duftstoffe aus natürlichen Produkten gewonnen werden. Beim sehr aufwändigen Verfahren der „Enfleurage" erhält man die Duftstoffe aus zarten Blüten wie Rosen, Jasmin oder Hyazinthen mithilfe von Fett und Ethanol. Denn in diesen beiden Stoffen lösen sich die Duftstoffe gut. Auf Glasscheiben wird 1–2 cm dick ein Fett, z. B. Schweinschmalz oder Kokosfett, ausgestrichen. Darauf werden die Blüten gelegt und jeden zweiten Tag durch neue Blüten ersetzt. Nach 1–2 Monaten enthält das Fett so viel Blütenduft, dass die Duftstoffe daraus gewonnen werden können.

Das Fett wird abgeschabt und in ein verschließbares Glasgefäß mit Ethanol gegeben. Da Fett in Ethanol praktisch unlöslich ist, wird das Gemisch immer wieder gerührt, bis nach 1–2 Wochen die Duftstoffe in das Ethanol übergegangen sind.

A1 *Enfleurage von Blüten*

Stoff	Ethanol	Duftstoff Jasmon (aus Jasminblüte)
Siedetemperatur	78 °C	258 °C

A2 *Siedetemperaturen*

1 Benenne das hier angewendete Trennverfahren und begründe deine Entscheidung.
2 Aus dem Ethanol-Duftstoff-Fett-Gemisch kann der Duftstoff in reiner Form gewonnen werden. Entwickle mithilfe von Tabelle A2 ein Trennverfahren, um den Duftstoff als Reinstoff aus dem Gemisch zu erhalten.

Material B Kriminalfall im Chemieunterricht

In der Chemiestunde der 8b finden die Schüler in der letzten Reihe am Boden einen Zettel (↗B1). Sie möchten natürlich wissen, vom wem der Zettel stammt. Hatte nicht die 8c eine Stunde zuvor im Raum Unterricht gehabt? Sie besorgen sich daher von einigen „Verdächtigen" der 8c die schwarzen Stifte und ermitteln mithilfe einer einfachen Untersuchungsmethode den „Täter".

1 Das Ergebnis der Untersuchung ist in der Abbildung B2 zu sehen.
a Benenne die verwendete Methode.
b Beschreibe das Vorgehen der Schüler.
c Erkläre, wie der „Täter" so ermittelt werden konnte.

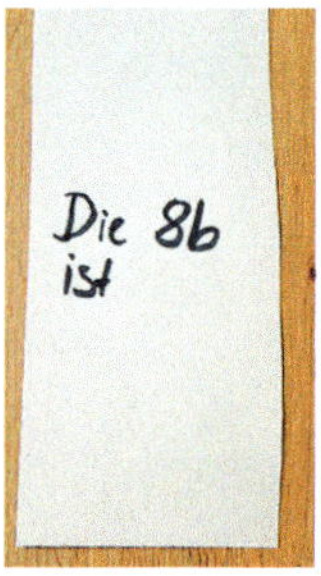

B1 *Beweisstück: Zettel*

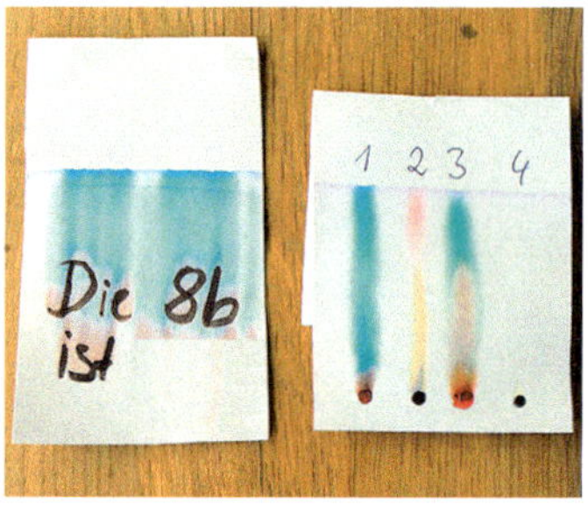

B2 *Ergebnis der Untersuchung*

2 Erkläre das Untersuchungsergebnis für den Stift mit der Nummer 4, das in der Abbildung B2 zu sehen ist.

Material C Goldlegierungen

Legierungen können auch aus mehr als zwei verschiedenen Metallen bestehen. Goldlegierungen enthalten neben Gold meist die Metalle Silber und Kupfer. Ein ternäres Diagramm stellt die Zusammensetzung eines Gemisches aus drei Stoffen dar. Wie ein solches Diagramm gelesen werden muss, zeigt dir Bild C2.

1 Eine Goldlegierung aus Gold, Kupfer und Silber enthält folgende Massenanteile: w(Gold) = 0,1; w(Kupfer) = 0,8 und w(Silber) = 0,1.
   a Bestimme mithilfe dieser Angaben und des Diagramms (↗C1) die Farbe der Goldlegierung.
   b Skizziere die Legierung auf Teilchenebene.
2 Zur Darstellung von Laubblättern in wertvollen Schmuckstücken kann sogenanntes Grüngold verwendet werden. Beschreibe eine mögliche Zusammensetzung von Grüngold unter Verwendung des abgebildeten Diagramms (↗C1).

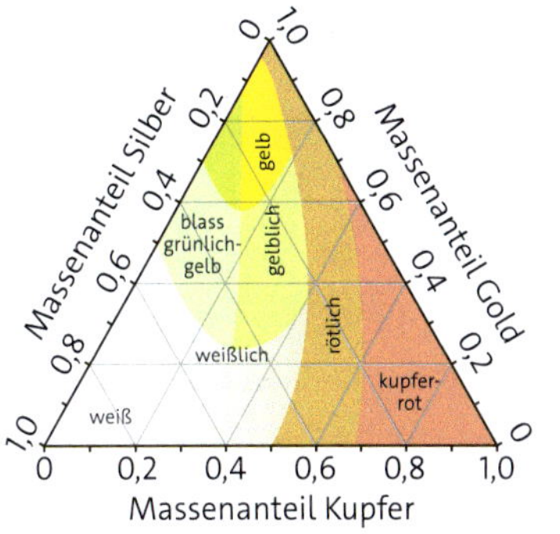

C1 *Ternäres Diagramm für Goldlegierungen*

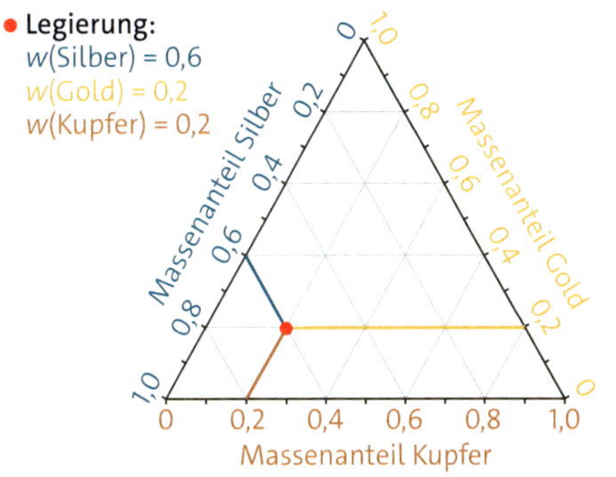

C2 *Lesen eines ternären Diagramms*

Material D Wassergewinnung

Destilliertes Wasser kann man in Kanistern kaufen oder mit wenig Aufwand selbst aus Leitungswasser herstellen. Hierzu benötigt man nur einige Alltagsgegenstände.

1 Wähle aus den Materialien von Abbildung D1 diejenigen aus, die nötig sind, um aus dem Leitungswasser destilliertes Wasser herzustellen. Erstelle eine beschriftete Skizze der Versuchsanordnung.
2 Erkläre das Verfahren auf Stoffebene.

D1 *Alltagsgegenstände: Schüssel, Sieb, Trichter, Topf, Herdplatte und Eiswürfel*

Chemische Reaktionen

→ Merkmale chemischer Reaktionen

Bei Vorgängen aus dem Alltag beobachten wir, dass Stoffe sich dauerhaft verändern oder manchmal ganz verschwinden. So verbrennt bei einem Lagerfeuer Holz. Zurück bleibt nur ein Haufen Asche. Außerdem wird dabei Energie in Form von Licht und Wärme frei. Andere Vorgänge benötigen Licht, z. B. damit aus einer Blüte an einem Obstbaum ein leckerer Apfel wird.

→ Chemische Reaktionen auf der Teilchenebene

Stoffe bestehen aus Teilchen. Aber was passiert mit ihnen, wenn z. B. aus Wasser – einem Reinstoff – durch chemische Reaktion neue Stoffe entstehen. Und was passiert mit den Teilchen, wenn ein Stoff verbrennt und dabei scheinbar verschwindet?

→ Vom Teilchenmodell zur chemischen Formel

H_2O, CO_2 und O_2 sind mehr als Abkürzungen. Doch wofür stehen sie und woher weiß man das überhaupt?

A Physik und Chemie I

Sarah hat zum ersten Mal die Fächer Physik und Chemie in der Schule. Im Fach Natur und Technik hat sie bereits einen Einblick in den Physikunterricht erhalten. Unter dem Fach Chemie kann sie sich jedoch nichts vorstellen. Sie fragt daher ihre vier Jahre ältere Schwester Nadja, worum es im Chemieunterricht geht und was der Unterschied zum Fach Physik ist.

Im Physikunterricht beschreibt man Naturphänomene und technische Abläufe. Man erklärt z. B., wie ein Gewitter entsteht, wie Licht an einer Wasseroberfläche gebrochen wird oder wie Bewegungsabläufe mit mathematischen Formeln dargestellt werden können.

A1 *Nadja über Physikunterricht*

Im Chemieunterricht geht es um die Stoffe, die uns im Alltag begegnen. Solche Stoffe sind Holz, Kunststoffe, Zucker, Aluminium oder Luft. Es geht um die Eigenschaften dieser Stoffe und um chemische Reaktionen. Eine chemische Reaktion ist z. B. das Brennen von Holz. Dabei entstehen neue Stoffe: Asche und Gase wie Kohlenstoffdioxid und Wasserdampf.

A2 *Nadja über Chemieunterricht*

Auch beim Backen eines Kuchens im heißen Ofen finden viele chemische Reaktionen statt. Anschließend hat man keinen klebrigen Teig mehr, sondern einen duftenden und wundervoll schmeckenden Kuchen.

A3 *Nadja über chemische Reaktionen*

Modell eines Glucose-Moleküls

Das ist aber noch nicht alles. Um richtig zu verstehen, wie aus Holz Asche, Kohlenstoffdioxid und Wasser entstehen, ist es auch wichtig, dass man sich mit den Teilchen beschäftigt, aus denen die Stoffe bestehen. Das sind die Atome, Ionen und Moleküle. Aus ihnen ist alles um uns herum aufgebaut – auch wir Menschen. Allerdings kann man diese Teilchen mit dem bloßen Auge und auch mit den besten Mikroskopen nicht wirklich sehen, weil sie so unvorstellbar klein sind. Daher ist es nicht immer einfach nachzuvollziehen, wie das Ganze funktioniert. Aber keine Angst. Du hast ja noch ein wenig länger Chemieunterricht.

A4 *Nadja über Teilchen in der Chemie*

1. Fasse mithilfe von Nadjas Antworten zusammen, um was es im Chemieunterricht geht.
2. Finde noch weitere Beispiele für chemische Vorgänge im Alltag.

B Physik und Chemie II

Die Bilder zeigen verschiedene Vorgänge, die dir vielleicht sogar schon selbst im Alltag begegnet sind. Manche davon könnten im Physikunterricht behandelt werden, andere im Chemieunterricht.

1 a Entscheide, welche Vorgänge eher im Physikunterricht und welche eher im Chemieunterricht eine Rolle spielen.
b Begründe deine Entscheidung jeweils kurz.

B1 *Alltägliche Vorgänge*

C Protokoll – Brennender Zucker

Aus einem Versuchsprotokoll:

Materialien: Porzellanschale (schwarz), Feuerzeug, Holzspan, Zuckerwürfel, Asche

Durchführung: Gib einen Zuckerwürfel in die Porzellanschale. Entzünde den Holzspan. Versuche mit dem brennenden Holzspan den Zuckerwürfel zu entzünden.
Gib etwas Asche auf den Zuckerwürfel und versuche erneut ihn mit dem brennenden Holzspan zu entzünden.

Beobachtung: Der Zuckerwürfel ohne Asche lässt sich mit dem brennenden Holzspan nicht entzünden. Der Zucker ist etwas geschmolzen und wird leicht braun.
Der Zuckerwürfel mit etwas Asche lässt sich mit dem brennenden Holzspan entzünden.

C1 *Zuckerwürfel: A: ohne Asche, B: mit Asche*

1 Stelle eine Vermutung über die Funktion der Asche bei diesem Versuch auf.

2 Ein Schüler meint: „Nicht der Zucker hat gebrannt, sondern nur die Asche". Plane ein Experiment, mit dem du diese Vermutung überprüfen kannst.

Chemische Reaktionen genauer betrachtet

Bis zu Beginn des 21. Jahrhunderts wurden Glühlampen sehr oft verwendet. Zum Betrieb benötigen sie viel Energie. Dabei ist die Lichtausbeute gering. Um Energie zu sparen, sind seit etwa 2005 in einigen Ländern die Herstellung und der Verkauf von Glühlampen verboten.

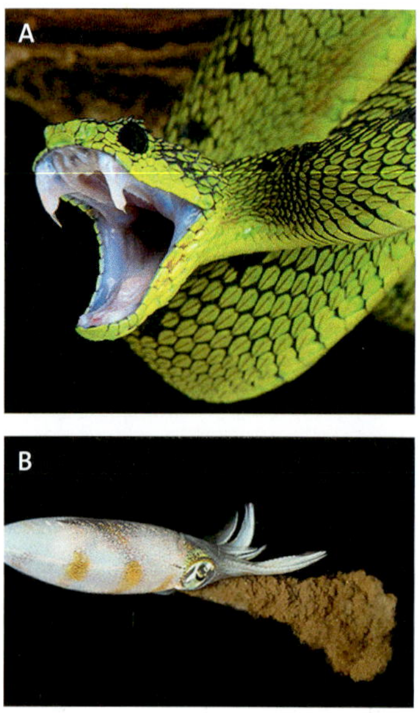

1 *Tiere nutzen chemische Reaktionen zur Erzeugung von Stoffen.*
A: Schlangengift in den Zähnen der Viper
B: Farbstoff Sepia beim Tintenfisch

Eine chemische Reaktion Glühlampen bestehen aus einem Glaskolben, in dem sich eine dünne Metallspirale aus Wolfram befindet. Die Luft im Glaskolben wurde dabei entweder entfernt oder durch ein Schutzgas ersetzt. Dadurch wird die Haltbarkeit des Wolframdrahts verlängert.

Wenn an die Glühlampe eine elektrische Spannung angelegt wird, erhitzt sich der Wolframdraht durch seinen elektrischen Widerstand und beginnt zu leuchten. Nach dem Öffnen des Stromkreises hört das Leuchten wieder auf und der Wolframdraht sieht unverändert aus. Das Leuchten ist ein **physikalischer Vorgang.**

Wird jedoch in den Glaskolben ein Loch gebrannt und der Kolben mit Sauerstoff gefüllt, so glüht der Draht beim Schließen des Stromkreises nur kurz auf. Gleichzeitig kommt es zu einer starken Wärmeentwicklung. Bei diesem Vorgang wird der Wolframdraht zerstört. Auch der Sauerstoff im Glaskolben verschwindet. Das ist jedoch mit dem bloßen Auge nicht zu sehen.
Am Glaskolben ist stattdessen ein neuer hellgelber Stoff entstanden. Hierbei handelt es sich um Wolfram(VI)-oxid. Diesen Vorgang nennt man **chemische Reaktion.**

Chemische Reaktionen sind Vorgänge, bei denen Stoffe verschwinden und neue Stoffe mit anderen Eigenschaften entstehen. Dabei kommt es immer auch zu einem Energieumsatz zum Beispiel in Form von Licht oder Wärme.

Chemische Reaktionen beschreiben Die Zerstörung der Glühwendel im Glaskolben ist eine chemische Reaktion, bei der Wolfram und Sauerstoff zu dem neuen Stoff Wolfram(VI)-oxid reagieren. Mithilfe eines **Reaktionsschemas** kann dieser Vorgang beschrieben werden:

Wolfram (s) + Sauerstoff (g) ⟶ Wolfram(VI)-oxid (s)

Man liest das Reaktionsschema wie folgt:

„Wolfram und Sauerstoff reagieren zu Wolfram(VI)-oxid."

Der Pfeil in der Mitte wird **Reaktionspfeil** genannt. Wolfram und Sauerstoff sind bei dieser chemischen Reaktion die Ausgangsstoffe oder **Edukte.** Sie stehen links vor dem Reaktionspfeil. Wolfram(VI)-oxid ist im Beispiel das entstandene **Reaktionsprodukt.** Reaktionsprodukte werden rechts hinter den Reaktionspfeil geschrieben. Statt Reaktionsprodukt sagt man häufig nur **Produkt.**

Die Abkürzungen (s) und (g) hinter den Stoffnamen geben den Aggregatzustand der Stoffe an: (s) steht dabei für fest (engl. *solid*) und (g) für gasförmig (engl. *gaseous*). Es gibt außerdem noch (l) für flüssig (engl. *liquid*). Für Stoffe, die in Wasser gelöst sind, gibt man hinter dem Stoffnamen (aq) an (lat. *aqua*).

Chemische Reaktionen werden mithilfe eines Reaktionsschemas beschrieben.

Edukte | **Produkt**

Wolfram (s) + Sauerstoff (g) ⟶ Wolfram(VI)-oxid (s)

Reaktionspfeil

Lies: Wolfram und Sauerstoff reagieren zu Wolfram(VI)-oxid.

Chemische Reaktionen im Alltag Auch bei Vorgängen aus dem Alltag beobachtet man bleibende Veränderungen. Diese beruhen auf chemischen Reaktionen. Wenn sich eine Brausetablette in Wasser auflöst, kann man die Bildung von Gasbläschen beobachten. Erhitzt man eine Schmelze aus Zucker vorsichtig, so wird diese goldbraun und duftet nach Karamell. Bei weiterem Erhitzen entsteht jedoch schnell ein schwarzer, ungenießbarer Feststoff und ein beißender Rauch entweicht (↗2). Gibt man in Milch etwas Zitronensaft, dann entsteht Quark. Werden Wunderkerzen entzündet, so sind sie anschließend andersfarbig, porös und lassen sich nicht erneut entzünden (↗3).

2 *Erhitzen von Zucker: A: Karamell, B: Zucker verkohlt*

3 *Beim Abbrennen verändert sich eine Wunderkerze dauerhaft.*

AUFGABE

1 Ordne die folgenden Vorgänge den Begriffen physikalischer Vorgang bzw. chemische Reaktion zu:
- Papier zerreißt
- Holzstück verbrennt
- Fahrradkette rostet
- Luftballon zerplatzt
- Knallgasprobe verläuft positiv
- Fleisch wird gebraten
- Magnet zieht Eisen an
- Tinte wird mit einem „Tintenlöscher" unsichtbar
- Eisenblech wird geformt

Beispiele chemischer Reaktionen

EXP. 1 Verbrennen von Magnesium

Materialien: Tiegelzange, Gasbrenner, Abdampfschale, Magnesiumband (GHS 2)

Durchführung:
Vorsicht! Nicht direkt in die Flamme schauen!
- Halte ein etwa 5 cm langes Magnesiumband mit der Tiegelzange so lange in die Brennerflamme, bis es anfängt zu brennen.
- Lass das Magnesiumband anschließend über der Porzellanschale abbrennen.

Entsorgung: Produkt in den Hausmüll geben.

Auswertung:

1 Notiere das Aussehen der Stoffe vor und nach der Reaktion.

2 Begründe, dass eine chemische Reaktion stattgefunden hat.

EXP. 2 Reaktion von Kupfer(II)-chlorid mit Zink

Materialien: feuerfestes Reagenzglas, Reagenzglasständer, Thermometer, Zinkpulver (GHS 9), Kupfer(II)-chlorid-Dihydrat (GHS 5|7|9)

Durchführung:
- Gib 0,3 g Kupfer(II)-chlorid-Dihydrat und 0,1 g Zinkpulver in das Reagenzglas.
- Vermische alles vorsichtig mit dem Thermometer.
- Notiere Anfangs- und Endtemperatur.

Entsorgung: Produkt und Zinkpulverreste mehrere Tage mit Wasser bedeckt stehen lassen; anschließend in den Behälter für anorganische Abfälle geben.

Auswertung:

1 Beschreibe das Aussehen der Stoffe vor und nach der Reaktion.

2 Notiere die Temperaturdifferenz.

EXP. 3 Elektrolyse von Wasser

Materialien: Hofmannscher Zersetzungsapparat, Gleichspannungsquelle, 2 Kabel, 2 kleine Reagenzgläser, Teelicht, Holzspan, Streichhölzer, Natriumcarbonatlösung (w = 10 %; GHS 7)

Durchführung:
- Fülle den Hofmannschen Zersetzungsapparat vollständig mit der Natriumcarbonatlösung und schließe ihn an eine Gleichspannung von etwa 10 V an.
- Fange mithilfe der Reagenzgläser Proben der entstandenen Gase durch Luftverdrängung auf.
- Prüfe das am Minuspol aufgefangene Gas mit der Knallgasprobe und das am Pluspol aufgefangene Gas mit der Glimmspanprobe (↗S. 63).

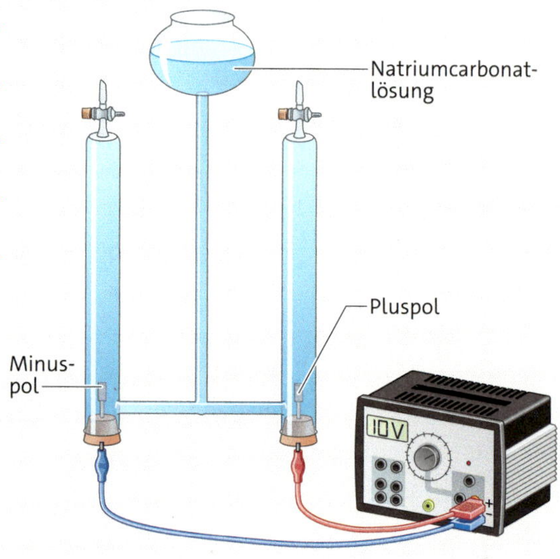

Entsorgung: Natriumcarbonatlösung kann wieder verwendet werden.

Auswertung: Beschreibe deine Beobachtungen und stelle das Reaktionsschema auf. *Hinweis:* Das Edukt der Reaktion ist Wasser. Das gelöste Natriumcarbonat dient nur zur Erhöhung der elektrischen Leitfähigkeit der Lösung.

EXP. 4 Elektrolyse von Wasser im Microscale – Herstellung von Knallgas

Materialien: Wellplate, 1-mL-Einwegpipette aus Kunststoff, 2 Stecknadeln als Elektroden, 2 Kabel mit Krokodilklemmen, 9-V-Batterie, Holzspan, Streichhölzer, Natriumcarbonatlösung (w = 10 %; GHS 7), Seifenlösung

Durchführung:
- Befülle die Einwegpipette mit Natriumcarbonatlösung.
- Stecke die Stecknadeln in den Pipettenkopf. Achte darauf, dass sich die Nadeln nicht berühren. Sie dürfen aber auch keinen zu großen Abstand voneinander haben.
- Verbinde die Stecknadeln über die Kabel mit der 9-V-Batterie.
- Lege zur Fixierung den Pipettenkopf in eine Vertiefung des Wellplates. In eine zweite Vertiefung kommt die Pipettenspitze, sodass die Pipette einen Bogen bildet.
- Gib in die Vertiefung mit der Pipettenspitze etwas Seifenlösung.
- Führe den zuvor entzündeten Holzspan an die Blasen der Seifenlösung (GHS 2|3).

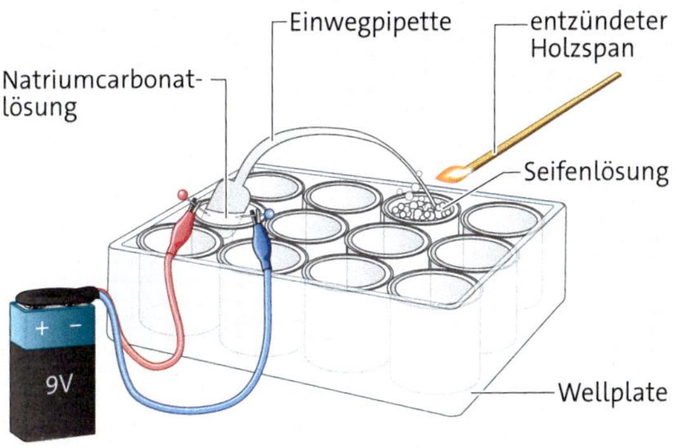

Entsorgung: Lösungen in den Ausguss geben.

Auswertung:
1 Formuliere für die im Pipettenkopf ablaufende Reaktion das Reaktionsschema.
2 Formuliere das Reaktionsschema für die Reaktion des Knallgases.
3 Vergleiche beide Reaktionsschemata. Beschreibe, was dir auffällt.

EXP. 5 Reaktion von Eisen mit Schwefel

Materialien: Microflam-Brenner, Alufolie, Waage, Spatel, Reibschale mit Pistill, 2 Reagenzgläser, Wasser, Schwefelpulver (GHS 7), Eisenpulver (GHS 2)

Durchführung:
Achtung! Unter dem Abzug arbeiten!
- Verreibe mit dem Pistill vorsichtig 2 g Schwefelpulver mit 3,5 g Eisenpulver (Massenverhältnis 4 : 7) in der Reibschale.
- Gib das Gemisch auf eine mindestens dreifach gelegte Aluminiumfolie. Lass einen kleinen Rest in der Reibschale übrig.
- Forme mithilfe des Spatels das Gemisch zu einem Streifen.

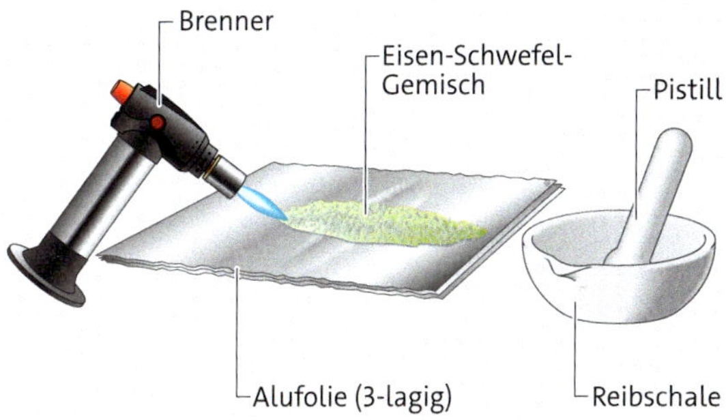

- Erhitze den Streifen an einem Ende mit dem Brenner, bis die Reaktion einsetzt (GHS 5|6). Nimm dann den Brenner weg.
- Warte nach Beendigung der Reaktion, bis das Reaktionsprodukt (GHS 9) kalt ist.
- Gib derweil den Rest des Gemenges aus der Reibschale in ein Reagenzglas und schlämme es mit wenig Wasser auf.
- Pulverisiere nach dem Erkalten das Reaktionsprodukt in der Reibschale und gib einen Teil des Pulvers ebenfalls in ein Reagenzglas mit Wasser. Vergleiche.

Entsorgung: Reste in den Behälter für Feststoffabfälle geben.

Auswertung:
1 Formuliere eine ausführliche Beobachtung.
2 Stelle das Reaktionsschema auf.

Energieumwandlung bei chemischen Reaktionen

Reagieren in unseren Körperzellen Traubenzucker aus der Nahrung und Sauerstoff zu Kohlenstoffdioxid und Wasser, wird Energie frei, die wir u. a. zum Denken und Bewegen nutzen. Auch beim Laden eines Handyakkus finden chemische Reaktionen statt, bei denen elektrische Energie in innere Energie umgewandelt wird.

Endotherme Reaktionen In einem Reagenzglas wird der feste Stoff Diiodpentaoxid mit dem Gasbrenner erhitzt. Während des Erhitzens beobachtet man, dass der Stoff vollständig verschwindet. Dabei entsteht ein violettes Gas, das am oberen Glasrand resublimiert. Hierbei handelt es sich um Iod. Außerdem entsteht ein weiteres, farbloses Gas, das mit der Glimmspanprobe als Sauerstoff identifiziert werden kann (↗EXP. 6).

Unterbricht man das Erhitzen, bevor das gesamte Diiodpentaoxid verschwunden ist, stoppt die chemische Reaktion sofort. Die andauernde Energiezufuhr ist notwendig, damit diese chemische Reaktion ablaufen kann. Eine solche Reaktion nennt man **endotherme Reaktion.** Die während der Reaktion zugeführte Wärme wird als **innere Energie E_i** in den Reaktionsprodukten gespeichert. Bei einer endothermen Reaktion ist die innere Energie der Reaktionsprodukte deshalb größer als die innere Energie der Edukte (Ausgangsstoffe):

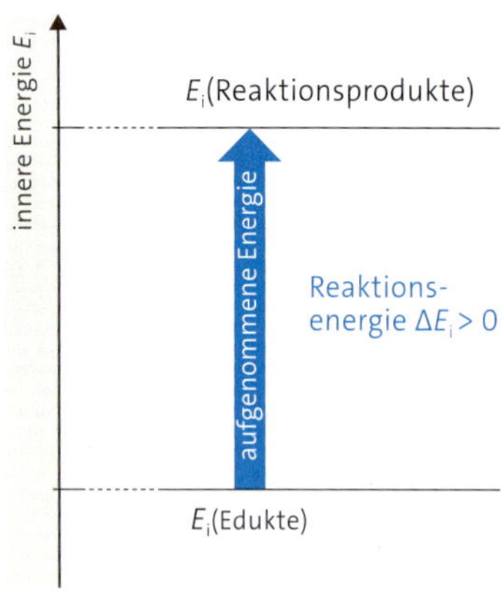

1 *Einfaches Energiediagramm einer endothermen Reaktion*

E_i(Produkte) > E_i(Edukte)

Die Differenz aus der inneren Energie der Reaktionsprodukte und der inneren Energie der Edukte E_i(Produkte) − E_i(Edukte) wird **Reaktionsenergie ΔE_i** genannt. Für eine endotherme Reaktion ist sie größer Null: **$\Delta E_i > 0$.**

Im Reaktionsschema wird der Energieumsatz mit angegeben:

Diiodpentaoxid (s) ⟶ Iod (g, s) + Sauerstoff (g) | $\Delta E_i > 0$

EXP. 6 Thermische Zersetzung von Diiodpentaoxid
Materialien: Reagenzglas, Stopfen (von abgestumpfter Kanüle durchbohrt), Aktivkohle-Adsorptionsröhrchen, Holzspan, Streichhölzer, Stativmaterial, Gasbrenner, Diiodpentaoxid (GHS 3|7)

Durchführung:
- Gib eine Spatelspitze Diiodpentaoxid in das Reagenzglas.
- Verschließe es mit dem Stopfen und setze das Adsorptionsröhrchen auf die Kanüle.
- Erhitze das Reagenzglas so lange mit dem Brenner, bis das gesamte Diiodpentaoxid verschwunden ist. Unterbrich dabei das Erhitzen zwischendurch kurz und prüfe, ob die Reaktion weiter abläuft.
- Führe nach dem Abkühlen die Glimmspanprobe durch (↗ S. 63).

Entsorgung: Iod in Wasser oder Spiritus (GHS 2|7) lösen, mit festem Natriumsulfit versetzen und in den Ausguss geben.

Auswertung: Notiere deine Beobachtungen und vergleiche sie mit der Beschreibung auf der linken Seite.

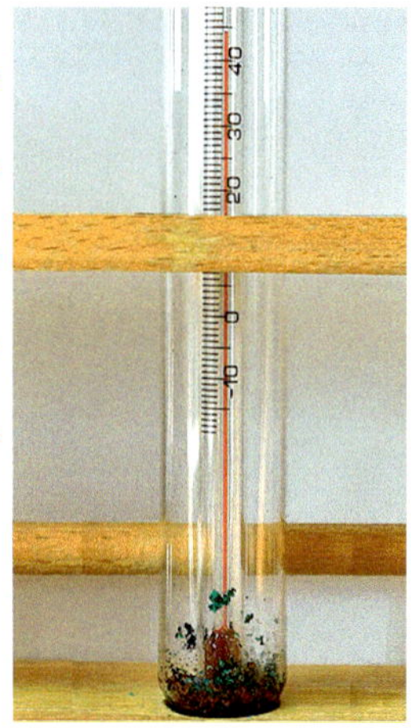

2 *Exotherme Reaktion von Kupfer(II)-chlorid-Dihydrat und Zink*

Exotherme Reaktion In einem Reagenzglas werden die Feststoffe Kupfer(II)-chlorid-Dihydrat und Zink miteinander gemischt (↗ EXP. 2, S. 80). Während des Versuchs steigt die Temperatur an und es entstehen rötliche, metallisch glänzende Kügelchen (↗ 2).
Der Temperaturanstieg zeigt, dass während der Reaktion Energie in Form von Wärme freigesetzt wird. Die innere Energie der Reaktionsprodukte ist kleiner als die innere Energie der Edukte, sodass gilt: $\Delta E_i = E_i(\text{Produkte}) - E_i(\text{Edukte}) < 0$.
Eine solche Reaktion, bei der innere Energie in Wärme, Licht oder andere Energieformen umgewandelt wird, bezeichnet man als **exotherme Reaktion.**

Kupfer(II)-chlorid (s) + Zink (s) ⟶ Kupfer (s) + Zinkchlorid (s) | $\Delta E_i < 0$

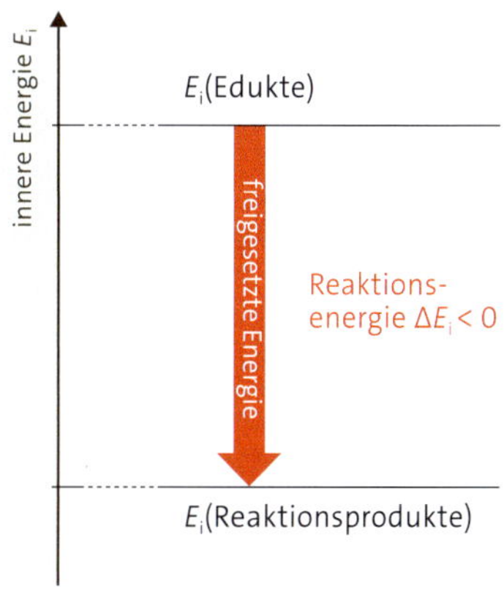

3 *Einfaches Energiediagramm einer exothermen Reaktion*

Endotherme Reaktionen verlaufen unter stetiger Energieaufnahme: $\Delta E_i > 0$.
Exotherme Reaktionen verlaufen unter Energieabgabe: $\Delta E_i < 0$.
Allgemein gilt:
Reaktionsenergie $\Delta E_i = E_i(\text{Produkte}) - E_i(\text{Edukte})$

AUFGABE

1 Beurteile, ob eine exotherme oder endotherme Reaktion vorliegt. Fertige jeweils das passende Energiediagramm an.
  a Ein Gemisch aus Eisen und Schwefel wird mit dem Brenner kurz erhitzt und reagiert dann unter starkem Aufglühen und starker Wärmeentwicklung zu Eisen(II)-sulfid.
  b Flüssiger Kuchenteig wird für 65 Minuten im Backofen bei 180 °C zu einem festen Kuchen.
  c Ein Glasrohr wird zum Verbiegen mit dem Brenner stark erhitzt. Das Glas glüht rot, wird weich und in Form gebracht. Nach dem Abkühlen ist es wieder hart.

Chemische Reaktionen müssen aktiviert werden

Am 6. Mai 1937 endete die Geschichte der zivilen Luftschifffahrt in einer Tragödie. In Lakehurst bei New York verunglückte das größte Flugobjekt aller Zeiten, die Hindenburg. Wasserstoff, der als Traggas für das Luftschiff diente, war aus den Tanks entwichen und hatte sich entzündet. In Sekundenschnelle breitete sich das Feuer aus.

Aktivierungsenergie Wenn Wasserstoff verbrennt, reagiert er mit Sauerstoff in einer exothermen Reaktion zu Wasser. Diese Reaktion ist bereits als Knallgasreaktion bekannt, die als Nachweis für Wasserstoff verwendet wird (↗S. 65):

Wasserstoff (g) + Sauerstoff (g) ⟶ Wasser (g)

Da bei dem Nachweis jedoch wesentlich weniger Wasserstoff reagiert und auch ein anderes Mischungsverhältnis mit Sauerstoff vorliegt, kommt es nicht zu einer Flammenentwicklung, sondern nur zu einem mehr oder weniger lauten Knall. Die Gemeinsamkeit beider Reaktionen ist, dass sie ohne das Zünden des Gasgemischs nicht ablaufen. Die Reaktion muss erst aktiviert werden.

Durch Energiezufuhr werden die Edukte zunächst in einen reaktionsfähigen Zustand gebracht. Die dazu notwendige Energie heißt **Aktivierungsenergie E_A**. In einem Energiediagramm, in dem der Reaktionsverlauf von den Edukten zu den Reaktionsprodukten eingezeichnet ist, ist sie als zusätzliche Energie erkennbar (↗1).

Die Aktivierungsenergie E_A ist die Energie, die zum Starten einer Reaktion zugeführt werden muss.

Aus Wasser kann auch wieder Wasserstoff und Sauerstoff gewonnen werden, z. B. in einer Elektrolyse (↗EXP. 3, S. 80). Diese endotherme Reaktion ist die Umkehrung der exothermen Wasserbildung. Daraus kann geschlossen werden, dass auch endotherme Reaktionen grundsätzlich aktiviert werden müssen (↗2). Weil hier aber ohnehin eine ständige Energiezufuhr nötig ist, ist die Aktivierungsenergie an sich nicht zu erkennen.

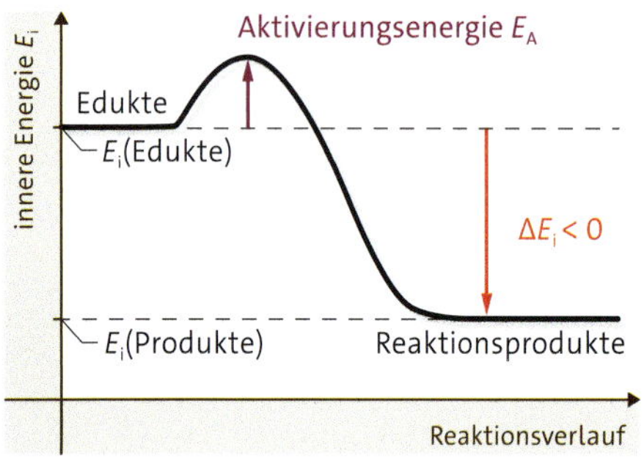

1 *Energiediagramm einer exothermen Reaktion mit Reaktionsverlauf*

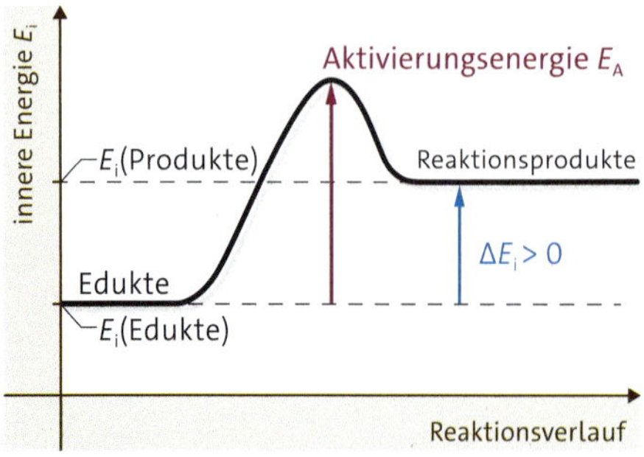

2 *Energiediagramm einer endothermen Reaktion mit Reaktionsverlauf*

3 *Biolumineszenz bei Glühwürmchen*

4 *Batterien*

5 *Glühende Ventilköpfe im Zylinder eines Verbrennungsmotors*

Chemische Reaktion und Energieformen Energieumwandlungen sind ein Merkmal von chemischen Reaktionen. Dabei kann innere Energie nicht nur in **Wärme** umgewandelt werden, sondern auch in andere Energieformen. Bei einer exothermen Reaktion wird innere Energie häufig auch in **Lichtenergie** (Strahlung) umgewandelt. Von kaltem Licht oder Biolumineszenz spricht man, wenn die Reaktionsenergie fast ausschließlich als Lichtenergie auftritt (↗3). So gibt es in Rettungsbooten Tabletten, die bei Kontakt mit Wasser eine intensive Lumineszenz entwickeln. Dadurch wird das Auffinden von Schiffbrüchigen in der Nacht erleichtert.

In Batterien laufen chemische Reaktionen ab, bei denen innere Energie direkt in **elektrische Energie** umgewandelt wird (↗4). In Verbrennungsmotoren reagieren Benzin oder Diesel mit Sauerstoff explosionsartig zu Kohlenstoffdioxid und Wasser (↗5). Durch die Ausdehnung der heißen Verbrennungsgase werden die Kolben im Motor gegen den äußeren Luftdruck bewegt. Dabei wird **Volumenarbeit** verrichtet, was letztendlich zum Antrieb des Fahrzeugs führt. Somit wird ein Teil der Reaktionsenergie in **kinetische Energie** (Bewegungsenergie) umgewandelt.

6 *Was hat das Fahren eines Tretrollers über einen Hügel mit einer exothermen Reaktion zu tun?*

AUFGABEN

1 Entscheide, ob eine endotherme oder exotherme Reaktion vorliegt. Beschreibe die Art der Energieumwandlung.
   a Der Sprengstoff TNT wird durch eine Sprengkapsel zur Explosion gebracht. Dabei reagiert er zu energieärmeren, gasförmigen Reaktionsprodukten.
   b Bei der Fotosynthese in Pflanzen entstehen aus Kohlenstoffdioxid und Wasser Traubenzucker und Sauerstoff. Diese chemische Reaktion findet nur statt, wenn der Pflanze Licht zur Verfügung steht.

2 Beschreibe Abbildung 6 und finde Gemeinsamkeiten zum Energiediagramm einer exothermen Reaktion (↗1).

3 Zeichne ein Energiediagramm für die Verbrennung von Magnesium (↗EXP. 1, S. 80).

4 Zeichne ein Energiediagramm für die Elektrolyse von Wasser (↗EXP. 3, S. 80).

Informationen aus Energiediagrammen entnehmen

Mithilfe von Energiediagrammen lässt sich der energetische Verlauf einer chemischen Reaktion beschreiben.
Um das Energiediagramm aus Abbildung 1 zu interpretieren und alle möglichen Informationen zu entnehmen, ist es sinnvoll, in folgender Schrittigkeit vorzugehen:

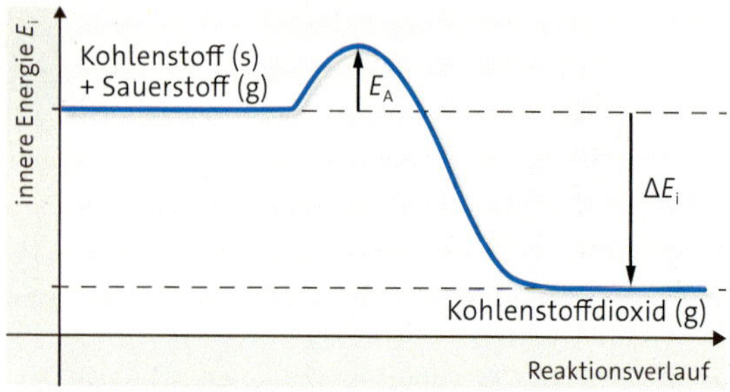

1 *Energiediagramm mit Reaktionsverlauf einer chemischen Reaktion*

1 Beschreibe zuerst, was auf den Achsen des Diagramms dargestellt ist.

Auf der *x*-Achse ist der Reaktionsverlauf abgetragen. Auf der *y*-Achse ist die innere Energie der Stoffe abgetragen. Beide Achsen tragen keine Skala und lassen sich somit nur qualitativ, d. h. ohne Angabe von genauen Werten, interpretieren.

2 Entnimm Informationen zu den Stoffen, die an der Reaktion beteiligt sind.

Die Edukte der Reaktion sind Kohlenstoff und Sauerstoff, die zum Reaktionsprodukt Kohlenstoffdioxid reagieren. Die innere Energie der Edukte ist größer als die innere Energie des Reaktionsprodukts.

3 Interpretiere den Verlauf der chemischen Reaktion. Gib ein mögliches Reaktionsschema an.

Um die Reaktion von Kohlenstoff mit Sauerstoff zu Kohlenstoffdioxid zu starten, ist die Zufuhr der Aktivierungsenergie E_A notwendig. Aus dem Verlauf wird ersichtlich, dass während der Reaktion Reaktionsenergie freigesetzt wird $\Delta E_i < 0$. Die Reaktion verläuft exotherm.

Kohlenstoff (s) + Sauerstoff (g)
$\longrightarrow$ Kohlenstoffdioxid (g) | $\Delta E_i < 0$

AUFGABEN

1 Erläutere das rechts stehende Energiediagramm.
2 Zeichne das Energiediagramm der Verbrennung von Wolfram (↗S. 78).

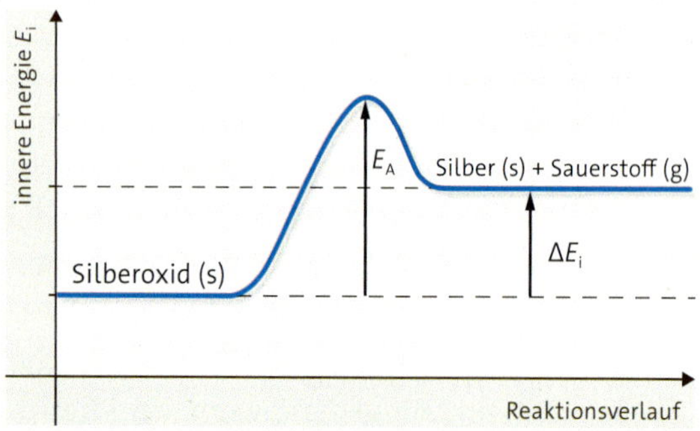

2 *Energiediagramm zu Aufgabe 1*

Katalyse

EXP. 7 Zündung eines Knallgasgemischs mit einem Katalysator

Materialien: Pt/Pd-Katalysatorperle, 60-mL-Spritze mit abgestumpfter Kanüle, transparenter 20-mL-Kunststoffbecher (Einwegschnapsglas), Stopfen mit Vertiefung für Katalysatorperle, Unterlegscheibe (Ø = 6 cm), Wasserstoff (GHS 2), Sauerstoff (GHS 3)

Durchführung: Das Experiment nur mit den vorgeschriebenen Mengen durchführen! Knallgasgemisch nicht unter den Becher düsen, wenn sich eine Katalysatorperle darunter befindet!

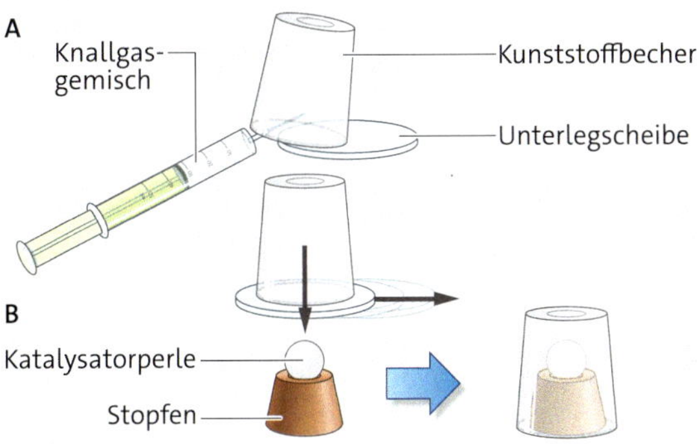

- Stelle das Knallgasgemisch her, indem die Spritze erst mit 20 mL Sauerstoff und dann mit 40 mL Wasserstoff gefüllt wird.
- Stelle den Becher so auf die Unterlegscheibe, dass er etwa zu 1/3 übersteht.
- Setze die abgestumpfte Kanüle auf die Spritze und düse das Knallgasgemisch von unten in den fast verschlossenen Becher. Verschließe den Becher danach sofort.
- Lege die Katalysatorperle in die Vertiefung des Stopfens.
- Positioniere den Becher mithilfe der Unterlegscheibe direkt 1–2 cm über der Perle, ziehe die Scheibe zur Seite und setze den Becher zügig über dem Stopfen ab.
- Wichtig: Entferne dich etwa 1 m vom Versuchsaufbau. Halte dir die Ohren zu und öffne den Mund!

Entsorgung: Katalysatorperle einsammeln; wird wieder verwendet.

Auswertung: Formuliere eine Erklärung für deine Beobachtungen und stelle das Reaktionsschema auf.

EXP. 8 Zerfall von Wasserstoffperoxid

Materialien: 2 Reagenzgläser, Reagenzglasständer, Pipette, Spatel, Holzspan, Streichhölzer, 10%ige Wasserstoffperoxidlösung (GHS 3|5), Mangan(IV)-oxid (GHS 7|8), verd. Eisen(III)-nitratlösung

Durchführung: Handschuhe tragen! Hautkontakt mit der Wasserstoffperoxidlösung vermeiden!

- Gib in das erste Reagenzglas 2 cm hoch Wasserstoffperoxidlösung sowie eine kleine Spatelspitze Mangan(IV)-oxid.
- Halte einen glimmenden Holzspan in das Reagenzglas. Dabei darf der Span nicht in die Flüssigkeit tauchen.
- Wiederhole das Experiment mit dem zweiten Reagenzglas. Verwende anstelle des Mangan(IV)-oxids fünf Tropfen der Eisen(III)-nitratlösung.

Entsorgung: Suspension in den Behälter für giftige anorganische Abfälle geben.

Auswertung:

1 Erläutere deine Beobachtungen. Erstelle ein dazu passendes Energiediagramm.

2 Erkläre die Funktion des Mangan(IV)-oxids und der Eisen(III)-nitratlösung.

Beschleunigung chemischer Reaktionen durch Katalyse

Eine wässrige Wasserstoffperoxidlösung dient oft als Desinfektions- und Bleichmittel. Sie wird daher gerne als Reinigungsmittel für Kontaktlinsen verwendet und ist in Zahnaufhellerstreifen und Blondierungsmitteln enthalten.

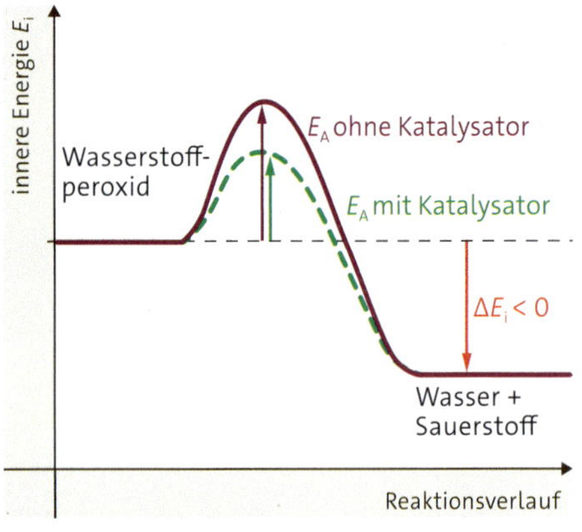

1 *Energiediagramm für den Zerfall von Wasserstoffperoxid mit und ohne Katalysator*

Katalysator Wasserstoffperoxid zerfällt leicht und muss daher kühl gelagert werden. Bei der exothermen Reaktion entstehen Wasser und Sauerstoff (↗EXP. 8, S. 87).

Wasserstoffperoxid (aq) ⟶ Wasser (l) + Sauerstoff (g) | $\Delta E_i < 0$

Bei Zimmertemperatur verläuft diese Reaktion sehr langsam. Die Temperatur reicht nicht aus, um die Reaktion ausreichend zu aktivieren. Die Aktivierungsenergie ist zu hoch.

Bei Zugabe von Mangan(IV)-oxid beschleunigt sich der Zerfall merklich. Mangan(IV)-oxid setzt die Aktivierungsenergie der Reaktion so weit herab, dass der Zerfall auch bei Zimmertemperatur stattfinden kann. Das Mangan(IV)-oxid hat hier die Rolle eines sogenannten **Katalysators** (↗1).

Katalysatoren sind Stoffe, die die Aktivierungsenergie herabsetzen. Sie beschleunigen dadurch chemische Reaktionen. Die Reaktionsenergie ΔE_i ändert sich dabei nicht.

Das Mangan(IV)-oxid wirkt bereits in einer geringen Menge. Zudem wird es bei der Reaktion nicht verbraucht. Anstelle von Mangan(IV)-oxid kann Eisen(III)-nitratlösung als Katalysator verwendet werden. Die gelb gefärbte Lösung wird während der Reaktion braun, nach Abschluss der Reaktion aber wieder gelb. Das Eisen(III)-nitrat hat sich zurückgebildet (↗2).

2 *An der Farbänderung sieht man, dass sich der Katalysator Eisen(III)-nitrat während der Reaktion kurzzeitig in einen anderen Stoff umwandelt.*

Katalysatoren werden bei einer chemischen Reaktion nicht verbraucht. Sie wirken bereits in kleinen Mengen.

Katalysatoren in Natur und Technik Die Katalyse (griech. lösen oder entfesseln) wird vom Menschen schon seit Jahrtausenden genutzt. Beispiele dafür sind die alkoholische Gärung und die Essigsäureherstellung. Hefezellen, die bei der Weinherstellung dem Traubensaft zur Gärung zugesetzt werden, enthalten Enzyme. Diese Stoffe wirken als „Biokatalysatoren" und ermöglichen der Hefezelle die Umwandlung von Traubenzucker zu Ethanol (Alkohol) und Kohlenstoffdioxid.

Der Begriff Enzym leitet sich vom griechischen Wort für Sauerteig ab (↗3). Sauerteig macht Brot besonders locker. In ihm arbeiten Enzyme von Bakterien, die Milch- und Essigsäure erzeugen. Außerdem sorgen Enzyme von Hefen dafür, dass Zucker vergärt. Dabei entsteht gasförmiges Kohlenstoffdioxid, durch das der Teig „aufgeht".
Enzyme katalysieren unzählige Reaktionen in Organismen (↗4). Chemische Vorgänge, die bei Umgebungs- oder Körpertemperatur nicht ablaufen, werden durch die Biokatalysatoren ermöglicht. Ohne sie würde das Leben in der uns bekannten Form nicht funktionieren.

Abgaskatalysator Der wohl bekannteste Katalysator ist der Abgaskatalysator, kurz „Kat" genannt. Er besteht aus einer wabenförmigen Keramik, die von einer Vielzahl von Kanälen durchzogen wird (↗5). Dadurch entsteht eine riesige, poröse Oberfläche, auf der Edelmetalle wie Platin und Rhodium aufgebracht sind. Sie sind die eigentlichen Katalysatoren.
Im Abgaskatalysator reagieren die in den Motorabgasen enthaltenen Schadstoffe wie unverbrannte Kohlenwasserstoffe, Kohlenstoffmonooxid und Stickstoffoxide zu ungiftigem Kohlenstoffdioxid, Stickstoff und Wasser. Der Abgaskatalysator ist kein Filter, sondern ermöglicht chemische Reaktionen, die bei den gegebenen Temperaturen nur sehr langsam stattfinden würden.

Katalysatoren helfen Energie zu sparen, da sie Reaktionen schon bei niedrigeren Temperaturen in ausreichender Geschwindigkeit ermöglichen. 90 % der industriellen chemischen Prozesse werden deshalb mit Katalysatoren durchgeführt. Ohne sie wäre die Produktion von Treibstoffen, Kunststoffen, Düngemitteln, Medikamenten und Synthesefasern nicht durchführbar oder sehr teuer.

3 *Gärender Sauerteig*

4 *Fühlt sich der Bombardierkäfer bedroht, so schießt er stark ätzende, heiße Sekrete gegen den Feind. Als Treibgas dient Sauerstoff, der bei der katalytischen Zersetzung von Wasserstoffperoxid entsteht.*

5 *Die Keramik eines Autokatalysators ist von unzähligen Kanälen durchzogen.*

AUFGABEN

1 Erläutere mit einem Energiediagramm, ob auch endotherme Reaktionen mithilfe eines Katalysators beschleunigt werden können.

2 Recherchiere die chemischen Reaktionen, die im Abgaskatalysator ablaufen.

3 Beurteile die Aussage „Katalysatoren helfen Energie zu sparen".

IMPULSAUFGABEN

A Stoffe verschwinden – neue Stoffe entstehen

Bei chemischen Reaktionen verschwinden Stoffe und andere Stoffe entstehen. Was bedeutet das für die Masse der Edukte und Produkte?
Um dieses zu untersuchen, führt man zwei Versuche auf einer Balkenwaage durch. Eine Balkenwaage funktioniert wie eine Wippe: An beiden Enden hängen zwei Massen mit dem genau gleichen Abstand zur Mitte. Befindet sich die Balkenwaage im Gleichgewicht, dann hängt an beiden Seiten die gleiche Masse.

In Versuch 1 wird eine Kerze auf der Balkenwaage mit einem entsprechenden Gegengewicht ausbalanciert und dann entzündet. Versuch 2 wird mit einem Büschel Eisenwolle durchgeführt.

A1 *Balkenwaagen funktionieren wie Wippen.*

1 Beschreibe die Beobachtungen der beiden Versuche (↗ A2, A3).

2 Stelle Vermutungen auf, wie es zu den unterschiedlichen Positionen des Balkens bei der Balkenwaage kommt.

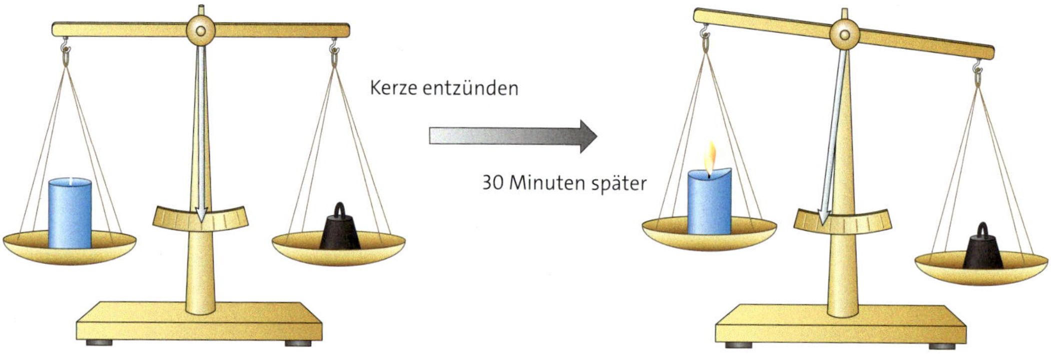

A2 *Versuch 1: Kerze auf der Balkenwaage*

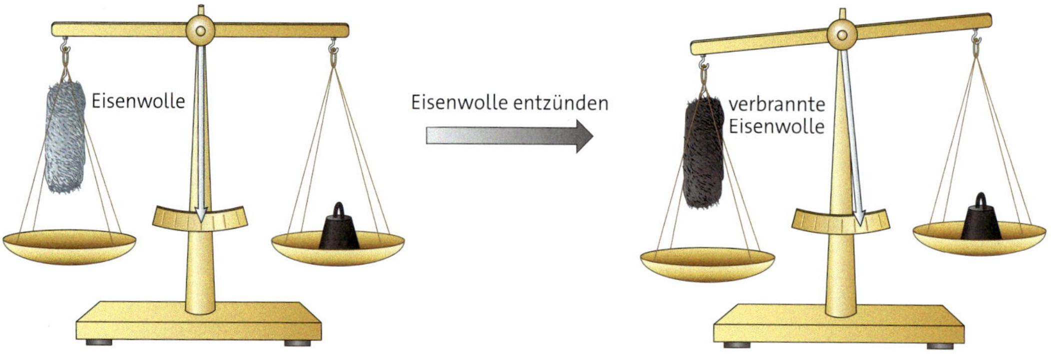

A3 *Versuch 2: Eisenwolle auf der Balkenwaage*

B Kohlenstoff verbrennt

Etwas Kohlenstoff wird in Sauerstoff verbrannt (↗B1). Hierzu drückt man mithilfe einer Spritze Sauerstoff durch ein Glasrohr mit Kohlenstoff in eine andere Spritze und wieder zurück. Das Glasrohr wird solange erhitzt, bis der Kohlenstoff vollständig verschwunden ist. Wie hat sich das Gasvolumen nach Versuchsende in den Spritzen verändert?

1 Zum Versuchsergebnis wurden schon einige Vermutungen aufgestellt.
   a Diskutiere die einzelnen Gedanken mit deinem Banknachbarn (↗B2).
   b Begründe, welcher Aussage du dich anschließen würdest.

B2 *Gedanken zur Veränderung des Gasvolumens*

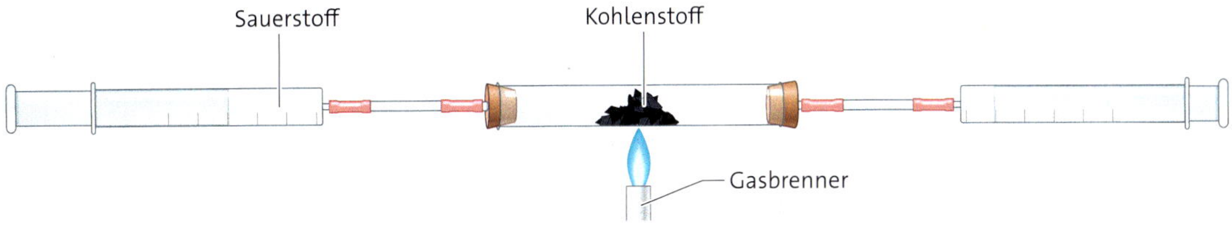

B1 *Versuchsaufbau zum beschriebenen Versuch*

C Kerze auf der Waage

Die Massenänderung einer brennenden Kerze wurde maximal 60 Minuten lang mit einer Waage verfolgt. Man hat dabei drei verschiedene Versuchsaufbauten A, B und C benutzt und drei verschiedene Ergebnisse erhalten:

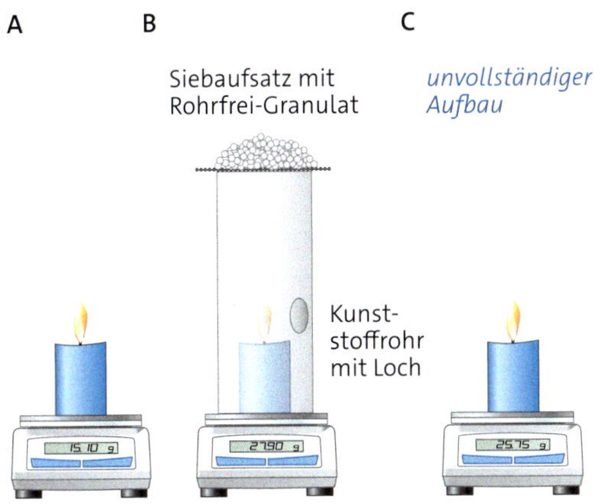

C1 *Versuchsaufbauten A–C*

Versuch	A	B	C
m(Anfang)	15,10 g	27,90 g	25,75 g
m(Ende)	14,40 g	30,52 g	25,75 g

C2 *Masse vor und nach den Experimenten*

1 Die Skizze von Versuch C ist unvollständig (↗C1). Übernimm die Skizze in dein Heft und vervollständige sie, damit sie mit dem Versuchsergebnis übereinstimmt (↗C2).

2 Fasse die Versuchsergebnisse von Durchführung A, B und C stichpunktartig zusammen. Berücksichtige dabei die Unterschiede im Versuchsaufbau (↗C1).

3 Formuliere anhand des Ergebnisses von Versuch B eine begründete Vermutung über die Aufgabe des Rohrfrei-Granulats bei dieser Variante.

Atommodell nach DALTON

„A new system of chemical philosophy" nannte John Dalton sein bahnbrechendes Werk, in dem er 1808 seine Vorstellungen vom Aufbau der Stoffe vorstellte. Heute spricht man vom Daltonschen Atommodell!

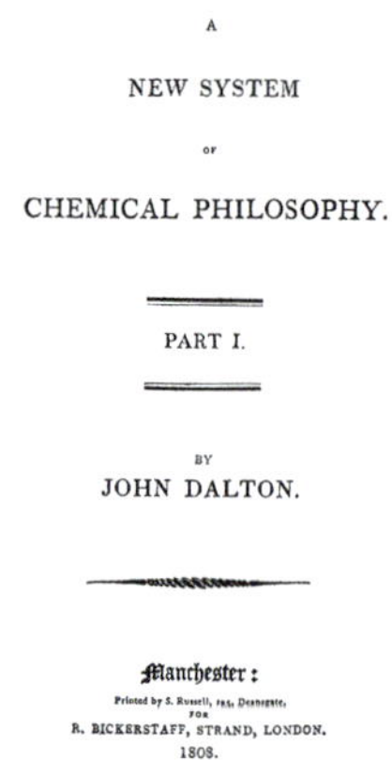
A

NEW SYSTEM

OF

CHEMICAL PHILOSOPHY.

PART I.

BY

JOHN DALTON.

Manchester:

R. BICKERSTAFF, STRAND, LONDON.

1808.

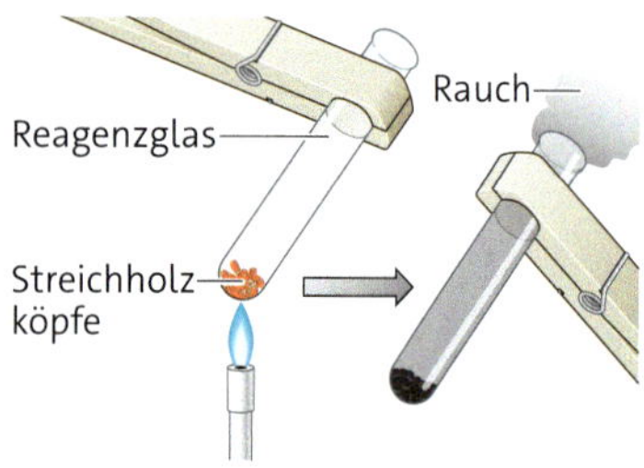

1 *Reaktion im offenen System*

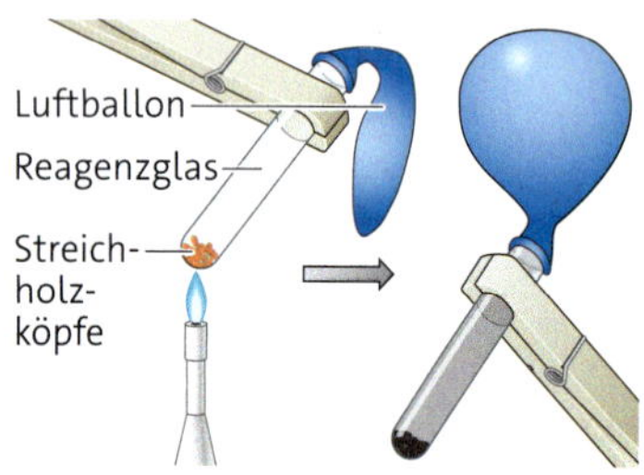

2 *Reaktion im geschlossenen System*

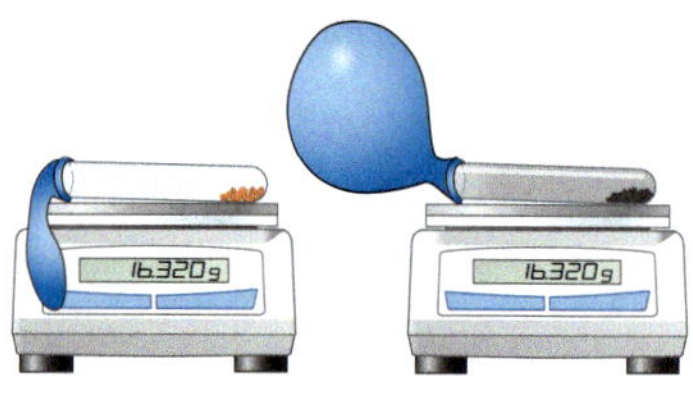

3 *Die Gesamtmasse ändert sich während der chemischen Reaktion nicht.*

Element und chemische Verbindung Der Engländer JOHN DALTON (1766–1844) gilt als einer der bedeutendsten Wegbereiter der Chemie. Grund dafür sind seine Überlegungen zum **Aufbau der Stoffe aus Atomen.**

Zu seiner Zeit unterschied man bereits zwei Arten von Reinstoffen: Man nannte Stoffe, die sich durch chemische Reaktion nicht weiter zerlegen ließen, **chemische Elemente.** Stoffe, die aus diesen Elementen durch chemische Reaktion entstehen konnten, wurden **chemische Verbindungen** genannt.

DALTONS Experimente und Beobachtungen führten zu seiner Behauptung, dass Atome verschiedener Elemente sich in der Masse unterscheiden müssen.

Satz von der Erhaltung der Masse Erhitzt man mit dem Gasbrenner ein paar Streichholzköpfe in einem Reagenzglas, so entzünden sich die Streichholzköpfe und verbrennen. Nach der Reaktion wiegen diese weniger als vor der Reaktion. Aus dem offenen Reagenzglas kann Rauch entweichen, aber auch Luft hinzuströmen (↗1). Es ist ein **offenes System**. Stülpt man aber einen Luftballon über die Öffnung des Reagenzglases, hat man ein **geschlossenes System**, aus dem weder Stoffe entweichen noch hinzukommen können (↗2). Nach der Reaktion in einem geschlossenen System kann man keine Massenveränderung feststellen: Die Masse aller Stoffe vor der Reaktion ist gleich der Masse nach der Reaktion (↗3).

Bei einer chemischen Reaktion im geschlossenen System verschwinden Stoffe (Edukte) und es entstehen neue Stoffe (Produkte), aber die Gesamtmasse ändert sich nicht.

Gesetz der konstanten Massenverhältnisse Bei einer chemischen Reaktion verschwinden die Edukte und es entstehen Reaktionsprodukte. Der Satz von der Erhaltung der Masse deutet aber darauf hin, dass bei einer chemischen Reaktion auf der Teilchenebene etwas unverändert bleiben muss.

Wasser ist eine chemische Verbindung, die aus den Elementen Wasserstoff und Sauerstoff gebildet werden kann. Umgekehrt lässt sich Wasser auch wieder in diese Elemente zerlegen. Unabhängig von der zerlegten Wassermenge kann man feststellen, dass dabei immer dasselbe Massenverhältnis zwischen Sauerstoff und Wasserstoff von 8 : 1 herauskam (↗4).
Auch in anderen chemischen Verbindungen sind die Elemente stets im gleichen Massenverhältnis gebunden. Dies formulierte bereits 1797 der französische Chemiker JOSEPH-LOUIS PROUST.

In jeder chemischen Verbindung haben die in ihr gebundenen chemischen Elemente ein bestimmtes konstantes Massenverhältnis.

Atommodell von DALTON Diese beiden Gesetzmäßigkeiten führten dazu, dass DALTON sein Atommodell entwickelte: Alle Reinstoffe sind demnach aus Atomen aufgebaut. Bei einem chemischen Element sind diese Atome alle gleich. So besteht Wasserstoff nur aus Wasserstoff-Atomen. In einer chemischen Verbindung sind Atome verschiedener Elemente in einem festen Anzahlverhältnis enthalten. Auf der Teilchenebene bleiben die Atome während einer chemischen Reaktion unverändert. Sie gruppieren sich nur neu an. Die wichtigsten Aussagen zum DALTON-Atommodell in der Übersicht:

Alle Atome sind kugelförmig, massiv und unteilbar.
Die Atome eines Elements sind alle gleich.
Atome verschiedener Elemente unterscheiden sich in ihrer Masse und Größe.
Chemische Verbindungen enthalten Atome verschiedener Elemente in einem bestimmten Anzahlverhältnis.
Bei einer chemischen Reaktion werden Atome weder erzeugt noch vernichtet, sondern nur umgruppiert.

Atome sind unvorstellbar klein und mit dem menschlichen Auge oder einem Lichtmikroskop nicht sichtbar. Für einzelne Atome gelten auch nicht die gleichen Eigenschaften wie für die Stoffe. So haben Atome keine Farbe. Zur besseren Darstellung und Unterscheidbarkeit werden aber Atome in diesem Buch in unterschiedlichen Größen und Farben abgebildet (↗5).

m(Wasser)	36 g	18 g	9 g	6 g
m(Sauerstoff)	32 g	16 g	8 g	5,34 g
m(Wasserstoff)	4 g	2 g	1 g	0,66 g
$\frac{m(\text{Sauerstoff})}{m(\text{Wasserstoff})}$	8 : 1	8 : 1	8 : 1	8 : 1

4 *Massenverhältnisse bei der Zerlegung von Wasser in die Elemente Sauerstoff und Wasserstoff*

5 *Modell verschiedener Atome nach Dalton*

AUFGABE

1 Wasser ist eine chemische Verbindung, die durch Reaktion in die Elemente Sauerstoff und Wasserstoff zerlegt werden kann.
   a Erläutere mit dem Atommodell von DALTON den Unterschied zwischen Wasser und Sauerstoff bzw. Wasserstoff auf Teilchenebene.
   b Zeige anhand der Tabelle 4, dass für die Wasserzerlegung die Massenerhaltung gilt. Erläutere dies mithilfe des Atommodells von DALTON.

Atomartensymbole und Periodensystem der Elemente

Auf Dalton ging nicht nur sein Atommodell zurück. Er entwickelte auch ein System chemischer Zeichen als Symbole für die Atome verschiedener Elemente, um chemische Reaktionen auf der Teilchenebene zu veranschaulichen.

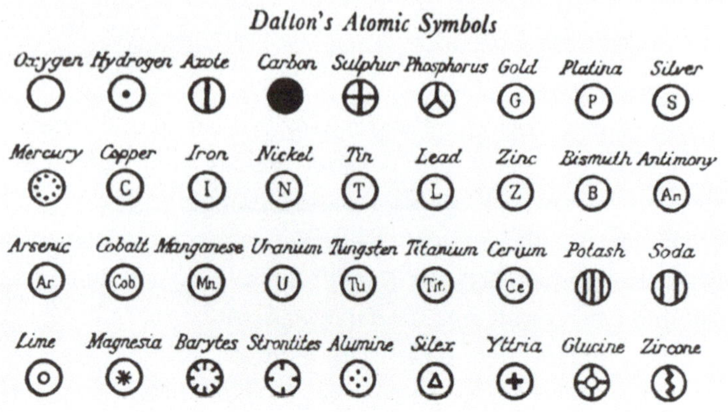

Gold	Au	lat. aurum
Silber	Ag	lat. argentum
Kupfer	Cu	lat. cuprum
Blei	Pb	lat. plumbum
Zinn	Sn	lat. stannum
Schwefel	S	lat. sulfur
Kohlenstoff	C	lat. carbonium

1 *Atomartensymbole – vom lateinischen Namen des dazugehörigen Elements abgeleitet*

Wasserstoff	H	griech. hydrogenium
Sauerstoff	O	griech. oxygenium
Stickstoff	N	griech. nitrogenium
Quecksilber	Hg	griech. hydrargyrum

2 *Atomartensymbole – vom griechischen Namen des dazugehörigen Elements abgeleitet*

3 *Dimitri I. Mendelejew (1837–1907)*

Atomartensymbole Reaktionen mit Worten zu beschreiben ist mühsam und umständlich. Deshalb kamen schon die Alchemisten auf die Idee, Symbole zu verwenden. DALTON verwendete kreisförmige Zeichen, um die verschiedenen Atome darstellen zu können. Ähnlich den farbigen Kugeln in diesem Buch.
Nur waren die von DALTON gewählten Symbole nicht so gut geeignet, denn man kann sie leicht miteinander verwechseln. Stattdessen führte der schwedische Chemiker JÖNS JACOB BERZELIUS Buchstabensymbole aus einem oder zwei Buchstaben für die einzelnen Atomarten ein (↗1–2). Dieses System wird bis heute weltweit verwendet. Die **Atomartensymbole** ergeben sich aus dem Namen des dazugehörigen Elements. Für Elemente, die schon seit der Antike bekannt sind, werden auch lateinische oder griechische Namen verwendet, z. B. ist das Symbol für das Wasserstoff-Atom ein H (griech. *hydrogenium*) oder Fe für Eisen-Atome (lat. *ferrum*).

Ein Ordnungssystem für Elemente und Atomarten Mittlerweile sind 118 Elemente bekannt. Schon im 19. Jahrhundert beschäftigten sich viele Forscher mit der Frage, ob man für die damals bekannten Elemente ein sinnvolles Ordnungssystem finden kann. 1829 beschrieb der deutsche Chemiker JOHANN WOLFGANG DÖBEREINER Dreiergruppen von Elementen, die ähnliche Eigenschaften hatten.
Der russische Chemiker MENDELEJEW (↗3) und der deutsche Chemiker MEYER (↗4) stellten 1869 unabhängig voneinander das System vor, das wir bis heute verwenden: **Das Periodensystem der Elemente (kurz: PSE).** Im PSE stehen die Elemente mit ähnlichen Eigenschaften untereinander. Mendelejew konnte dadurch die Existenz damals noch unbekannter Elemente vorhersagen.

Aufbau des PSE Das PSE in seiner heutigen Form ist in Perioden (Zeilen) und Gruppen (Spalten) geordnet.

Die Mehrzahl der Elemente gehört zu den Metallen. Sie zeigen den typischen Glanz, leiten den elektrischen Strom, lassen sich schmieden und verformen. Die Metalle (blau eingefärbt) findet man links im PSE bis zu einer gedachten Linie von Bor nach Astat. Daneben gibt es die Nichtmetalle (gelb eingefärbt). Sie haben gemeinsam, dass sie keine Metalleigenschaften haben. Die meisten Nichtmetalle haben z. B. geringere Schmelz- und Siedetemperaturen als die Metalle. Zu den Nichtmetallen gehören auch die Edelgase Helium, Neon, Argon, Krypton, Xenon und Radon. Sie sind besonders reaktionsträge und bilden keine oder nur mit sehr wenigen Elementen chemische Verbindungen. Im PSE finden sich zudem noch Halbmetalle (grün eingefärbt). Diese Elemente haben nur manche Eigenschaften der Metalle.

Elemente und Atomarten im Periodensystem So wie es 118 Elemente gibt, gibt es auch 118 verschiedene Atomarten. Im PSE findet man nicht nur stoffliche Informationen über die verschiedenen Elemente, sondern auch Informationen über die dazugehörigen Atomarten, die sich auf die Teilchenebene beziehen.

Im PSE steht deshalb nicht nur der Name des Elements, sondern auch das Atomartsymbol des dazugehörigen Atoms. Häufig werden noch weitere Eigenschaften über das Atom angegeben. Im PSE in diesem Buch (↗6 und Anhang) ist z. B. noch die (relative) Masse des Atoms rechts oben am Atomartensymbol vermerkt.

Das Periodensystem als Informationsquelle:
- **Zuordnung der Elemente zu den Stoffgruppen Metalle, Nichtmetalle und Halbmetalle**
- **Atomartensymbole der verschiedenen Atomarten**

Hauptgruppe

Periode	I	II	III	IV	V	VI	VII	VIII
1	1 1,008 H Wasserstoff							2 4,003 He Helium
2	3 6,94 Li Lithium	4 9,01 Be Beryllium	5 10,81 B Bor	6 12,01 C Kohlenstoff	7 14,007 N Stickstoff	8 15,999 O Sauerstoff	9 18,998 F Fluor	10 20,18 Ne Neon
3	11 22,99 Na Natrium	12 24,13 Mg Magnesium	13 26,98 Al Aluminium	14 28,09 Si Silicium	15 30,97 P Phosphor	16 32,07 S Schwefel	17 35,45 Cl Chlor	18 39,95 Ar Argon
4	19 39,10 K Kalium	20 40,08 Ca Calcium	31 69,72 Ga Gallium	32 72,61 Ge Germanium	33 74,92 As Arsen	34 78,96 Se Selen	35 79,90 Br Brom	36 83,80 Kr Krypton
5	37 85,47 Rb Rubidium	38 87,62 Sr Strontium	49 114,82 In Indium	50 118,71 Sn Zinn	51 121,76 Sb Antimon	52 127,60 Te Tellur	53 126,90 I Iod	54 131,29 Xe Xenon
6	55 132,91 Cs Caesium	56 137,33 Ba Barium	81 204,38 Tl Thallium	82 207,2 Pb Blei	83 208,98 Bi Bismut	84 209 Po Polonium	85 210 At Astat	86 222 Rn Radon
7	87 223 Fr Francium	88 226,03 Ra Radium						

Metalle
Halbmetalle
Nichtmetalle

6 Ein vollständiges Periodensystem der Elemente mit allen dazugehörigen Atomartensymbolen befindet sich auf den letzten beiden Seiten des Buchs.

4 Lothar Meyer (1830–1895)

5 Mendelejew Denkmal mit dem PSE in St. Petersburg

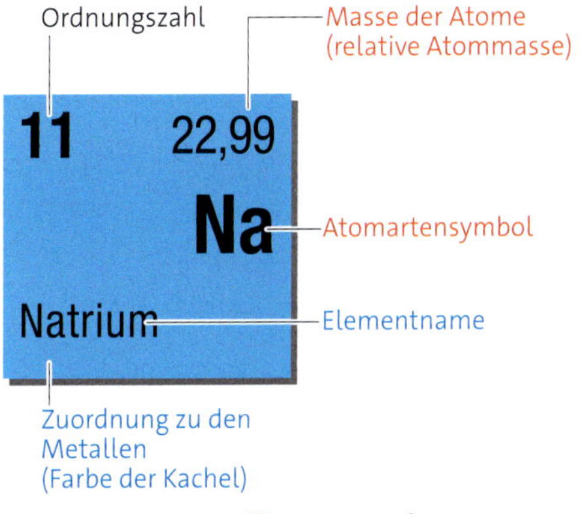

7 Im PSE stehen stoffbezogene Informationen zu den Elementen und teilchenbezogene Informationen zu den Atomarten.

Avogadro-Hypothese

Der italienischen Forscher Amedeo Avogadro (1776–1856) formulierte den nach ihm benannten Satz von Avogadro: „Gleiche Volumina aller Gase enthalten bei gleicher Temperatur und gleichem Druck die gleiche Anzahl an Teilchen."

„Volumi eguali di gas nelle stesse condizioni di temperatura e di pressione contengono lo stesso numero di molecole."

EXP. 9 [L] Synthese von Wasserstoffchlorid

Achtung! Demonstrationsversuch! Schutzscheibe aufstellen!

Materialien: 20-mL-Spritze mit Luerlock, Laserdiode (blau), Stativ, Klemme, Doppelmuffe, Schwamm, Wasserstoff (GHS 2), Chlor (GHS 3|6|9)

Durchführung: Die mit 3 mL Chlor und 3 mL Wasserstoff gefüllte und fest verschlossene Spritze wird so in das Stativ eingespannt, dass sich der Stempel bewegen kann und auf dem Schwamm aufsitzt. Das Gasgemisch wird mit dem Laser aus sicherer Entfernung gezündet und nach der Reaktion das Gasvolumen bestimmt.

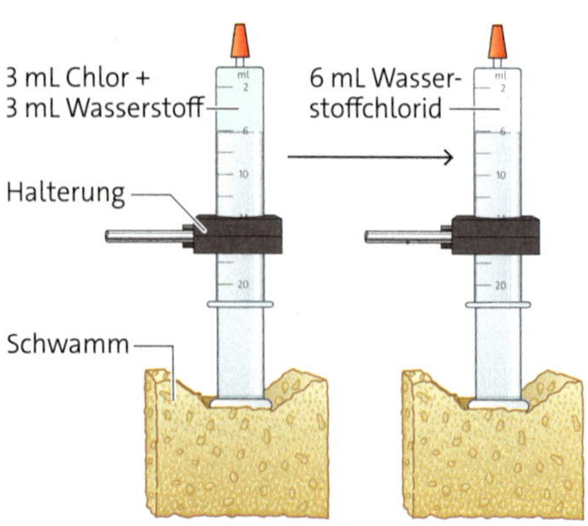

1 *Synthese von Wasserstoffchlorid*

Konstante Volumenverhältnisse Während DALTONS Atomhypothese den Satz von der Erhaltung der Masse bei chemischen Reaktionen erklärt, untersuchten der französische Chemiker JOSEPH LOUIS GAY-LUSSAC und der deutsche Forscher ALEXANDER VON HUMBOLDT die Volumenverhältnisse bei Reaktionen mit Gasen. Sie stellten fest, dass man diese Volumenverhältnisse immer mit ganzen, kleinen Zahlen beschreiben kann, z. B. reagieren 2 Liter Kohlenstoffmonooxid und 1 Liter Sauerstoff zu 2 Litern Kohlenstoffdioxid, das Verhältnis der Gasvolumina beträgt 2 : 1 : 2. Um die Volumenverhältnisse darzustellen, steht jeder Würfel für eine bestimmte Volumeneinheit, z. B. 1 Liter:

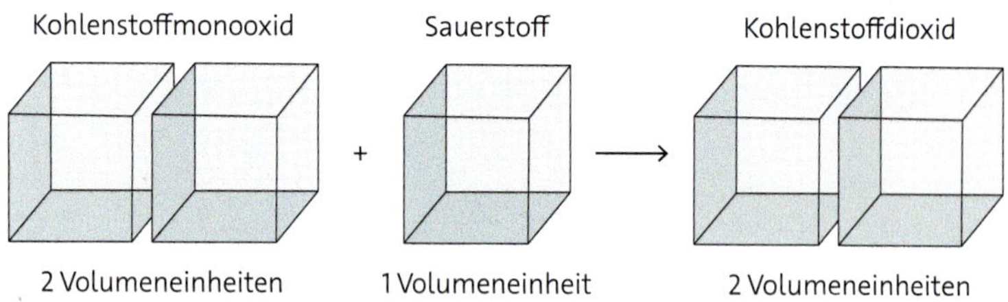

Auch bei der Reaktion von Wasserstoff und Chlor zu Wasserstoffchlorid sind ausschließlich Gase beteiligt. Im Experiment entstehen aus 3 mL Wasserstoff und 3 mL Chlor 6 mL Wasserstoffchlorid. Das Volumenverhältnis der Gase ist 1 : 1 : 2 (↗EXP. 9):

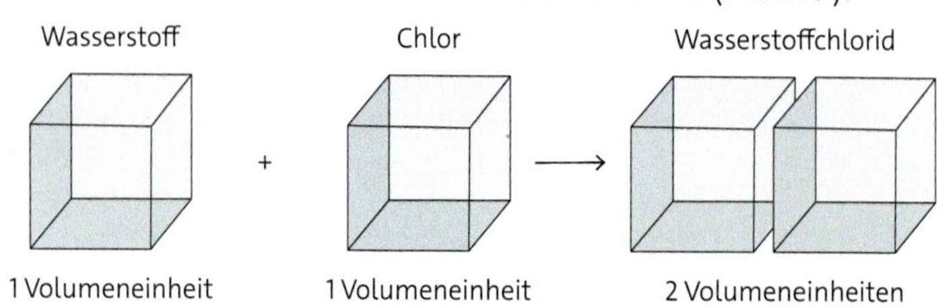

Satz von Avogadro Der Italiener AMEDEO AVOGADRO schloss u.a. aus diesen einfachen Volumenverhältnissen bei Gasreaktionen, dass das gleiche Volumen von unterschiedlichen Gasen auch gleich viele Teilchen enthalten muss. So enthält 1 Liter Sauerstoff die gleiche Anzahl an Teilchen wie 1 Liter Wasserstoff, zumindest bei gleicher Temperatur und gleichem Druck, denn das Gasvolumen hängt von der Temperatur und dem Druck ab.

Satz von Avogadro: Gleiche Volumina verschiedener Gase enthalten bei gleichem Druck und gleicher Temperatur gleich-viele Teilchen.

Bedeutung der relativen Atommassen DALTON verglich die Massen von gleichen Volumina verschiedener gasförmiger Elemente. Er fand heraus, dass eine Stoffportion Wasserstoff im Vergleich die geringste Masse hat und folgerte, dass Wasserstoff-Atome die Atome mit der geringsten Masse sind.
DALTON konnte keine absolute Masse angeben – Atome konnte man nicht wiegen – aber er gab dem Wasserstoff-Atom die relative Atommasse 1. Mit diesem Bezugspunkt konnten viele relative Atommassen im Laufe der Zeit bestimmt werden (↗2). So hat ein Sauerstoff-Atom die relative Atommasse 16, d.h., es hat die 16-fache Masse eines Wasserstoff-Atoms.

Bau von Wasserstoffchlorid Um auf den Bau der kleinsten Teilchen von Wasserstoffchlorid schließen zu können, führte man viele chemische Reaktionen von Wasserstoff mit Chlor durch. Man untersuchte dabei genau die Massen der beteiligten Stoffe (↗3) und stellte fest, dass das Massenverhältnis von m(Wasserstoff) : m(Chlor) ≈ 1 : 35,5 beträgt. Vergleicht man dieses Verhältnis mit den relativen Atommassen eines Wasserstoff- und eines Chlor-Atoms, so stimmen diese Zahlen überein.
Man wusste jetzt, dass in Wasserstoffchlorid die Wasserstoff- und Chlor-Atome im Verhältnis 1 : 1 verbunden sind, den exakten Bau eines Wasserstoffchlorid-Teilchens kannte man noch nicht. DALTON nahm an, dass die Teilchen möglichst einfach aufgebaut sind. Somit sollte das Wasserstoffchlorid-Teilchen aus einem Wasserstoff-Atom und einem Chlor-Atom bestehen (↗4).

Atomart	relative Atommasse
Wasserstoff-Atom	1
Kohlenstoff-Atom	12
Stickstoff-Atom	14
Sauerstoff-Atom	16
Schwefel-Atom	32
Chlor-Atom	35,5

2 *Relative Atommassen*

m(Wasserstoff)	m(Chlor)	m(Wasserstoffchlorid)
2 g	70 g	72 g
3 g	105,5 g	108,5 g
4 g	140 g	144 g

3 *Massenverhältnisse bei der Wasserstoffchloridsynthese*

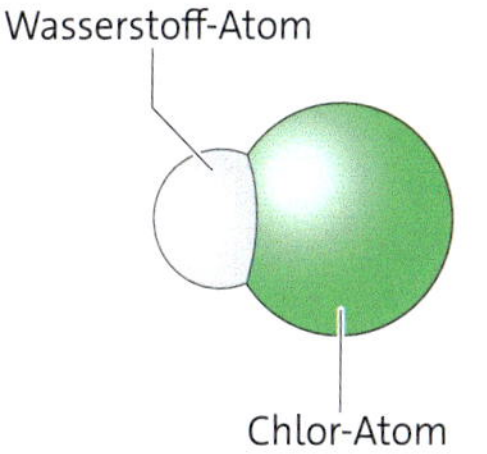

4 *Daltons Vorstellung eines Wasserstoffchlorid-Teilchens*

AUFGABE

1 Ein Zeitgenosse schreibt an DALTON: „Werter John! Bei der Zersetzung von Ammoniak habe ich Wasserstoff und Stickstoff im Massenverhältnis 1 : 4,67 erhalten. Als relative Atommasse eines Stickstoff-Atoms habe ich 14 angenommen. Meiner Ansicht nach müsste das Ammoniak-Teilchen viermal so viele Wasserstoff-Atome wie Stickstoff-Atome enthalten. Oder liege ich da falsch?“ Formuliere eine passende Antwort.

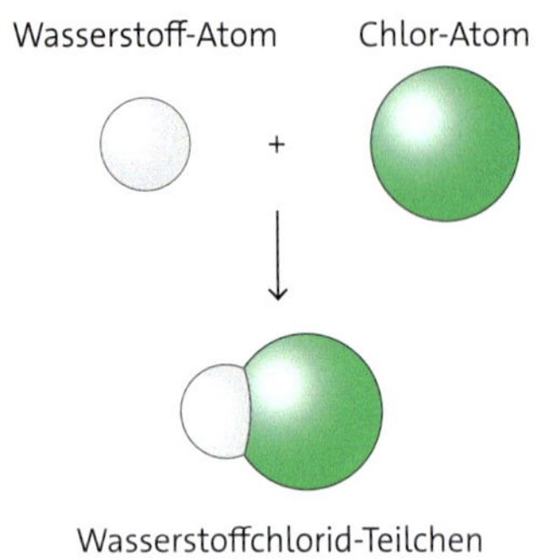

1 *Reaktion von Wasserstoff und Chlor zu Wasserstoffchlorid nach Dalton*

Moleküle Das Teilchenzahlverhältnis in Wasserstoffchlorid von 1 : 1 stimmte mit dem Volumenverhältnis von Wasserstoff und Chlor bei der Wasserstoffchloridsynthese überein (↗EXP. 9). Aber nach DALTON sollten bei der Reaktion von 3 mL Wasserstoff und 3 mL Chlor zu Wasserstoffchlorid auch nur 3 mL Wasserstoffchlorid entstehen. Tatsächlich entsteht aber das doppelte Volumen Wasserstoffchlorid, nämlich 6 mL. Vergleicht man aber die Volumenverhältnisse dieser Reaktion auf der Teilchenebene, dann erkennt man das Problem:

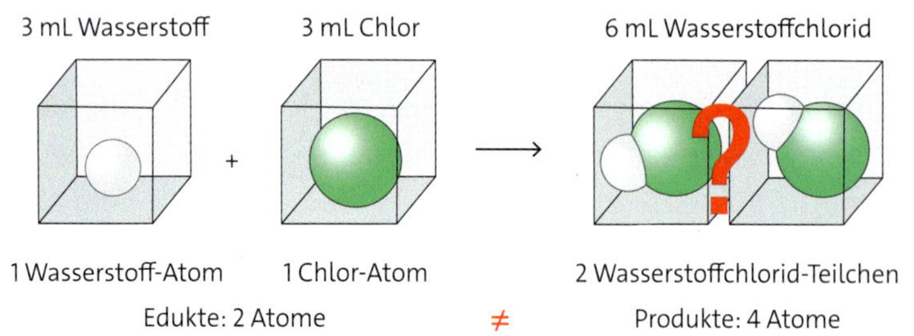

Die Massenerhaltung ist hier nicht erfüllt! AVOGADRO löste diesen Widerspruch, indem er annahm, dass auch die kleinsten Teilchen von Wasserstoff und Chlor aus jeweils zwei Atomen aufgebaut sind. AVOGADRO nannte diese Teilchen **Moleküle.** Damit lässt sich das Versuchsergebnis erklären: Auf der Edukt- und der Produktseite befinden sich die gleichartigen Atome in gleicher Anzahl nur in unterschiedlichen Molekülen gebunden, somit sind der Massenerhaltungsatz als auch der Satz von Avogadro erfüllt.

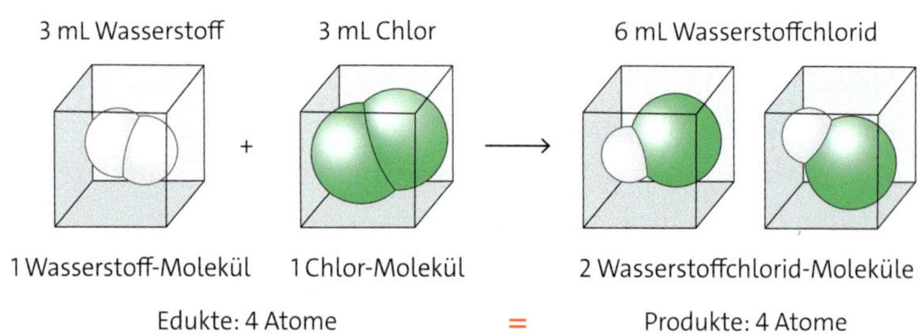

Stoff	Formel
Wasserstoff	H_2
Sauerstoff	O_2
Stickstoff	N_2
Fluor	F_2
Chlor	Cl_2
Brom	Br_2
Iod	I_2

2 *Die Elementmoleküle sind mit dieser Hilfe gut zu merken: H O N Cl Br I F, gesprochen „Honklbrief"*

Molekülformel Viele Nichtmetalle (↗2) und alle chemischen Verbindungen, die aus der Reaktion von Nichtmetallen entstehen, sind aus Molekülen aufgebaut. Man unterscheidet deshalb zwischen **Elementmolekülen** und **Verbindungsmolekülen**.
Auch für Moleküle kann ein chemisches Symbol geschrieben werden: die **Molekülformel** (↗3). Für ein Wasserstoff-Molekül lautet sie H_2 und für ein Chlor-Molekül Cl_2. Die kleine Zwei als Index gibt an, dass jeweils zwei Atome im Molekül gebunden sind.

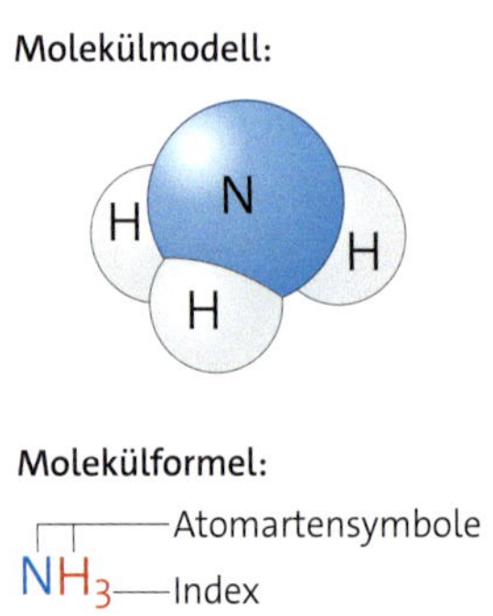

3 *Aufbau einer Molekülformel*

Moleküle bestehen aus zwei oder mehr Nichtmetall-Atomen, die fest miteinander verbunden sind.

AUFGABE

1 Beschreibe den Bau der Moleküle anhand ihrer Molekülformel: H_2O, NO, C_2H_4, SF_6.

Massenerhaltung und Atommassen

EXP. 10 Verbrennen von Streichholzköpfen

Materialien: Reagenzglas aus Quarzglas, Luftballon und Gummi, Gasbrenner, Laborwaage, Reagenzglashalter, Streichholzköpfe

Durchführung: Fülle drei bis fünf Streichholzköpfe in das Reagenzglas. Bestimme die Gesamtmasse von Reagenzglas und Streichholzköpfen mit der Laborwaage. Erhitze das Reagenzglas vorsichtig mit dem Gasbrenner, bis sich die Streichholzköpfe entzündet haben und abgebrannt sind. Lasse anschließend das Reagenzglas abkühlen und wiege erneut.

Wiederhole den Versuch. Verschließe aber das Reagenzglas mit dem Luftballon und dem Gummi. Dehne vor dem Aufsetzen den Luftballon vor und bestimme wieder die Gesamtmasse von Reagenzglas mit Streichholzköpfen und Luftballon.

Entsorgung: Reste im Hausmüll entsorgen.

Auswertung:

1 Vergleiche die ermittelten Massen bei beiden Durchführungen.

2 Erläutere die unterschiedlichen Ergebnisse.

EXP. 11 Bestimmung relativer Atommassen

Materialien: Kunststoffspritze mit durchbohrtem Stempel und Verschluss sowie Eisennagel zur Fixierung, Laborwaage, 3 Gasballontransportbehälter, Luerlock-Dreiwegehahn, Wasserstoff (GHS 2), Sauerstoff (GHS 3), Stickstoff

Durchführung: Vorsicht! Schutzbrille!

Bestimmung der Masse der luftleeren Spritze

Drücke den Spritzenstempel vollständig in die Spritze hinein und setze den Verschluss auf. Ziehe den Spritzenstempel bis etwas über die 100-mL-Markierung heraus. Ein Helfer schiebt den Eisennagel durch das Loch im Stempel. Wiege zügig die so luftleere Spritze. Entferne den Verschluss und ziehe den Nagel anschließend aus dem Stempel heraus.

Bestimmung der Masse der Gase

Fülle 100 mL Gas möglichst „druckarm" über einen Dreiwegehahn in die Spritze. Schiebe den Eisennagel durch das Loch im Spritzenstempel und setz den Verschluss auf. Wiege die gefüllte Spritze. Wiederhole mit den anderen Gasen.

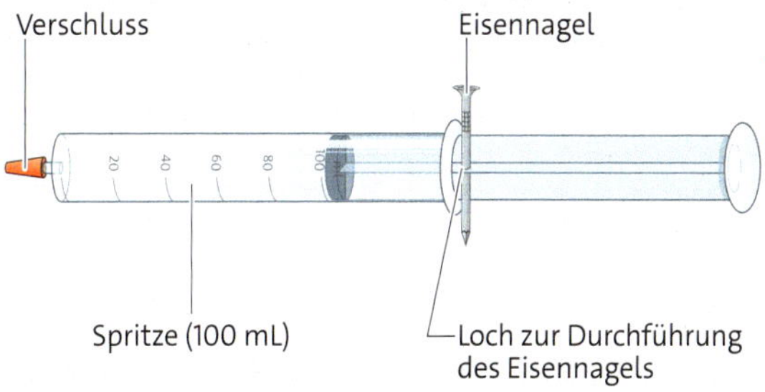

Gas	*m*(Spritze, voll)	*m*(Spritze, leer)	*m*(Gas)
Wasserstoff			
Sauerstoff			
Stickstoff			

Auswertung:

1 Übernimm die Tabelle in dein Heft und berechne jeweils die Masse des Gases:
$m(\text{Gas}) = m(\text{Spritze, voll}) - m(\text{Spritze, leer})$

2 Bestimme die relativen Atommassen von Sauerstoff und Stickstoff. Die relative Atommasse eines Wasserstoff-Atoms ist 1.
Es gilt:

$$\frac{m(\text{Sauerstoff})}{m(\text{Wasserstoff})} = \frac{m(\text{Sauerstoff-Atom})}{m(\text{Wasserstoff-Atom})}$$

Wasser ist Diwasserstoffmonooxid

1 *H_2O: die Formel von Wasser – oder doch nicht?*

Wasser als Forschungsobjekt Bei der Elektrolyse von Wasser (↗EXP. 3, S. 80) erhält man die Gase Sauerstoff und Wasserstoff. Die Elektrolyse ist die Zerlegung einer chemischen Verbindung mithilfe elektrischer Energie. Wir wissen schon, dass das Volumenverhältnis von Wasserstoff zu Sauerstoff dabei 2 : 1 beträgt. Es entsteht das doppelte Volumen an Wasserstoff zu Sauerstoff:

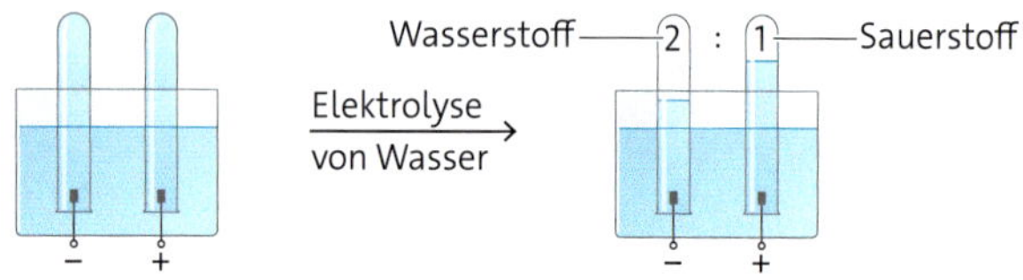

2 *Volumenverhältnisse bei der Wasserzerlegung*

Wiegt man die entstehenden Gasportionen, beträgt das Massenverhältnis 1 : 8, d. h. die Masse der Sauerstoffportion ist 8-mal größer als die Masse der Wasserstoffportion. Die relative Atommasse von Sauerstoff ist 16, von Wasserstoff 1. Sowohl aus dem Volumenverhältnis wie aus dem Massenverhältnis kann man damit schließen, dass doppelt so viele Wasserstoff-Atome wie Sauerstoff-Atome im Wasser-Molekül gebunden sind. Aber erst wenn man die relative Masse eines Wasser-Moleküls kennt, weiß man, ob die Molekülformel von Wasser wirklich H_2O oder vielleicht nicht doch H_4O_2 ist.

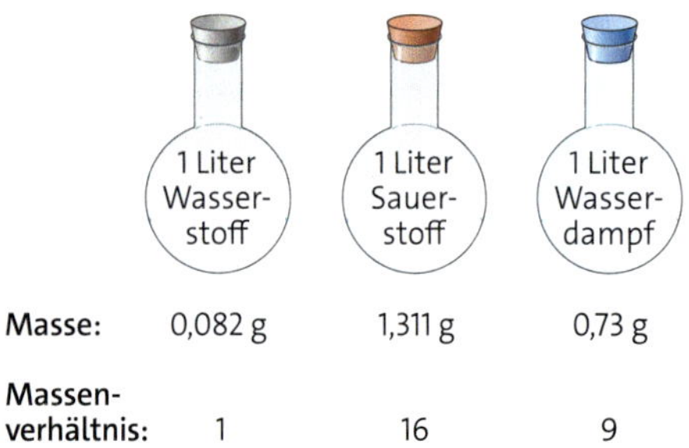

3 *Massen und Massenverhältnis von jeweils 1 Liter Wasserstoff, Sauerstoff und Wasserdampf bei Standardbedingungen*

Teilchen	relative Teilchenmasse
Wasserstoff-Atom	1
Wasserstoff-Molekül	2
Sauerstoff-Atom	16
Sauerstoff-Molekül	32
Wasser-Molekül	18

4 *Relative Massen von Atomen und Molekülen*

Relative Molekülmasse Wenn man die Massen von jeweils 1 Liter Wasserstoff, Sauerstoff und Wasserdampf ins Verhältnis setzt (↗3), stellt man fest, dass die Masse von 1 Liter Wasserdampf geringer ist als die von 1 Liter Sauerstoff und 9-mal schwerer als die von 1 Liter Wasserstoff.

Nach dem Satz von Avogadro enthalten gleiche Volumina verschiedener Gase bei gleichem Druck und gleicher Temperatur gleich viele Teilchen. Daraus folgt, dass das Wasser-Molekül eine geringere Masse hat als das Sauerstoff-Teilchen. Die kleinsten Teilchen von Sauerstoff müssen Moleküle sein. Auch Wasserstoff ist somit aus Wasserstoff-Molekülen aufgebaut, da 1 Liter Sauerstoff 16-mal schwerer ist als ein 1 Liter Wasserstoff und ein Sauerstoff-Atom 16-mal schwerer ist als ein Wasserstoff-Atom (↗4).

1 Liter Wasserdampf ist 9-mal schwerer als ein 1 Liter Wasserstoff. Damit ist auch ein Wasser-Molekül 9-mal schwerer als ein Wasserstoff-Molekül. Die relative Masse eines Wasser-Moleküls ist somit 18. Es muss sich aus einem Sauerstoff-Atom (16) und zwei Wasserstoff-Atomen (2 · 1) zusammensetzen. Wasser hat die Formel H_2O (↗Aufgabe 1).

Diwasserstoffmonooxid Wasser ist das Oxid des Wasserstoffs, also Wasserstoffoxid. Damit dieser Name eindeutig ist, werden Zahlwörter verwendet, um die Anzahl der Atome im Molekül zu beschreiben. Wasser ist Diwasserstoffmonooxid (↗5). Moleküle, die wie das Wasser-Molekül aus zwei verschiedenen Atomarten aufgebaut sind, bezeichnet man als **binäre Moleküle.** Wie man sie benennt, wird auf Seite 102 erklärt.

Reaktionsgleichung Chemische Reaktionen lassen sich auf der Stoffebene durch das Reaktionsschema beschreiben, z. B. bei der Knallgasreaktion: Wasserstoff + Sauerstoff ⟶ Wasser.
Wenn man aber die Teilchenebene betrachtet, wird es mit Worten kompliziert und unpraktikabel.

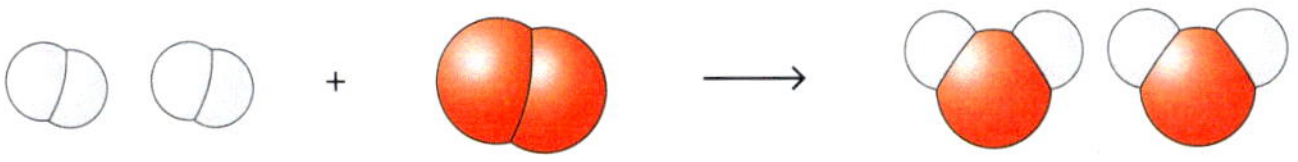

Deshalb verwendet man die **Reaktionsgleichung.** Hier werden für alle Teilchen, die an der Reaktion beteiligt sind, die entsprechenden Formeln geschrieben. Für die Knallgasreaktion lautet sie so:

$$2\,H_2 + O_2 \longrightarrow 2\,H_2O$$

Die Formeln in der Reaktionsgleichung kann man aber auch als Symbole für die reagierenden Stoffe interpretieren. Wie beim Reaktionsschema kann man deshalb in der Reaktionsgleichung den Aggregatzustand der beteiligten Stoffe mit den bekannten Phasensymbolen vermerken. So erkennt man, ob das Reaktionsprodukt Wasser als Flüssigkeit oder Gas entsteht.

$$2\,H_2(g) + O_2(g) \longrightarrow 2\,H_2O(g)$$

Bei einer Reaktionsgleichung stehen auf der linken Seite des Reaktionspfeils die Teilchen der Edukte und auf der rechten Seite die Teilchen der Produkte. Das Zahlenverhältnis der Teilchen in der Reaktion wird mit den **Koeffizienten** angegeben. Dabei müssen auf beiden Seiten des Reaktionspfeils von jeder Atomart jeweils gleich viele Atome vorhanden sein, damit die Atombilanz stimmt (↗6). Beim Aufstellen sollte man einige Regeln beachten (↗S. 103).
Aus der Reaktionsgleichung der Knallgasreaktion kann man ablesen, dass 2 Wasserstoff-Moleküle und 1 Sauerstoff-Molekül zu 2 Wasser-Molekülen reagieren.

Aus der Reaktionsgleichung kann man folgendes ablesen:
- **die Teilchen, die an einer Reaktion beteiligt sind**
- **das Zahlenverhältnis, in dem die Teilchen reagieren**

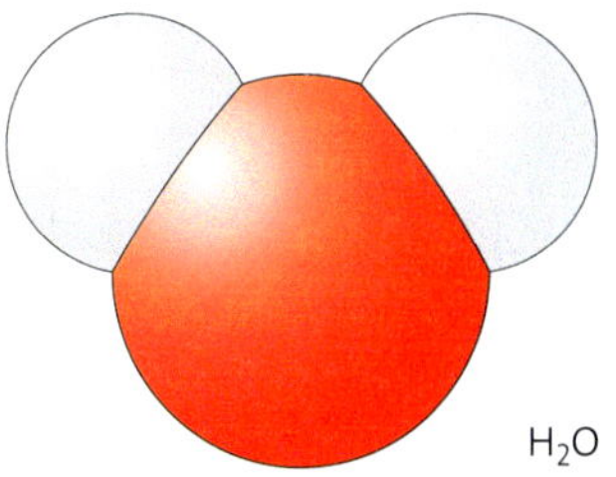

5 *Das Wasser-Molekül ist aus zwei Wasserstoff-Atomen („Diwasserstoff-“) und einem Sauerstoff-Atom („-monooxid“) aufgebaut.*

Atomart	Seite der Edukte	Seite der Produkte
H	2 · 2 = 4	2 · 2 = 4
O	1 · 2 = 2	2 · 1 = 2

6 *Atombilanz der Knallgasreaktion*

AUFGABEN

1 Vollziehe die Ermittlung der Masse eines Wasser-Moleküls mithilfe von Tabelle 4 nach.

2 Stelle die Reaktionsgleichung für folgende Reaktion auf:
Wasserstoff und Stickstoff reagieren zu Ammoniak (NH_3).

Benennen binärer Moleküle

Eine Molekülformel ist eindeutig, denn sie gibt die Art und Anzahl an Atomen an, aus denen ein Molekül besteht. So kann man aus der Molekülformel NH_3 herauslesen, dass dieses Molekül aus einem Stickstoff-Atom und drei Wasserstoff-Atomen aufgebaut ist.

Für die Benennung gibt es Regeln, um aus der Molekülformel den systematischen Namen zu bilden. Dies soll beispielhaft am Molekül S_2Cl_2 gezeigt werden:

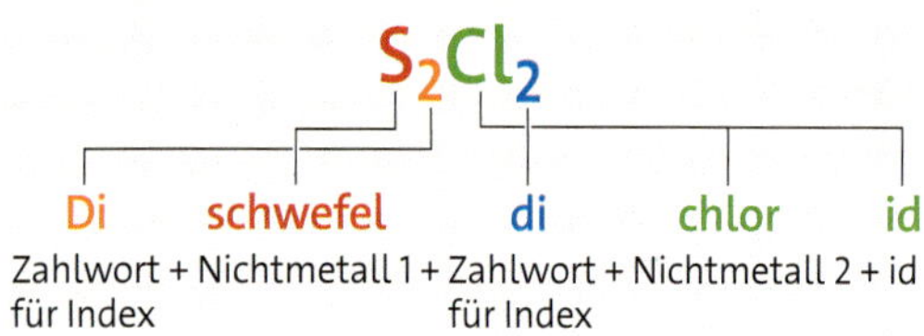

- Für die Reihenfolge der Atomarten der Nichtmetalle in der Formel gilt:
  C, P, N, H, S, I, Br, Cl, O, F
  z. B. S_2Cl_2 und nicht Cl_2S_2.
- Die Indices (so heißen die kleinen tiefgestellten Zahlen) in der Molekülformel werden als griechische Zahlwörter (↗1) der dazugehörigen Atomart vorangestellt. Bei eindeutigen Bezeichnungen wird das Zahlwort Mono nicht verwendet, kann aber vor die Atomart 2 ergänzt werden.
- Der Name von der Atomart 1 ergibt sich aus dem Namen im PSE.
- Für den Namen von Atomart 2 gibt es abweichende Bezeichnungen vom Namen aus dem PSE (↗2). Es wird zusätzlich immer die Endung -id angehangen.

Umgekehrt kann man dann aus dem systematischen Namen die Molekülformel ableiten.

Für viele Moleküle gibt es sogenannte Trivialnamen, aus denen man die Zusammensetzung nicht ablesen kann (↗3). So wird das NH_3-Molekül als Ammoniak-Molekül und nicht als Stickstofftrihydrid-Molekül bezeichnet.

Zahlwort	Anzahl (Index in Molekülformel)
mono-	1
di-	2
tri-	3
tetra-	4
penta-	5
hexa-	6
hepta-	7
octa-	8
nona-	9
deca-	10

1 *Zahlwörter für Formeln*

Bezeichnung Atomart 1	Bezeichnung Atomart 2
Schwefel	-sulfid
Sauerstoff	-oxid
Wasserstoff	-hydrid
Stickstoff	-nitrid
Kohlenstoff	-carbid
Phosphor	-phosphid

2 *Bezeichnungen für einige Atomarten*

Trivialname	Molekülformel
Wasser	H_2O
Ammoniak	NH_3
Wasserstoffperoxid	H_2O_2
Ozon	O_3

3 *Trivialnamen einiger Verbindungen*

AUFGABEN

1 Benenne die Moleküle:
CS_2, N_2O_5, PF_3, N_2O

2 Leite aus dem Namen die dazugehörige Molekülformel ab: Sauerstoffdifluorid, Stickstoffmonooxid, Schwefeltrioxid, Tetraphosphordecaoxid

Aufstellen von Reaktionsgleichungen

Eine chemische Reaktion kann mithilfe einer Reaktionsgleichung beschrieben werden. Kennt man alle Stoffe und die dazugehörigen Formeln für die Edukte und Produkte, die an der Reaktion beteiligt sind, kann man mit folgendem Vorgehen die Reaktionsgleichung erstellen.

Allgemeines Vorgehen

1 Schreibe die Formeln der Edukte auf die linke Seite des Reaktionspfeils.
2 Schreibe die Formeln der Produkte auf die rechte Seite des Reaktionspfeils.
3 Ergänze die Koeffizienten (Zahlen vor der Formel), bis die Atombilanz stimmt. Eine 1 wird nicht hingeschrieben.

Wichtige Regeln

1 Die Atombilanz muss stimmen: Auf der linken Seite des Reaktionspfeils müssen genauso viele Atome der gleichen Sorte vorhanden sein wie auf der rechten Seite.
2 Die Indices in den Formeln dürfen nicht verändert werden. Die Atombilanz darf nur durch die Koeffizienten ausgeglichen werden.

Beispiel

Diiodpentaoxid reagiert zu Iod und Sauerstoff.

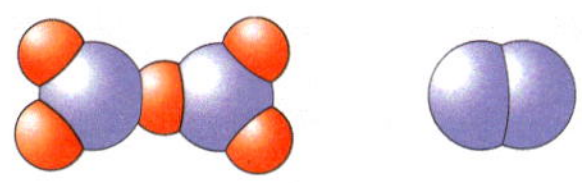

Diiodpentaoxid-Molekül | Iod-Molekül | Sauerstoff-Molekül

Hinschreiben der Formeln für Edukte und Produkte:

Edukt: I_2O_5 Produkte: I_2 und O_2

Ergänzen der Koeffizienten:

Links 2 Iod-Atome, rechts 2 Iod-Atome. Das passt.

Aber links 5 Sauerstoff-Atome, rechts 2 Sauerstoff-Atome. Das passt nicht.

$$\_\_ I_2O_5 \longrightarrow \_\_ I_2 + \_\_ O_2$$

2,5 multipliziert mit 2 ist 5. Dann hätte ich auch auf der rechten Seite 5 Sauerstoff-Atome.

$$\_\_ I_2O_5 \longrightarrow \_\_ I_2 + 2{,}5\ O_2$$

$$2\ I_2O_5 \longrightarrow 2\ I_2 + 5\ O_2$$

Halbe Moleküle gibt es nicht, deshalb gehen auch 2,5 nicht. Wenn ich aber alles nochmal mit 2 multipliziere, dann erhalte ich die richtige Koeffizienten.

AUFGABEN

1 Schreibe die Reaktionsgleichungen in dein Heft und ergänze die fehlenden Koeffizienten.
a $?\ C_3H_8 + ?\ O_2 \longrightarrow ?\ CO_2 + ?\ H_2O$
b $?\ SO_2 + ?\ O_2 \longrightarrow ?\ SO_3$
c $?\ N_2O + ?\ CS_2 \longrightarrow ?\ N_2\ ? + ?\ CO_2 + ?\ SO_2$

2 Stelle für folgende Vorgänge jeweils die Reaktionsgleichung auf.
a Stickstoff und Sauerstoff reagieren zu Stickstoffmonooxid.
b Phosphortribromid reagiert mit Wasser zu Diphosphortrioxid und Wasserstoffbromid.

Alkane sind molekulare Stoffe

Alkane sind die wichtigsten fossilen Brennstoffe. Das sind Brennstoffe, die vor Jahrmillionen aus abgestorbenen Kleinstlebewesen und Pflanzen entstanden sind. Man verwendet sie als Treibstoffe für Motoren, zum Heizen, bei Gaskochern oder in Feuerzeugen.

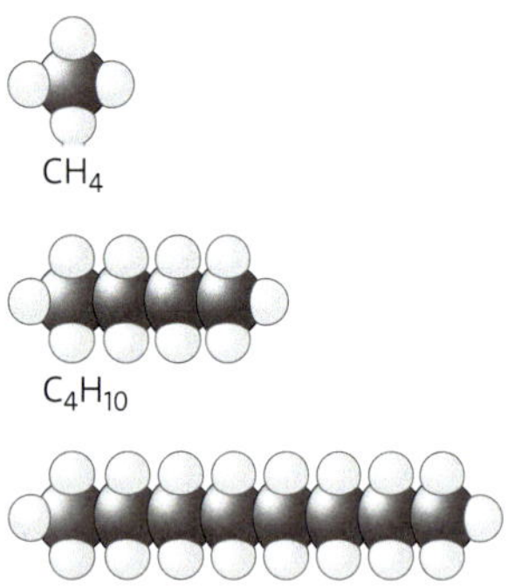

1 *Molekülmodelle von CH_4, C_4H_{10} und C_8H_{18}*

Anzahl C-Atome *n*	Anzahl H-Atome 2*n* + 2	Molekülformel C_nH_{2n+2}
1	2 · 1 + 2 = 4	CH_4
2	2 · 2 + 2 = 6	C_2H_6
3	2 · 3 + 2 = 8	C_3H_8
4	2 · 4 + 2 = 10	C_4H_{10}
…	…	…

2 *Aufbauprinzip C_nH_{2n+2}*

Alkane sind Kohlenwasserstoffe In unserem Alltag nutzen wir ständig Stoffe, deren Moleküle ausschließlich aus Kohlenstoff-Atomen und Wasserstoff-Atomen bestehen. Man bezeichnet diese Stoffe aus historischen Gründen als **Kohlenwasserstoffe.**

So besteht Erdgas hauptsächlich aus Molekülen mit der Formel CH_4, Feuerzeuggas aus C_4H_{10}-Molekülen und Benzin (Ottokraftstoff), ein Gemisch aus vielen Kohlenwasserstoffen, u.a. aus Molekülen der Formeln C_7H_{16}, C_8H_{18} und C_9H_{20}.
Diese Moleküle haben alle den gleichen Grundaufbau (↗1). Ihre Molekülformeln erfüllen die allgemeine Molekülformel $\mathbf{C_nH_{2n+2}}$ (↗2). Der Fachbegriff für diese Stoffgruppe ist **Alkane.**

Alkane sind Kohlenwasserstoffe. Die Moleküle erfüllen die allgemeine Molekülformel C_nH_{2n+2}.

Homologe Reihe der Alkane Wenn man eine Stoffgruppe wie die Alkane durch eine allgemeine Molekülformel beschreiben kann, spricht man von einer **homologen Reihe** (griech. *homo:* gleich, *logos:* Sinn). Die Namen der ersten vier Vertreter – Methan, Ethan, Propan und Butan – müssen auswendig gelernt werden, die folgenden kann man sich aus den griechischen Zahlwörtern erschließen (↗3). Es sind die gleichen Zahlwörter wie beim Benennen binärer Moleküle (↗S. 102). Um Propan (C_3H_8) nicht mit Pentan (C_5H_{12}) zu verwechseln, kann man sich die Eselsbrücke merken: Das Verteidigungsministerium der USA heißt Pentagon, weil das Gebäude fünfeckig ist. Octan (C_8H_{18}) lässt sich gut mithilfe des 8-armigen Tintenfischs Oktopus merken. Die Namen aller Alkane enden auf **-an**.

Verbrennen von Alkanen Der historische Name der Alkane ist Paraffine. „parum affinis“ kommt aus dem Lateinischen und bedeutet reaktionsträge. Manche reaktive Metalle lagert man unter einer Schutzflüssigkeit, die aus Alkanen besteht.

Alkane reagieren aber mit Sauerstoff in einer exothermen Reaktion zu Kohlenstoffdioxid und Wasser, sonst könnte man sie nicht als Brenn- und Treibstoffe nutzen. In einer Erdgasheizung verbrennt Methan in folgender Reaktion.

Methan + Sauerstoff ⟶ Kohlenstoffdioxid + Wasser

Zu der Reaktion kann man die Reaktionsgleichung formulieren. Aus ihr geht hervor, welche und wie viele Moleküle der Edukte zu welchen und wie vielen Molekülen der Produkte reagieren. Dabei ist wichtig, dass auf beiden Seiten des Reaktionspfeils jeweils die gleiche Anzahl der vorhandenen Atome stehen. Zum Ausgleichen werden Koeffizienten als Faktoren vor die jeweilige Molekülformel gesetzt, bis die Bilanz stimmt (↗4).

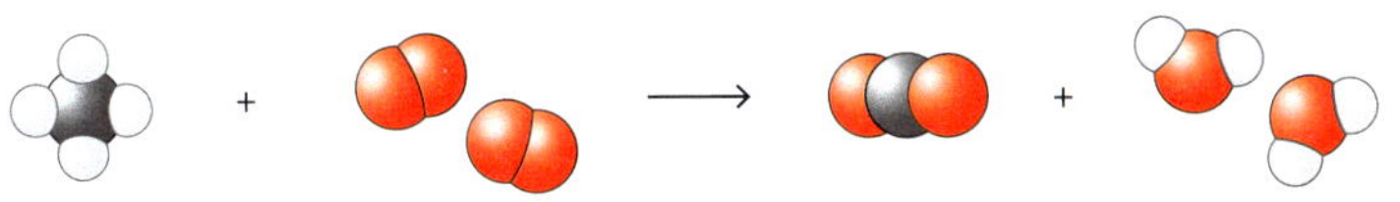

$$CH_4 + 2\,O_2 \longrightarrow CO_2 + 2\,H_2O$$

Auch für die Verbrennung von Pentan kann die Reaktionsgleichung aufgeschrieben werden.

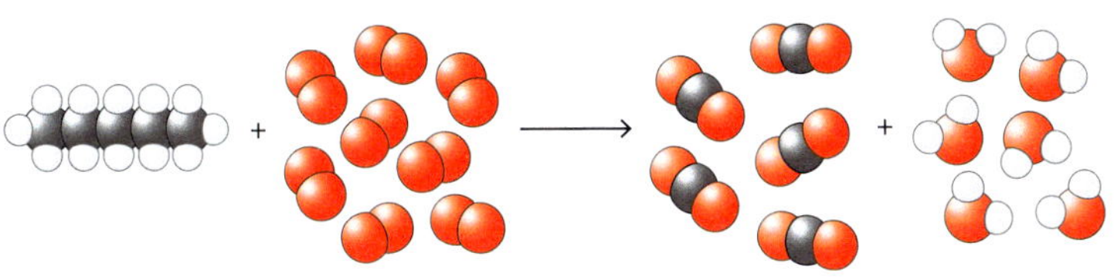

$$C_5H_{12} + 8\,O_2 \longrightarrow 5\,CO_2 + 6\,H_2O$$

Dabei fällt auf, dass immer Kohlenstoffdioxid und Wasser als Reaktionsprodukte entstehen. Dies ist typisch für die Verbrennung von Kohlenwasserstoffen: Denn die in den Molekülen gebundenen Kohlenstoff-Atome und Wasserstoff-Atome reagieren mit Sauerstoff-Molekülen zu Kohlenstoffdioxid- und Wasser-Molekülen.
Wenn zu wenig Sauerstoff zur Verfügung steht, kann die Verbrennung unvollständig ablaufen und Produkte wie das giftige Kohlenstoffmonooxid CO entstehen:

$$C_3H_8 + 4\,O_2 \longrightarrow CO_2 + 2\,CO + 4\,H_2O$$

Wenn Alkane verbrennen, reagieren sie mit ausreichend Sauerstoff exotherm zu Kohlenstoffdioxid und Wasser.

Name	Formel
Methan	CH_4
Ethan	C_2H_6
Propan	C_3H_8
Butan	C_4H_{10}
Pentan	C_5H_{12}
Hexan	C_6H_{14}
Heptan	C_7H_{16}
Octan	C_8H_{18}
Nonan	C_9H_{20}
Decan	$C_{10}H_{22}$
Undecan	$C_{11}H_{24}$
Dodecan	$C_{12}H_{26}$

3 Die ersten Zwölf Vertreter der homologen Reihe der Alkane

Atomart	Seite der Edukte	Seite der Produkte
C	$1 \cdot 1 = 1$	$1 \cdot 1 = 1$
H	$1 \cdot 4 = 4$	$2 \cdot 2 = 4$
O	$2 \cdot 2 = 4$	$1 \cdot 2 + 2 \cdot 1 = 4$

4 Atombilanz zur Reaktionsgleichung für die Verbrennung von Methan

AUFGABEN

1 Stelle jeweils die Reaktionsgleichung für die vollständige Verbrennung von Ethan, Propan und Octan auf.

2 Lies folgende widersprüchliche Aussage und formuliere diese so um, dass sie auf der Teilchenebene stimmt.
„Bei der Verbrennung von Pentan entsteht fünfmal so viel Kohlenstoffdioxid wie bei der Verbrennung von Methan.“

Molekülformel von Methan

Der Hauptbestandteil von Erdgas ist das Gas Methan, doch die genaue Molekülformel war bis Anfang des 19. Jahrhunderts unbekannt. Hier soll die historisch-experimentelle Bestimmung einer Molekülformel am Beispiel von Methan gezeigt werden.

EXP. 12 [L] Chemische Zerlegung von Methan
Achtung! Demonstrationsversuch!

Materialien: 2 Kolbenprober, Glaskugel mit Elektrodeneinsatz für Lichtbogen, Hochspannungsgerät, Methan (GHS 2)

Durchführung:
30 mL Methan werden in einen der Kolbenprober gefüllt.
Das Methan wird durch Hineindrücken des Stempels langsam durch die Glaskugel mit dem Lichtbogen in den anderen Kolbenprober gedrückt.
Die Volumenänderung wird notiert und die Knallgasprobe mit dem entstandenen Gas durchgeführt.

Zerlegung von Methan durch chemische Reaktion Methan ist brennbar. In der Reaktion mit Sauerstoff entstehen Kohlenstoffdioxid und Wasser. Daraus kann man schließen, dass das Methan-Molekül mindestens Kohlenstoff- und Wasserstoff-Atome enthält, aber vielleicht auch noch Sauerstoff-Atome.
Um die Zusammensetzung genauer zu untersuchen, zerlegt man Methan unter Sauerstoffausschluss durch chemische Reaktion in seine Elemente (↗EXP. 12). In der Glaskugel scheidet sich dabei ein schwarzer Feststoff ab und aus 30 mL Methangas entstehen 60 mL eines Gases, das positiv auf die Knallgasprobe reagiert.
Der schwarze Feststoff ist Kohlenstoff. Bei der Reaktion von 30 mL Methan sind 60 mL Wasserstoff entstanden. Das Volumenverhältnis der beiden Gase beträgt 1 : 2. Nach dem Satz von Avogadro entstehen aus einem Methan-Molekül zwei Wasserstoff-Moleküle. Folglich enthält das Methan-Molekül vier Wasserstoff-Atome.

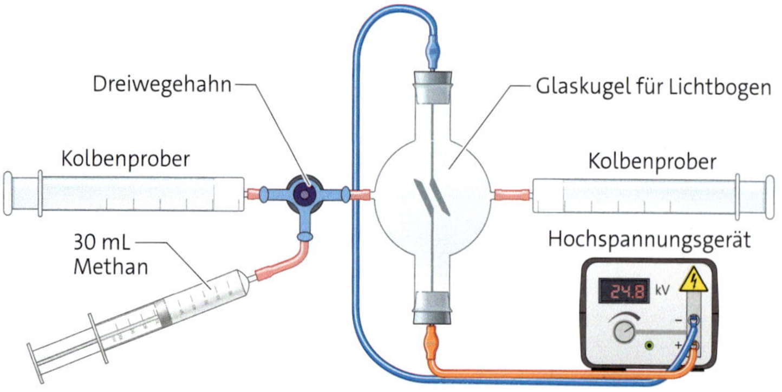

1 *Apparatur zur chemischen Zerlegung von Methan in die Elemente*

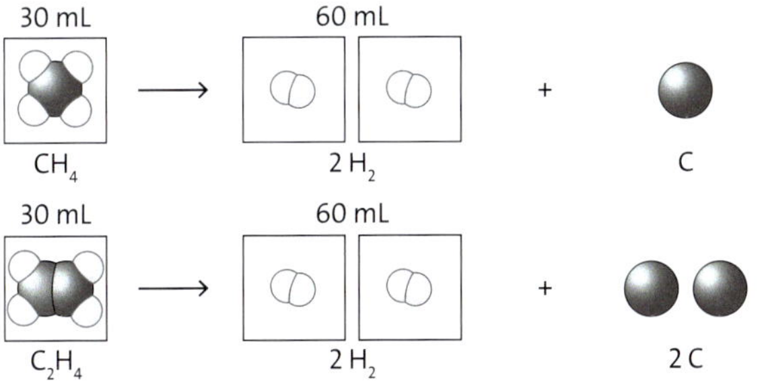

2 *Für die möglichen Formeln CH_4 und C_2H_4 würde das festgestellte Volumenverhältnis von V(Methan) : V(Wasserstoff) = 1 : 2 passen.*

Molekülformel bestimmen Da der entstandene Kohlenstoff nicht gasförmig vorliegt, kann man nur durch Betrachtung der Volumenverhältnisse keine Aussage zur Anzahl der Kohlenstoff-Atome im Methan-Molekül machen. Mit dem Versuch kann nicht entschieden werden, ob die Formel CH_4, C_2H_4, C_3H_4 usw. ist (↗2).

Um die richtige Molekülformel herauszubekommen, muss die relative Molekülmasse von Methan bestimmt werden. Hierzu wiegt man jeweils 50 mL große Gasportionen von Methan und Wasserstoff ab (↗3) und bildet das Massenverhältnis:

$$\frac{m(\text{Methan})}{m(\text{Wasserstoff})} = \frac{0{,}036\,\text{g}}{0{,}0045\,\text{g}} = \frac{8}{1}$$

50 mL Methan sind 8-mal schwerer als 50 mL Wasserstoff. Da in den gleichgroßen Gasportionen jeweils die gleiche Anzahl an Molekülen enthalten ist, ist auch ein Methan-Molekül 8-mal schwerer als ein Wasserstoff-Molekül bzw. 16-mal schwerer als ein Wasserstoff-Atom. Die relative Molekülmasse von Methan beträgt 16.
Mit den relativen Atommassen der Elemente (↗4) ergeben sich für die Formeln CH_4 und C_2H_4 folgende relative Molekülmassen:
relative Molekülmasse CH_4: $1 \cdot 12 + 4 \cdot 1 = 16$
relative Molekülmasse C_2H_4: $2 \cdot 12 + 4 \cdot 1 = 28$
Damit ist experimentell bewiesen, dass das Methan-Molekül die Molekülformel CH_4 hat.

Gas	Volumen in mL	Masse in g
Methan	50	0,036
Wasserstoff	50	0,0045

3 *Masse zweier Gasportionen*

Atomart	relative Atommasse
C	12
H	1
O	16

4 *Relative Atommassen*

AUFGABE

1 In Feuerzeugen und Campingkochern verwendet man das Gas Butan. Butan hat eine Siedetemperatur von 0,5 °C. Es verbrennt zu Kohlenstoffdioxid und Wasser. Wenn man Butan unter Sauerstoffausschluss durch chemische Reaktion in die Elemente zerlegt, entstehen Kohlenstoff und Wasserstoff. Dabei entstehen aus 50 mL Butangas genau 250 mL Wasserstoff. 50 mL Butangas wiegen 0,1305 g, 50 mL Wasserstoff wiegen 0,0045 g. Ermittle aus den Informationen die Molekülformel von Butan.
Hinweis: Orientiere dich daran, wie die Molekülformel von Methan bestimmt wurde.

Brandschutz

Meistens löscht die Feuerwehr mit Wasser, das in großen Mengen mit Druck auf den Brand gespritzt wird. Manche Brände sollte man aber nicht mit Wasser löschen.

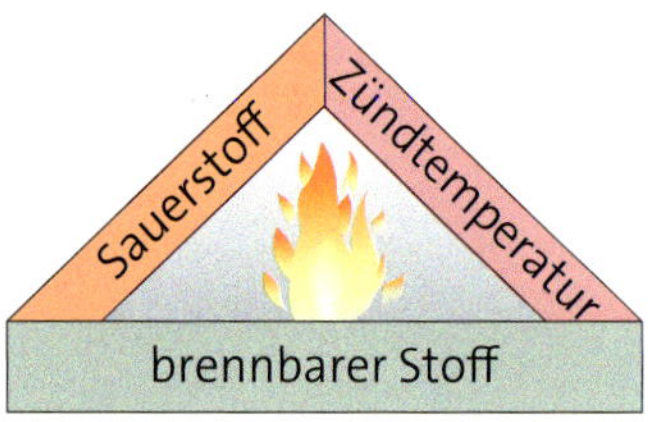

1 *Das Verbrennungsdreieck verdeutlicht die drei Bedingungen, die zu einem Brand führen.*

Feuer und Brände Brennholz, Grillkohle, ein Streichholz oder Benzin kann man lagern, ohne dass es anfängt zu brennen. Damit ein Brand entsteht, müssen drei Bedingungen erfüllt sein (↗1):
- Vorhandensein eines brennbaren Stoffs,
- Sauerstoff, mit dem der brennbare Stoff reagieren kann,
- Erreichen der Zündtemperatur, damit es anfängt zu brennen.

Brandbekämpfung Um ein Feuer zu bekämpfen, muss mindestens eine der drei Bedingungen, die zum Entstehen eines Brands führen, nicht mehr erfüllt sein. Ein brennendes Holzgebäude wird mit Wasser gelöscht. Durch das Wasser kühlt das brennende Holz ab, sodass die Zündtemperatur unterschritten wird. Zudem verdrängt der entstehende Wasserdampf die Luft. Der Brand wird dadurch vom Sauerstoff abgeschnitten.

Bei einem Waldbrand schlägt die Feuerwehr breite Schneisen in den noch nicht brennenden Wald, um das Feuer an den Brandschneisen aufzuhalten. Dort fehlt das brennbare Material und das Feuer wird verlangsamt oder sogar aufgehalten.

Löschen ohne Wasser Viele Feuerlöscher enthalten kein Wasser, sondern ein Trockenpulver (↗2) oder einen Schaum. Die Löschmittel bedecken den brennbaren Stoff und schneiden ihn somit vom Sauerstoff ab.

Auch die brennende Kleidung eines Menschen sollte man mit einem Feuerlöscher löschen. Die Benutzung einer Löschdecke wird nicht mehr empfohlen, da beim Andrücken der Decke mögliche Brandverletzungen der Haut verschlimmert werden können.

2 *Feuerlöscher mit Löschpulver*

EXP. 13 [L] Bekämpfung eines Benzinbrands
Achtung! Demonstrationsversuch!

Materialien: Porzellanschale, Messpipette oder Messzylinder, Stabfeuerzeug, kleines Becherglas mit Wasser, Tropfpipette, Karton 20 cm · 20 cm, Petrolether im Siedebereich 100 bis 140 °C (GHS 2|7|8|9), Wasser

Durchführung: 5 mL Petrolether werden mit der Messpipette abgemessen und in die Porzellanschale gegeben. Die Flüssigkeit wird mit dem Feuerzeug entzündet und etwa 3 mL Wasser mit der Tropfpipette auf das brennende Benzin gegeben.
Der Karton wird so auf die Schale gelegt, dass sie komplett abgedeckt ist. Der Karton wird nach 5 Sekunden wieder entfernt.
Zu allen Schritten werden die Beobachtungen notiert.

EXP. 14 [L] Bekämpfung eines Metallbrands
Achtung! Demonstrationsversuch!

Materialien: feuerfeste Unterlage (Fliese oder Kachel), Zerstäuber mit Wasser, kleines Becherglas mit Sand, Gasbrenner, Feuerzeug, Magnesiumspäne (GHS 2)

Durchführung: Ein Löffelspatel Magnesiumspäne wird auf die feuerfeste Unterlage gegeben. Die Späne sollen dabei einen kleinen Haufen bilden.
Die Magnesiumspäne werden mit dem Gasbrenner entzündet. Den Gasbrenner entfernen und sehr vorsichtig Wasser aus dem Zerstäuber aus 10 cm Abstand auf das brennende Magnesium sprühen.
Anschließend wird der Sand aus dem Becherglas auf das brennende Magnesium gekippt.
Zu allen Schritten werden die Beobachtungen notiert.

Gefahr durch Löschwasser Zu den Stoffen, die man auf gar keinen Fall mit Wasser löschen darf, gehören Alkane wie Benzin, Fette, Speiseöle und Metalle.
Brennendes Fett in einem Topf oder einer Pfanne ist etwa 300 °C heiß. Wenn man jetzt Wasser hineinschüttet, dann verdampft das Wasser schlagartig und reißt brennende Fetttröpfchen fein verteilt in die Luft. Den Fetttröpfchen steht dadurch viel mehr Sauerstoff zur Verfügung. Es entsteht ein Feuerball (↗3).
Solche Fettbrände löscht man, indem man einen Deckel auf das Gefäß legt und dieses von der heißen Herdplatte schiebt.

3 *Demonstration einer Fettexplosion durch Löschversuch mit Wasser*

Brennende Alkane wie Benzin, Heizöl und Diesel lösen sich nicht in Wasser und schwimmen wegen der geringeren Dichten auf dem Löschwasser (↗EXP. 13). Die Feuerwehr löscht solche Brände mit Löschpulver oder Löschschaum.
Brennende Metalle reagieren mit Wasser und es entsteht Wasserstoff. Durch das Löschen mit Wasser entsteht also ein brennbares und explosives Gas. Deshalb werden Metallbrände mit Sand (↗EXP. 14) oder speziellem Metallbrandlöschpulver bekämpft.

4 *Löschschaum*

Ein Brand wird gelöscht:
- **durch Entfernen aller brennbaren Stoffe,**
- **durch Unterbinden der Sauerstoffzufuhr zum Brand,**
- **durch Abkühlen des Brands unter die Zündtemperatur.**

AUFGABEN

1 Erkläre die beschriebenen Löschmethoden für brennendes Fett, Benzin und Metall.

2 Begründe die Verwendung von Kohlenstoffdioxid als Löschmittel.

AUF EINEN BLICK

Atommodell von Dalton

Die kleinsten Teilchen aller Stoffe sind Atome.

Atome werden während der chemischen Reaktion umgruppiert, aber nicht verändert.

Atome sind unteilbar, kugelförmig und massiv.

Die Atome eines Elements sind alle gleich. Die Atome verschiedener Elemente unterscheiden sich in ihrer Masse und Größe.

Chemische Verbindungen enthalten Atome von mindestens zwei Atomarten in einem bestimmten Anzahlverhältnis.

Energieumwandlung

Bei chemischen Reaktionen finden Energieumwandlungen statt.

Reaktionsenergie ΔE_i
Die Reaktionsenergie ist die Differenz der inneren Energie der Produkte und der inneren Energie der Edukte.
$\Delta E_i = E_i(\text{Produkte}) - E_i(\text{Edukte})$

Aktivierungsenergie E_A
Die Aktivierungsenergie ist die Energie, die zum Starten einer chemischen Reaktion zugeführt werden muss.

Katalysator
- Stoff, der die Aktivierungsenergie verringert
- beschleunigt die chemische Reaktion
- wirkt in kleinen Mengen
- wird bei der chemischen Reaktion nicht verbraucht
- ändert die Reaktionsenergie ΔE_i nicht

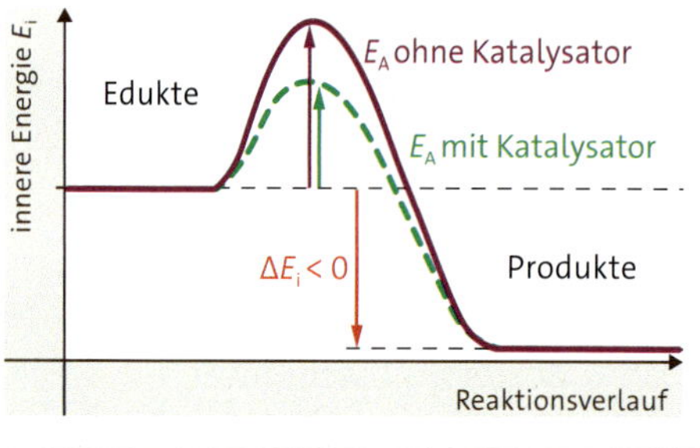

Exotherme Reaktion
Bei einer exothermen Reaktion wird während der Reaktion Energie freigesetzt. Die innere Energie der Produkte ist kleiner als die innere Energie der Edukte.
$E_i(\text{Produkte}) < E_i(\text{Edukte})$

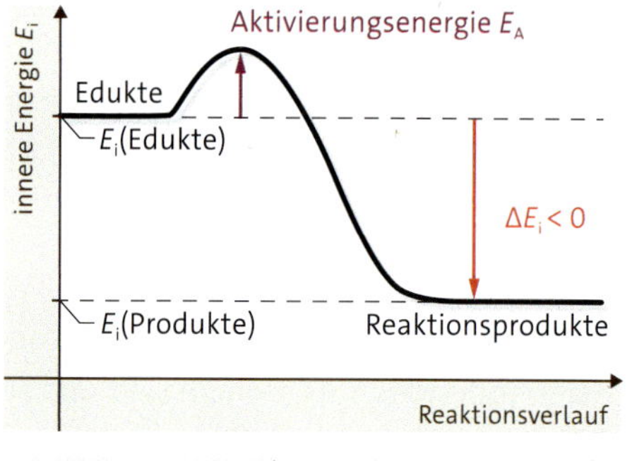

Chemische Reaktion

Die chemische Reaktion ist ein Vorgang, bei dem Stoffe verschwinden und dabei neue Stoffe entstehen.

Moleküle

Moleküle sind Teilchen, in denen zwei oder mehr Atome fest miteinander verbunden sind.

Molekülformel
Aus der Molekülformel lässt sich die Zusammensetzung des Moleküls ableiten.

H_2O
↙ ↘
2 Wasserstoff-Atome | 1 Sauerstoff-Atom

Alkane
Stoffgruppe, deren Moleküle nur aus Wasserstoff- und Kohlenstoff-Atomen bestehen. Alkane bilden eine homologe Reihe.
Allgemeine Molekülformel:
C_nH_{2n+2}

Reaktionsgleichung
Chemische Reaktionen können mithilfe von Reaktionsgleichungen dargestellt werden.

$2\ H_2O_2\,(aq) \longrightarrow 2\ H_2O\,(l) + O_2\,(g)$

Satz von der Erhaltung der Masse
Die Gesamtmasse aller an einer chemischen Reaktion beteiligten Stoffe ändert sich nicht.

Endotherme Reaktion
Bei einer endothermen Reaktion muss während der Reaktion Energie zugeführt werden. Die innere Energie der Produkte ist größer als die innere Energie der Edukte.
E_i(Produkte) > E_i(Edukte)

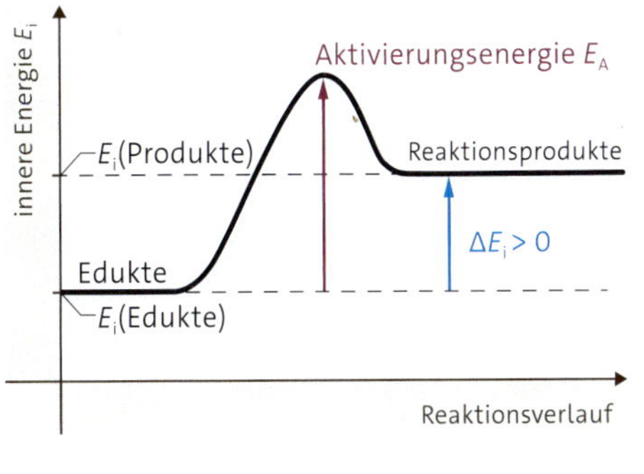

TESTE DICH

1 Entscheide, welche dieser Aussagen auf einen Katalysator zutreffen.
- **a** Er senkt die Aktivierungsenergie einer chemischen Reaktion.
- **b** Er ändert eine endotherme Reaktion in eine exotherme Reaktion.
- **c** Er wirkt nur bei exothermen Reaktionen.
- **d** Er senkt die Reaktionsenergie einer chemischen Reaktion.
- **e** Er kann nach Reaktionsende wiederverwendet werden.

2 Betrachte folgenden Versuch:

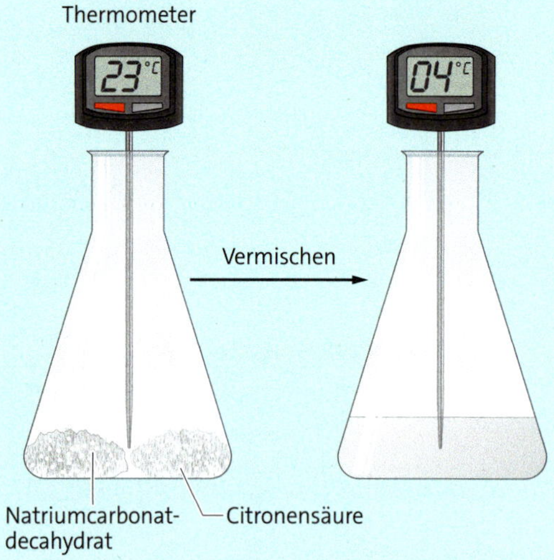

- **a** Beschreibe die Versuchsbeobachtungen.
- **b** Begründe, ob es sich um eine endotherme oder eine exotherme Reaktion handelt.

3 Wenn es beim Fotografieren zu dunkel ist, muss man häufig „blitzen", d. h. durch einen Lichtblitz wird das Objekt angestrahlt. Heute werden dazu elektrische Lampen verwendet. Früher benutzte man Magnesiumblitze: Eine Mischung hauptsächlich aus Magnesium und Kaliumchlorat wurde elektrisch gezündet und erzeugte einen Lichtblitz.
Ordne den beiden Blitzmöglichkeiten die Begriffe physikalischer Vorgang bzw. chemische Reaktion zu und begründe deine Zuordnung.

4 Exothermer oder endothermer Vorgang? Ordne korrekt zu und begründe deine Entscheidung.
- **a** Erhitzt man Silberoxid mit dem Gasbrenner, so beginnt es zu reagieren. Nimmt man den Gasbrenner weg, stoppt die Reaktion.
- **b** Beleuchtet man ein Gemisch aus Wasserstoff und Chlor mit einem blauen Laser, so kommt es zu einer explosiven Reaktion.
- **c** Leitet man elektrischen Gleichstrom durch eine Zündkapsel mit Bleiazid, so zersetzt sich das Bleiazid mit lautem Knall.
- **d** Während man elektrischen Gleichstrom durch eine Zinkiodidlösung leitet, entsteht am Minus-Pol Zink und am Plus-Pol Iod.
- **e** Mischt man 1 g Zinkpulver mit 1 g Kupfer(II)-chloridpulver, so erhitzt sich das Gemisch auf über 100 °C.

5 Der Feststoff Schwefel wird in reinem Sauerstoff in einem geschlossenen System verbrannt. Es entsteht ein gasförmiges Reaktionsprodukt. Nach dem Abkühlen hat sich das Volumen nicht verändert.
Stelle die Reaktionsgleichung auf und benenne das Reaktionsprodukt.

6 Bei der Knallgasreaktion in der „Spritzenkanone" reagieren 12 mL Wasserstoff mit 6 mL Sauerstoff.

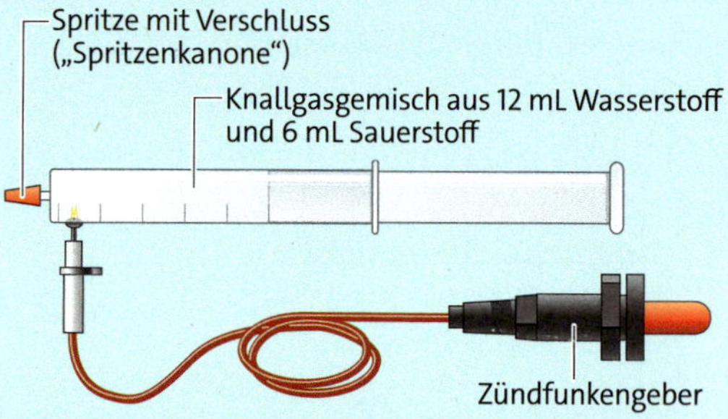

Nach dem Satz von Avogadro müssten 12 mL Wasserdampf entstehen. Wenn man das Knallgasgemisch zündet, so fliegt aber der Spritzenstempel in hohem Bogen weg. Das Volumen in der Spritze wird also größer nicht kleiner. Erkläre diese Beobachtung.

7 Erstelle zuerst das Reaktionsschema. Übernimm dann die Reaktionsgleichung in dein Heft und ergänze die Koeffizienten.

a ? N_2 + ? O_2 ⟶ ? NO

b ? S + ? O_2 ⟶ ? SO_2

c ? P_2O_3 + ? O_2 ⟶ ? P_4O_{10}

d ? CO + ? H_2O ⟶ ? CO_2 + ? H_2

e ? PH_3 + ? F_2 ⟶ ? PF_3 + ? HF

8 Ein Zeitgenosse GAY-LUSSACS schreibt: Werter Kollege! Ich habe ein Experiment durchgeführt und überraschenderweise scheint der Liter Kohlenstoffmonooxid leichter zu sein, aber die Teilchen des Stoffs Kohlenstoffmonooxid bestehen doch aus Kohlenstoff- und Sauerstoff-Atomen.

Erläutere das Ergebnis.
Hinweis: relative Atommasse Kohlenstoff 12; relative Atommasse Sauerstoff 16.

9 Stelle die Reaktionsgleichung auf.

a Kohlenstoff reagiert mit Wasserdampf zu Kohlenstoffmonooxid und Wasserstoff.

b Diwasserstoffsulfid reagiert mit Fluor zu Schwefelhexafluorid und Wasserstofffluorid.

c Stickstoffmonooxid reagiert mit Sauerstoff zu Stickstoffdioxid.

d Heptan verbrennt, es entsteht Wasser und Kohlenstoffdioxid.

10 Nenne für jedes Gas in den Ballons die korrekte Molekülformel.

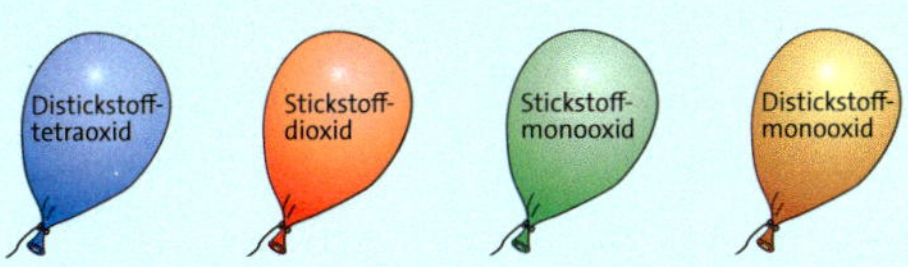

11 Es sind 15 Moleküle modellhaft dargestellt. Ermittle für jedes Molekül die korrekte Molekülformel und benenne es.

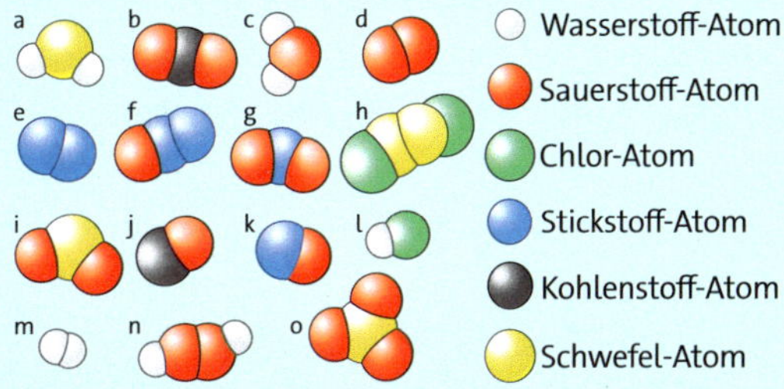

12 Jeder Würfel steht für eine Volumeneinheit eines Gases, es herrschen konstante Bedingungen.
Ordne der jeweiligen Reaktion das richtige Volumenverhältnis zu.

a Sauerstoff und Stickstoff reagieren zu Stickstoffdioxid.

b Wasserstoff und Stickstoff reagieren zu Ammoniak.

c Wasserstoff und Brom reagieren zu Wasserstoffbromid.

d Methan verbrennt zu Kohlenstoffdioxid und Wasserdampf.

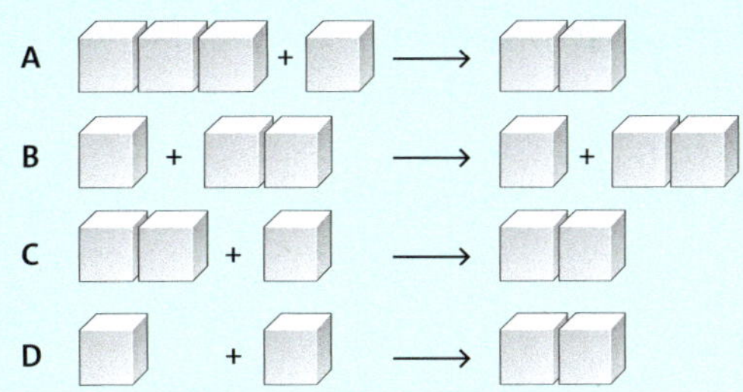

Hilfe zu den Aufgaben findest du auf den Seiten ...

1	S. 88	7	S. 103
2	S. 82–83	8	S. 96–98, 100
3	S. 78–79	9	S. 103
4	S. 82–83	10	S. 102
5	S. 97, 101, 103	11	S. 102
6	S. 84, 97–98, 101	12	S. 96–98, 102, 103

Die Lösungen findest du im Anhang.

A Ein Diamant verschwindet

In der Chemiestunde vor den Weihnachtsferien wurde ein besonderer Versuch durchgeführt: Ein kleiner Diamantsplitter wurde in reinem Sauerstoff erhitzt (↗A2). Die Beobachtungen sind im Material A1 dargestellt:

- *Der Diamant verglüht und verschwindet vollständig.*
- *Das Gasvolumen in den Spritzen verändert sich insgesamt nicht.*
- *Die Glimmspanprobe mit dem Gas in den Spritzen verläuft nach dem Experiment negativ.*
- *Die Kalkwasserprobe verläuft dagegen positiv. Es entsteht ein weißer Feststoff (Niederschlag).*

A1 *Versuchsbeobachtungen*

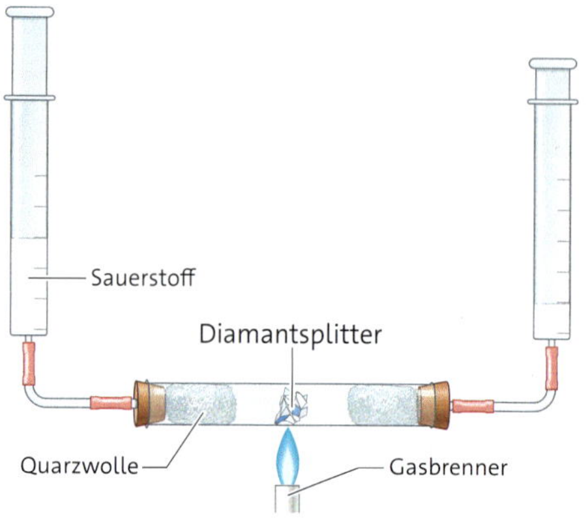

A2 *Erhitzen eines Diamantsplitters in reinem Sauerstoff*

1 Erläutere die von den Schülern gemachten Versuchsbeobachtungen.
2 Stelle das Reaktionsschema der zugrundeliegenden Reaktion auf.
3 Stelle die Reaktion auf Teilchenebene dar.

B Der bellende Hund

Im Jahre 1853 führte der Münchener Chemieprofessor JUSTUS VON LIEBIG anlässlich einer Abendvorlesung für die bayrische Königin einen Versuch vor: den „Bellenden Hund". Der Versuch heißt so, weil neben einem beeindruckenden blauen Leuchten auch ein jaulendes Geräusch entsteht. Im Versuch reagieren die Gase Stickstoffmonooxid und Kohlenstoffdisulfid zu den Gasen Stickstoff, Kohlenstoffmonooxid und Schwefeldioxid. Beim Wiederholen des Versuchs kam es allerdings zu einem Unfall. Nach dem Zünden explodierte der Glaskolben und ein Regen aus Glassplittern ging auf die Königin und ihr Gefolge nieder. Es gab zum Glück nur Leichtverletzte, aber danach war LIEBIG deutlich bekannter als vorher.

1 Stelle die Reaktionsgleichung auf.
2 Stelle die Reaktion mit Molekülmodellen dar. Verwende dafür die Atome aus Bild B2.
3 Skizziere ein vollständig beschriftetes Energiediagramm für die Reaktion.

B1 *Justus von Liebig (1803–1873)*

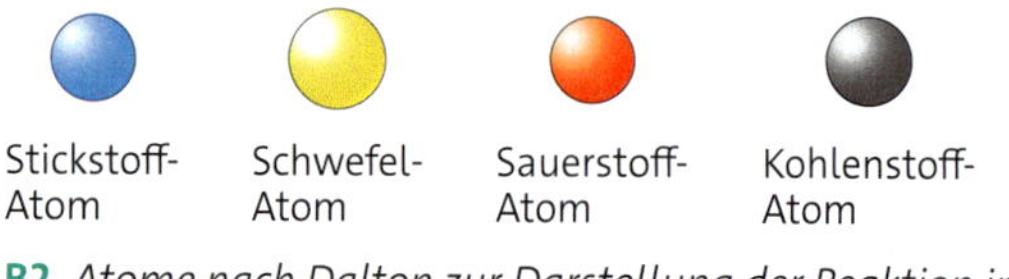

B2 *Atome nach Dalton zur Darstellung der Reaktion im Modell*

4 Bei dieser Reaktion muss man die Edukte im richtigen Verhältnis mischen. Es reicht aber, die Volumina abzumessen und in den Reaktionskolben zu geben. Gib das Verhältnis an und begründe, warum dieses Vorgehen ausreicht.

C Der Marsianer

Im Roman „Der Marsianer" von Andy Weir geht es um die Geschichte des NASA-Astronauten Mark Watney, der Mitglied der dritten bemannten Mars-Mission ist. Aufgrund eines starken Staubsturms wird er von seiner Mannschaft getrennt und allein auf dem Mars zurückgelassen. Er muss eine längere Zeit in der Marsstation allein überleben, da eine Rettungsmission erst in mehreren Monaten zu ihm kommen kann.

Damit er bis zu seiner Rettung nicht verhungert, will er mithilfe von Kartoffeln, die zu Forschungszwecken von der Erde mitgenommen wurden, in der Station ein Kartoffelfeld anlegen. Doch dafür benötigt er Wasser. Dieses Wasser will er aus Raketentreibstoff herstellen.

C1 Kein Wasser auf dem Mars: Aufnahme der Marsoberfläche (Viking 1, 1976)

Der Raketentreibstoff besteht aus dem giftigen Stoff Hydrazin. Tropft man das Hydrazin auf das Metall Iridium, zersetzt es sich an der Metalloberfläche in Wasserstoff und Stickstoff. Mit Sauerstoff verbrennt der Wasserstoff zu Wasser.

Bei der Hydrazinzersetzung reagiert 1 Volumenanteil gasförmiges Hydrazin zu insgesamt 3 Volumenanteilen gasförmiger Produkte:

Bei der anschließenden Verbrennung reagiert 1 Volumenanteil Sauerstoff mit 3 Volumenanteilen der gasförmigen Produkte zu Wasser. Von den gasförmigen Produkten bleibt aber 1 Volumenanteil übrig, der nicht mit Sauerstoff reagierte:

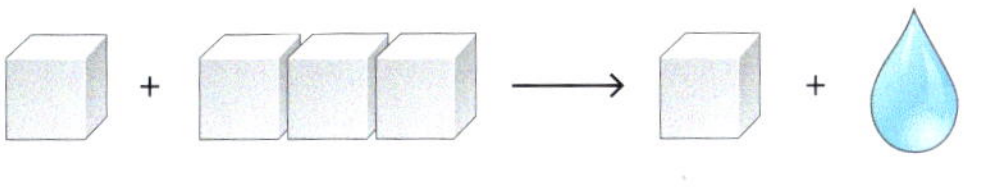

C2 Volumenverhältnisse der Reaktionen

1 Watney hat zur Wassergewinnung den Wasserstoff verbrannt.
- **a** Gib die Reaktionsgleichung für die Verbrennung von Wasserstoff an.
- **b** Skizziere eine geeignete Darstellung (↗C2), aus der die Volumenverhältnisse der Edukte hervorgehen.
- **c** Zeichne ein Energiediagramm für die Verbrennung von Wasserstoff.
- **d** Erläutere, welche Gefahren und Probleme bei der Gewinnung von Wasser aus Wasserstoff auftreten können.

2 Ein Mitschüler behauptet, Hydrazin habe die Molekülformel NH.
- **a** Zeige mithilfe der Volumenverhältnisse, dass diese Molekülformel nicht stimmen kann (↗C2).
- **b** Entwickle aus den Informationen zu den Volumenverhältnissen der beiden Reaktionen die Molekülformel von Hydrazin (↗C2). Beschreibe dein Vorgehen.

3 Beschreibe die Bedeutung des Iridiums und erläutere die Funktion mit Fachbegriffen.

Quantitative Aspekte chemischer Reaktionen

→ Chemische Reaktionen – quantitativ

Bei chemischen Reaktionen ist es nicht nur wichtig zu wissen, welche Teilchen miteinander reagieren, sondern auch wie viele Teilchen. Um von einem Stoff eine bestimmte Menge zu erhalten, müssen bestimmte Eduktmengen eingewogen werden.

→ Chemische Energie

Bei chemischen Reaktionen spielt der Energieumsatz oftmals eine wichtige Rolle. Wie viel Energie muss aufgewendet werden, um eine bestimmte Produktmenge herzustellen bzw. wie viel Energie wird bei der Umsetzung einer bestimmten Eduktmenge frei?

→ Kohlenstoffatomkreislauf

Bei der Beurteilung eines Brennstoffs ist es nicht nur wichtig, wie viel Energie bei seiner Verbrennung freigesetzt wird. Umweltaspekte spielen eine immer größere Rolle bei seiner Beurteilung. Was hat das mit dem Kohlenstoffatomkreislauf zu tun?

A Modellversuch

Auf einer schiefen Ebene lässt man unterschiedlich schwere Holzkugeln nach unten rollen. Gleichzeitig wirkt ein gleichmäßiger Luftstrom seitlich auf die unterschiedlich schweren Kugeln ein (↗A1).

1 Beschreibe die möglichen Beobachtungen bei diesem Modellexperiment und erkläre sie.
2 Das Modellexperiment verdeutlicht die Arbeitsweise eines Massenspektrometers. Ein Gerät, mit dem die unterschiedlichen Massen von Atomen bestimmt werden können. Stelle eine Vermutung auf, nach welchem Grundprinzip ein Massenspektrometer arbeitet.

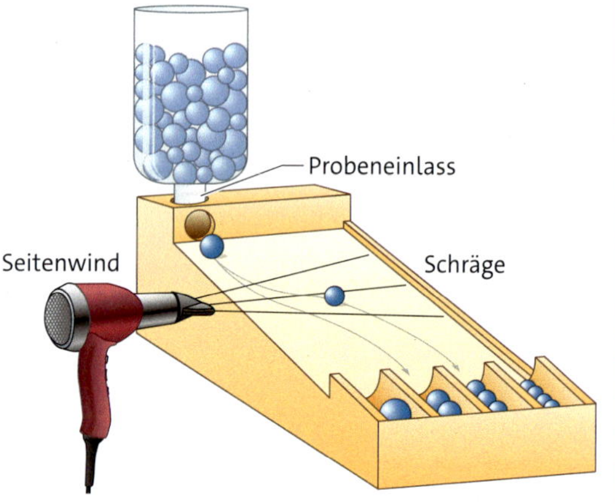

A1 *Schema Modellversuch*

B Eine Meinungsverschiedenheit unter Freunden

Auf den beiden Uhrgläsern sind Pulver von Schwefel und Eisen. Ist es gleich viel, obwohl die Häufchen unterschiedlich groß sind (↗B1)?

Auf dem einen Uhrglas ist weniger vom grauen Stoff als auf dem anderen vom gelben Stoff. Das sieht man doch!

Vom grauen Pulver ist viel mehr vorhanden. Mit meiner neuen Digitalwaage könnte ich es sofort beweisen!

Auf beiden Uhrgläsern ist jeweils die gleiche Menge der Stoffe vorhanden. Würde ich in einem Experiment beide Stoffe miteinander reagieren lassen, bleibt weder etwas vom einen noch vom anderen Stoff übrig. Zusammen mit der Reaktionsgleichung ist das der Beweis!

B1 *Eisen und Schwefel auf Uhrgläsern*

1 Die drei können sich bezüglich der Menge der beiden Stoffe nicht einigen. Diskutiere mit deinem Banknachbarn, warum sie zu unterschiedlichen Ergebnissen kommen.

C Versuchsprotokoll Chipsdosenexplosion

Materialien: Chipsdose mit einem kleinen Loch, kleine Korkstücke, Pipette, Holzspan, Heptan (GHS 2|8|7|9)

Durchführung: Gib die Korkstücke in die Chipsdose. Gib 1 Tropfen Heptan in die Dose. Verschließe die Dose und schüttle kräftig. Halte den entzündeten Holzspan an das kleine Loch der Dose.
Wiederhole den Versuch mit 2, 3, 4 bis zu 10 Tropfen Heptan.

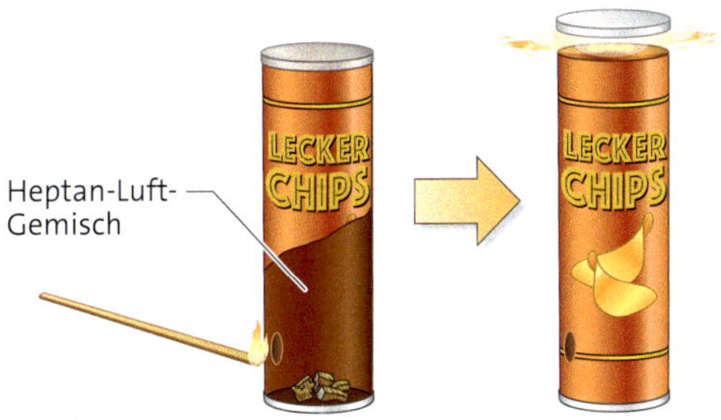

C1 *Versuchsaufbau*

Beobachtung: Bei Zugabe von 4 Tropfen ist die Explosion am stärksten. Verwendet man weniger Tropfen verläuft sie weniger stark bzw. das Gasgemisch lässt sich gar nicht entzünden. Bei einer höheren Tropfenanzahl brennt das Heptan am Zündloch nur ab.

Tropfenanzahl Heptan									
1	2	3	4	5	6	7	8	9	10
Stärke der Reaktion									

1 Formuliere die Reaktionsgleichung für diese Reaktion.
2 Stelle eine Vermutung auf, die die unterschiedlich starken Explosionsreaktionen erklären könnte.
3 Überlege, welche Tropfenzahl an Heptan nötig wären, um bei einer halb so großen Chipsdose auch die maximale Explosionsstärke zu erreichen.

D Chemische Reaktion und Schokomuffins?

Rezept für 10 Schokomuffins
Du benötigst: 60 g Butter, 200 g Zucker, 250 g Mehl, 1 Ei, ½ Päckchen Backpulver, 30 g Backkakao, 300 mL Sauerrahm, ½ Teelöffel Salz

Die Butter bei schwacher Hitze in einem Topf zerlassen. Das Ei in eine Schüssel geben, den Zucker, die zerlassene und abgekühlte Butter sowie den Sauerrahm hinzugeben. Alles mit dem Handrührgerät verrühren. Das Mehl in eine zweite Schüssel sieben, Backpulver, Backkakao und Salz hinzugeben und gut vermischen.

Das Backrezept gibt an, was man benötigt, um 10 Schokomuffins zu backen. Zu viel Mehl würde die Muffins hart machen und bei zu viel Butter würden sie nicht fest werden. Auch bei chemischen Reaktionen reagieren Stoffe in einem bestimmten Verhältnis miteinander. Anleitungen für chemische Experimente erinnern deshalb an Backrezepte. Auch bei der Versuchsanleitung wird angegeben, welche „Zutaten" man braucht und wie man vorgehen muss, um eine bestimmte Menge an Produkt zu erhalten. Grundsätzlich sind bei einem „Rezept" in der Chemie und einem Backrezept die gleichen Grundprinzipien zu beachten.

1 Es sollen 30 Schokomuffins gebacken werden. In der Küche finden sich 10 Eier und 700 mL Sauerrahm.
 a Ermittle die benötigte Menge an Mehl.
 b Gib an, wie viele Eier übrig bleiben.
 c Überprüfe, ob der vorhandene Sauerrahm reicht.
 d Nenne die Gemeinsamkeiten von einem Backrezept und einer Versuchsanleitung für ein Experiment.

Atommasse

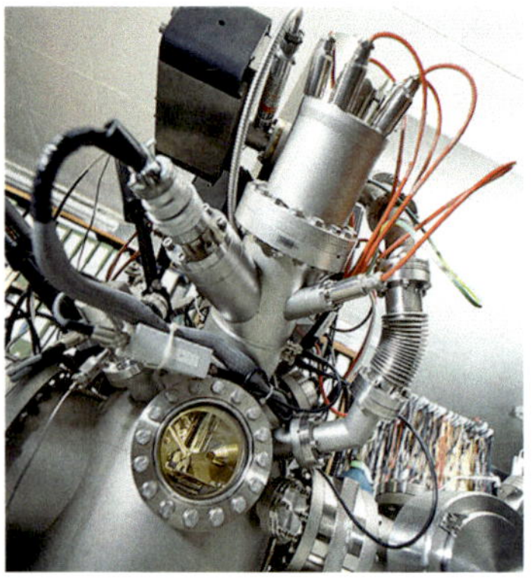

1 *Massenspektrometer*

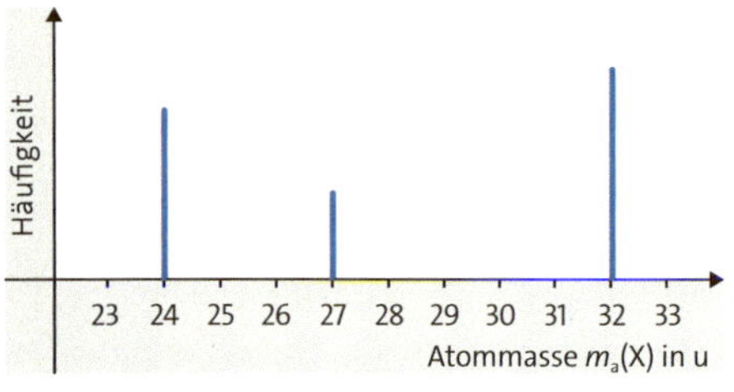

2 *Massenspektrum eines Stoffgemischs aus drei verschiedenen Elementen. Aus der Höhe der Peaks kann auf die Häufigkeit der in der Probe enthaltenen Atome geschlossen werden.*

„Wiegen von Atomen" Mithilfe einer sehr guten Laborwaage kann die Masse einer Stoffportion bis auf das Milligramm genau bestimmt werden. Die Masse einzelner Atome lässt sich so allerdings nicht ermitteln, denn selbst die kleinste auswiegbare Stoffportion besteht noch aus Milliarden von Atomen. Bisher wurde die Masse von Atomen immer nur als relative Atommasse angegeben (↗S. 97). Eine wichtige Methode zur Bestimmung von absoluten Atommassen ist die Massenspektrometrie.

Das **Massenspektrometer** (↗1) ermöglicht es, die Masse einzelner Teilchen, z. B. von Atomen oder Molekülen, zu bestimmen. Hierzu wird zunächst eine Stoffportion der Probe im Massenspektrometer (↗3) verdampft. Einzelne Atome bzw. Moleküle, aus denen der Stoff aufgebaut ist, gelangen in die Ionisationskammer, in der ein Vakuum herrscht. Dort erhalten die Teilchen unter Einwirkung elektrischer Energie eine positive elektrische Ladung und werden durch eine Gleichspannung auf eine hohe Geschwindigkeit beschleunigt und zu einem engen Strahl gebündelt.

Mittels eines elektrischen Feldes werden die geladenen Teilchen dann von ihrer geraden Flugbahn abgelenkt. Dabei gilt: Je größer die Masse des Teilchens, desto geringer ist seine Ablenkung. Am Detektor werden die auftreffenden Teilchen registriert. Teilchen gleicher Masse gelangen somit auf die gleiche Stelle im Detektor und erzeugen ein elektrisches Signal, das nach Verstärkung auf einem Schreiber einen Peak (Messwert) erzeugt. Es ergibt sich ein Streifenmuster, das **Massenspektrum** (↗2). Aus der Ablenkung kann also auf die Masse des Teilchens geschlossen werden.

AUFGABEN

1 Ordne den Bauteilen des Massenspektrometers in Bild 3 anhand des Texts die entsprechenden Fachbegriffe zu.

2 Beschreibe deinem Banknachbarn die Arbeitsweise eines Massenspektrometers.

3 Vergleiche die Arbeitsweise des Massenspektrometers mit dem Modellversuch (↗S. 118). Finde Gemeinsamkeiten und Unterschiede.

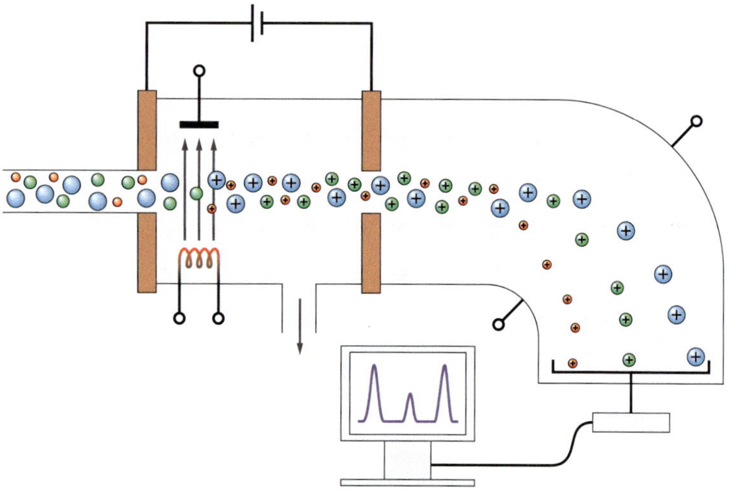

3 *Schema eines Massenspektrometer*

Atommasse Die Masse eines Atoms ist unvorstellbar klein. Mithilfe des Massenspektrometers kann die Atommasse aber bestimmt werden. Sie beträgt für ein Wasserstoff-Atom nur 0,000 000 000 000 000 000 000 001 674 g. Zur einfacheren Darstellung wird der Wert meist durch Zehnerpotenzen mit negativen Exponenten angegeben: $1{,}674 \cdot 10^{-24}$ g. Der Exponent −24 bedeutet, dass das Komma nach der eins um 24 Stellen nach links verschoben werden muss. Für Rechnungen ist diese Angabe sehr unpraktisch, weshalb man eine neue Einheit, die an die Größenordnung der Atommasse angepasst ist, eingeführt hat: Die **atomare Masseneinheit.** Sie wird mit dem Buchstaben **u** (von engl. *unit:* Einheit) abgekürzt. 1 u sind $1{,}661 \cdot 10^{-24}$ g. 1 u entspricht somit ungefähr der Masse des Wasserstoff-Atoms. Das Größensymbol für die Atommasse ist $\boldsymbol{m_a}$**(X)**, das X in der Klammer steht für das dazugehörige Symbol des Teilchens: $m_a(H) = 1{,}008$ u.

Atomartensymbol	Masse m_a in u
H	1,008
C	12,011
N	14,006
O	15,999
Al	26,981
Cu	63,546
Br	79,904
Au	196,96
Pb	207,2

4 *Massen einiger Atomarten. Die Atommassen sind im PSE bei den Atomartensymbolen angegeben.*

Die atomare Masseneinheit wird in der Einheit 1 u angegeben: 1 u = $1{,}661 \cdot 10^{-24}$ g.

Molekülmasse Wasser ist eine chemische Verbindung, die aus Wasser-Molekülen mit der Formel H_2O aufgebaut ist. Die Masse eines Wasser-Moleküls $m_a(H_2O)$ wird aus der Summe der Masse der zwei Wasserstoff-Atome $m_a(H)$ und der Masse des Sauerstoff-Atoms $m_a(O)$ berechnet (↗4). Dabei werden die Werte zur Vereinfachung oftmals gerundet.

$$m_a(H_2O) = 2 \cdot m_a(H) + 1 \cdot m_a(O) = 2 \cdot 1{,}0\ u + 1 \cdot 16{,}0\ u = 18{,}0\ u$$

Ein Wasser-Molekül hat die Masse $m_a(H_2O) = 18$ u.

Die Masse von Molekülen kann also aus den Atommassen berechnet werden. Hierzu müssen nur die Massen der einzelnen Atome, die das Molekül bilden, addiert werden.

	1 u	1 g
=	$1{,}661 \cdot 10^{-24}$ g	$6{,}022 \cdot 10^{23}$ u

5 *Umrechnungsgrößen für die atomare Masseneinheit*

Atomare Masseneinheit und Gramm Wie viele Atome oder Moleküle sind aber nun in einer Stoffportion enthalten? Ein Eiswürfel wiegt ungefähr 10 g. Um daraus die Anzahl der enthaltenen Wasser-Moleküle zu berechnen, benötigt man die Masse eines Wasser-Moleküls in Gramm (↗5).

$$18\ u = 18 \cdot 1\ u = 18 \cdot 1{,}661 \cdot 10^{-24}\ g \approx 2{,}99 \cdot 10^{-23}\ g$$

Teilt man die 10 g durch das Ergebnis von $2{,}99 \cdot 10^{-23}$ g, erhält man die Anzahl der Wasser-Moleküle im Eiswürfel:

$$\frac{10\ g}{2{,}99 \cdot 10^{-23}\ g} \approx 3{,}3 \cdot 10^{23}$$

Man erhält eine unvorstellbar große Zahl. Ausgeschrieben sind das 330 000 000 000 000 000 000 000 (330 Trilliarden).

6 *Wie viele Wasser-Moleküle enthält ein Eiswürfel?*

AUFGABE

4 a Berechne die Molekülmasse folgender Moleküle: Methan (CH_4), Pentan (C_5H_{12}), Kohlenstoffdioxid (CO_2) und Schwefelhexafluorid (SF_6).

b Berechne jeweils die Anzahl der Moleküle in einer Stoffportion von $m = 5$ g.

Stoffmenge und molare Masse

In dieser Tasse mit 190 mL Tee befinden sich $6{,}356 \cdot 10^{24}$ Wasser-Moleküle (6356 Trilliarden). Eine Zahl, die unsere Vorstellungskraft übersteigt. Mit der Teilchenzahl zu rechnen, ist für den täglichen Gebrauch im Labor sehr umständlich.

1 *Ein Dutzend Eier sind zwölf Eier.*

2 *Jeweils 1 mol Eisen, Magnesium, Wasser, Schwefel, Kohlenstoff, Zink und Kupfer enthalten gleich viele Teilchen.*

Stoffmengeneinheit: Das Mol Atome und Moleküle sind unvorstellbar klein und leicht. Die riesige Anzahl dieser Teilchen in einer Stoffportion ist viel zu groß, um sie zählen zu können. Deshalb führt man in der Chemie eine neue Größe, die **Stoffmenge** ***n*(X)**, mit der Einheit **mol**, ein, mit der man eine bestimmte Anzahl von Teilchen zusammenfasst, ähnlich wie beim Dutzend (↗1).

Es wurde festgelegt, dass eine Stoffportion mit der Stoffmenge $n(X) = 1$ mol immer 602 200 000 000 000 000 000 000 bzw. $6{,}022 \cdot 10^{23}$ Teilchen enthält (↗2). Das sind etwa 602 Trilliarden Teilchen. Die Stoffmenge beschreibt eine Teilchenmenge, sie gibt die Quantität einer Stoffportion an, man spricht von einer Quantitätsgröße. Es kann sich bei den Teilchen z. B. um Atome oder um Moleküle handeln. Deshalb wird bei der Angabe der Stoffmenge auch die Teilchenart mit angegeben. Hierzu wird das X in Klammern durch das entsprechende chemische Symbol ersetzt.

$n(Cl_2) = 1$ mol $n(Cl) = 2$ mol

Eine Stoffportion mit der Stoffmenge *n*(X) = 1 mol enthält $6{,}022 \cdot 10^{23}$ Teilchen. Das Mol ist eine Einheit für diese festgelegte Teilchenmenge.

Die Teilchenzahl $6{,}022 \cdot 10^{23}$ ist nicht willkürlich, sondern zweckmäßig gewählt worden. So wiegt ein Wasser-Molekül 18 u und $6{,}022 \cdot 10^{23}$ Wasser-Moleküle, also 1 mol, wiegen 18 g.

Die Masse von $6{,}022 \cdot 10^{23}$ Teilchen in Gramm hat den gleichen Zahlenwert wie die Masse eines Teilchens in unit.

AUFGABEN

1 Erläutere folgenden Zusammenhang: 1 mol Chlor-Moleküle und 2 mol Chlor-Atome enthalten die gleiche Anzahl an Chlor-Atomen.

Teilchenzahl und Stoffmenge Die Quantitätsgrößen **Teilchenzahl N(X)** und Stoffmenge n(X) einer Stoffportion lassen sich mit der Umrechnungsgröße N_A ineinander umrechnen. N_A steht für die nach dem italienischen Naturforscher AMEDEO AVOGADRO benannten **Avogadrokonstante.** Ihr Wert beträgt $6{,}022 \cdot 10^{23} \frac{1}{\text{mol}}$ und beschreibt, dass jedes Mol genau $6{,}022 \cdot 10^{23}$ Teilchen enthält.

$$N(X) = N_A \cdot n(X) \qquad n(X) = \frac{N(X)}{N_A}$$

Die Stoffmenge ist in der Chemie eine zentrale Größe. Allerdings ist es nicht möglich, Stoffportionen durch Abzählen der Teilchen zu bestimmen. Stoffportionen können nur durch Auswiegen der Masse oder bei Gasen durch Messen des Volumens charakterisiert werden.

Molare Masse Die **molare Masse M(X)** ist wie die Dichte eine Kenneigenschaft eines Reinstoffs. Sie ist unabhängig von der Größe der Stoffportion und wird in der Einheit $\frac{\text{g}}{\text{mol}}$ angegeben.
Der Zahlenwert der Atommasse im Periodensystem entspricht dem Zahlenwert der molaren Masse. Somit entspricht z. B. der Zahlenwert für die Molekülmasse eines Wasser-Moleküls $m_a(H_2O) = 18$ u dem Zahlenwert der molaren Masse von Wasser $M(H_2O) = 18 \frac{\text{g}}{\text{mol}}$. Molare Massen können deshalb wie Molekülmassen mit den Angaben aus dem Periodensystem berechnet werden (↗4).

Umrechnung Die beiden Quantitätsgrößen Stoffmenge n(X) und Masse m(X) einer Stoffportion lassen sich mithilfe der Umrechnungsgröße molare Masse M(X) ineinander umrechnen.

Die molare Masse M(X) eines Stoffs ist der Quotient aus der Masse m(X) und der Stoffmenge n(X) einer beliebigen Stoffportion.

$$M(X) = \frac{m(X)}{n(X)}$$

Durch Äquivalenzumformung wird die Gleichung in die jeweils benötigte Form gebracht (↗5).

Beispiel 1:
Berechne die Masse einer Schwefelportion mit $n(S) = 2$ mol.

$$m(S) = M(S) \cdot n(S) = 32 \frac{\text{g}}{\text{mol}} \cdot 2 \text{ mol} = 64 \text{ g}$$

Beispiel 2:
Berechne die Stoffmenge einer Wasserportion mit $m(H_2O) = 36$ g.

$$n(H_2O) = \frac{m(H_2O)}{M(H_2O)} = \frac{36 \text{ g}}{18 \frac{\text{g}}{\text{mol}}} = 2 \text{ mol}$$

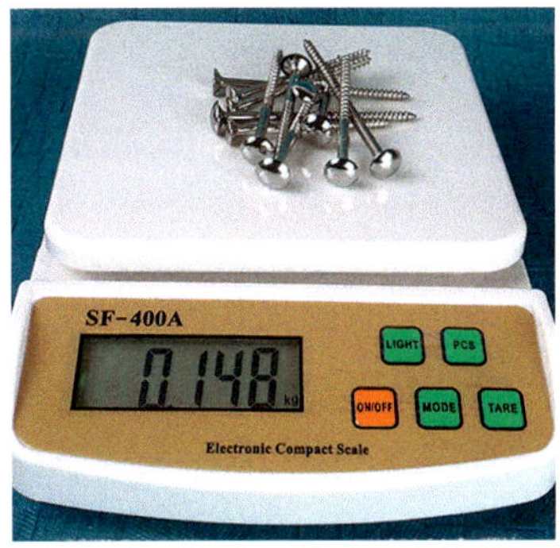

3 *Schrauben werden im Baumarkt zum Verkauf nicht gezählt, sondern gewogen.*

Formel: CO_2

$m_a(CO_2) = 1 \cdot m_a(C) + 2 \cdot m_a(O)$
$m_a(CO_2) = 1 \cdot 12 \text{ u} + 2 \cdot 16 \text{ u} = 44 \text{ u}$
$\Rightarrow M(CO_2) = 44 \frac{\text{g}}{\text{mol}}$

4 *Bestimmung der molaren Masse von Kohlenstoffdioxid mit dem PSE*

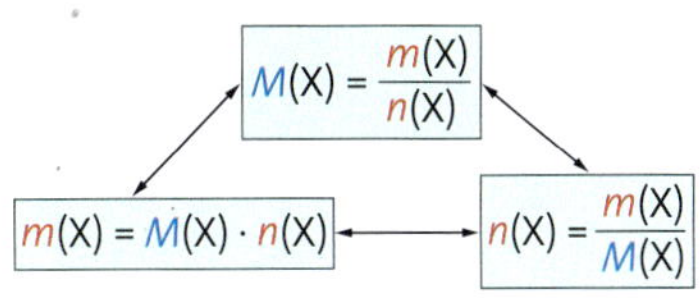

5 *Berechnungen mithilfe der molaren Masse*

AUFGABEN

2 Ein Stecknadelkopf wiegt etwa 0,1 g. Berechne die Anzahl der Eisen-Atome.

3 Berechne jeweils die molare Masse von Methan (CH_4), Chlor (Cl_2), Butan (C_4H_{10}) und Kohlenstoffmonooxid (CO).

4 Berechne die Masse einer Stoffportion Wasser mit $n(H_2O) = 7$ mol und Gold mit $n(Au) = 4{,}5$ mol.

Molares Volumen

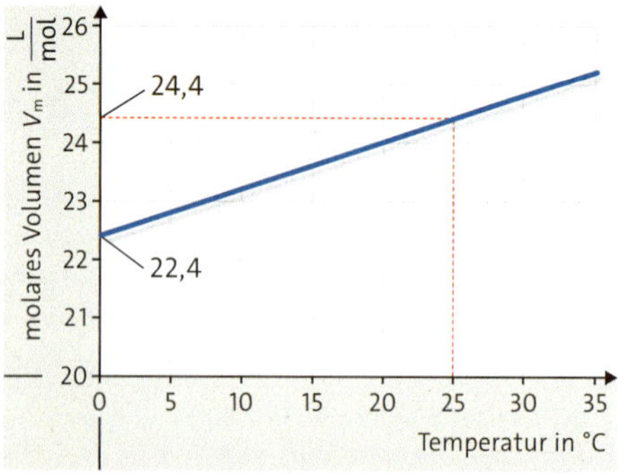

1 *Temperaturabhängigkeit des molaren Volumens*

Molares Volumen Bei Gasportionen lässt sich das Volumen viel einfacher bestimmen als die Masse. Druck und Temperatur (↗1) haben dabei einen Einfluss auf das Volumen. Zur Vergleichbarkeit wird es in der Regel bei Standardbedingungen, also einem Druck von 1013 hPa und einer Temperatur von 25 °C (298 Kelvin), angegeben. Das Besondere: 1 mol eines Gases hat bei diesen Bedingungen immer ein Volumen von 24,4 Liter (↗2). Es wird als **molares Volumen** V_m bezeichnet und hat die Einheit $\frac{L}{mol}$.

Das molare Volumen für alle Gase beträgt unter Standardbedingungen (1013 hPa und 25 °C) $V_m = 24{,}4\ \frac{L}{mol}$.

Daraus folgt, dass unter gleichen Bedingungen in 1 Liter Sauerstoff die gleiche Anzahl an Sauerstoff-Molekülen enthalten ist wie Methan-Moleküle in 1 Liter Methan (Satz von Avogadro, ↗S. 97). Das molare Volumen einer Flüssigkeit oder eines Feststoffes ist im Gegensatz dazu stoffabhängig und somit auch bei gleichen Bedingungen für verschiedene Stoffe verschieden (↗4).

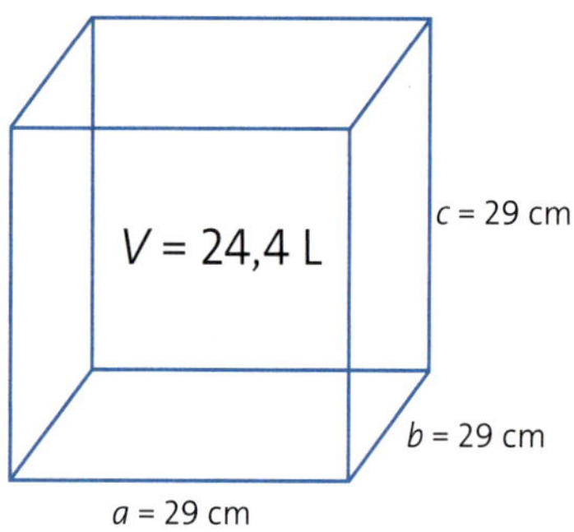

2 *1 mol eines Gases hat bei Standardbedingungen ein Volumen von 24,4 L.*

Umrechnung Die beiden Quantitätsgrößen Stoffmenge n(X) und Volumen V(X) einer Stoffportion lassen sich mithilfe der Umrechungsgröße molares Volumen V_M ineinander umrechnen. Durch Äquivalenzumformung wird die Gleichung in die jeweils benötigte Form gebracht (↗3).

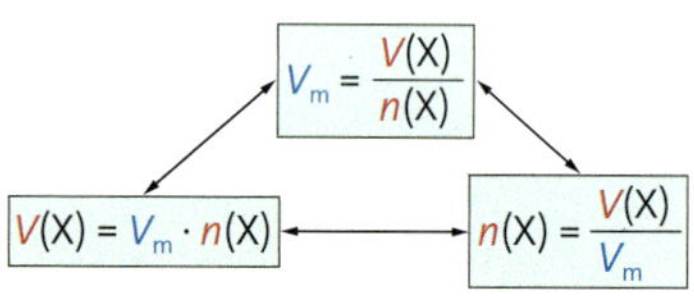

3 *Berechnungen mithilfe des molaren Volumens*

Das molare Volumen V_m ist der Quotient aus dem Volumen V(X) und der Stoffmenge n(X) einer Stoffportion.

$$V_m = \frac{V(X)}{n(x)}$$

Beispiel 1:

Berechne das Volumen einer Sauerstoffportion unter Standardbedingungen mit der Stoffmenge $n(O_2) = 2$ mol.

$V(O_2) = V_m \cdot n(O_2) = 24{,}4\ \frac{L}{mol} \cdot 2\ mol = 48{,}8\ L$

Beispiel 2:

Berechne für Standardbedingungen $n(CH_4)$ von 36,6 L Methan.

$$n(CH_4) = \frac{V(CH_4)}{V_m} = \frac{36{,}6\ L}{24{,}4\ \frac{L}{mol}} = 1{,}5\ mol$$

Stoff	Volumen in mL	Stoff	Volumen in mL
Wasser	18	Decan	196
Hexan	132	Graphit	5

4 *Volumen von 1 mol verschiedener Stoffe*

AUFGABEN

1 Berechne das Volumen einer Stoffportion Kohlenstoffdioxid mit $n(CO_2) = 5$ mol und Neon mit $n(Ne) = 2{,}8$ mol für Standardbedingungen.

2 Berechne die Stoffmenge für Standardbedingungen: Ammoniak $V(NH_3) = 4{,}5$ L, Helium $V(He) = 1000$ L.

Quantitative Berechnungen

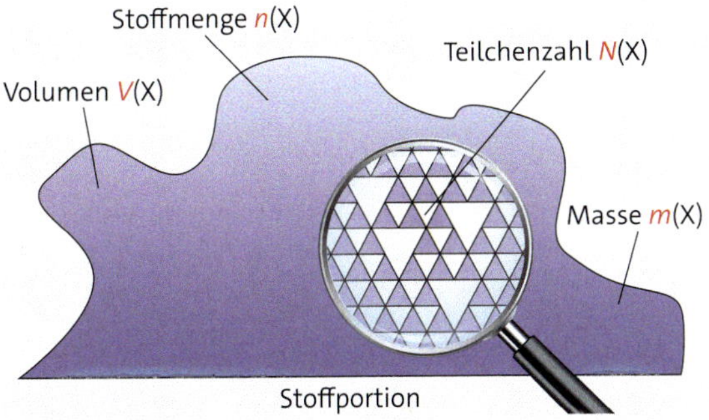

1 *Die Menge einer Stoffportion kann durch verschiedene Quantitätsgrößen beschrieben werden.*

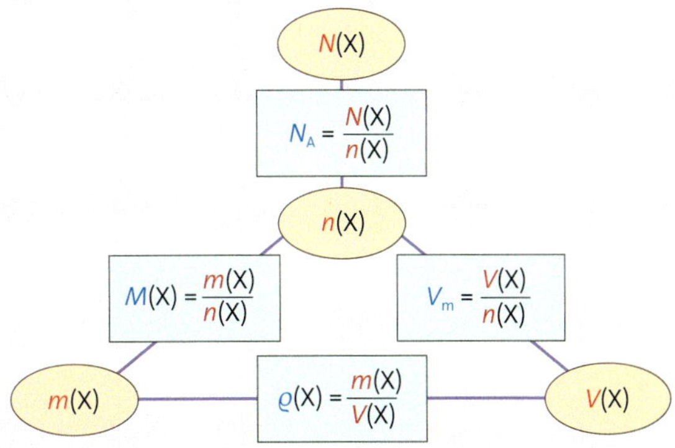

2 *Die Quantitätsgrößen können mittels Umrechnungsgrößen ineinander umgerechnet werden.*

Grundgleichung	Umrechnungen	Beispiele
$M(X) = \frac{m(X)}{n(X)}$	$m(X) = M(X) \cdot n(X)$ $n(X) = \frac{m(X)}{M(X)}$	Berechne die Masse von 0,5 mol Heptan (C_7H_{16}). *Gegeben:* $n(C_7H_{16}) = 0{,}5\ \text{mol};\ M(C_7H_{16}) = 100\ \frac{\text{g}}{\text{mol}}$ *Gesucht:* $m(C_7H_{16})$ *Lösung:* $m(C_7H_{16}) = M(C_7H_{16}) \cdot n(C_7H_{16}) = 100\ \frac{\text{g}}{\text{mol}} \cdot 0{,}5\ \text{mol} = 50\ \text{g}$
$V_m = \frac{V(X)}{n(X)}$	$V(X) = V_m \cdot n(X)$ $n(X) = \frac{V(X)}{V_m}$	Berechne die Stoffmenge von 100 L des Gases Schwefeldioxid (SO_2) bei Standardbedingungen. *Gegeben:* $V(SO_2) = 100\ \text{L};\ V_m = 24{,}4\ \frac{\text{L}}{\text{mol}}$ *Gesucht:* $n(SO_2)$ *Lösung:* $n(SO_2) = \frac{V(SO_2)}{V_m} = \frac{100\ \text{L}}{24{,}4\ \frac{\text{L}}{\text{mol}}} = 4{,}1\ \text{mol}$
$N_A = \frac{N(X)}{n(X)}$	$N(X) = N_A \cdot n(X)$ $n(X) = \frac{N(X)}{N_A}$	Berechne die Stoffmenge einer Wasserportion mit 10^{24} Wasser-Molekülen. *Gegeben:* $N(H_2O) = 10^{24};\ N_A = 6{,}022 \cdot 10^{23}\ \frac{1}{\text{mol}}$ *Gesucht:* $n(H_2O)$ *Lösung:* $n(H_2O) = \frac{N(H_2O)}{N_A} = \frac{10^{24}}{6{,}022 \cdot 10^{23}\ \frac{1}{\text{mol}}} = 1{,}66\ \text{mol}$
$\varrho(X) = \frac{m(X)}{V(X)}$	$m(X) = V(X) \cdot \varrho(X)$ $V(X) = \frac{m(X)}{\varrho(X)}$	Berechne die Masse von 6,0 L Hexan (C_6H_{14}) mit einer Dichte von $\varrho(C_6H_{14}) = 0{,}73\ \frac{\text{g}}{\text{mL}}$. *Gegeben:* $V(C_6H_{14}) = 6{,}0\ \text{L};\ \varrho(C_6H_{14}) = 0{,}73\ \frac{\text{g}}{\text{mL}}$ *Gesucht:* $m(C_6H_{14})$ *Lösung:* $m(C_6H_{14}) = V(C_6H_{14}) \cdot \varrho(C_6H_{14}) = 6{,}0\ \text{L} \cdot 0{,}73\ \frac{\text{g}}{\text{mL}}$ $= 6000\ \text{mL} \cdot 0{,}73\ \frac{\text{g}}{\text{mL}} = 4380\ \text{g}$

Reaktionsgleichungen – Informationen ablesen und berechnen

Dem Motor wird eine exakt berechnete Menge an Treibstoff zugeführt, sodass in den Zylindern eine vollständige Verbrennung mit dem vorhandenen Sauerstoff erfolgen kann.

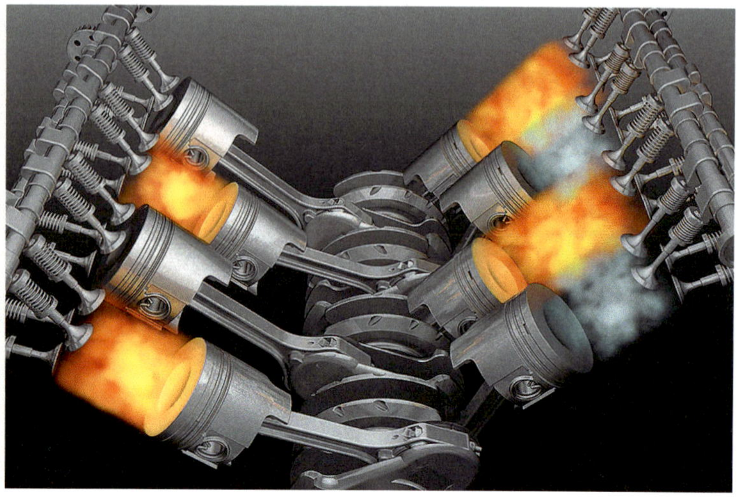

Die Reaktionsgleichung und deren Informationen Im Motor eines Autos wird der Kraftstoff mit dem Sauerstoff aus der Luft verbrannt. Die Verbrennung sollte vollständig erfolgen, sodass kein unverbrannter Kraftstoff über den Auspuff in die Umwelt gelangt. Hierzu muss eine bestimmte Menge an Sauerstoff zugeführt werden.
Um zu berechnen, wie viele Liter Sauerstoff für die vollständige Verbrennung notwendig sind, muss die Reaktionsgleichung angegeben werden.
Anhand von Propan soll das verdeutlicht werden. Propan ist ein Bestandteil von Autogas, einem alternativen Treibstoff zu Benzin und Diesel. Aus der Reaktionsgleichung für die Verbrennung von Propan lassen sich verschiedene Informationen ablesen (↗1):

Reaktionsgleichung	C_3H_8	+	5 O_2	⟶	3 CO_2	+	4 H_2O
qualitative Aussagen	Propan	+	Sauerstoff	⟶	Kohlenstoffdioxid	+	Wasser
quantitative Aussagen							
Teilchenebene	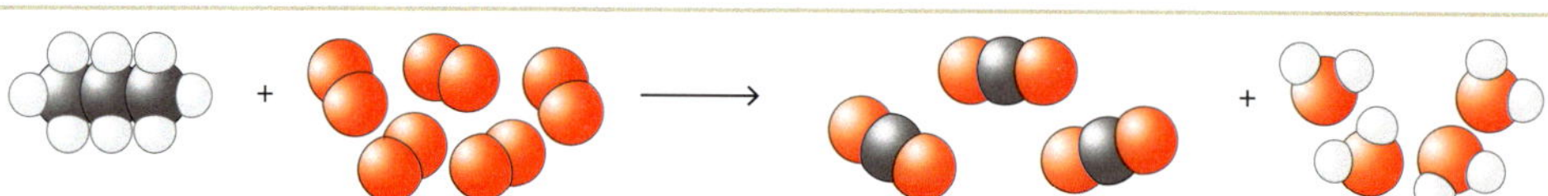 1 Propan-Molekül	+	5 Sauerstoff-Moleküle	⟶	3 Kohlenstoffdioxid-Moleküle	+	4 Wasser-Moleküle
Stoffmenge n(X)	1 mol Propan	+	5 mol Sauerstoff	⟶	3 mol Kohlenstoffdioxid	+	4 mol Wasser
Teilchenzahl N(X)	$1 \cdot 6{,}022 \cdot 10^{23}$ Propan-Moleküle	+	$5 \cdot 6{,}022 \cdot 10^{23}$ Sauerstoff-Moleküle	⟶	$3 \cdot 6{,}022 \cdot 10^{23}$ Kohlenstoffdioxid-Moleküle	+	$4 \cdot 6{,}022 \cdot 10^{23}$ Wasser-Moleküle
Volumen V(X)	1 L Propan	+	5 L Sauerstoff	⟶	3 L Kohlenstoffdioxid	+	4 L Wasserdampf

1 *Aussagen aus einer Reaktionsgleichung*

Stoffmengenverhältnis Die Stoffmengen der einzelnen Edukte und Produkte stehen in der Reaktionsgleichung jeweils in einem bestimmten Verhältnis zueinander.

Bei der Verbrennung von 1 mol Propan werden 5 mol Sauerstoff benötigt, außerdem entstehen 3 mol Kohlenstoffdioxid und 4 mol Wasser. Diese relativen Stoffmengenangaben bilden die Grundlage für alle Berechnungen.

Aufgabe: Berechne für Standardbedingungen das notwendige Volumen an Sauerstoff, um 2000 g Propan (C_3H_8) vollständig zu verbrennen.

Gegeben: $m(C_3H_8) = 2000$ g; $M(C_3H_8) = 44 \frac{g}{mol}$; $V_m = 24{,}4 \frac{L}{mol}$
Gesucht: $V(O_2)$

Lösung:
1. Formuliere das Stoffmengenverhältnis zwischen dem gegebenen Stoff Propan (C_3H_8) und dem gesuchten Stoff Sauerstoff (O_2):

$$1\ C_3H_8 + 5\ O_2 \longrightarrow 3\ CO_2 + 4\ H_2O$$

Der Koeffizient 1 beim Propan (C_3H_8) und der Koeffizient 5 beim Sauerstoff (O_2) bilden die Zahlen im Bruch des Stoffmengenverhältnisses. Stelle den Bruch so auf, dass die Stoffmenge des Stoffs zur gesuchten Größe $V(O_2)$ im Zähler steht.

$$\frac{n(O_2)}{n(C_3H_8)} = \frac{5}{1}$$

2. Stelle nach der Stoffmenge des gesuchten Stoffs $n(O_2)$ um.

$$n(O_2) = \frac{5}{1} \cdot n(C_3H_8)$$

3. Ersetze die Stoffmengen durch geeignete Größengleichungen (↗2):

$$n(O_2) = \frac{V(O_2)}{V_m}; \quad n(C_3H_8) = \frac{m(C_3H_8)}{M(C_3H_8)}$$

$$\frac{V(O_2)}{V_m} = \frac{5}{1} \cdot \frac{m(C_3H_8)}{M(C_3H_8)}$$

4. Stelle nach der gesuchten Größe $V(O_2)$ um:

$$V(O_2) = \frac{5}{1} \cdot \frac{m(C_3H_8)}{M(C_3H_8)} \cdot V_m$$

5. Setze die gegebenen Größen ein und berechne das Volumen:

$$V(O_2) = \frac{5}{1} \cdot \frac{2000\ g}{44\ \frac{g}{mol}} \cdot 24{,}4\ \frac{L}{mol} = 5545{,}5\ L$$

Antwort: Um 2000 g Propan vollständig zu verbrennen, werden 5545,5 Liter Sauerstoff benötigt.

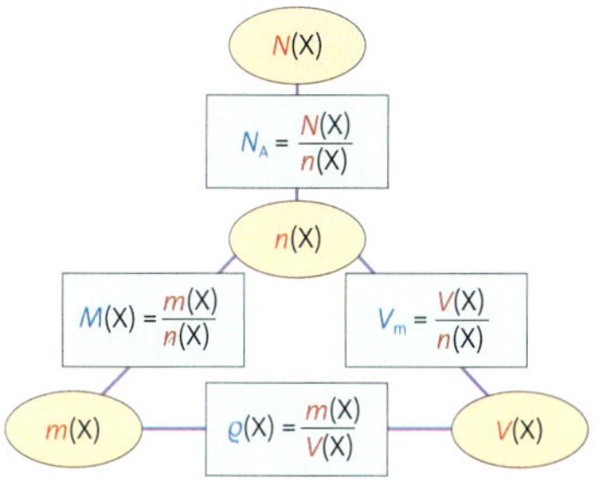

2 Umrechnungen zwischen den verschiedenen Größen

AUFGABEN

1 Formuliere alle Stoffmengenverhältnisse, die bei der Verbrennung von Propan auftreten.

2 Berechne die Masse an Wasser, die bei der Verbrennung von 2000 g Propan gebildet wird.

3 Wasser wird in einer chemischen Reaktion in die Elemente zerlegt. Unter Standardbedingungen bilden sich dabei 100 mL Sauerstoff. Berechne die Masse an Wasser, die dafür zerlegt wurde.

4 Ein Pkw verbraucht bei einer Fahrt von 100 km 8 L Benzin, das entspricht einer Masse von 5,84 kg. Nimm für die Berechnung an, dass das Benzin nur aus Octan (C_8H_{18}) besteht. Berechne die Masse an Kohlenstoffdioxid, die der Pkw bei dieser Fahrt von 100 km ausstößt.

Energie bei chemischen Reaktionen

An der Tankstelle gibt es verschiedene Treibstoffsorten. Als besonders umweltfreundliche Alternativen gelten dabei Erdgas (CNG) und Autogas (LPG). Auf den ersten Blick kosten sie viel weniger als Benzin oder Diesel, aber spart man wirklich so viel?

Chemische Reaktion und Energieumsatz Bei allen chemischen Reaktionen, also auch bei der Verbrennung von Treibstoffen, findet nicht nur ein Stoff-, sondern auch ein Energieumsatz statt. Verbrennungsreaktionen verlaufen exotherm. Im Motor des Fahrzeugs wird die frei werdende Energie zum Vortrieb genutzt. Es ist daher wichtig zu wissen, wie groß die Energie ist, die bei der Verbrennung einer bestimmten Treibstoffmenge frei wird. So können Aussagen über seine Eignung gemacht werden.

Um die Treibstoffe Erdgas und Autogas zu vergleichen, können im Experiment nur die jeweiligen Hauptbestandteile Methan und Propan genutzt werden.
Zum Vergleich wird jeweils ein gleichgroßes Volumen der Gase verbrannt, um eine Stoffportion Wasser zu erwärmen (↗EXP. 1, S. 131). Gleichgroße Volumina bedeuten bei Gasen, dass jeweils auch gleich viele Teilchen reagiert haben (↗S. 126). Aus der Temperaturerhöhung kann auf den Energieumsatz geschlossen werden.

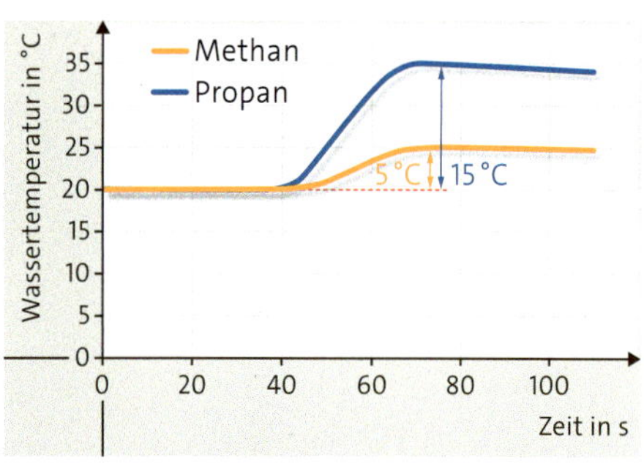

1 *Temperaturänderung bei der Verbrennung von Methan und Propan*

Bei Methan ist ein Temperaturanstieg von 5 °C zu beobachten, bei Propan beträgt der Temperaturanstieg 15 °C (↗1). Folglich wird bei der Verbrennung von Propan in etwa dreimal so viel Energie frei wie bei der Verbrennung eines gleichgroßen Volumens Methan.

Chemische Bindungen und Energieumsatz Bei der Verbrennung bilden sich aus den Molekülen der Ausgangsstoffe durch Umgruppierung der Atome die Moleküle der Reaktionsprodukte. Die Atome in den Molekülen halten jeweils durch Anziehungskräfte zusammen, zwischen ihnen wirken chemische Bindungen.

Zur Spaltung der chemischen Bindungen in den Molekülen der Ausgangsstoffe wird deshalb Energie benötigt. Bei der Bildung der chemischen Bindungen in den Molekülen der Reaktionsprodukte wird hingegen Energie freigesetzt.
Die Verbrennung von Methan (CH_4) und Propan (C_3H_8) sind exotherme Reaktionen. Bei der Bildung der neuen Bindungen in den Molekülen der Produkte wird mehr Energie frei, als für die Spaltung der Bindungen in den Edukten aufgebracht werden muss.

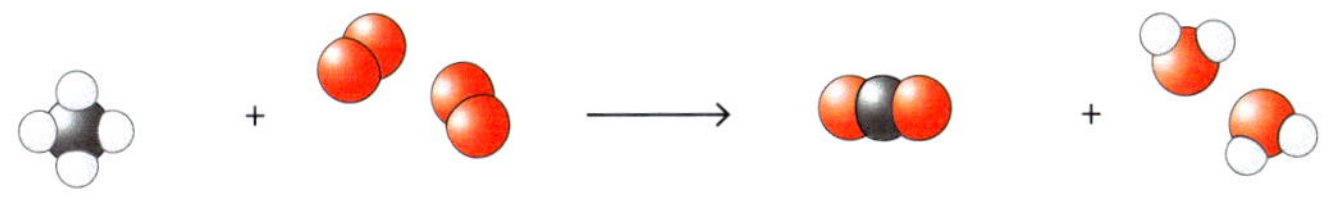

$CH_4 + 2\,O_2 \longrightarrow CO_2 + 2\,H_2O$

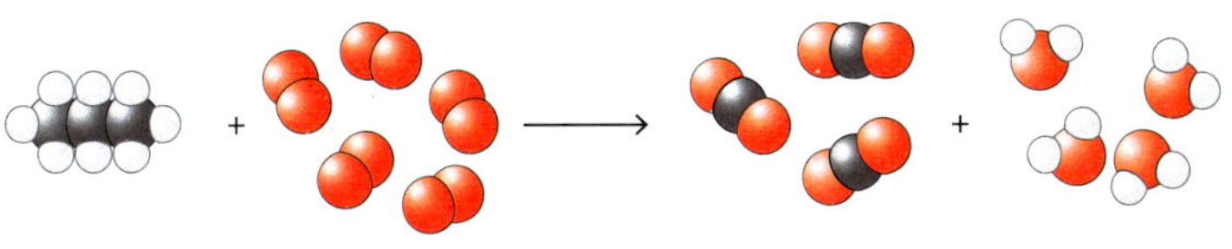

$C_3H_8 + 5\,O_2 \longrightarrow 3\,CO_2 + 4\,H_2O$

Aus der Teilchendarstellung der Reaktionen wird ersichtlich, dass für die Reaktion eines Propan-Moleküls zwar insgesamt mehr Bindungen gespalten werden müssen als bei der Umsetzung eines Methan-Moleküls. Es bilden sich aber auch wieder mehr Bindungen aus, sodass bei der Verbrennung von Propan ein höherer Energieumsatz auftritt als bei der Verbrennung von Methan.

Bei einer Reaktion werden Bindungen gespalten und neu gebildet. Zur Bindungsspaltung wird Energie benötigt. Bei der Bindungsbildung wird Energie frei.

Treibstoffe im Vergleich Der Vergleich der Reaktionsenergie bei der Verbrennung einer bestimmten Stoffmenge (1 mol) ist in der Chemie sinnvoll. An der Tankstelle bezahlt man aber pro Liter oder Kilogramm Treibstoff. Hierfür muss man die Reaktionsenergie auf eine bestimmte Masse oder ein Volumen beziehen (↗2). Allerdings spielen auch Faktoren wie Verbrauch und Effizienz der Motoren eine große Rolle sowie die unterschiedliche Besteuerung der verschiedenen Treibstoffsorten in Deutschland. So ist Diesel bei einem ähnlichen Energieumsatz günstiger als Benzin. Dieselmotoren stoßen bei gleicher Fahrleistung weniger Kohlenstoffdioxid aus und gelten damit als umweltfreundlicher. Auch die Treibstoffe Erdgas und Autogas sind umweltfreundlicher. Motoren müssen für diese aber erst umgerüstet werden.

Treibstoff	**Reaktionsenergie**	
	für 1 mol in kJ	**für 1 kg in MJ**
Propan C_3H_8 (Bestandteil von Autogas)	2045	46
Methan CH_4 (Erdgas)	889	55
Octan C_8H_{18} (Bestandteil von Benzin)	5464	ca. 44 (für 1 Liter)
Hexadecan $C_{16}H_{34}$ (Bestandteil von Diesel)	10667	ca. 45 (für 1 Liter)
Wasserstoff H_2	286	142

2 *Reaktionsenergie der Verbrennung weiterer Treibstoffe*

AUFGABE

1 Wasser kann durch Elektrolyse in einer chemischen Reaktion in die Elemente zerlegt werden.
 a Gib an, welche Bindungen bei der Reaktion gespalten und welche gebildet werden. Skizziere die Reaktion auf Teilchenebene.
 b Begründe, ob bei der Bildung oder der Spaltung der Bindungen bei der Wasserelektrolyse ein höherer Energiebetrag umgesetzt wird.

2 Modelliere die Reaktionen von Methan und Propan mit Sauerstoff z. B. mit Knetkugeln nach. Zähle die Anzahl der Bindungen, die während der Reaktion gespalten bzw. neu gebildet werden. Wiederhole das Vorgehen mit anderen Alkanen und ziehe eine Schlussfolgerung.

1 Bleibt heiß: Thermosflasche als Beispiel für ein „isoliertes" System im Alltag

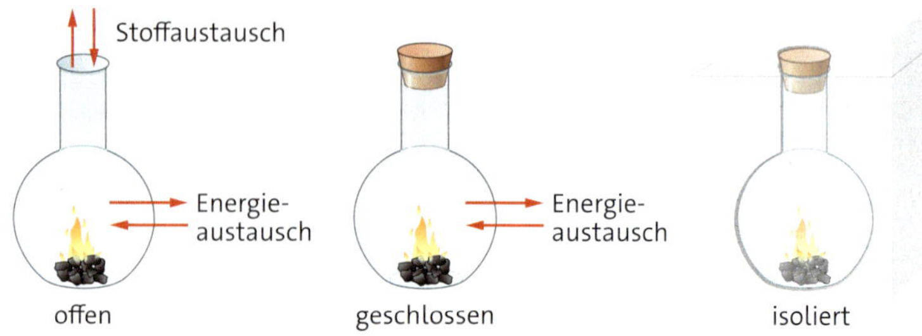

2 Offenes, geschlossenes und isoliertes System

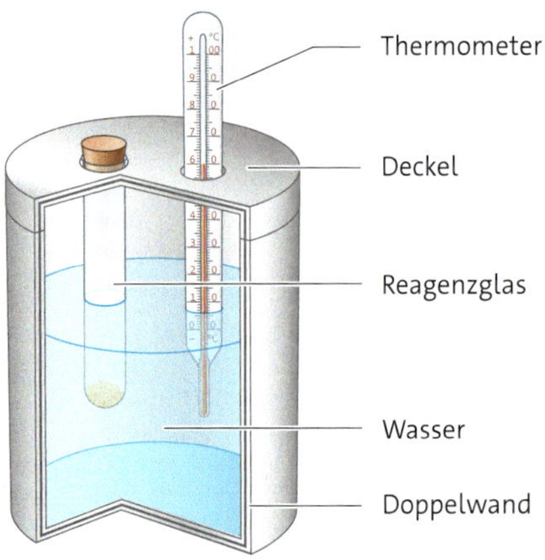

3 Aufbau eines Kalorimeters

Offene, geschlossene und isolierte Systeme Bei der Verbrennung von Methan und Propan entstehen heiße Gase (Kohlenstoffdioxid und Wasserdampf). Entweichen sie in die Umgebung, findet die Reaktion in einem **offenen System** statt. Um zu verhindern, dass die Gase entweichen, verwendet man ein verschließbares Gefäß. Es können dann auch keine anderen Stoffe hineingelangen. Es liegt ein **geschlossenes System** vor. Wird das Reaktionsgefäß zusätzlich **isoliert,** kann auch keine Energie in Form von Wärme mehr das System verlassen (↗2). Diese Gefäße kann man mit verschlossenen Thermosflaschen vergleichen (↗1).

Kalorimeter Um die Energieumsätze bei chemischen Reaktionen möglichst genau zu vergleichen, müsste man in isolierten Systemen messen.
Im Labor wird die Reaktionsenergie einer chemischen Reaktion in einem **Kalorimeter** bestimmt. Das Kalorimeter (↗3) besteht aus einem doppelwandigen, verschlossenen Gefäß, in dem sich Wasser befindet. Die Bauweise verhindert, dass Wärme mit der Umgebung ausgetauscht wird. Je besser das Kalorimeter isoliert ist, desto genauer sind die Messwerte. Das Wasser soll während der Reaktion die gesamte Reaktionsenergie aufnehmen. Aus der Temperaturzunahme bestimmt man die Reaktionsenergie.

Kalorimeter sind isolierte Gefäße, mit denen Reaktionsenergien bestimmt werden können.

Messungenauigkeit Bei wissenschaftlichen Experimenten ist es wichtig, auf die Genauigkeit der Ergebnisse zu achten. Es ist sinnvoll, sich vor dem Experiment Gedanken über mögliche Fehlerquellen zu machen. Auch ein Kalorimeter ist kein perfekt isoliertes Gefäß. Mit der Zeit kühlt das darin enthaltende Wasser ab, da ein bisschen Energie an die Umgebung abgegeben wird. Je nachdem wie schnell die Energie an die Umgebung abgegeben wird, ist die Messungenauigkeit größer. Bei der Verwendung von einfacheren Versuchsaufbauten wie im Schülerexperiment sind die Ungenauigkeiten noch größer, da kein isoliertes System vorliegt.

AUFGABEN

1 Erläutere, warum das Wasser im Kalorimeter während der Messung gerührt werden muss.

2 Diskutiere mit deinem Banknachbarn, welche dieser Fehlerquellen bei kalorimetrischen Messungen zu Messfehlern führen können:
- Raumtemperatur ist nicht konstant.
- Beim Wiegen von Stoffportionen werden verschiedene Waagen verwendet.
- Die Lichtverhältnisse im Raum sind unterschiedlich.

Energie bei Verbrennungen

EXP. 1 Temperaturänderung bei der Verbrennung von Methan und Propan

Materialien: Spritze mit Dichtung und Kanüle (ø 0,4 mm, Länge 60 mm), Reagenzglas, digitales Thermometer, 10-mL-Messzylinder, Stativ mit Muffen und Greifklemme, Feuerzeug, Methan (GHS 2), Propan (GHS 2), Wasser

Durchführung: Fülle das Reagenzglas mit 5 mL Wasser und befestige es mit der Klemme am Stativ. Tauche den Temperaturfühler in das Wasser. Messe die Wassertemperatur und notiere den Wert. Fülle die Spritze mit 10 mL Propan. Erzeuge durch Druck auf den Spritzenstempel einen gleichmäßigen Gasstrom und entzünde ihn am Ende der Kanüle. Halte die Spritze so, dass die Flamme etwa 1 cm vom Boden des Reagenzglases entfernt ist. Nach der Verbrennung wird die Wassertemperatur erneut gemessen.
Führe den Versuch anschließend mit Methan durch.
Hinweis: Das Erzeugen eines gleichmäßigen Gasstroms erfordert etwas Fingerspitzengefühl. Es ist sinnvoll, dies vorher zu üben.

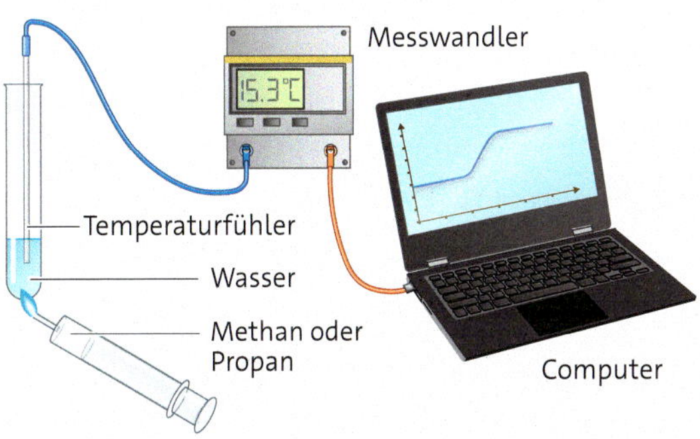

Entsorgung: Wasser in das Abwasser geben.

Auswertung:
1 Berechne für beide Versuche die Temperaturdifferenzen.
2 Vergleiche die Werte miteinander und erläutere deren Zustandekommen.
3 Diskutiere mögliche Fehlerquellen, die beim Versuch auftreten können.

EXP. 2 Verbrennung von Alkoholen

Materialien: Stativ mit Muffen und 2 Greifklemmen, 4 Microscale Spiritusbrenner mit Docht, Waage, Metallbecher, Feuerzeug, Ethanol (GHS 2|7), Propan-1-ol (GHS 2|5|7), Butan-1-ol (GHS 2|5|7) und Pentan-1-ol (GHS 2|5|7), Wasser

Durchführung: Microscale Brenner sicher aufstellen, nicht im heißen Zustand befüllen und entzünden.
Fülle den Metallbecher mit 120 mL Wasser und befestige ihn mit der Klemme am Stativ. Tauche das Thermometer in das Wasser. Messe die Wassertemperatur und notiere den Wert. Der Brenner wird zu einem Drittel mit Ethanol befüllt und entzündet. Nach kurzer Zeit wird die Flamme wieder ausgeblasen und der Brenner gewogen. Stelle nun den Brenner unter den Becher und entzünde ihn erneut. Während der Verbrennung wird kontinuierlich die Temperatur des Wassers im Becher gemessen. Hat es sich um genau 20 °C erwärmt, wird der Brenner gelöscht und erneut gewogen. Wiederhole den Versuch mit den anderen Alkoholen.

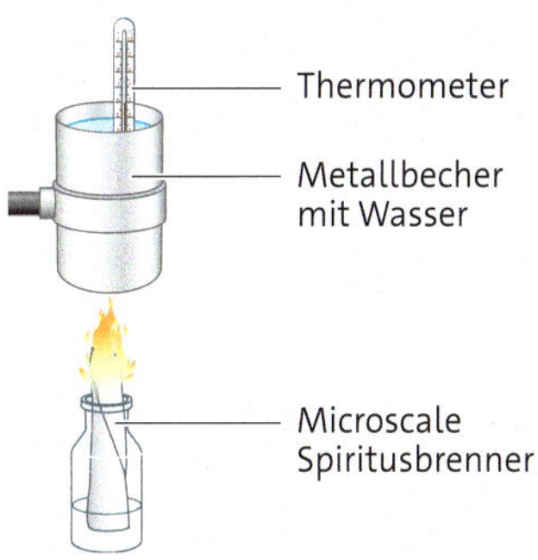

Entsorgung: Alkohole in den Sammelbehälter für halogenfreie organische Abfälle geben.

Auswertung:
1 Ermittle für jeden Versuch die Massendifferenz.
2 Berechne die eingesetzten Stoffmengen der Alkohole.
3 Vergleiche die Werte miteinander und beurteile den Energiegehalt der Brennstoffe.

Kohlenstoffatomkreislauf

Kohlenstoffdioxid ist ein natürlicher Luftbestandteil. Das Gas gilt aber auch als Hauptverursacher für den Klimawandel. Durch die Verbrennung fossiler Energieträger, z. B. in Kraftwerken zur Energiegewinnung, wächst sein Anteil in der Atmosphäre stetig an.

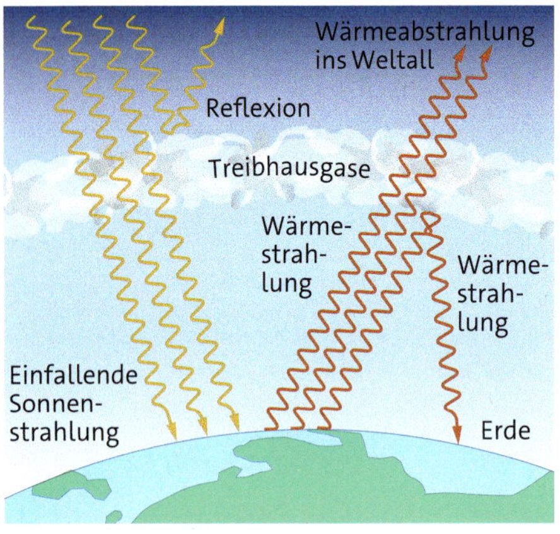

1 *Entstehung des Treibhauseffekts*

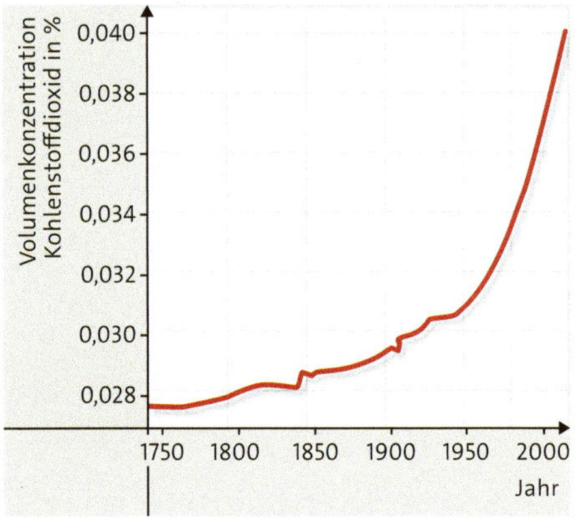

2 *Anstieg der Kohlenstoffdioxidkonzentration in der Atmosphäre über die letzten 250 Jahre*

Entstehung von Kohlenstoffdioxid Kohlenstoffdioxid entsteht u. a. bei der Verbrennung fossiler Brennstoffe. Dazu gehören Erdöl, Erdgas (Alkane, ↗S. 104–105) und Kohle sowie aus Erdöl gewonnene Produkte wie Benzin und Diesel (Heizöl). Neben anderen Gasen wie Wasserdampf, Methan und Distickstoffmonooxid spielt Kohlenstoffdioxid eine entscheidende Rolle beim Treibhauseffekt. Diese Treibhausgase sorgen dafür – ähnlich wie das Glasdach eines Treibhauses –, dass sich die Erde erwärmt.
Während das Sonnenlicht ungehindert auf die Erdoberfläche trifft, wird die reflektierte Wärmestrahlung von den Treibhausgasen zum Teil absorbiert (lat. *absorbere:* aufsaugen, verschlucken) und nicht ins Weltall abgegeben. Die Erde heizt sich auf (↗1). Ohne diesen natürlichen Treibhauseffekt würde die mittlere Temperatur auf der Erde statt +15 °C nur etwa –18 °C betragen.

Anthropogener Treibhauseffekt Jedes Jahr werden ca. 30 Milliarden Tonnen zusätzliches Kohlenstoffdioxid durch menschliches Handeln erzeugt. Lag der Kohlenstoffdioxidanteil in der Atmosphäre zu Beginn der industriellen Revolution noch bei 0,028 %, beträgt er heute schon mehr als 0,040 % (↗2). Das klingt nicht viel, führt aber zu einem Anstieg der globalen Durchschnittstemperatur um 0,3 °C bis 0,6 °C. Diese zusätzliche Erwärmung wird anthropogener Treibhauseffekt (anthropogen: vom Menschen verursacht) genannt. Die Folge ist die Veränderung des Klimas unseres Planeten, was zum Abschmelzen der Eiskappen an den Polen, zum Anstieg des Meeresspiegels und zur Ausdehnung der Wüstenregionen führt.

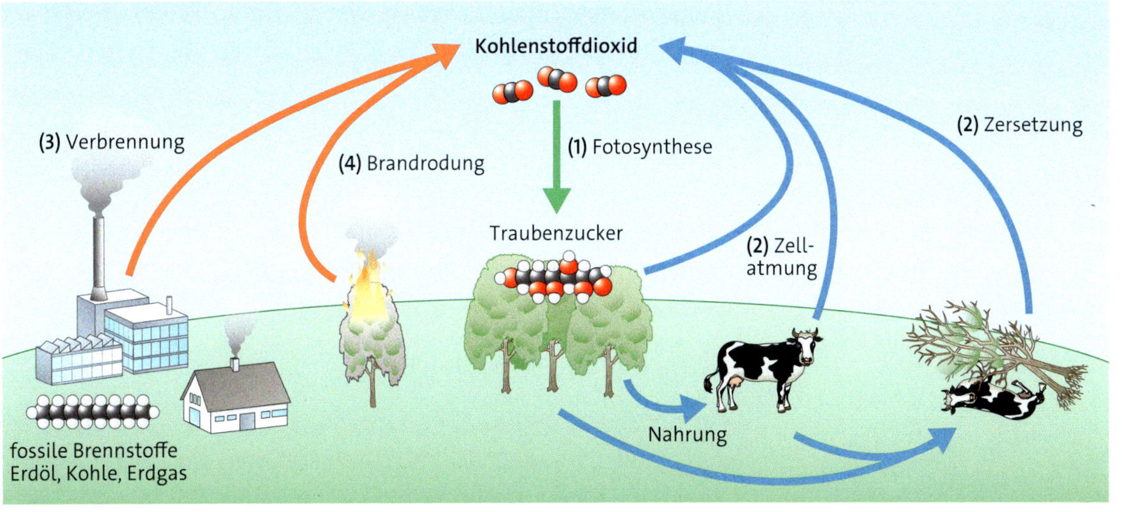

3 *Kohlenstoffatomkreislauf*

Weg des Kohlenstoff-Atoms Die Verbrennung von Treibstoffen ist nur ein Weg, wie Kohlenstoffdioxid in die Atmosphäre gelangt. Es gibt auch natürliche Prozesse, bei denen Kohlenstoffdioxid entsteht und auch wieder aus der Atmosphäre verschwindet. Diese Vorgänge werden im **Kohlenstoffatomkreislauf** (↗3) zusammengefasst: **(1)** Grüne Pflanzen verbrauchen Kohlenstoffdioxid aus der Luft. Mithilfe der Energie des Sonnenlichts werden bei der Fotosynthese aus Kohlenstoffdioxid und Wasser energiereiche Verbindungen wie Traubenzucker gebildet. Die Kohlenstoff-Atome, die in den Kohlenstoffdioxid-Molekülen gebunden waren, befinden sich nun in diesen energiereichen Verbindungen. **(2)** Bei der Zellatmung und der Zersetzung abgestorbener Pflanzen und toter Tiere werden diese Stoffe wieder abgebaut. In einer Reaktion mit Sauerstoff entsteht wieder Kohlenstoffdioxid und Wasser. Die Kohlenstoff-Atome gelangen so zurück in die Atmosphäre.

Fossile Brennstoffe wie Erdöl, Erdgas und Kohle sind vor Jahrmillionen aus abgestorbenen Pflanzen und Kleinstlebewesen entstanden. Die dabei gebildeten Verbindungen wie das Alkan Octan haben Kohlenstoff-Atome gebunden, die dem Kohlenstoffatomkreislauf dauerhaft entzogen wurden. **(3)** Bei der Verbrennung fossiler Brennstoffe entsteht dadurch zusätzliches Kohlenstoffdioxid, das in die Atmosphäre gelangt, und zu einem dauerhaften Anstieg des Kohlenstoffdioxidgehalts führt.
(4) Die großflächige Brandrodung von Waldgebieten ist eine zusätzliche Quelle für Kohlenstoffdioxid (↗3). Die gerodeten Flächen werden für die Landwirtschaft oder den Bau von Straßen und Häusern genutzt.

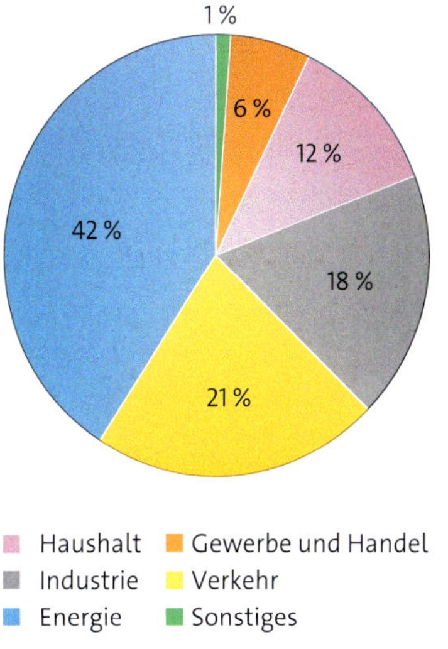

4 *Anteil des Kohlenstoffdioxidausstoßes nach Verursacher*

AUFGABEN

1 Erläutere den Weg des Kohlenstoff-Atoms ausgehend von einem toten Tier bis in den Körper einer Kuh.
2 Entwickle für die im Text beschriebene Verbrennung fossiler Brennstoffe mithilfe von Bild 3 eine Reaktionsgleichung.

Treibstoff	Reaktionsenergie in $\frac{kJ}{mol}$	CO_2-Ausstoß für 1 mol Treibstoff und 1 kJ freigesetzter Energie
Methan CH_4 (Erdgas)	889	1 mol CO_2 ≙ 44 g CO_2 und 0,050 $\frac{g}{kJ}$
Propan C_3H_8 (Autogas)	2045	3 mol CO_2 ≙ 132 g CO_2 und 0,065 $\frac{g}{kJ}$
Octan C_8H_{18} (Benzin)	5464	8 mol CO_2 ≙ 352 g CO_2 und 0,064 $\frac{g}{kJ}$
Hexadecan $C_{16}H_{34}$ (Diesel)	10677	16 mol CO_2 ≙ 704 g CO_2 und 0,066 $\frac{g}{kJ}$

1 *Reaktionsenergie und Kohlenstoffdioxidausstoß für die Verbrennung von 1 mol Treibstoff.*

Kohlenstoffdioxidbilanz fossiler Brennstoffe Bisher wurde beim Vergleich fossiler Brennstoffe lediglich deren Energiegehalt betrachtet. Bei der Bewertung eines Brennstoffs sollten aber auch Umweltaspekte wie der Kohlenstoffdioxidausstoß bei seiner Verbrennung mit einbezogen werden (↗1). Um die Kohlenstoffdioxidbilanzen vergleichen zu können, muss immer die gleiche Stoffmenge an Brennstoff betrachtet werden. 1 mol Octan, ein Kohlenwasserstoff der im Benzin vorkommt, soll verbrannt werden. Die Reaktionsgleichung lautet:

$$2\ C_8H_{18} + 25\ O_2 \longrightarrow 16\ CO_2 + 18\ H_2O$$

Aus der Reaktionsgleichung kann das Stoffmengenverhältnis ermittelt werden, anschließend berechnet man die Masse des entstehenden Kohlenstoffdioxids.

$$\frac{n(CO_2)}{n(C_8H_{18})} = \frac{16}{2} \qquad n(CO_2) = \frac{16}{2} \cdot n(C_8H_{18}) = 8\ mol$$

$$m(CO_2) = n(CO_2) \cdot M(CO_2) = 8\ mol \cdot 44\ \frac{g}{mol} = 352\ g$$

Bei der Verbrennung von 1 mol Octan werden nicht nur 352 g Kohlenstoffdioxid freigesetzt, sondern auch 5464 kJ Energie. Für jedes Kilojoule Energie entstehen also 0,064 g Kohlenstoffdioxid.
Vergleicht man die Kohlenstoffdioxidbilanzen der in der Tabelle (↗1) angegebenen Brennstoffe, so hat Methan mit 0,050 g Kohlenstoffdioxid pro 1 kJ Reaktionsenergie den günstigsten Wert.

Nachwachsende Brennstoffe Bioethanol wird bis zu 5% dem Benzin oder zu 10% E10-Benzin beigemischt. Auch Diesel enthält bis zu 7% Biodiesel. Bioethanol und Biodiesel werden aus schnell wachsenden Pflanzen wie Raps, Zuckerrohr oder Mais hergestellt. Der Vorteil dieser **nachwachsenden Brennstoffe:** Sie setzen bei ihrer Verbrennung nur so viel Kohlenstoffdioxid frei, wie vorher durch das Wachstum der Pflanzen gebunden worden ist. Es gelangt also kein zusätzliches Kohlenstoffdioxid in die Atmosphäre.

Bei der Bewertung von nachwachsenden Brennstoffen ist aber der Gesamtbetrag des Kohlenstoffdioxidausstoßes wichtig. Auch beim Anbau, beim Transport und bei der Herstellung entsteht Kohlenstoffdioxid. Zudem steigt meist der Kraftstoffverbrauch durch Beimischung der Biobrennstoffe.
Schließlich gehen auch durch den Anbau von Pflanzen für die Treibstoffherstellung Anbauflächen für Nahrungsmittel verloren.

Nachwachsende Brennstoffe werden aus schnell wachsenden, energiereichen Pflanzen gewonnen. Sie setzen kein zusätzliches Kohlenstoffdioxid bei der Verbrennung frei.

AUFGABEN

1 Erläutere einem Mitschüler die Berechnung der Kohlenstoffdioxidbilanz.

2 Berechne die Kohlenstoffdioxidbilanz für Erdgas (CH_4) bezogen auf 1 kg Brennstoff.

Berechnungen an Reaktionsgleichungen

Mithilfe von Größengleichungen können Berechnungen von Massen und Volumina anhand der Reaktionsgleichung erfolgen.

In unserem Körper reagieren 5 g Traubenzucker ($C_6H_{12}O_6$) mit Sauerstoff zu Kohlenstoffdioxid und Wasser. Berechne das Kohlenstoffdioxidvolumen, das dabei unter Standardbedingungen gebildet wird.

1 *Traubenzucker in verschiedenen Formen*

1 Ermittle die gegebenen und gesuchten Größen.
Hinweis: Berücksichtige auch molare Massen und das molare Volumen.

Gegeben: $m(C_6H_{12}O_6) = 5\text{ g}$; $M(C_6H_{12}O_6) = 180\ \frac{\text{g}}{\text{mol}}$; $V_m = 24{,}4\ \frac{\text{L}}{\text{mol}}$
Gesucht: $V(CO_2)$

2 Stelle die Reaktionsgleichung auf.
Beachte: Eine 1 als Koeffizient wird in einer Reaktionsgleichung nicht geschrieben.

$$C_6H_{12}O_6 + 6\ O_2 \longrightarrow 6\ CO_2 + 6\ H_2O$$

3 Stelle das richtige Stoffmengenverhältnis von gegebenem und gesuchtem Stoff auf.
Beachte: Schreibe die gesuchte Stoffmenge auf den Bruchstrich.

$$\frac{n(CO_2)}{n(C_6H_{12}O_6)} = \frac{6}{1} \quad \Rightarrow n(CO_2) = \frac{6 \cdot n(C_6H_{12}O_6)}{1}$$

4 Ersetze die Stoffmengen im Stoffmengenverhältnis durch geeignete Quotienten aus Quantitätsgröße und Umrechnungsgröße.

$$n(X) = \frac{m(X)}{M(X)}; \quad n(X) = \frac{V(X)}{V_m}$$

$$n(CO_2) = \frac{V(CO_2)}{V_m}; \ n(C_6H_{12}O_6) = \frac{m(C_6H_{12}O_6)}{M(C_6H_{12}O_6)}$$

$$\frac{V(CO_2)}{V_m} = \frac{6}{1} \cdot \frac{m(C_6H_{12}O_6)}{M(C_6H_{12}O_6)}$$

5 Stelle nach der gesuchten Größe um.

$$V(CO_2) = \frac{6}{1} \cdot \frac{m(C_6H_{12}O_6) \cdot V_m}{M(C_6H_{12}O_6)}$$

6 Setze die gegebenen Werte ein und berechne die gesuchte Größe.

$$V(CO_2) = \frac{6}{1} \cdot \frac{5\text{ g} \cdot 24{,}4\ \frac{\text{L}}{\text{mol}}}{180\ \frac{\text{g}}{\text{mol}}}$$

$$V(CO_2) = 4{,}1\text{ L}$$

7 Formuliere den Antwortsatz.

Bei der Reaktion von 5 g Traubenzucker werden 4,1 L Kohlenstoffdioxid gebildet.

AUFGABEN

1 Berechne für das Traubenzuckerbeispiel die Masse an gebildetem Wasser.

2 Berechne die benötigte Masse an Wasser (H_2O), um mithilfe der Elektrolyse 1000 g Wasserstoff (H_2) herzustellen.

AUF EINEN BLICK

Massenspektrometrie
Die Masse von Atomen und Molekülen wird mit der Massenspektrometrie bestimmt.

Atommasse
Atommassen können aus dem PSE abgelesen werden

Atomare Masseneinheit
$1\ \text{u} = 1{,}661 \cdot 10^{-24}\ \text{g}$
$m_a(\text{H}) = 1\ \text{u}$

Molekülmasse
Die Atommassen der einzelnen Atome, die das Molekül bilden, müssen addiert werden.
Beispiel Methan-Molekül CH_4:
$m_a(CH_4) = 1 \cdot m_a(\text{C}) + 4 \cdot m_a(\text{H})$
$m_a(CH_4) = 1 \cdot 12\ \text{u} + 4 \cdot 1\ \text{u} = 16\ \text{u}$

Teilchenmasse

Atome und Moleküle haben eine Masse.

Quantitäts- und Umrechungsgrößen

Quantitätsgrößen können mithilfe von Umrechnungsgrößen ineinander umgerechnet werden.

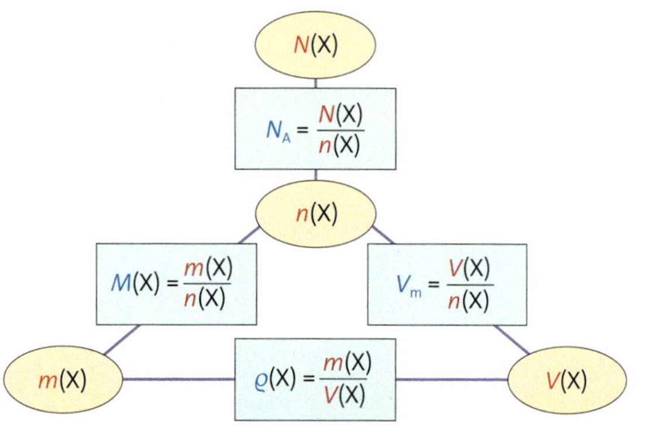

Stoffmenge n(X)
1 Mol enthält $6{,}022 \cdot 10^{23}$ Teilchen.
$N_A = 6{,}022 \cdot 10^{23}\ \frac{1}{\text{mol}}$

Molare Masse M(X)
Die Masse von 1 mol Teilchen in Gramm hat den gleichen Zahlenwert wie die Masse des Teilchens in unit.

Molares Volumen V_m
$V_m = 24{,}4\ \frac{\text{L}}{\text{mol}}$ unter Standardbedingungen (25 °C, 1013 hPa)
V_m ist für alle Gase gleich , hängt aber von Druck und Temperatur ab.

Berechnungen an Reaktionsgleichungen

Mithilfe der Reaktionsgleichung können Massen und Volumina der Edukte und Produkte berechnet werden.

Beispiel: Berechne die Masse von Wasser, die sich aus 0,6 L Sauerstoff bei der Wassersynthese bildet. Aus dem Stoffmengenverhältnis kann durch geeignete Größengleichungen die Masse des Wassers berechnet werden.

$$2\ H_2 + O_2 \longrightarrow 2\ H_2O$$

$$\frac{n(H_2O)}{n(O_2)} = \frac{2}{1} \qquad n(H_2O) = 2 \cdot n(O_2)$$

$$m(H_2O) = \frac{2}{1} \cdot \frac{V(O_2)}{V_m} \cdot M(H_2O) = \frac{2 \cdot 0{,}6\ \text{L}}{24{,}4\ \frac{\text{L}}{\text{mol}}} \cdot 18\ \frac{\text{g}}{\text{mol}} = 0{,}89\ \text{g}$$

Quantitative Aspekte

An chemischen Reaktionen können Berechnungen durchgeführt werden.

Kohlenstoffatomkreislauf

In chemischen Verbindungen wie Kohlenstoffdioxid, Traubenzucker und z. B. Alkanen als fossile Brennstoffe sind Kohlenstoff-Atome gebunden. Durch natürliche und anthropogene Prozesse durchlaufen die Kohlenstoff-Atome den Kohlenstoffatomkreislauf.

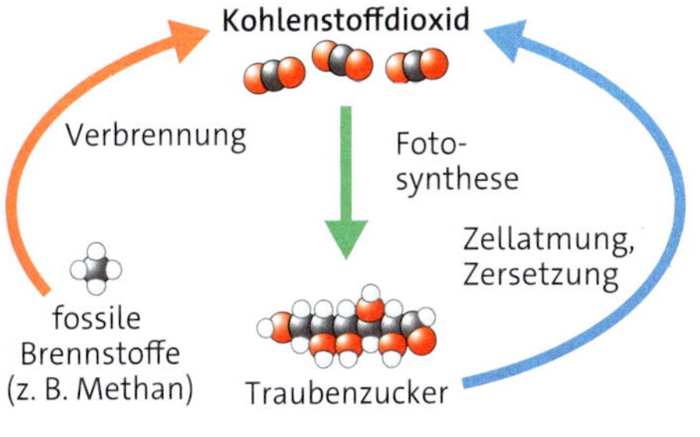

Chemische Bindung und Energie

Bei einer Reaktion werden Bindungen gespalten und neu gebildet.
Zur Spaltung von Bindungen wird Energie benötigt.
Bei der Bildung von Bindungen wird Energie frei.

TESTE DICH

1 Im Pansen einer Kuh entstehen beim Abbau von Cellulose täglich etwa 22 mol Methan (CH_4). Berechne das Methanvolumen für Standardbedingungen (25 °C und 1013 hPa), das eine Kuh an einem Tag abgibt.

2 Nikotin ($C_{10}H_{14}N_2$) wird in den Wurzeln der Tabakpflanze produziert und in die Blätter zur Abwehr von Fressfeinden eingelagert. Tabakblätter enthalten ungefähr einen Massenanteil von bis zu 7,5 % Nikotin. Eine Zigarette enthält etwa 12 mg Nikotin. Berechne die Anzahl der Nikotin-Moleküle in einer Zigarette.

3 Acetylsalicylsäure ($C_9H_8O_4$) ist der Wirkstoff in vielen Kopfschmerztabletten. Eine Tablette enthält $8{,}363 \cdot 10^{20}$ Moleküle Acetylsalicylsäure. Berechne die Masse der Acetylsalicylsäure, die in der Kopfschmerztablette enthalten ist.

4 Übernimm die Tabelle in dein Heft und ergänze die fehlenden Werte.

Formel	molare Masse	Masse	Stoffmenge
NH_3	?	5 g	?
CF_4	?	?	1,5 mol
N_2O	?	?	12 mol
C_8H_{18}	?	0,2 g	?
CO_2	?	22 g	?
C_2H_6O	?	?	0,25 mol
$C_6H_{12}O_6$	?	18 g	?

5 Eine Rolle Aluminiumfolie hat eine Masse von 150 g. Berechne die Anzahl der darin enthaltenen Aluminium-Atome.

6 Ein chemisches Element mit der Stoffmenge $n = 2{,}5$ mol hat die Masse $m = 492{,}4$ g. Berechne aus den Angaben die molare Masse des Elements und ermittle, um welches Element es sich handelt.

7 Bis Mai 2019 war das internationale Urmaß für ein Kilogramm ein Zylinder mit einem Volumen von 46,6 cm³. Er besteht aus einer Legierung von 90 % Platin und 10 % Iridium. Seit 2019 ist die Einheit Kilogramm aber neu definiert. Das Kilogramm leitet sich aus bestimmten Naturkonstanten ab.

a Berechne aus den Angaben die Dichte des Urkilos.

b Berechne die ungefähre Anzahl der Atome von Platin und Iridium im Urkilo.

8 In einem Behälter befinden sich 10 g flüssiger Stickstoff, eine klare, farblose Flüssigkeit, die bei –196 °C siedet. Berechne die Anzahl der Stickstoff-Moleküle und das Volumen des gasförmigen Stickstoffs bei Standardbedingungen (25 °C und 1013 hPa).

9 1 Liter Cola enthält 100 mg Koffein ($C_8H_{10}N_4O_2$).
Berechne die Stoffmenge an Koffein in einem Glas Cola (200 mL).

10 Eine Kerze aus Paraffin ist 200 g schwer. Berechne das Volumen an Kohlenstoffdioxid, das bei vollständiger Verbrennung der Kerze unter Standardbedingungen entsteht. *Hinweis:* Verwende für Paraffin die Molekülformel $C_{22}H_{46}$.

11 Im Bild ist das Teilchenmodell der Fotosynthese von Traubenzucker dargestellt.

a Entwickle aus dem Teilchenmodell die Reaktionsgleichung.

b Gib alle möglichen Aussagen (qualitativ und quantitativ) an, die aus der Reaktionsgleichung ablesbar sind.

c Berechne das Volumen an Kohlenstoffdioxid und die Masse an Wasser, um 1 g Traubenzucker herzustellen.

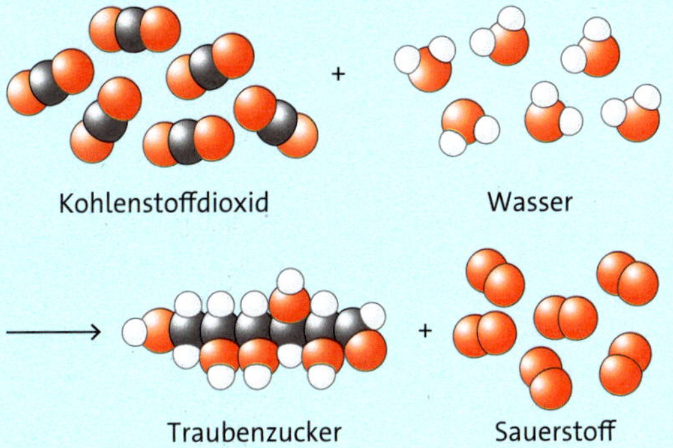

12 Steinkohle wird in Kraftwerken zur Erzeugung von elektrischem Strom verbrannt. Sie enthält Schwefel mit einem Massenanteil von 1,5 %. Berechne das Volumen an Schwefeldioxid (SO_2), das bei der Verbrennung von 1 Tonne Steinkohle unter Standardbedingungen entsteht.

13 In Deutschland werden jährlich etwa 1,2 Millionen Tonnen schädlicher Stickoxide an die Umwelt abgegeben. Hauptverursacher sind neben Kraftfahrzeugen auch Heizkraftwerke. Zur Verringerung des Stickstoffoxidausstoßes werden deren Abgase mithilfe von Ammoniak (NH_3) gereinigt. Dabei reagieren die verschiedenen Stickstoffoxide zu Stickstoff und Wasser.

a Formuliere für die Reaktion von Stickstoffdioxid (NO_2) mit Ammoniak die Reaktionsgleichung.

b Berechne das notwendige Volumen an Ammoniak, um 50 Liter Stickstoffdioxid umzusetzen.

14 Ein Bestandteil von Benzin ist Nonan (C_9H_{20}). 60 Liter reines Nonan ($\varrho = 0{,}714\ \frac{g}{mL}$) werden unter Standardbedingungen verbrannt.

a Stelle die Reaktionsgleichung für die Verbrennung auf.

b Berechne das Volumen an Sauerstoff, das für die Verbrennung benötigt wird.

c Berechne die Masse und das Volumen des dabei entstehenden Kohlenstoffdioxids.

15 Übernimm die Skizze des Kohlenstoffatomkreislaufs in dein Heft und vervollständige sie. Ergänze hierzu fehlende Pfeile. Beschrifte die Pfeile und fülle die leeren Kästchen mit passenden Begriffen oder aussagekräftigen Skizzen.
Beschreibe in einem kurzen Text die Vorgänge im Kreislauf.

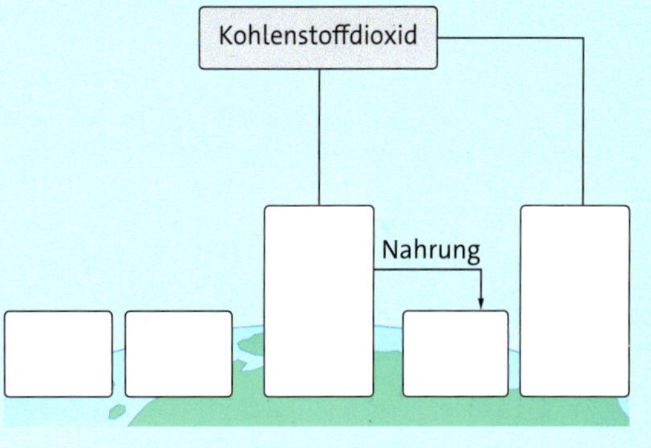

Hilfe zu den Aufgaben findest du auf den Seiten ...			
1	S. 124, 125	9	S. 123, 125
2	S. 123, 125	10	S. 126–127, 135
3	S. 123, 125	11	S. 126–127, 135
4	S. 122–123, 125	12	S. 126–127, 135
5	S. 123, 125	13	S. 126–127, 135
6	S. 123, 125	14	S. 126–127, 135
7	S. 124, 125	15	S. 132–133
8	S. 124, 125		

Die Lösungen findest du im Anhang.

Material A Meinungsverschiedenheit im Chemieunterricht

Im Chemieunterricht gab es bei der Berechnung von Massen, Stoffmengen, Teilchenzahlen und Volumina verschiedene Meinungen.
Eine Gruppe beschäftigte sich mit dem molaren Volumen:

Ein Mol einer Stoffportion unterschiedlicher gasförmiger Elemente hat unter Standardbedingungen immer ein Volumen von 24,4 L.

Ein Mol einer Stoffportion unterschiedlicher gasförmiger Elemente oder Verbindungen hat unter Standardbedingungen immer ein Volumen von 24,4 L.

Ein Mol einer Stoffportion hat immer ein Volumen von 24,4 L.

Ein Mol einer Stoffportion unterschiedlicher Elemente hat unter Standardbedingungen immer ein Volumen von 24,4 L.

Eine andere Gruppe hatte Aufgaben zur Masse bzw. zur Teilchenzahl einer Stoffportion zu erledigen:

Ein Mol einer Stoffportion verschiedener Elemente besitzt die gleiche Anzahl von Atomen, wie in 12 g Kohlenstoff vorhanden sind.

Ein Gramm einer Stoffportion verschiedener Elemente besitzt immer die gleiche Anzahl von Atomen.

Ein Mol einer Stoffportion verschiedener Elemente besitzt immer die gleiche Anzahl von Atomen.

1 Erkläre anhand der Zusammenhänge zwischen $n(\mathrm{X})$ und $m(\mathrm{X})$, $n(\mathrm{X})$ und $V(\mathrm{X})$ und zwischen $n(\mathrm{X})$ und $N(\mathrm{X})$, welche Aussagen in den beiden Gruppen jeweils falsch und welche richtig sind.

2 Unterschiedliche Stoffportionen eines gasförmigen Stoffs besitzen bei Standardbedindungen trotz gleichen molaren Volumens von 24,4 $\frac{\mathrm{L}}{\mathrm{mol}}$ unterschiedliche Volumina. Begründe diesen Sachverhalt.

Material B Ammoniaksynthese

Ammoniak ist ein wichtiger Grundstoff in der chemischen Industrie. Das Gas dient beispielsweise als Ausgangsstoff zur Herstellung von Düngemitteln, Arzneistoffen, Kunststoffen, Chemiefasern und Sprengstoffen sowie von Reinigungsmitteln. Gegenwärtig werden jährlich über 100 Millionen Tonnen Ammoniak weltweit produziert.
Die Herstellung von Ammoniak aus den Elementen Wasserstoff und Stickstoff gelang aber erst FRITZ HABER im Jahre 1909.

	1	2	3
$m(N_2)$	?	?	112 g
$V(H_2)$	73 L	366 L	?
$m(NH_3)$	34 g	?	?

B1 *Massen und Volumina bei der Ammoniaksynthese aus drei Versuchen*

1 Formuliere die Reaktionsgleichung für die Synthese von Ammoniak.

2 a Stelle die Reaktion auf Teilchenebene im Dalton-Modell dar.
Verwende dazu folgende Symbole:

Stickstoff-Atom 

Wasserstoff-Atom 

b Leite drei quantitative Aussagen aus der Reaktionsgleichung bzw. dem Teilchenmodell ab.

3 Berechne die in der Tabelle B1 fehlenden Werte. Das Volumen bezieht sich auf Standardbedingungen.

4 Zeichne ein Diagramm und trage darin die gebildete Ammoniakmasse in Abhängigkeit von der Masse des eingesetzten Stickstoffs auf.
Ermittle aus deinem Diagramm die Masse an Stickstoff, die zur Bildung von 50 g und 100 g Ammoniak verbraucht wird.

Material C CNG oder LPG im Tank

Autos, deren Verbrennungsmotoren mit Erdgas (CNG) oder Autogas (LPG) betrieben werden, gelten als umweltfreundlicher als mit Benzin oder Diesel betriebene Autos.

Treibstoff	Erdgas	Autogas	Benzin
Stoff Formel	Methan CH_4	Propan C_3H_8	Octan C_8H_{18}
Dichte	$0{,}7\ \frac{kg}{m^3}$	$0{,}6\ \frac{kg}{L}$	$0{,}7\ \frac{kg}{L}$
Verbrauch auf 100 km	5,1 kg	5,3 kg	8,1 L
Preis	$1{,}06\ \frac{€}{kg}$	$1{,}07\ \frac{€}{kg}$	$1{,}35\ \frac{€}{L}$

C1 *Daten verschiedener Treibstoffe*

1 Übernimm die Tabelle in dein Heft und ergänze eine Zeile mit dem Kohlenstoffdioxidausstoß für 100 km. Berechne anschließend jeweils den Ausstoß für 100 km.

2 Bewerte, ob die Nutzung von Erdgas/Autogas umweltfreundlicher ist als die Nutzung von Benzin.

3 Sabines Schwester liest im Chemieheft, dass bei einem Kohlenstoffdioxidausstoß von 18,2 kg pro 100 km 5,9 kg Benzin verbrannt werden. Sie wundert sich, dass die Masse an Kohlenstoffdioxid größer ist als die Masse des verbrauchten Benzins. Nimm hierzu Stellung.

Chemische Verbindungen und ihre Eigenschaften

→ Salze und molekulare Stoffe unterscheiden sich

Salze haben einen grundsätzlich anderen Aufbau als molekulare Stoffe – deshalb haben Salze auch besondere Eigenschaften.

→ Bestimmen von Verhältnisformeln

Warum kann man für Salze keine Formeln wie für Moleküle angeben, sondern nur Verhältnisformeln?

→ Metalle und Atombau

Metalle sind uns aus dem Alltag gut bekannt. Sie haben aber besondere Eigenschaften, die mit dem Atommodell von Dalton nicht erklärt werden können.

A Unglaublich, aber wahr – die Musikkartoffel

Um die neueste Musik auf seinem Smartphone mit den Freunden zu hören, ist ein Lautsprecher am besten. Leider passt das Kabel vom Lautsprecher nicht, weil der Stecker zu groß ist. Und das Kabel vom Smartphone passt auch nicht zum Lautsprecher. Steckt man aber von beiden Kabeln jeweils ein Ende in eine Kartoffel, kann man auch ohne passenden Adapter Musik mit dem Lautsprecher hören.

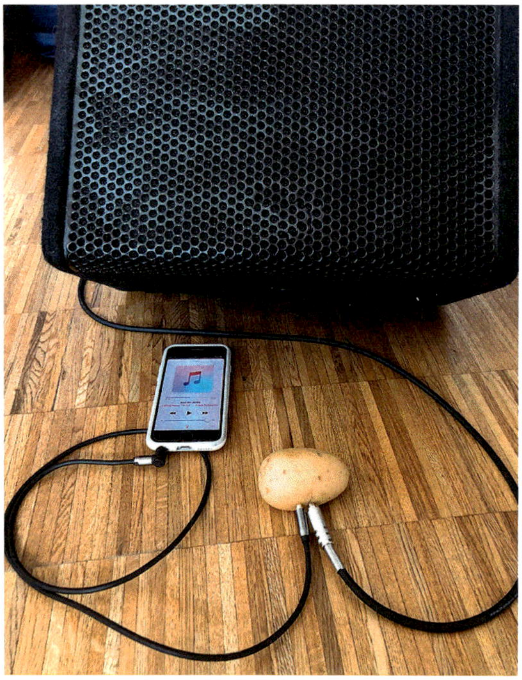

A1 *Klappt das wirklich?*

A2 *Inhaltsstoffe einer Kartoffel*

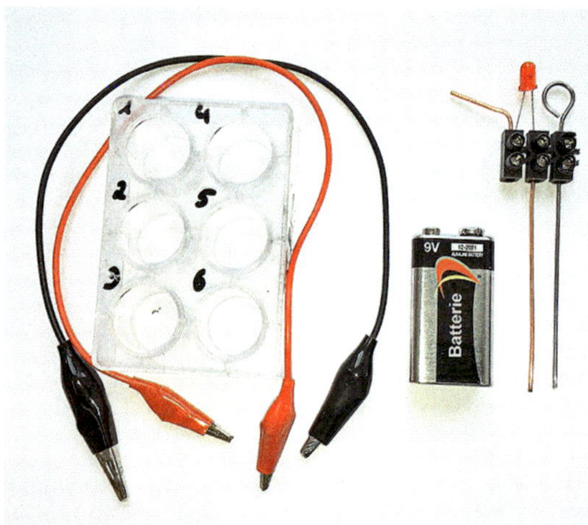

A3 *Materialien zur Untersuchung der Leitfähigkeit*

1 Eine Kartoffel als elektrischer Leiter klingt erst einmal unglaublich.
   - a Nenne Stoffe, die typischerweise als elektrische Leiter verwendet werden.
   - b Erläutere, welche Voraussetzungen ein Stoff erfüllen muss, damit er als elektrischer Leiter dienen kann.

2 Kartoffeln enthalten neben Wasser viele verschiedene Stoffe.
   - a Stelle eine Vermutung auf, welche Inhaltsstoffe für die elektrische Leitfähigkeit verantwortlich sein könnten (↗A2).
   - b Plane mit den Materialien (↗A3) einen Versuch, mit dem du herausfinden kannst, welche Inhaltsstoffe für die elektrische Leitfähigkeit verantwortlich sind. Fertige eine Versuchsdurchführung mit Skizze an.

B Reibungselektrizität

Nimm zwei Folienstreifen, die jeweils etwa 15 cm lang und 5 cm breit sind, und klebe sie an einer der beiden kurzen Seiten zusammen. Schiebe nun ein Plastiklineal zwischen die Folienstreifen und reibe es mehrmals fest hin und her.

Ziehe dann das Lineal nach unten ganz heraus und beobachte die Folienstreifen. Schiebe anschließend das Lineal wieder zwischen die Folienstreifen und beobachte erneut.

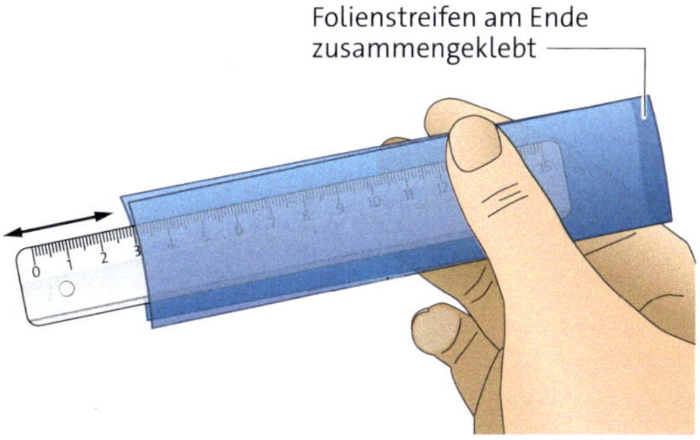

B1 *Reiben eines Lineals zwischen zwei Folienstreifen*

1 Probiere den beschriebenen Versuch selbst aus. Fertige eine beschriftete Skizze deiner Beobachtungen an.

2 Erkläre deine Beobachtungen mithilfe der Skizze. Verwende Fachbegriffe, die du aus dem Physikunterricht kennst.

C Was bedeutet jetzt elektrische Leitfähigkeit?

Hält man zwei Graphitstäbe, die über eine Batterie miteinander verbunden sind, in eine Salzlösung fängt das Lämpchen an zu leuchten. Die Salzlösung zeigt elektrische Leitfähigkeit.

Felix und Stefanie haben sich überlegt, was dabei in der Lösung passiert.

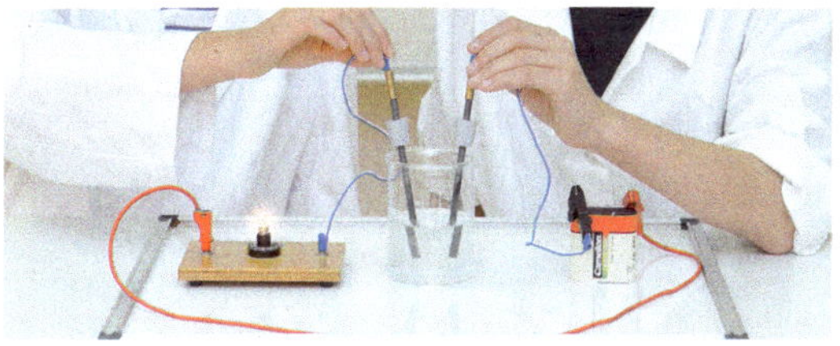

C1 *Demonstration der Leitfähigkeit einer Salzlösung*

Vorstellung von Felix: Elektronen fließen aus dem Minuspol der Batterie heraus und in den Graphitstab hinein. Dort werden sie von Teilchen in der Lösung „Huckepack" genommen und von diesen zum anderen Stab transportiert. Danach wandern sie wieder über den Draht in den Pluspol der Batterie zurück.

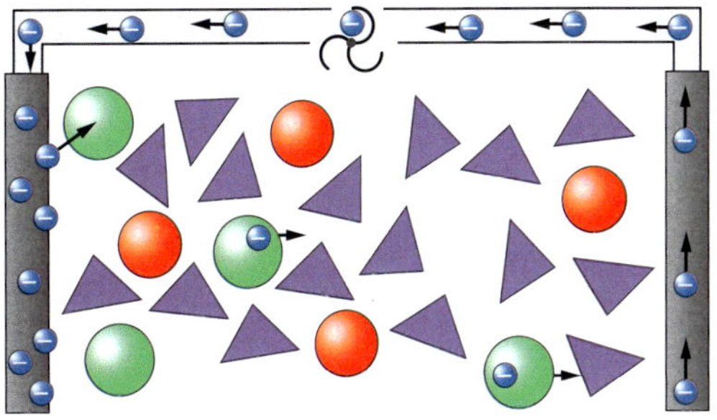

C2 *Felix' Vorstellung von Leitfähigkeit*

Vorstellung von Stefanie: Elektronen fließen aus dem Minuspol heraus, wandern durch die Lösung und dann über den Pluspol wieder in den Draht zurück.

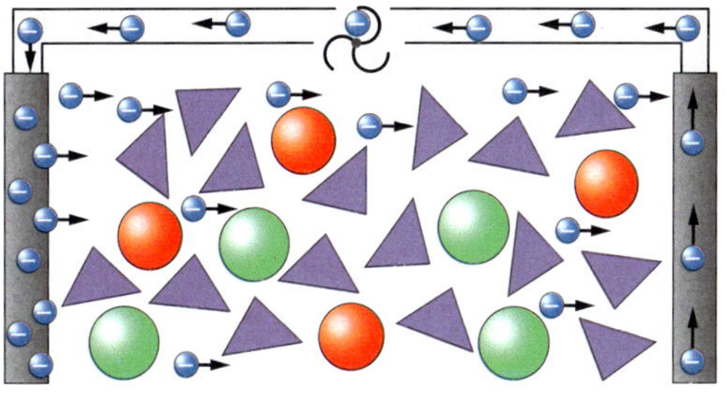

C3 *Stefanies Vorstellung von Leitfähigkeit*

1 Diskutiere mit deinem Banknachbarn die beiden Vorstellungen (↗C2, C3).

2 Erstelle eine Zeichnung deiner eigenen Vorstellung über elektrische Leitfähigkeit.

Aufbau von Salzen

Es ist sehr gefährlich, in der Badewanne elektrische Geräte zu benutzen. In Deutschland sollte zwar jede Steckdose im Badezimmer extra mit einem Schutzschalter abgesichert sein. Trotzdem kommt es immer wieder zu tödlichen Unfällen.

Name	Symbol	Ladung
Natrium-Ion	Na^+	+1
Calcium-Ion	Ca^{2+}	+2
Aluminium-Ion	Al^{3+}	+3
Chlorid-Ion	Cl^-	−1
Sulfid-Ion	S^{2-}	−2

1 *Beispiele für Ionen*

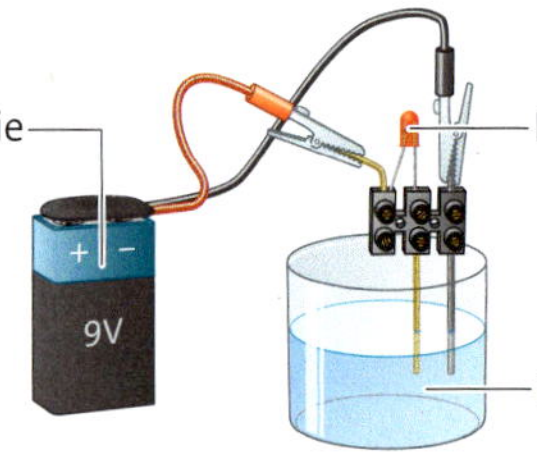

2 *Versuchsaufbau: Elektrische Leitfähigkeit von Flüssigkeiten*

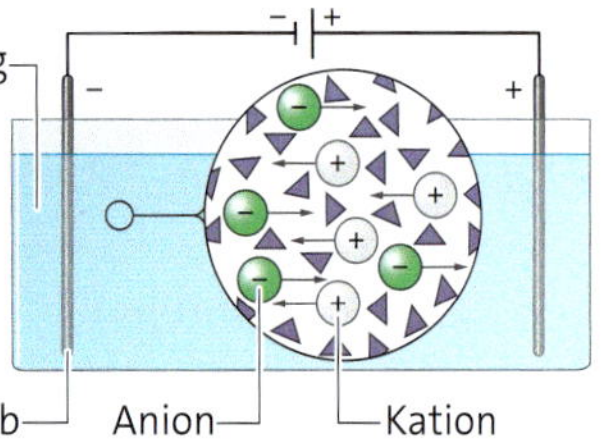

3 *Modellvorstellung: Leitfähigkeit durch Ionenwanderung*

Leitfähigkeit durch bewegliche Ladungsträger Reines Wasser leitet keinen Strom. Deshalb muss die Flüssigkeit in der Badewanne, das „Badewasser", ein Stoffgemisch sein. Im Badewasser müssen Stoffe gelöst sein, die es leitfähig machen. Auf der Teilchenebene stellt man sich das so vor: Zwischen den Wasser-Molekülen befinden sich Teilchen, die elektrisch geladen sind – entweder positiv oder negativ. Sie sind für die Leitfähigkeit des Badewassers verantwortlich. Diese geladenen Teilchen nennt man **Ionen.** Positiv geladene Teilchen heißen **Kationen,** negativ geladene Teilchen heißen **Anionen.** Aus dem Physikunterricht kennt man das negativ geladene Elektron. Man darf das Elektron aber nicht als Ion bezeichnen, da es nur ein Baustein eines Atoms ist. Nur geladene Atome oder geladene Moleküle sind Ionen. Ionen können einfach, zweifach, dreifach usw. geladen sein. Die Ladung wird am Symbol als hochgestelltes Zeichen geschrieben (↗1).

Ionen sind geladene Atome oder Moleküle. Kationen sind positiv geladene Ionen, Anionen sind negativ geladene Ionen.

Vorgänge auf der Teilchenebene Um die elektrische Leitfähigkeit einer Flüssigkeit zu testen, benötigt man zwei Metall- oder Graphitstäbe, an die eine elektrische Spannung angelegt wird. Wenn sich in der Flüssigkeit Ionen befinden, so werden die positiv geladenen Kationen vom Minuspol angezogen und bewegen sich dorthin. Die negativ geladenen Anionen werden vom Pluspol angezogen und wandern in die entgegengesetzte Richtung. Diese Ionenwanderung ist verantwortlich für die elektrische Leitfähigkeit der Flüssigkeit (↗3).

Salze – aus Ionen aufgebaut Eine Lösung, in der sich Ionen befinden, ist nach außen immer noch elektrisch neutral. In der Lösung befinden sich jeweils so viele Anionen und Kationen, dass sich ihre elektrischen Ladungen gegenseitig aufheben. Wenn man jetzt diese Lösung so lange erhitzt, bis das gesamte Wasser verdampft ist, bleibt ein kristalliner Feststoff zurück: das Salz (↗4).

4 *Eingedampfte Salzlösung*

Salze wie das bekannte Kochsalz (Natriumchlorid) bestehen aus Kationen und Anionen. Kationen stoßen aufgrund ihrer Ladung andere positiv geladene Kationen ab, ziehen aber negativ geladene Anionen an – bei Anionen verhält es sich genau anders herum. Diese Anziehungs- und Abstoßungskräfte haben keine bestimmte Ausrichtung, sondern wirken in alle Richtungen des Raums gleich. Für das Beispiel Natriumchlorid ergibt sich folgende Anordnung: Jedes einfach positiv geladene Natrium-Ion (Na^+) ist von sechs einfach negativ geladenen Chlorid-Ionen (Cl^-) umgeben. Das Chlorid-Ion wiederum ist jeweils von sechs Natrium-Ionen umgeben (↗5).

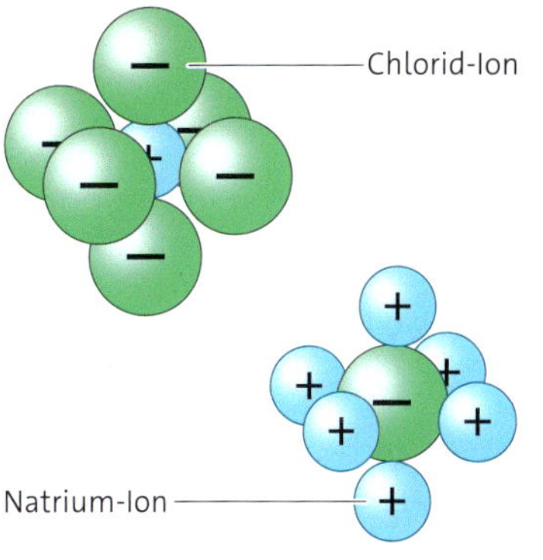

5 *Modellvorstellung von Ionen im Ionengitter (Teilchenebene)*

Betrachtet man jetzt nicht nur einzelne Ionen, sondern einen Ausschnitt aus einem Kochsalzkristall, so ergibt sich eine ganz regelmäßige Anordnung, bei der sich Natrium-Ionen und Chlorid-Ionen abwechseln. Diese Struktur nennt man **Ionengitter.** Zwischen den Ionen befinden sich aber keine „Gitterstäbe". Man nennt diese Struktur Gitter, weil die Ionen so regelmäßig mit immer gleichen Abständen wie in einem Gitter angeordnet sind.

Das Ionengitter eines Salzkristalls stellt man als Kugelpackung dar. In diesem Modell sind die Ionen als verschieden große Kugeln abgebildet. Im **Kugelpackungsmodell** des Ionengitters von Natriumchlorid erkennt man, dass die kleinen Natrium-Ionen in den Mulden zwischen den größeren Chlorid-Ionen liegen (↗6).

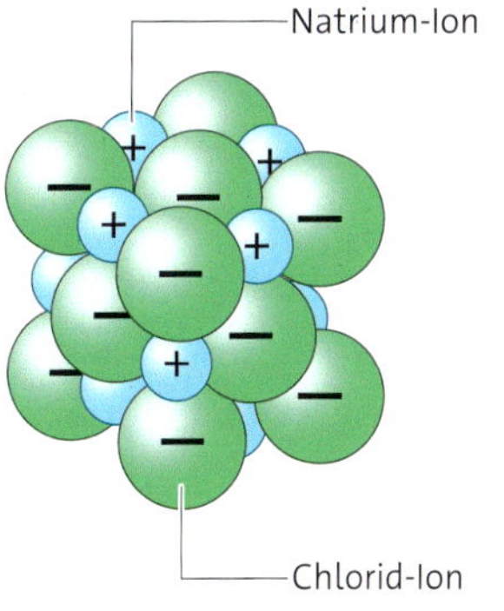

6 *Kugelpackungsmodell des Ionengitters von Natriumchlorid*

Anionen und Kationen ordnen sich im festen Salz in einer dreidimensionalen Struktur regelmäßig an. Diese Anordnung bezeichnet man als Ionengitter. Im Kugelpackungsmodell erkennt man die regelmäßige Anordnung der Ionen im Ionengitter.

AUFGABEN

1 Erkläre, warum reines Wasser keinen elektrischen Strom leitet. Beziehe auch den Teilchenaufbau von Wasser ein.

2 Begründe, ob die Aussage stimmt: „In einer Calciumchloridlösung befinden sich genauso viele Calcium-Ionen wie Chlorid-Ionen."

3 Mit verschieden großen Knetkugeln kann das Ionengitter eines Salzes nachgebaut werden.
   a Modelliere das Kugelpackungsmodell von Natriumchlorid.
   b Vergleiche das Kugelpackungsmodell mit dem Modell eines Wasser-Moleküls.

IMPULSAUFGABEN

A Leitfähigkeitsmessungen

Heutzutage sind die Verhältnisformeln der Salze bekannt. Mithilfe eines Massenspektrometers kann man das Ionenverhältnis bestimmen. Das war im 19. Jahrhundert anders. Damals hatte man die Ionen durch Nachweisreaktionen bestimmt. Aber welche Ladung tragen die Ionen?

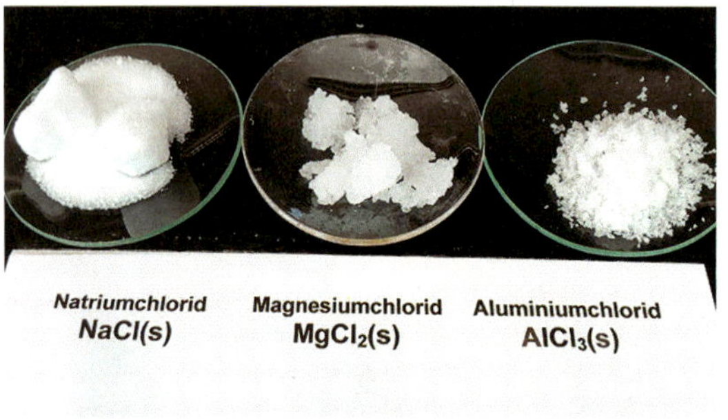

A1 *Salze und ihre Verhältnisformel*

Um das herauszufinden, stellte man Salzlösungen her, in denen jeweils die gleiche Stoffmenge Salz gelöst ist. Diese Salzlösungen tropfte man in Wasser und bestimmte die elektrische Leitfähigkeit der Lösung – also wie gut die Lösung den elektrischen Strom leitet. Im Versuch wird zuerst die Leitfähigkeit von reinem Wasser gemessen. Anschließend gibt man 5 Tropfen der Salzlösung zu und misst die Leitfähigkeit. Anschließend gibt man wieder 5 Tropfen hinzu und misst die Leitfähigkeit erneut. Dieses wird mehrmals wiederholt.
Die Untersuchung wird mit Natriumchloridlösung, Magnesiumchloridlösung und Aluminiumchloridlösung durchgeführt.

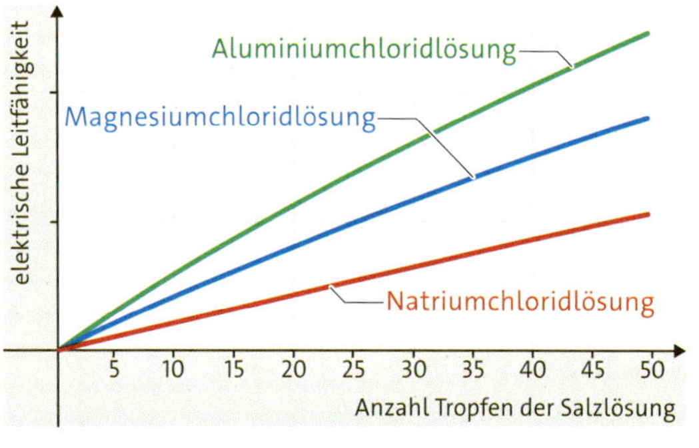

A2 *Elektrische Leitfähigkeit der drei Salzlösungen*

Thomas: Die Magnesiumchloridlösung enthält mehr Ionen als die Natriumchloridlösung, deswegen ist die elektrische Leitfähigkeit der Magnesiumchloridlösung höher.

Stefanie: Löst man 1 Mol Natriumchlorid in Wasser, sind 2 Mol Ionen im Wasser. Löst man aber 1 Mol Magnesiumchlorid in Wasser, so befinden sich 3 Mol Ionen in der Lösung.
Ich hätte erwartet, dass die Leitfähigkeit der Magnesiumchloridlösung 1,5-mal höher wäre als die der Natriumchloridlösung und nicht doppelt so hoch.

A3 *Zwei Schülervorstellungen zur Abhängigkeit der elektrischen Leitfähigkeit von der Zusammensetzung des Salzes*

1 Erkläre folgende Tatsachen aus dem Diagramm (↗A2) zur Leitfähigkeit der drei Salzlösungen.
  a Alle drei Graphen steigen an.
  b Die Leitfähigkeit der Magnesiumchloridlösung ist größer als die der Natriumchloridlösung.

2 Material A3 zeigt zwei Schülervorstellungen zur elektrischen Leitfähigkeit.
  a Nimm Stellung zu den Aussagen.
  b Formuliere eine Hypothese, warum eine Magnesiumchloridlösung eine doppelt so hohe Leitfähigkeit wie eine Natriumchloridlösung gleicher Konzentration hat.

B Ein unbekanntes Salz identifizieren

Im Labor steht eine Flasche, auf der das Etikett so verschmutzt ist, dass nur noch „...chloridlösung“ lesbar ist (↗B1). Im Chemikalienschrank fehlen die Flaschen mit Kaliumchlorid- und Calciumchloridlösung. Kaliumchlorid hat die Formel KCl, Calciumchlorid $CaCl_2$. Welches Salz von beiden ist es?

B1 *Unleserliches Etikett*

Um die Lösung zu identifizieren wird eine Leitfähigkeitsmessung durchgeführt. Zum Vergleich wird hierzu auch die elektrische Leitfähigkeit von Natriumchloridlösung und Magnesiumchloridlösung gemessen (↗B2).

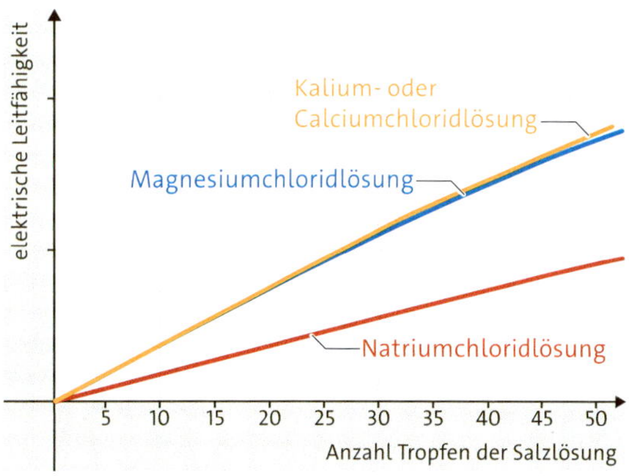

B2 *Ergebnis der Messung der elektrischen Leitfähigkeit der Salzlösungen*

1 Beschreibe das Diagramm.
2 Treffe eine Entscheidung, welche Salzlösung sich in der Flasche befindet. Begründe deine Entscheidung.

C Aufbau von Salzen

Schwarzes und rotes Kupferoxid sind zwei Salze, die man gut an ihrer Farbe unterscheiden kann. Aber wie sind die Salze aufgebaut?

C1 *Schwarzes und rotes Kupferoxid*

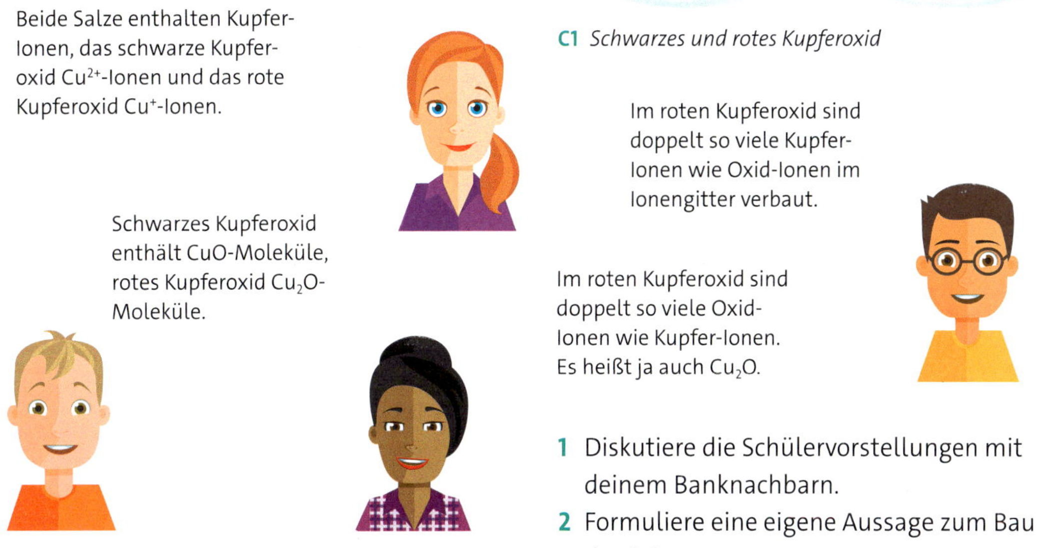

C2 *Schülervorstellungen zum Bau der Salze*

1 Diskutiere die Schülervorstellungen mit deinem Banknachbarn.
2 Formuliere eine eigene Aussage zum Bau der Salze.

Verhältnisformeln

Vergleicht man die Stoffe Kochsalz und Wasser, so hat man mit Aggregatzustand, Schmelz- und Siedetemperatur sowie Dichte genügend Fachbegriffe, um diese zu beschreiben. Vergleicht man die Teilchen, so besteht Wasser aus Wasser-Molekülen, Kochsalz aber nicht aus Salz-Teilchen.

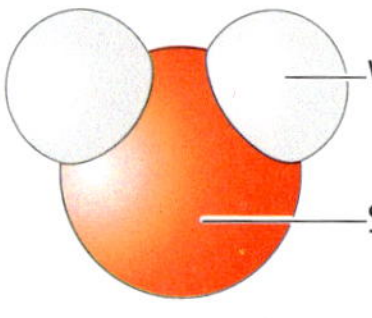

1 *Modellvorstellung eines Wasser-Moleküls H_2O*

Salze und molekulare Stoffe Die Formel H_2O drückt aus, dass im Wasser-Molekül ein Sauerstoff-Atom und zwei Wasserstoff-Atome miteinander zu einer Einheit, dem Wasser-Molekül, verknüpft sind. Die chemische Bindung im Molekül ist gerichtet, d. h. sie wirkt nur zwischen den beiden Atomen im Molekül, die miteinander verknüpft sind. Mit der Formel H_2O ist das Wasser-Molekül und damit die Zusammensetzung exakt beschrieben (↗1).

Das Ionengitter aus Natrium- und Chlorid-Ionen könnte theoretisch unendlich groß sein: Je größer der Salzkristall ist, desto größer ist das Ionengitter. Tatsächlich sind die meisten Salzkristalle klein, nur unter besonderen Bedingungen können sie eine Größe von mehreren Zentimetern erreichen. Die Ursache dieser Größenvielfalt liegt an den ungerichteten Anziehungskräften zwischen den Anionen und Kationen, da sie in alle Richtungen gleichzeitig wirken. Diese Anziehungskräfte, die die Ionen im Ionengitter zusammenhalten, nennt man **Ionenbindung.**

Die Ionenbindung beschreibt die Anziehungskräfte zwischen Anionen und Kationen im Ionengitter.

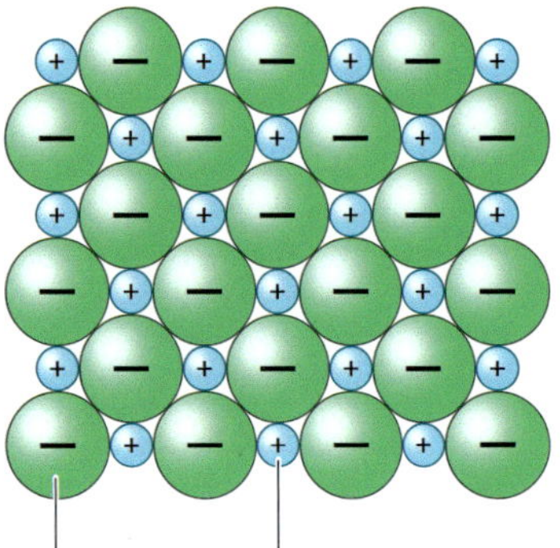

2 *Im Ionengitter von Natriumchlorid liegen die Ionen im Zahlenverhältnis 1:1 vor: Verhältnisformel NaCl*

Verhältnisformel beschreibt die Zusammensetzung Salz-Teilchen gibt es nicht, da jedes Salz immer aus zwei verschiedenen Teilchenarten – Kationen und Anionen – bestehen muss. Im Ionengitter findet man aber immer das gleiche Zahlenverhältnis zwischen den Anionen und Kationen, unabhängig von der Größe des Ionengitters. Deshalb gibt man für Salze immer nur dieses Zahlenverhältnis als sogenannte **Verhältnisformel** an (↗2). Im Ionengitter von Natriumchlorid sind genauso viele Natrium-Ionen

Na^+ wie Chlorid-Ionen Cl^- vorhanden. Das Zahlenverhältnis der Ionen beträgt 1:1. Die Verhältnisformel von Natriumchlorid ist Na_1Cl_1 bzw. **NaCl,** da die 1 in einer chemischen Formel nicht geschrieben wird.

Die Verhältnisformel beschreibt das Zahlenverhältnis zwischen Kationen und Anionen im Ionengitter. Die Verhältnisformel ist keine Teilchenformel.
In der Verhältnisformel sind positive und negative Ladungen der Ionen ausgeglichen.

Ionenladung und Verhältnisformel Man muss nur das Zahlenverhältnis der Kationen zu den Anionen wissen, um den Aufbau eines Salzes zu beschreiben.
Während im Natriumchlorid genauso viele Natrium-Ionen wie Chlorid-Ionen verbaut sind, enthält das Ionengitter von Calciumchlorid doppelt so viele Chlorid- wie Calcium-Ionen (↗3). Das Calcium-Ion ist zweifach positiv geladen: Ca^{2+}. Da die Chlorid-Ionen Cl^- einfach negativ geladen sind, müssen von ihnen zweimal so viele vorhanden sein, um die positive Ladung der Calcium-Ionen auszugleichen. Die Verhältnisformel für Calciumchlorid ist $CaCl_2$.

Warum sagt man jetzt Calciumchlorid und nicht Calciumdichlorid? Das wurde so festgelegt, weil der Name Calciumchlorid eindeutig ist. Es gibt nur das zweifach positiv geladene Calcium-Ion Ca^{2+} und nur das einfach negativ geladene Chlorid-Ion Cl^-. Kennt man die Ionen und deren Ladung, kann man die Verhältnisformeln aufstellen:

Salzname	Kation	Anion	Zahlenverhältnis Kation zu Anion	Verhältnisformel
Kaliumsulfid	K^+	S^{2-}	2:1	K_2S
Aluminiumoxid	Al^{3+}	O^{2-}	2:3	Al_2O_3
Magnesiumiodid	Mg^{2+}	I^-	1:2	MgI_2
Calciumoxid	Ca^{2+}	O^{2-}	1:1	CaO

5 *Verhältnisformeln einiger Salze*

Salz oder molekularer Stoff? Man kann an der Formel erkennen, ob es sich um einen molekularen Stoff wie Wasser oder um ein Salz wie Natriumchlorid handelt. Moleküle sind aus Nichtmetall-Atomen aufgebaut. Die Molekülformel enthält nur Atomartensymbole von Nichtmetallen, wie bei SO_2. Salze entstehen aus der Reaktion von Metallen und Nichtmetallen. Die Verhältnisformel eines Salzes enthält mit wenigen Ausnahmen immer Atomartensymbole eines Metalls und eines Nichtmetalls.

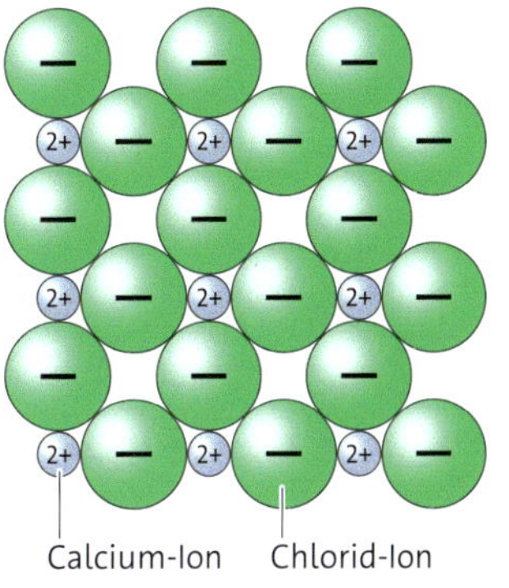

Zahlenverhältnis der Ionen:
$N(Ca^{2+}) : N(Cl^-) = 1:2 \longrightarrow CaCl_2$

3 *Im Ionengitter von Calciumchlorid liegen die Ionen im Zahlenverhältnis 1:2 vor: Verhältnisformel $CaCl_2$*

Kaliumsulfid:
Das Kalium-Ion ist einfach positiv geladen: K^+
Das Sulfid-Ion ist zweifach negativ geladen: S^{2-}

Es sind doppelt so viele Kalium-Ionen wie Sulfid-Ionen im Ionengitter verbaut.
Verhältnisformel: K_2S

Aluminiumoxid:
Das Aluminium-Ion ist dreifach positiv geladen: Al^{3+}.
Das Oxid-Ion ist zweifach negativ geladen: O^{2-}.

2 Aluminium-Ionen gleichen die Ladung von 3 Oxid-Ionen aus.
Verhältnisformel: Al_2O_3.

4 *Aus der Ionenladung ergibt sich die Verhältnisformel der Salze.*

AUFGABEN

1 Teile die Formeln in molekulare Stoffe und Salze ein: K_2S, Al_2O_3, PH_3, $PbCl_2$, HF, SO_3, $SnBr_2$, Mn_2O_7, Cl_2O_7, NO, N_2O_3, Cu_3P, CO, CoO.

2 Gib die Verhältnisformel an:
a Magnesiumsulfid
b Kaliumoxid
c Aluminiumiodid

Periodensystem der Atome und Ionen

Der Ausschnitt des Periodensystems der Atome und Ionen zeigt die Ionenladung der Atomarten, von denen es nur eine Ionensorte gibt (Ausnahmen Zinn und Blei). Von manchen Atomarten gibt es keine Kationen oder Anionen, z. B. bei Kohlenstoff oder Bismut.

Gruppe (Ladung) / Periode	I (+1)	II (+2)	III (+3)	IV (+4)	V (−3)	VI (−2)	VII (−1)
2	Li Li^{+}	Be Be^{2+}	B	C	N N^{3-}	O O^{2-}	F F^{-}
3	Na Na^{+}	Mg Mg^{2+}	Al Al^{3+}	Si	P P^{3-}	S S^{2-}	Cl Cl^{-}
4	K K^{+}	Ca Ca^{2+}	Ga Ga^{3+}	Ge Ge^{4+}	As As^{3-}	Se Se^{2-}	Br Br^{-}
5	Rb Rb^{+}	Sr Sr^{2+}	In In^{3+}	Sn Sn^{2+} Sn^{4+}	Sb	Te Te^{2-}	I I^{-}
6	Cs Cs^{+}	Ba Ba^{2+}	Tl Tl^{3+}	Pb Pb^{2+} Pb^{4+}	Bi	Po	At

1 Rotes Blei(II)-oxid PbO und schwarzes Blei(IV)-oxid PbO_2

Ionenladung erkennen Aus dem Periodensystem der Atome und Ionen erkennt man Regelmäßigkeiten, mit denen man die Ionenladung ermitteln kann: So bilden alle Metall-Atome der Gruppe I einfach positiv geladene Kationen. Alle Ionen der Gruppe II sind zweifach positiv geladen usw. Kalium-Ionen K^{+} sind deshalb einfach positiv geladen, denn Kalium steht in der Gruppe I.
Die Ionen der Gruppe VII, VI und V sind negativ geladen.

Von Blei (Pb) gibt es zwei verschieden geladene Ionensorten: Pb^{2+} und Pb^{4+}. Deshalb gibt es z. B. auch zwei verschiedene Oxide mit unterschiedlicher Verhältnisformel: PbO und PbO_2, die sich in ihren Eigenschaften wie der Farbe unterscheiden (↗1). Um dennoch eine eindeutige Benennung zu haben, schreibt man die Ionenladung als römische Zahl hinter den Namen des Kations: PbO heißt Blei**(II)**-oxid (gesprochen: Blei-zwei-oxid) und PbO_2 heißt Blei**(IV)**-oxid (gesprochen: Blei-vier-oxid). Die Verbindungen Eisen(II)-chlorid $FeCl_2$ und Eisen(III)-chlorid $FeCl_3$ zeigen, dass von Eisen zwei verschiedene Ionensorten existieren. Eisen(II)-chlorid enthält das Fe^{2+}-Ion, Eisen(III)-chlorid das Fe^{3+}-Ion.

Die römische Zahl im Salznamen beschreibt die positive Ladung des Metall-Kations.

Aus der Verhältnisformel kann der Salzname immer gebildet werden, da die Ionenladungen aus der Verhältnisformel ermittelbar sind. Das Salz MnO_2 enthält das zweifach negativ geladene Oxid-Ion O^{2-}. Die Mangan-Ionen müssen dann vierfach positiv geladen sein: Mn^{4+}. Der Name lautet daher Mangan(IV)-oxid.

Regeln zum Aufstellen:
1 Ladungsverhältnis der Ionen aufstellen
2 Kehrwert bilden
3 Wenn möglich, kürzen
4 Verhältnisformel aufstellen

Beispiel Magnesiumoxid:
Ionen Mg^{2+} O^{2-}
1 Ladungsverhältnis: 2 : 2
2 Kehrwert: 2 : 2
3 Kürzen: 1 : 1
4 Verhältnisformel: Mg_1O_1, MgO

Beispiel Aluminiumoxid:
Ionen Al^{3+} O^{2-}
1 Ladungsverhältnis: 3 : 2
2 Kehrwert: 2 : 3
3 Kürzen: nicht möglich
4 Verhältnisformel: Al_2O_3

2 Verhältnisformeln aufstellen

Salze aus Atom- und Molekül-Ionen Magnesia (Magnesiumoxid MgO) wurde beim Klettern und Turnen verwendet, um schweißnasse Hände zu trocknen und die Griffigkeit zu verbessern. Magnesiumoxid besteht wie viele Salze aus zwei unterschiedlichen Atom-Ionen, zweifach positiv geladenen Magnesium-Ionen Mg^{2+} und zweifach negativ geladenen Oxid-Ionen O^{2-}.
Heutzutage verwendet man Magnesiumcarbonat $MgCO_3$ (↗3). Dieses Salz enthält auch Magnesium-Ionen. Aber statt der Oxid-Ionen sind im Ionengitter zweifach negativ geladene Carbonat-Ionen CO_3^{2-} verbaut. Das Carbonat-Ion ist kein Atom-Ion, sondern ein Molekül-Ion. In Molekül-Ionen sind mehrere Nichtmetall-Atome miteinander verknüpft (↗4).

3 *„Chalkball" zum Bestauben der Hände mit Magnesiumcarbonat*

Molekül-Ionen sind positiv oder negativ geladene Moleküle.

Es gibt viele Salze aus Molekül-Ionen, z. B. Gips $CaSO_4$, Kalkstein $CaCO_3$ und Soda Na_2CO_3 (↗5). Salze mit Molekül-Ionen sind genauso aus Ionengittern aufgebaut wie Salze aus Atom-Ionen.
Um das Zahlenverhältnis der Ionen in der Verhältnisformel anzugeben, wird die Formel des Molekül-Ions in Klammern gesetzt z. B. bei Magnesiumnitrat $Mg(NO_3)_2$.

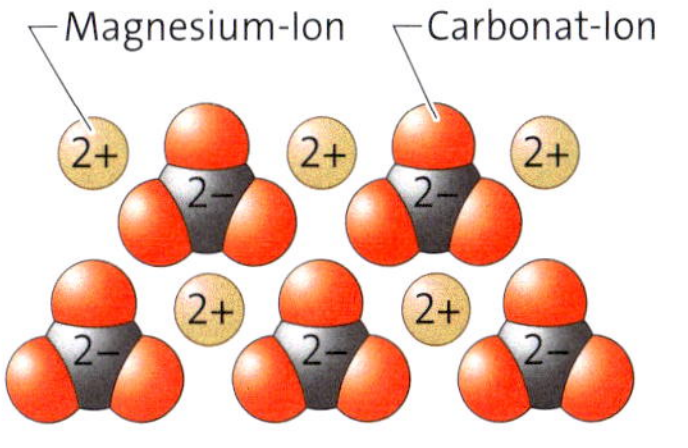

4 *Magnesiumcarbonat im Modell*

Molekül-Ion		Beispiel-Salz		Trivialname	Verwendung
Sulfat-Ion	SO_4^{2-}	Calciumsulfat	$CaSO_4$	Gips	Baumaterial
Carbonat-Ion	CO_3^{2-}	Calciumcarbonat	$CaCO_3$	Kalkstein	Baumaterial
Nitrat-Ion	NO_3^-	Kaliumnitrat	KNO_3	Salpeter	Dünger
Nitrit-Ion	NO_2^-	Kaliumnitrit	KNO_2	Pökelsalz	Konservierungsmittel
Phosphat-Ion	PO_4^{3-}	Natriumphosphat	Na_3PO_4	---	Konservierungsmittel
Ammonium-Ion	NH_4^+	Ammoniumchlorid	NH_4Cl	Salmiak	Geschmackstoff
Hydroxid-Ion	OH^-	Natriumhydroxid	NaOH	Ätznatron	Rohrreiniger

5 *Übersicht über wichtige Molekül-Ionen und ihre Salze*

AUFGABEN

1 Übernimm die Tabelle und ergänze die Lücken.

Name	Kation	Anion	Verhältnisformel
Eisen(III)-sulfat	Fe^{3+}	SO_4^{2-}	$Fe_2(SO_4)_3$
Natriumcarbonat	?	?	?
Kupfer(II)-nitrat	?	?	?
?	Ca^{2+}	PO_4^{3-}	?
?	?	?	$Pb(NO_3)_4$
?	?	?	$(NH_4)_2SO_4$

2 Gib die Verhältnisformel an:
- a Blei(IV)-carbonat
- b Eisen(II)-phosphat
- c Kupfer(I)-chlorid
- d Mangan(II)-bromid
- e Eisen(III)-carbonat

3 Benenne folgende Salze. Nutze dazu die beiden Periodensysteme ab der Seite 208.
Cu_2O, $AuCl_3$, V_2O_5, CrO_3, UF_6, Fe_2O_3, TiO_2

Eigenschaften von Salzen

Man verwendet Isolatoren, um Stromkabel an Masten oder Hauswänden aufzuhängen. Ohne diese Isolatoren würde das Stromkabel über den Mast mit der Erde verbunden sein und einen Kurzschluss verursachen. Diese Isolatoren bestehen aus Porzellan, das sind bestimmte feste Salze.

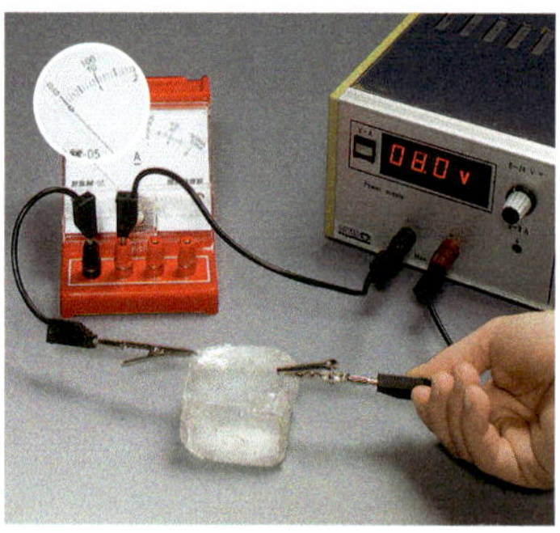

1 *Festes Salz leitet keinen elektrischen Strom. Der Zeiger des Stromstärkemessgeräts steht auf Null.*

Elektrische Leitfähigkeit von Salzen Feste Salze leiten keinen elektrischen Strom (↗1). Salzschmelzen, also flüssige Salze, leiten hingegen den Strom hervorragend.
Im festen Salz gibt es keine frei beweglichen Ladungsträger, weil die Ionen im Ionengitter fest angeordnet sind. Die Ionenbindung hält die Kationen und Anionen an ihren Plätzen. Wird das Salz erwärmt, bewegen sich die Ionen stärker. Ab einer bestimmten Temperatur, der Schmelztemperatur, reicht die Energie aus, um die Ionenbindung zu überwinden: das Salz schmilzt (↗2). Die Ionen sind dann nicht mehr im Gitter gebunden, sondern frei beweglich. Deshalb leitet eine Salzschmelze den elektrischen Strom. Auch beim Lösen eines Salzes in Wasser werden die Ionen aus dem Gitter gelöst. Sie sind frei beweglich. Salzlösungen haben eine gute elektrische Leitfähigkeit.

Salzschmelzen leiten den elektrischen Strom, da die Ionen in der Schmelze beweglich sind.

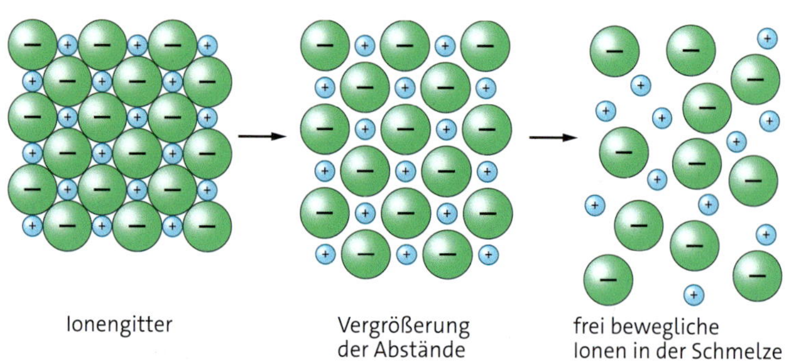

2 *Vorgänge auf der Teilchenebene beim Erhitzen von Natriumchlorid im Modell*

Salze sind spröde Fällt eine Porzellan-Tasse auf den Steinboden oder schlägt man sie mit einem harten Gegenstand, so zerspringt sie in Scherben (↗3). Porzellan ist wie alle Salze ein aus Ionen aufgebauter Stoff. Salze sind spröde und nicht verformbar. Das Verhalten kann man sich gut erklären, wenn man den Aufbau des Salzes auf der Teilchenebene betrachtet.

Bei einem Salz führt eine Krafteinwirkung von außen zu einer Verschiebung der Ionen im Ionengitter. Dadurch liegen kurzzeitig Kationen neben Kationen und Anionen neben Anionen. Da gleichgeladene Ionen sich abstoßen, zerbricht der Salzkristall an dieser Stelle (↗4).

Salze sind spröde. Salzkristalle zerbrechen bei mechanischer Belastung.

Schmelztemperatur von Salzen Im Vergleich zu molekularen Stoffen haben Salze in der Regel sehr viel höhere Schmelz- und Siedetemperaturen. Das liegt an den starken elektrostatischen Anziehungskräften zwischen den Ionen, die bei Änderung des Aggregatzustands überwunden werden müssen.
Die Schmelztemperaturen können bei Salzen aber sehr unterschiedlich sein: Bei der Überprüfung der elektrischen Leitfähigkeit wurde das Salz in einem Porzellan-Tiegel geschmolzen. Der Tiegel besteht auch aus Ionenverbindungen, bleibt aber fest.

Vergleicht man die Schmelztemperaturen der sechs Salze in Tabelle 5, fällt auf, dass Salze aus zweifach geladenen Ionen wie Magnesiumoxid MgO oder Calciumoxid CaO eine deutlich höhere Schmelztemperatur haben als Salze aus einfach geladenen Ionen wie Natriumchlorid NaCl oder Natriumfluorid NaF. Die Anziehungskräfte zwischen den zweifach geladenen Ionen sind wegen des größeren Ladungsunterschieds viel stärker.

Auch die Ionengröße spielt eine Rolle: Je kleiner die Ionen, desto geringer ist der Abstand der Ionen im Ionengitter und desto stärker ist die Ionenbindung. Da ein Natrium-Ion kleiner als ein Kalium-Ion ist (↗6), hat Natriumfluorid NaF eine höhere Schmelztemperatur als Kaliumfluorid KF.

Die Stärke der Ionenbindung bestimmt die Schmelztemperatur eines Salzes. Je höher die Ionenladung und je kleiner die Ionen, desto stärker ist die Ionenbindung.

3 *Eine Porzellantasse zerspringt.*

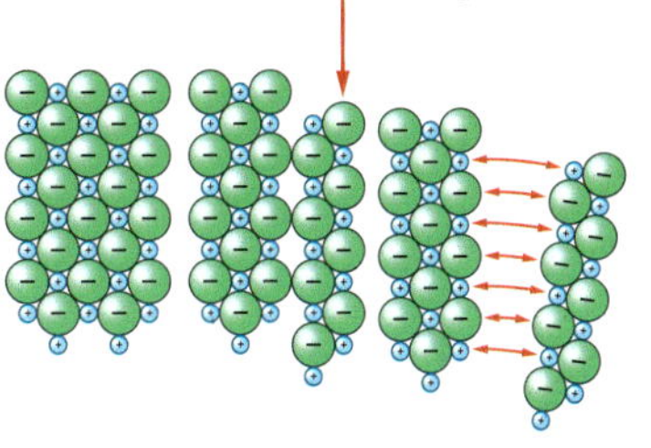

4 *Zerspringen eines Salzkristalls im Modell*

Formel	Ionen	Schmelztemperatur in °C
NaF	Na^+ F^-	993
NaCl	Na^+ Cl^-	800
KF	K^+ F^-	852
KCl	K^+ Cl^-	773
MgO	Mg^{2+} O^{2-}	2852
CaO	Ca^{2+} O^{2-}	2580

5 *Schmelztemperaturen von Salzen*

Ion	Radius in pm	Ion	Radius in pm
Na^+	102	F^-	133
K^+	138	Cl^-	181
Mg^{2+}	65	O^{2-}	140
Ca^{2+}	99		

6 *Radius einiger Ionen in pm (1 pm = 1 Billionstel Meter = 10^{-12} m)*

AUFGABEN

1 Zeichne die Salzschmelze von Calciumchlorid $CaCl_2$ auf der Teilchenebene.

2 Erkläre den Unterschied in der Schmelztemperatur von Kaliumchlorid und Calciumoxid.

Untersuchen der Eigenschaften von Salzen

EXP. 1 Überprüfen der Leitfähigkeit eines Salzes im festen und flüssigen Zustand

Materialien: Dreifuß und Tondreieck, Gasbrenner, Schmelztiegel aus Porzellan, Batterie (4,5–9 V), 2 Kabel mit Krokodilklemmen, Leitfähigkeitsprüfer, Magnesiumnitrat (GHS 3| 7)

Durchführung: Vorsicht! Schutzbrille! Gib so viel Magnesiumnitrat in den Schmelztiegel, dass der Boden etwa 0,5 cm hoch bedeckt ist. Leg das Tondreieck auf das Dreibein und hänge den Tiegel in das Tondreieck.
Halte den Leitfähigkeitsprüfer in das Salz und schließe den Stromkreis. Notiere deine Beobachtung.

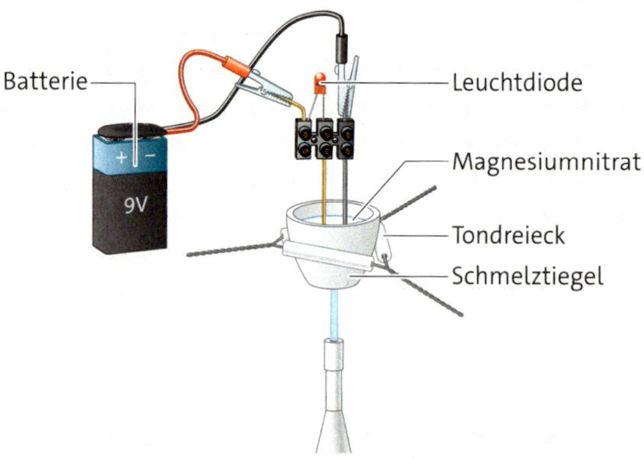

Entzünde den Gasbrenner und stelle die nicht leuchtende, nicht rauschende Flamme ein. Schiebe den Gasbrenner unter den Tiegel und erhitze. Der Leitfähigkeitsprüfer bleibt dabei die ganze Zeit mit geschlossenem Stromkreis im Salz. Schließe die Gaszufuhr und lösche den Gasbrenner, sobald das Salz geschmolzen ist. Notiere deine Beobachtung.

Entsorgung: Schmelze erkalten lassen und in Wasser lösen. Lösung in den Ausguss geben.

Auswertung: Erkläre deine Beobachtungen unter Berücksichtigung der Teilchenebene.

EXP. 2 Sprödigkeit

Materialien: Metallunterlage (z. B. Stativplatte), Hammer, Pinzette, Lupe, Magnesiumband (GHS 2), Kerze, Salzkristalle (z. B. Steinsalzstücke oder erbsengroße Kochsalzkristalle)

Durchführung: Nimm die Pinzette. Verbiege damit das Magnesiumband, presse einen Abdruck in das Kerzenwachs und zerdrücke einen Salzkristall.
Nimm den Hammer. Schlage damit nacheinander auf das Magnesiumband, das Kerzenwachs und einen Salzkristall.
Betrachte anschließend mit der Lupe die Verformungsstellen bzw. Bruchkanten bei den Stoffen.

Entsorgung: Stoffe einsammeln, können wieder verwendet werden.

Auswertung: Erkläre deine Beobachtungen unter Berücksichtigung der Teilchenebene.

EXP. 3 Ionenwanderung

Materialien: 2 Kabel mit Krokodilklemmen, Batterie (2 × 9 V), Becherglas, Pinzette, Objektträger mit passendem Filterpapier, 2 Bleistiftminenstücke, Wollfaden getränkt in ammoniakalischer Kupfersulfat-Kaliumpermanganatlösung (GHS 3|5|7|8|9), Kaliumnitratlösung (GHS 3)

Durchführung: Tränke das Filterpapier mit der Kaliumnitratlösung und lege es auf den Objektträger. Befestige die Bleistiftminenstücke mit den Krokodilklemmen jeweils an den Enden des Objektträgers. Lege den getränkten Wollfaden mit der Pinzette in die Mitte des Objektträgers. Schließe die Kabel an die Batterie an.

Entsorgung: Reste in den Behälter für giftige anorganische Stoffe geben.

Auswertung: Erkläre deine Beobachtungen unter Berücksichtigung der Teilchenebene.

Historische Bedeutung von Kochsalz

Kochsalz – das weiße Gold „Ohne Gold kann man leben, ohne Salz nicht!“ Dieses Sprichwort stammt vermutlich aus dem Mittelalter und zeigt anschaulich die enorme Bedeutung, die Kochsalz schon immer hatte. Heutzutage spricht man nicht mehr vom „weißen Gold“, da Kochsalz, also Natriumchlorid (NaCl), seit dem 19. Jahrhundert industriell in großem Maßstab abgebaut wird und günstig verfügbar ist.

Kochsalz ist eine bedeutende Industriechemikalie, aus der u.a. Chlor und Natronlauge hergestellt werden. Diese Stoffe werden für viele weitere chemische Synthesen benötigt. Zudem werden jeden Winter in Deutschland mehrere hunderttausend Tonnen Streusalz gegen Eisglätte auf den Straßen ausgebracht.

Früher jedoch war Kochsalz ein wertvolles Handelsgut. Es wurde über weite Wege von den Salzlagerstätten über das Land transportiert. Viele Städte tragen „Salz“ im Namen, z.B. Salzgitter und Salzburg. Auch die Stadtnamen Bad Reichenhall und Halle an der Saale leiten sich von Salz ab (*hallan:* germanisch für Salzkruste). Von den Salzlagerstätten im Alpenraum wurde das Salz mit Schiffen auf der Salzach und dem Inn bis nach Passau gebracht. Von dort wurde es per Lasttier durch den Bayerischen Wald nach Böhmen und bis nach Prag transportiert (↗1, 2).

Salz als Konservierungsmittel Doch warum war Salz so kostbar, dass man es sogar als „weißes Gold“ bezeichnete? Kochsalz hat zwei entscheidende Eigenschaften: Es macht viele Speisen genießbar und war früher die einzige Möglichkeit, Fleisch und Fisch haltbar zu machen, weil diese ohne einen Kühlschrank in wenigen Tagen verderben würden. Erst mit den Lebensmitteln, die mit Salz konserviert wurden, konnte Handel getrieben werden oder sie konnten als Verpflegung für längere Schiffsreisen mitgenommen werden (↗3). Beim Konservieren entzieht Kochsalz den Fleischstücken Wasser, sodass sich Schimmelpilze und viele Bakterien darin nicht mehr vermehren können.

Häufig enthielt das Kochsalz auch geringe Anteile an Natrium- oder Kaliumnitrit. Die Nitrit-Ionen verhindern das Wachstum von sehr gefährlichen Bakterien, den Clostridien. Diese Bakterien vermehren sich in eiweißreichen Nahrungsmitteln wie Fleisch oder Wurst. Deshalb muss jeder Schinken und jede haltbare Wurst in Europa Nitrit-Ionen enthalten (↗4).

1 *Die Transportwege durch den Bayerischen Wald hießen „Goldene Steige“, da der Salzhandel sehr gewinnbringend war.*

2 *Händler transportierten Salz über weite Strecken (Nachstellung).*

3 *Fischhändler konservieren Fisch mit Kochsalz.*

4 *Schinken enthält Nitrit-Ionen.*

Salzkristalle

Einen Kristallstern aus Alaun kann man einfach herstellen, wenn man einen geformten Pfeifenreiniger in eine gesättigte Alaunlösung hängt, in der sich von diesem Stoff nichts mehr lösen lässt. Kristalle gibt es in vielen Farben.

Salze Alaun ist das Salz Kaliumaluminiumsulfat. Es wird nicht nur zur Kristallzüchtung verwendet, sondern ist auch als blutstillendes Mittel bekannt (Alaunstein). Salze begleiten die Menschheit seit frühester Zeit. Alle Steine und Felsen sind Salze. Aus Steinen hergestellte Werkzeuge haben z. B. der Steinzeit ihren Namen gegeben. Im Mittelalter wurde das Salz Natriumchlorid als „weißes Gold" bezeichnet und war auch fast so wertvoll wie Gold.
Die aus unserem Leben nicht mehr wegzudenkenden Kunststoffe sind dagegen sehr jung. Erst in der zweiten Hälfte des 20. Jahrhunderts wurden viele der Kunststoffe erfunden.

1 *A: ungeschliffene Rubine; B: geschliffener Rubin als Schmuckstein*

2 *Diamant ist kein Salzkristall.*

Edelsteine Edelsteine wie Smaragde, Rubine und Saphire sind besonders schöne Salzkristalle mit bestimmten Eigenschaften. Der Salzkristall muss ganz gleichmäßig gebaut, sehr hart und selten sein, um als Edelstein bezeichnet zu werden. Häufig enthält das Ionengitter des Edelsteins geringe Mengen anderer Ionen, die für die Farbe verantwortlich sind: Rubine bestehen aus dem Salz Aluminiumoxid. An einigen Stellen im Ionengitter des Aluminiumoxids sind aber statt der Aluminium-Ionen Chrom-Ionen eingebaut. Das führt zu der beeindruckenden roten Farbe, dem Rubinrot (↗1). Der wertvollste Edelstein, der Diamant (↗2), ist aber kein Salz. Diamanten bestehen nicht aus Ionen, die in einem Ionengitter angeordnet sind, sondern aus Kohlenstoff-Atomen.

Formenvielfalt Der regelmäßige Aufbau des Ionengitters ist der Grund dafür, dass Salzkristalle glatte Flächen und Kanten haben. Je nach Art der Ionen und des Ionengitters kann man bei Kristallen unterschiedliche geometrische Formen beobachten.

Kristalle entstehen aus Salzlösungen Damit sich Salzkristalle bilden können, müssen Salze in Wasser gelöst sein. Verdunstet das Wasser, fällt das Salz aus, das heißt, es bilden sich Salzkristalle. Von den Bedingungen hängt ab, ob sich schöne große Kristalle bilden oder nur viele sehr kleine. Je langsamer sich ein Salzkristall bildet, desto gleichmäßiger werden die Ionen in das Ionengitter eingebaut (↗5).

Unter Umständen können so beeindruckend große und gleichmäßig gebaute Kristalle entstehen. In der Naica-Höhle in Mexiko gibt es meterdicke Salzkristalle (↗3).
Besonders schöne Salzkristalle findet man in Drusen (↗4). Sie entstehen, wenn Salzlösungen in Hohlräume im Gestein fließen und dort sehr langsam auskristallisieren. Es kann viele Millionen Jahre dauern, bis eine faustgroße Druse entstanden ist. Deutlich schneller funktioniert das im Versuch, wenn man Kristalldrusen in einer Eierschale züchtet (↗EXP. 7, S. 161). Bereits nach einer Woche erhält man schöne Alaundrusen (↗6).

3 *Riesenkristalle in der Naica-Höhle*

4 *Amethyst-Druse*

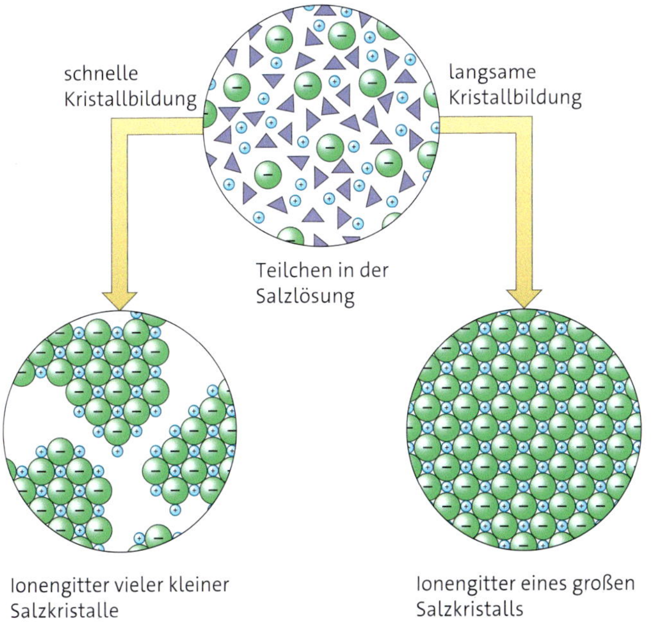

5 *Bildung von Salzkristallen auf Teilchenebene im Modell*

6 *Alaundrusen in der Eierschale*

AUFGABE

1 In einem Experimentierbuch steht folgender Satz: „Um besonders schöne und große Kristalle zu erhalten, sollte die Kristallzucht im Kühlschrank durchgeführt werden." Erläutere die Aussage und berücksichtige dabei auch die Teilchenebene.

PRAKTIKUM

Kristallzucht

EXP. 4 Schnelle Salzkristalle

Materialien: Petrischale, Uhrglas, Reagenzglas, Reagenzglasklammer, Spatel, Gasbrenner, Waage, Messzylinder oder 10-mL-Spritze, schwarze Pappe, Kaliumnitrat (GHS 3), entmineralisiertes Wasser

Durchführung: Schutzbrille tragen!
- Wiege mit der Waage 4,5 g Kaliumnitrat auf dem Uhrglas ab und gib es in das Reagenzglas.
- Füge 7 mL Wasser hinzu und erwärme mit dem Brenner, bis sich alles Salz aufgelöst hat.
- Stelle eine Petrischale auf die schwarze Pappe.
- Gieße die heiße Lösung in die Petrischale und lass diese einige Minuten ruhig stehen.

A

B

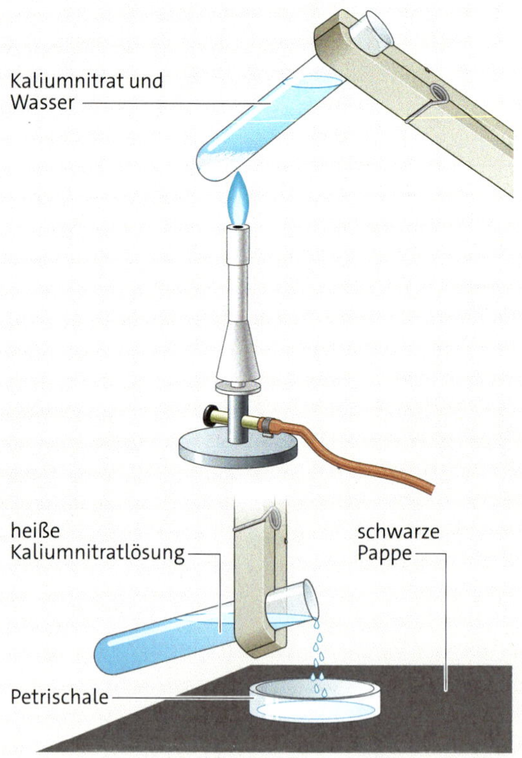

Entsorgung: Kristalle in Wasser lösen. Lösung in den Ausguss geben.

EXP. 5 Große Salzkristalle

Materialien: Petrischale, 2 Bechergläser (250 mL, breite Bauform), Uhrglas, Spatel, Trichter, Filterpapier, Glasstab, Holzstab, Nylonfaden, Waage, heißes entmineralisiertes Wasser, Kaliumaluminiumsulfat (Alaun)

Durchführung: Schutzbrille tragen!

Herstellung der Lösung und des Impfkristalls:
Gib etwa 200 mL heißes Wasser in das Becherglas. Wiege 40 g Kaliumaluminiumsulfat ab. Löse das Salz vollständig im heißen Wasser. Lass die Lösung abkühlen, dabei kristallisiert etwas Kaliumaluminiumsulfat aus.
Filtriere mit Trichter und Filterpapier diese Lösung in das zweite Becherglas.
Gieße so viel von der filtrierten Lösung in die Petrischale, bis der Boden bedeckt ist. Verschließe das Becherglas mit der restlichen Lösung mit dem Uhrglas.
Stelle die Petrischale nicht abgedeckt für zwei Tage an einen ruhigen Ort.

Herstellung der Salzkristalle:
Suche aus der Petrischale einen gleichförmigen Kristall heraus und befestige ihn mit dem Nylonfaden an einem dünnen Holzstab. Das ist der Impfkristall, aus dem sich der große Kristall bildet.
Hänge den Impfkristall so in das Becherglas mit der aufbewahrten Lösung, dass er vollständig eintaucht.
Stelle das Becherglas an einen ruhigen kühlen Ort (z. B. Kühlschrank).
Beobachte das Wachsen des Alaunkristalls. Je länger das Becherglas steht, desto größer wird der Kristall werden.
Hinweis: Eventuell musst du ab und zu Lösung nachfüllen. Hierzu die Lösung wie oben beschrieben herstellen.

Entsorgung: Entstandenen Kristall aufbewahren. Übrige Lösung eindampfen und Salz für weitere Kristallzuchtversuche verwenden.

EXP. 6 Züchtung von Alaunsternen

Materialien: Becherglas (400 mL, breite Bauform), Spatel, Glasstab, Pfeifenreiniger, Waage, Holzstab, Nylonfaden, heißes entmineralisiertes Wasser, Kaliumaluminiumsulfat (Alaun)

Durchführung: Schutzbrille tragen!
- Gib etwa 300 mL heißes Wasser in ein Becherglas.
- Wiege mit der Waage 150 g Kaliumaluminiumsulfat ab und löse alles im noch heißen Wasser.
- Rühre solange mit dem Glasstab, bis das Salz vollständig gelöst ist.
- Biege aus einem Pfeifenreiniger eine einfache Form, z. B. einen Stern oder ein Herz.
- Befestige den Pfeifenreiniger mit dem Nylonfaden am Holzstab.
- Hänge den Pfeifenreiniger so in die Salzlösung, sodass er vollständig von der Lösung bedeckt ist und die Ränder nicht berührt.
- Nimm den Pfeifenreiniger nach drei bis fünf Stunden aus der Lösung. Er sollte ganz mit Kristallen überzogen sein.

- Lasse deine Alaunform trocknen.

Entsorgung: Entstandenen Salzkristall aufbewahren. (Der Kristall kann mit nach Hause genommen werden.) Übrige Lösung eindampfen und Salz für weitere Kristallzuchtversuche verwenden.

EXP. 7 Kristalldrusen in Eierschalen

Materialien: 300-mL-Becherglas, Spatel, Glasstab, Waage, Einwegbecher, heißes entmineralisiertes Wasser, Kaliumaluminiumsulfat (Alaun), Farbe zum Eierfärben oder Lebensmittelfarbe, Nagellack, Eierschalenhälften

Durchführung: Schutzbrille tragen!
- Bestreiche die Eierschalen innen mit Nagellack und bestreue die bestrichenen Stellen sofort mit Alaunpulver
- Lass die Eierschalen trocknen.
- Gib etwa 200 mL heißes Wasser in ein Becherglas.
- Wiege mit der Waage 100 g Kaliumaluminiumsulfat ab und löse alles im noch heißen Wasser.
- Rühre solange mit dem Glasstab, bis das Salz vollständig gelöst ist.
- Färbe die Lösung mit der Farbe an.
- Gib die Lösung in den Einwegbecher und leg die getrocknete Eierschale hinein.

- Stelle den Einwegbecher an einen ruhigen Ort. Nach einer Woche ist deine Druse fertig.
- Nimm Sie vorsichtig aus dem Becher und lass sie trocknen.

Entsorgung: Entstandenen Salzkristall (Druse) aufbewahren. (Der Kristall kann mit nach Hause genommen werden.) Übrige Lösung eindampfen und Salz für weitere Kristallzuchtversuche verwenden. Einwegbecher kann erneut verwendet werden.

Ionennachweise

Betrachtet man das Etikett einer Mineralwasserflasche, so findet man darauf Angaben zu den enthaltenen Ionen. Zudem ist die Konzentration der Ionen im Getränk angegeben. Wie findet man ohne Etikett heraus, welche Ionen in einem Mineralwasser enthalten sind?

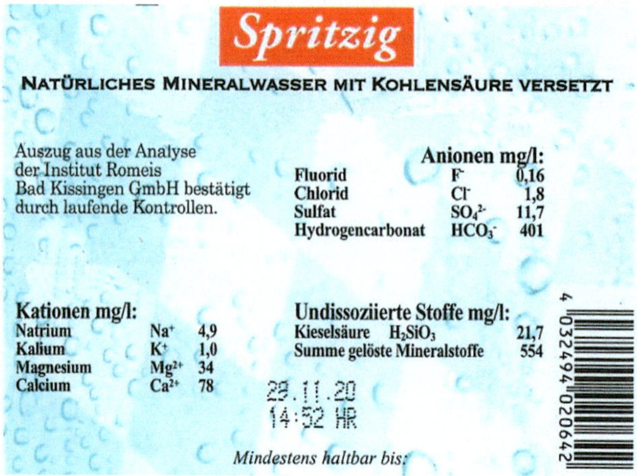

Salz	Löslichkeit in Wasser in $\frac{g}{L}$ bei 20 °C
Natriumchlorid NaCl	358
Natriumbromid NaBr	905
Natriumiodid NaI	1793
Silberchlorid AgCl	0,00188
Silberbromid AgBr	0,00014
Silberiodid AgI	0,000003
Silbernitrat $AgNO_3$	2160

1 *Löslichkeit einiger Salze*

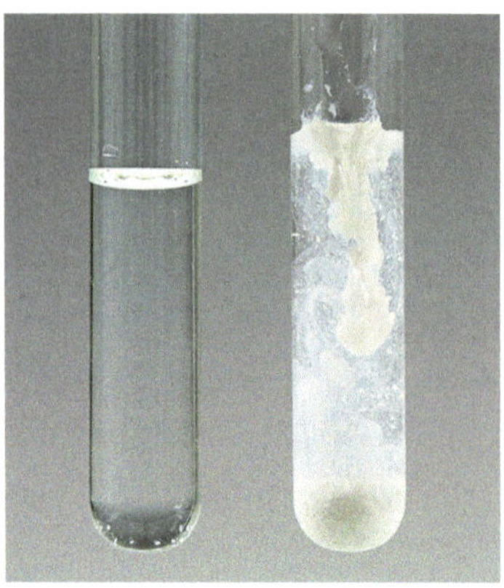

2 *Nachweis von Chlorid-Ionen: Zu einer Natriumchloridlösung wird Silbernitratlösung zugetropft.*

Nachweisreaktionen sind chemische Reaktionen, mit denen man bestimmte Ionen oder Moleküle nachweisen kann. Die Nachweise für die Stoffe Wasserstoff, Sauerstoff und Kohlenstoffdioxid sind bereits bekannt (↗ S. 63–65).

Fällungsreaktionen als Nachweis für Ionen Natriumchloridlösung ist farblos und mit dem Auge nicht von Wasser oder von vielen anderen Salzlösungen zu unterscheiden. Um z. B. die Chlorid-Ionen in der Lösung nachweisen zu können, muss das Reaktionsprodukt der Nachweisreaktion eine bestimmte Farbe oder einen anderen Aggregatzustand haben als die Edukte.

Natriumchlorid ist sehr gut wasserlöslich. In 1 L Wasser lösen sich 358 g des Salzes. Silberchlorid hingegen ist praktisch unlöslich in Wasser (↗1). Deshalb kann man die Chlorid-Ionen mit Silbernitratlösung $AgNO_3(aq)$ nachweisen: Zu einer Lösung, die Chlorid-Ionen enthalten soll, gibt man Silbernitratlösung. Befinden sich Chlorid-Ionen in der Lösung, läuft folgende Reaktion ab:

$$Ag^{+}(aq) + Cl^{-}(aq) \longrightarrow AgCl(s)\downarrow$$

Bei dieser Reaktion bildet sich der weiße Feststoff Silberchlorid (↗2). Er ist schwerlöslich, nur sehr geringe Mengen lösen sich im Wasser. Man sagt, aus der Lösung wird Silberchlorid ausgefällt. In der Reaktionsgleichung wird das durch den Pfeil ↓ gekennzeichnet. Solche Nachweisreaktionen nennt man **Fällungsreaktionen.**

Fällungsreaktionen sind Nachweisreaktionen, bei denen aus löslichen Edukten ein unlöslicher Feststoff entsteht.

Nachweis von Halogenid-Ionen Neben Chlorid-Ionen können auch Bromid- und Iodid-Ionen mit Silbernitratlösung als schwerlösliche Feststoffe nachgewiesen werden, die Silberhalogenide. Man kann die drei Silberhalogenide an der Farbe unterscheiden: Silberchlorid ist weiß, Silberbromid ist weißgelb und Silberiodid ist gelb (↗3).

Die Farben der Silberhalogenide sind ähnlich. Zur besseren Unterscheidung kann man die Salze mit Ammoniaklösung untersuchen: Silberchlorid löst sich in verdünnter Ammoniaklösung wieder auf, Silberbromid nur in konzentrierter und Silberiodid gar nicht.

Chlorid-, Bromid- und Iodid-Ionen werden mit Silbernitratlösung als schwerlösliche Silberhalogenide nachgewiesen.

Nachweis von Carbonat- und Sulfat-Ionen Mit Calciumchloridlösung $CaCl_2(aq)$ oder Bariumchloridlösung $BaCl_2(aq)$ lassen sich Carbonat-Ionen CO_3^{2-} und Sulfat-Ionen SO_4^{2-} durch Fällungsreaktionen nachweisen:

$Ca^{2+}(aq) + CO_3^{2-}(aq) \longrightarrow CaCO_3(s) \downarrow$ Calciumcarbonat
$Ca^{2+}(aq) + SO_4^{2-}(aq) \longrightarrow CaSO_4(s) \downarrow$ Calciumsulfat
$Ba^{2+}(aq) + CO_3^{2-}(aq) \longrightarrow BaCO_3(s) \downarrow$ Bariumcarbonat
$Ba^{2+}(aq) + SO_4^{2-}(aq) \longrightarrow BaSO_4(s) \downarrow$ Bariumsulfat

Mit Barium-Ionen funktioniert die Fällung der Sulfat-Ionen deutlich besser als mit Calcium-Ionen (↗4), deshalb verwendet man Bariumchloridlösung für den Nachweis von Sulfat-Ionen.

Das Problem: Bariumcarbonat und Bariumsulfat sind beides weiße Feststoffe. Gibt man Salzsäure zu den Salzen löst sich das Bariumcarbonat aber wieder auf und man beobachtet eine Gasbildung, bei Bariumsulfat passiert nichts (↗5).

Carbonat- und Sulfat-Ionen werden als schwerlösliche Calcium- oder Bariumsalze nachgewiesen.

Blindproben Um zu testen, ob eine Nachweisreagenz funktioniert, führt man Blindproben durch: Die **positive Blindprobe** prüft, ob das Nachweisreagenz den gesuchten Stoff auch tatsächlich nachweist. Bei der **negativen Blindprobe** gibt man das Nachweisreagenz zu einer Lösung, die den gesuchten Stoff nicht enthält. Wenn der Nachweis trotzdem positiv ist, ist das Reagenz kaputt.

Nachweis von Kationen Nicht nur Anionen können durch Fällungsreaktionen nachgewiesen werden. Die oben beschriebenen Nachweise funktionieren prinzipiell auch umgekehrt für die Kationen. So können Calcium-Ionen durch die Fällung mit Natriumcarbonatlösung nachgewiesen werden (↗EXP. 8, S. 166).

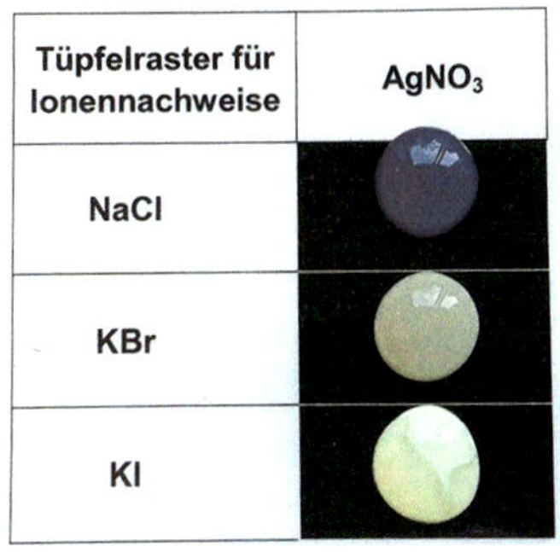

3 *Von oben nach unten: Silberchlorid, Silberbromid und Silberiodid*

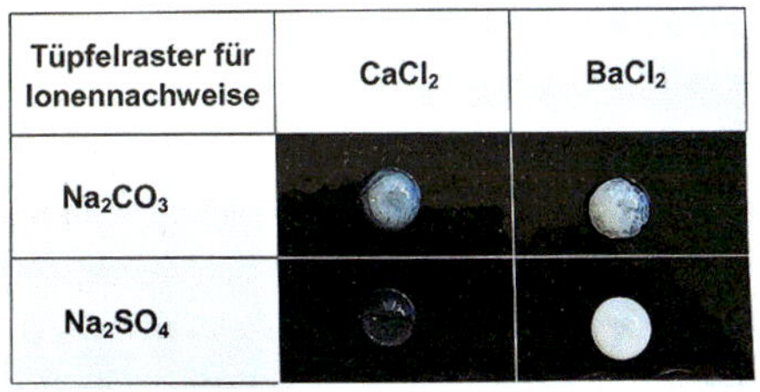

4 *Nachweis von Carbonat-Ionen (oben) und Sulfat-Ionen (unten)*

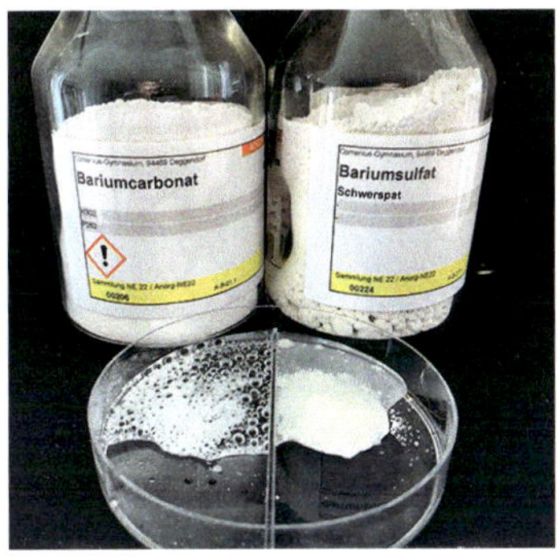

5 *Bariumcarbonat (links) reagiert mit Salzsäure, Bariumsulfat nicht.*

AUFGABE

1 Du gibst zu einem weißen Stoff etwas Salzsäure und beobachtest dann eine Gasbildung. „Alles klar! Calcium-Ionen", sagt dein Banknachbar. Formuliere eine fachlich korrekte Antwort.

Farbnachweise

Feuerwerk, Seenotsignale und Bengalos – sie alle haben etwas gemeinsam: Sie erzeugen farbiges Licht. Je nach Mischung wird weißes, gelbes, rotes, grünes oder blaues Licht ausgestrahlt.

1 *Eine Rettungsfackel leuchtet rot.*

Nachweis von Ionen durch Flammenfärbung Um z. B. rotleuchtende Signalfackeln (↗1) für die Seefahrt herzustellen, muss man wissen, welche chemischen Verbindungen oder Bestandteile davon für die einzelnen Farben verantwortlich sind. Aber genauso kann man umgekehrt die Flammenfärbung als Nachweis für bestimmte Teilchen nutzen. (↗EXP. 11, S. 167).

Die Färbung der Flamme wird von Metall-Ionen verursacht. In der rauschenden Gasbrennerflamme (oder in der explodierenden Feuerwerksrakete) wandeln Metall-Ionen und -atome Wärme in Licht um. Die Farbe des ausgestrahlten Lichts ist dabei für das Metall charakteristisch (↗2).
Der Nachweis durch Flammenfärbung wird vor allem für die Metalle Lithium, Natrium, Kalium, Strontium und Barium angewendet. Das sind Elemente, die in den Gruppen I und II des Periodensystems stehen.

Lithium-, Natrium-, Kalium-, Strontium- und Barium-Ionen können durch ihre charakteristische Flammenfärbung nachgewiesen werden.

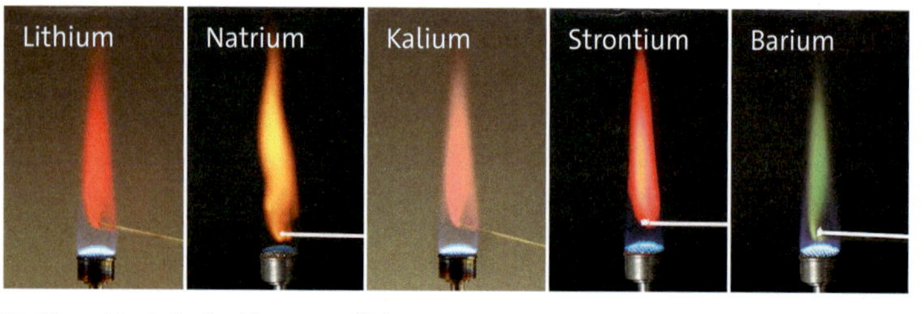

2 *Charakteristische Flammenfärbung*

Nachweis von Ionen durch Farbreaktion Es gibt Nachweisreagenzien, die ihre Farbe verändern, wenn bestimmte Ionen in der Lösung vorhanden sind. Eisen(III)-Ionen Fe^{3+} können durch Zugabe von Kaliumthiocyanatlösung nachgewiesen werden. Tropft man Kaliumthiocyanatlösung in eine Lösung, die Eisen(III)-Ionen enthält, färbt sich die Lösung intensiv rot (↗3).

Eisen(III)-Ionen Fe^{3+} werden mithilfe von Kaliumthiocyanatlösung nachgewiesen. Die Lösung färbt sich rot.

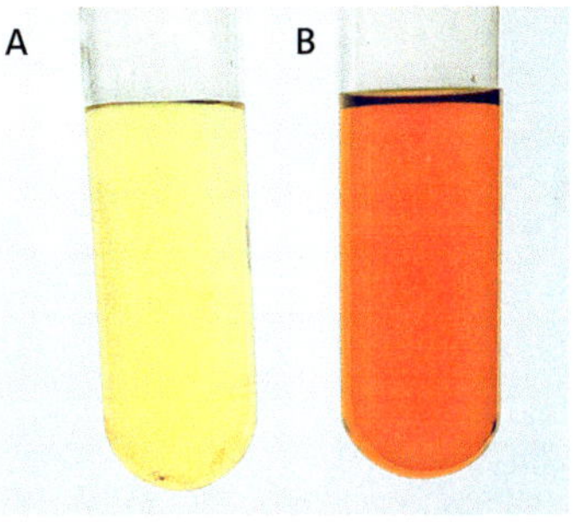

3 *A: Lösung von Eisen(III)-chlorid; B: nach Zugabe von Kaliumthiocyanat*

Betrachtet man die wässrigen Lösungen von Kupfer(II)-chlorid, Kupfer(II)-nitrat und Kupfer(II)-sulfat, so fällt einem sofort die hellblaue Farbe aller drei Lösungen auf. Da die Lösungen unterschiedliche Anionen aber mit dem Kupfer(II)-Ion Cu^{2+} das gleiche Kation enthalten, muss die hellblaue Farbe von diesen Kupfer(II)-Ionen verursacht werden (↗4).
Für den Nachweis der Kupfer(II)-Ionen gibt man zu der jeweiligen Lösung tropfenweise Ammoniaklösung. Zuerst fällt blassblaues Kupfer(II)-hydroxid aus. Tropft man mehr Ammoniaklösung hinzu, färbt sich die Lösung tiefblau (↗5).

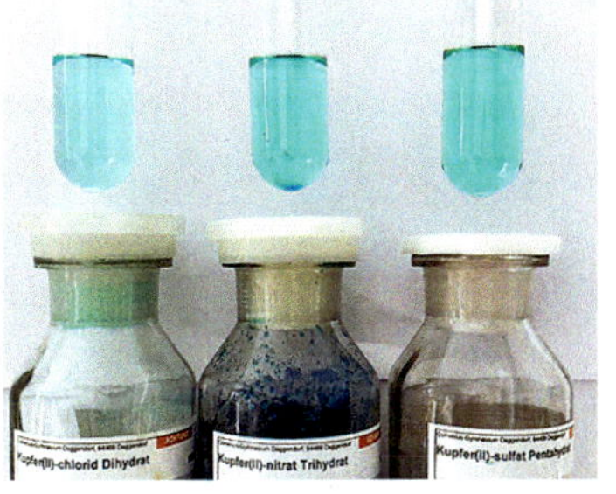

4 *Lösungen mit Kupfer(II)-Ionen sind bläulich/türkis gefärbt.*

Kupfer(II)-Ionen werden mithilfe von Ammoniaklösung nachgewiesen. Die Lösung färbt sich tiefblau.

Nachweis von Ammonium-Ionen Ammonium-Ionen NH_4^+ sind ein wichtiger Bestandteil von Kunstdünger und vom Geschmacksstoff Salmiak, dem Salz Ammoniumchlorid NH_4Cl. Ammonium-Ionen weist man indirekt mit Indikatorpapier nach. Dazu gibt man zu dem Ammoniumsalz etwas Natronlauge. In einer chemischen Reaktion entsteht gasförmiges Ammoniak. Kommt das Ammoniak mit einem feuchten Indikatorpapierstreifen in Berührung, färbt sich dieser blau. (↗EXP. 10, S. 167)

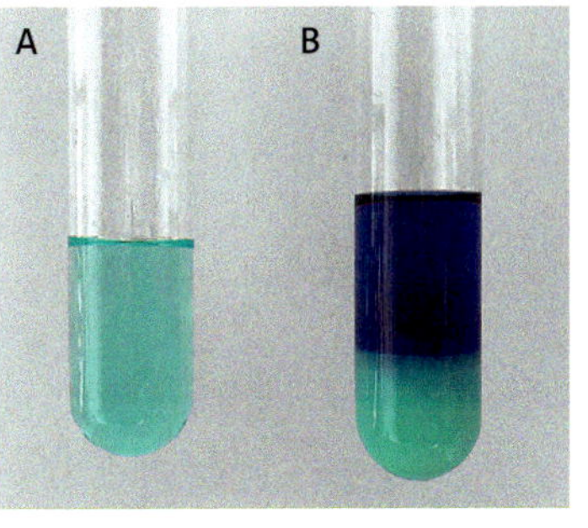

5 *A: Lösung von Kupfer(II)-sulfat; B: nach Zugabe von Ammoniaklösung*

Ammonium-Ionen werden indirekt durch die blaue Färbung eines feuchten Indikatorpapiers nachgewiesen.

AUFGABEN

1 Ermittle aus den Ionennachweisen das Salz und seine Verhältnisformel.
 a Die Flammenfärbung ist grün, mit Silbernitratlösung zeigt sich ein weißer Niederschlag.
 b Mit Silbernitratlösung zeigt sich ein gelber Niederschlag, der sich auch in konzentrierter Ammoniaklösung nicht auflösen lässt. Kaliumthiocyanatlösung färbt sich rot.
 c Tropft man Calciumchloridlösung hinzu, erhält man einen weißen Feststoff, der sich unter Gasbildung in Salzsäure auflöst. Die Gasbrennerflamme wird gelb gefärbt.

2 Beschreibe Nachweise für folgende Salze:
 a Ammoniumchlorid NH_4Cl
 b Kaliumcarbonat K_2CO_3
 c Lithiumbromid LiBr
 d Kupfer(II)-sulfat $CuSO_4$

PRAKTIKUM

Durchführen von Ionennachweisen

EXP. 8 Nachweis durch Fällungsreaktionen

Materialien: schwarzes Tüpfelraster, Tropfflaschen, Zahnstocher, jeweils verdünnte Lösungen folgender Stoffe (siehe Tabelle)

Probenlösung	**Nachweisreagenz**
Nachweis von Halogenid-Ionen	
Natriumchlorid NaCl	Silbernitratlösung $AgNO_3$ (GHS 5|9)
Kaliumbromid KBr (GHS 7)	
Kaliumiodid KI (GHS 8)	
Unterscheidung der Silberhalogenide (Suspensionen aus Halogenid-Ionen-Nachweis)	
Silberchlorid AgCl (GHS 5|9)	verdünnte Ammoniaklösung (GHS 5|7), konzentrierte Ammoniaklösung (GHS 5|7|9)
Silberbromid AgBr (GHS 9)	
Silberiodid AgI (GHS 9)	
Nachweis von Carbonat- und Sulfat-Ionen	
Natriumcarbonat Na_2CO_3 (GHS 7)	Calciumchlorid $CaCl_2$ (GHS 7)
Natriumsulfat Na_2SO_4	Bariumchlorid $BaCl_2$ (GHS 7)
	Salzsäure (GHS 5)
Nachweis von Calcium- und Barium-Ionen	
Calciumchlorid $CaCl_2$ (GHS 7)	Natriumcarbonat Na_2CO_3 (GHS 7), Natriumsulfat Na_2SO_4
Calciumnitrat $Ca(NO_3)_2$	
Bariumchlorid $BaCl_2$ (GHS 7)	
Bariumnitrat $Ba(NO_3)_2$	

	Na_2CO_3	Na_2SO_4
$CaCl_2$		
$Ca(NO_3)_2$		
$BaCl_2$		
$Ba(NO_3)_2$		

Beispiel für ein schwarzes Tüpfelraster

Durchführung für alle Nachweise:
- Beschrifte die Tüpfelfelder jeweils mit der Formel der verwendeten Probenlösung.
- Gib je einen Tropfen der jeweiligen Probenlösung auf ein separates Tüpfelfeld.
- Tropfe dann jeweils einen Tropfen der Nachweisreagenzien hinzu.
- Rühre vorsichtig mit einem Zahnstocher um. Benutze für jeden Nachweis einen anderen Zahnstocher.
- Notiere deine Beobachtungen.

Zusätzliche Durchführung für die Unterscheidung der Silberhalogenide:
- Gib je einen Tropfen verdünnte Ammoniaklösung auf die Suspensionen der vier Tüpfelfelder.
- Rühre vorsichtig mit einem Zahnstocher um.
- Notiere deine Beobachtung.
- Wiederhole mit konzentrierter Ammoniaklösung. (Vorsicht! Unter dem Abzug arbeiten!)

Zusätzliche Durchführung für die Unterscheidung von Carbonat- und Sulfat-Ionen:
- Gib je einen Tropfen Salzsäure auf die weißen Suspensionen der vier Tüpfelfelder.
- Rühre vorsichtig mit einem Zahnstocher um.
- Notiere deine Beobachtung.

Entsorgung: Silberrückstände in den Behälter für Silberabfälle geben. Restliche Lösungen in den Behälter für giftige anorganische Abfälle geben.

Auswertung

1 Erstelle eine tabellarische Übersicht für alle Nachweise.

2 Stelle für die vier Versuche jeweils die Reaktionsgleichungen auf.

EXP. 9 Nachweis durch Farbreaktionen

Materialien: weißes Tüpfelraster, Tropfflaschen, Zahnstocher, verdünnte Lösungen

Probenlösung	Nachweisreagenz
Nachweis von Kupfer(II)-Ionen	
Kupfer(II)-sulfat $CuSO_4$ (GHS 5|9)	Ammoniaklösung NH_3 (GHS 5|7)
Nachweis von Eisen(III)-Ionen	
Eisen(III)-chlorid $FeCl_3$ (GHS 5|7)	Kaliumthiocyanatlösung KSCN (GHS 7)

Durchführung für alle Nachweise:
- Beschrifte die Tüpfelfelder jeweils mit der Formel der verwendeten Probenlösung.
- Gib je einen Tropfen der jeweiligen Probenlösung auf ein separates Tüpfelfeld.
- Tropfe dann jeweils einen Tropfen des Nachweisreagenzes hinzu.
- Rühre mit dem Zahnstocher um. Benutze für jeden Nachweis einen anderen Zahnstocher.
- Notiere deine Beobachtungen.

Entsorgung: Lösungen in den Behälter für giftige anorganische Abfälle geben.

EXP. 10 Nachweis von Ammonium-Ionen

Materialien: Reagenzglas, Pinzette, Spatel, Pipette, Natriumhydroxid (NaOH, GHS 5), Ammoniumchlorid (NH_4Cl, GHS 7), Wasser, Indikatorpapier

Durchführung: Vorsicht! Schutzbrille! Abzug!
- Gib eine Spatelspitze Ammoniumchlorid und ein Natriumhydroxid-Plätzchen in das Reagenzglas.
- Tropfe anschließend 1–2 mL Wasser hinzu.
- Halte ein Stück angefeuchtetes Indikatorpapier über die Reagenzglasöffnung.
- Notiere deine Beobachtung.

Entsorgung: Inhalt des Reagenzglases mit viel Wasser verdünnen und in den Ausguss geben, Indikatorpapier im Restmüll entsorgen.

EXP. 11 Flammenfärbung

Materialien: Gasbrenner, 5 Uhrgläser, Magnesiastäbchen, Kobaltglas, verdünnte Lösungen folgender Salze: Lithiumchlorid (GHS 7), Natriumchlorid, Kaliumchlorid, Strontiumchlorid (GHS 5|7), Bariumchlorid (GHS 7)

Durchführung
- Setze den Gasbrenner mit rauschender Flamme in Betrieb.
- Gib eine der Salzlösungen auf das Uhrglas.
- Halte das Uhrglas direkt neben die Luftansaugöffnung des Gasbrenners.
- Halte das Magnesiastäbchen mit einem Ende in die Gasbrennerflamme, bis es glüht.
- Halte das glühende Ende des Magnesiastäbchens in die Lösung, dabei gelangt verdampfte Salzlösung in den Gasbrenner.

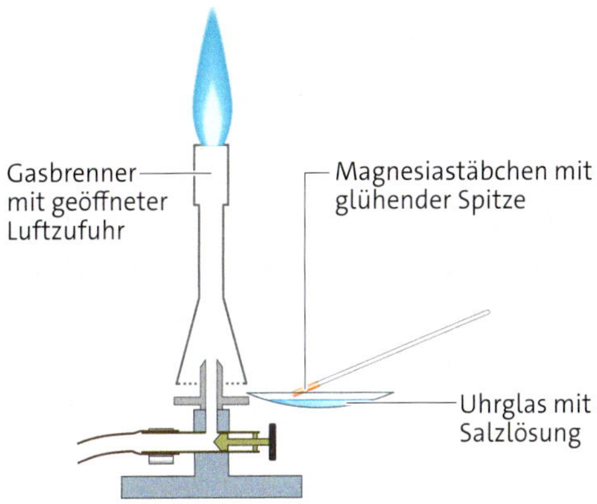

- Wiederhole die Durchführung mit den anderen Salzlösungen.
- *Hinweis:* Betrachte die Flammenfärbung der Kaliumchloridlösung durch ein Kobaltglas.
- Notiere deine Beobachtungen.

Entsorgung: Bariumchloridlösung in den Behälter für giftige anorganische Abfälle geben. Restliche Lösungen ins Abwasser geben.

Auswertung: Erstelle Fotos von der Flammenfärbung der verschiedenen Lösungen. Vergleiche mit den Bildern im Buch (↗S. 164).

Nachweis von Ionen

Mithilfe von verschiedenen Nachweisreagenzien können zahlreiche Ionen in Lösung identifiziert werden. Die Übersichten stellen Nachweisreagenzien und Reaktionen für die wichtigsten Ionen zusammen.

Nachzuweisendes Ion	Nachweisreagenz	Nachweisreaktion	Beobachtung	Besonderheit
Chlorid-Ion Cl^-		$Ag^+(aq) + Cl^-(aq) \longrightarrow AgCl(s)\downarrow$	weißer Niederschlag	Auflösen bei Zugabe von verd. Ammoniaklösung
Bromid-Ion Br^-	Silbernitratlösung $AgNO_3$	$Ag^+(aq) + Br^-(aq) \longrightarrow AgBr(s)\downarrow$	weißgelber Niederschlag	Auflösen bei Zugabe von konz. Ammoniaklösung
Iodid-Ion I^-		$Ag^+(aq) + I^-(aq) \longrightarrow AgI(s)\downarrow$	gelber Niederschlag	kein Auflösen
Carbonat-Ion CO_3^{2-}	Calciumchloridlösung $CaCl_2$, Bariumchloridlösung $BaCl_2$	$Ca^{2+}(aq) + CO_3^{2-}(aq) \longrightarrow CaCO_3(s)\downarrow$ $Ba^{2+}(aq) + CO_3^{2-}(aq) \longrightarrow BaCO_3(s)\downarrow$	weißer Niederschlag	Auflösen bei Zugabe von Salzsäure
Sulfat-Ion SO_4^{2-}	Bariumchloridlösung $BaCl_2$	$Ba^{2+}(aq) + SO_4^{2-}(aq) \longrightarrow BaSO_4(s)\downarrow$	weißer Niederschlag	kein Auflösen mit Salzsäure
Calcium-Ion Ca^{2+}	Sodalösung Na_2CO_3	$Ca^{2+}(aq) + CO_3^{2-}(aq) \longrightarrow CaCO_3(s)\downarrow$	weißer Niederschlag	

1 *Ionennachweise durch Fällungsreaktionen*

Nachzuweisendes Ion	Nachweisreagenz	Beobachtung
Kupfer(II)-Ion Cu^{2+}	Ammoniaklösung	Lösung wird dunkelblau.
Eisen(III)-Ion Fe^{3+}	Kaliumthiocyanatlösung	Lösung wird tiefrot.
Ammonium-Ion NH_4^+	Natriumhydroxid	Feuchtes Indikatorpapier wird blau.

2 *Ionennachweise durch Farbreaktion*

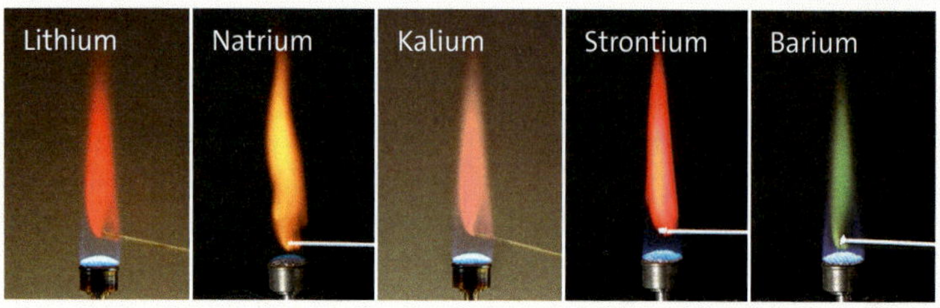

3 *Ionennachweise durch Flammenfärbung*

Düngeranalyse – eine experimentelle Aufgabe

Ein schöner grüner Rasen braucht viel Pflege, dazu gehört auch das regelmäßige Düngen. Dünger enthält Mineralsalze, die für das Pflanzenwachstum notwendig sind. Diese Salze sind wasserlöslich, damit die Pflanze die Ionen über die Wurzeln aufnehmen kann.

1 *Streuwagen zur gleichmäßigen Verteilung von Dünger*

Zur Verfügung steht dir ein Volldünger zur Düngung von Rasenflächen. Abbildung 2 zeigt das Etikett des Düngers, aus dem die enthaltenen Stoffe hervorgehen.

Typenbezeichnung:
Organisch-mineralischer Volldünger

Enthaltene Stoffe: Harnstoff, Kaliumchlorid, Ammoniumsulfat, Diammoniumhydrogenphosphat, Kakaoschalen, Eisen(II)-sulfat (als Monohydrat), Magnesiumcarbonat, Melasse (zur Staubbindung)

Anwendungsbereich: zum Düngen von Rasenflächen

Anwendungshinweise: detaillierte Anwendungsbeschreibung und Dosierung siehe Packungstext

Lagerungshinweis: trocken, verschlossen, vor direkter Sonneneinstrahlung geschützt und für Kinder und Haustiere unerreichbar lagern, Produkt nicht ins Abwasser oder freie Gewässer gelangen lassen, nicht zum Verzehr geeignet

Masse: 2,5 kg

2 *Etikett der Verpackungsrückseite*

EXP. 12 Nachweis der Ionen im Dünger

8 5 7 9

Materialien: Tüpfelplatten (weiß/schwarz), Tropfflaschen, Zahnstocher, Düngerprobe, Spatel, Becherglas, Indikatorpapier, Gasbrenner, Uhrgläser, Magnesiastäbchen, Kobaltglas, Nachweisreagenzien für Ionennachweise (↗S. 166–167, EXP. 8–11)

Vorbereitung:
- Lies das Etikett des Düngers. Notiere die enthaltenen Stoffe, die zu den Salzen gehören.
- Schreibe die Ionen auf, aus denen die von dir gefundenen Salze aufgebaut sind.
  Hinweis: Ignoriere den Stoff Diammoniumhydrogenphosphat.

Durchführung:
- Plane Versuche, um mindestens drei verschiedene Ionen nachzuweisen.
- Dokumentiere deine Planungen.
- Führe die Ionennachweise durch.

Entsorgung: siehe Seite 166–167, EXP. 8–11.

Auswertung:
1 Vervollständige das Versuchsprotokoll.
2 Im Lagerungshinweis steht: „Produkt nicht ins Abwasser oder freie Gewässer gelangen lassen."
Recherchiere, auf welche Düngerbestandteile das zutrifft und erläutere den Hinweis.

IMPULSAUFGABEN

A Unzerbrechlicher Metallbecher

Metallbecher als Trinkgefäße werden häufig beim Camping verwendet. Fällt der Becher herunter, geht er nicht kaputt, sondern hat höchstens eine Beule abbekommen.
Die Jugendlichen haben sich Gedanken gemacht, woran das liegen könnte:

A1 *Becher aus Metall. Zum Schutz ist das Metall mit einem glänzenden farbigen Überzug versehen.*

Die Ionenbindung in Metallen ist so flexibel, dass sich die Ionen im Gitter verschieben.

Metalle sind verformbar.

Da Metalle nur aus Kationen bestehen, gibt es kein Ionengitter.

Metalle sind nicht aus Ionen aufgebaut, sondern aus Metall-Atomen und diese können sich verschieben.

A2 *Gedanken zum Aufbau von Metallen*

1 Verdeutliche mit einer Skizze, wie du dir den Aufbau eines Metalls auf der Teilchenebene vorstellst.

B Was ist Radioaktivität?

Der Franzose HENRI BECQUERÉL führte den Begriff „Radioaktivität“ ein. Er beschrieb damit die Eigenschaft bestimmter Mineralien, nicht sichtbare, energiereiche Strahlung abzugeben. Diese Eigenschaft wurde von vielen Forschern untersucht. In einem Experiment wurde radioaktive Strahlung durch ein elektrisches Feld geleitet (↗B1).
Die α- und β-Strahlung wurde vom elektrischen Feld abgelenkt. Das bedeutet, dass die Strahlung geladen sein muss und es bedeutet auch, dass die α- und β-Strahlung aus geladenen Teilchen mit einer Masse bestehen. Ladung ist nämlich immer an Masse gebunden. Die γ-Strahlung ist eine sehr energiereiche Strahlung, vergleichbar mit Röntgenstrahlung.

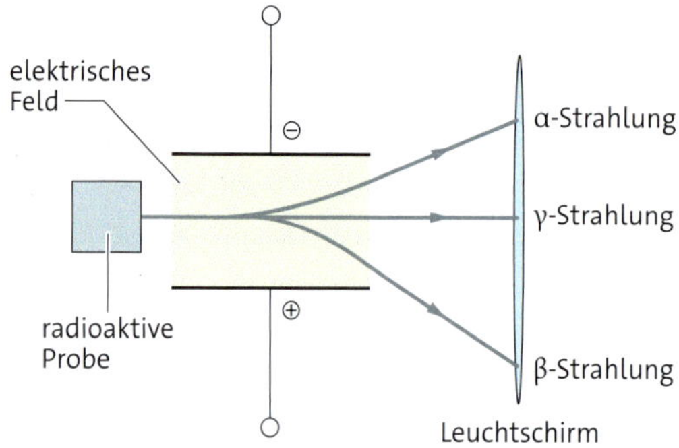

B1 *Radioaktive Strahlung im elektrischen Feld*

1 Vergleiche und beschreibe die Flugbahnen der α- und β-Teilchen.

2 Notiere Hypothesen zur Ladung und Masse von α- und β-Teilchen.

C Schuss durch die Mauer

Zum Üben von Freistößen stellt der Trainer häufig eine „Mauer" aus künstlichen Spielern auf (↗C1). Im Spiel versucht die gegnerische Mannschaft so, den Freistoßschützen an einem Tor zu hindern. Der Trainer kann dabei unterschiedlich viele Spieler einsetzen. In unserem Beispiel wird immer eine große Mauer mit fünf Spielern aufgestellt werden.

C1 *Freistoßtraining*

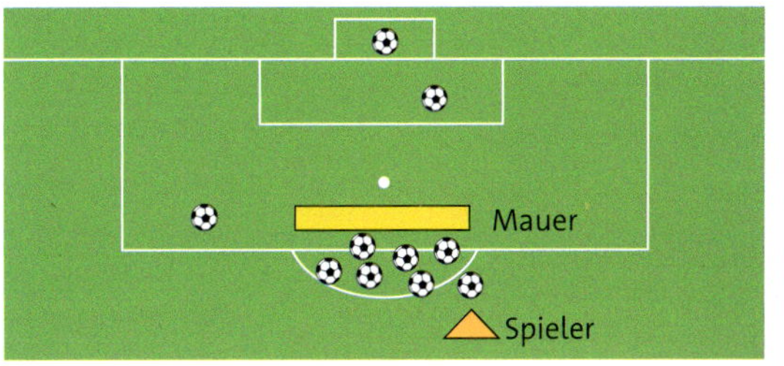

C2 *Ballverteilung nach der ersten Trainingseinheit*

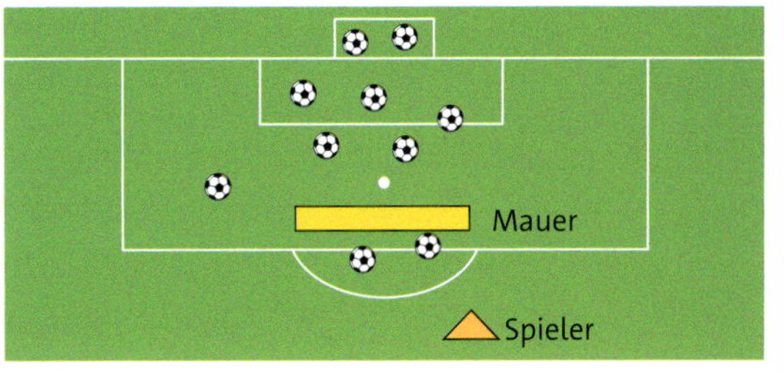

C3 *Ballverteilung nach der zweiten Trainingseinheit*

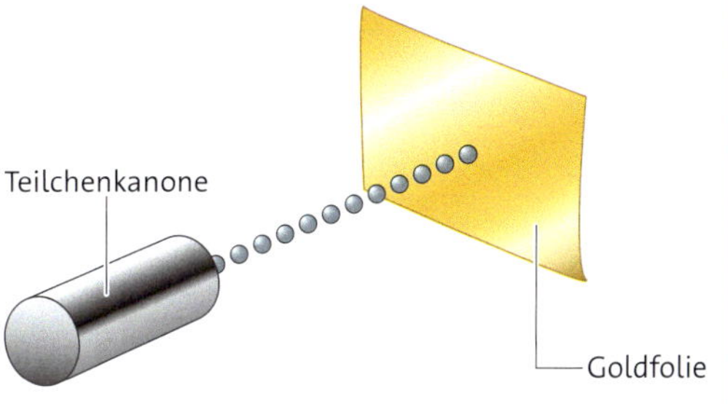

C4 *Kleine Teilchen werden auf eine hauchdünne Goldfolie geschossen.*

Schießt der Spieler den Ball in Richtung Tor, können drei Dinge passieren:

- Gelingt es dem Schützen über die Mauer oder an der Mauer vorbeizuschießen, bleibt der Ball hinter den aufgestellten Spielern liegen (am besten im Tor).
- Trifft er versehentlich die Mauer, bleibt der Ball vor den Spielern liegen.
- Streift er einen der äußeren Spieler, wird der Ball zur Seite abgelenkt.

1 Ein Spieler hat diese Übung zweimal durchgeführt und jeweils zehn Bälle geschossen. Zwischen den beiden Durchgängen wurde die Aufstellung der fünf Spieler in der Mauer verändert.
Die Position der Bälle nach den beiden unterschiedlichen Durchgängen ist in den Bildern C2 und C3 zu sehen.

a Erläutere, welche der drei aufgeführten Möglichkeiten deiner Meinung nach bei einem ungeübten Spieler am häufigsten vorkommen wird.

b Erläutere, was der Trainer beim Aufstellen der fünf Spieler in der Mauer verändert haben könnte.

2 Um den Aufbau der Materie zu erforschen, wurde ein Experiment durchgeführt, in dem kleine Teilchen (wie im Training der Fußball) auf eine sehr dünne Goldfolie (wie die Mauer) geschossen wurden (↗C4).
Skizziere, welches Ergebnis du für die Lage der kleinen Teilchen nach dem Versuch erwartest (↗C4).

3 Erläutere, welche Rückschlüsse man über den Aufbau von Materie ziehen kann, wenn ein Großteil der Teilchen sich nach dem Experiment hinter der Folie befinden.

Das Kern-Hülle-Modell

1 *Labor von Rutherford*

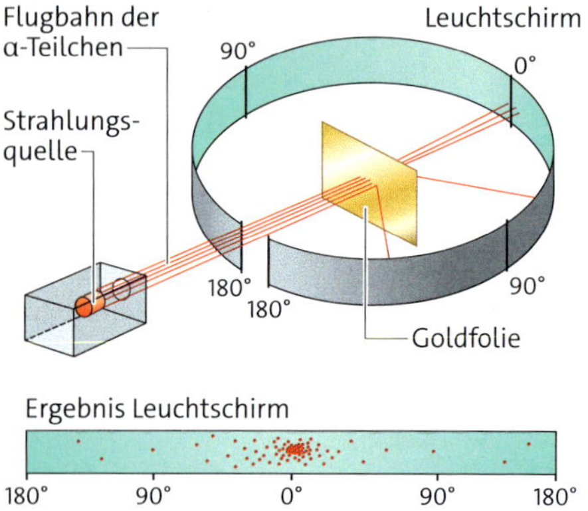

2 *Schematischer Aufbau des Streuversuchs*

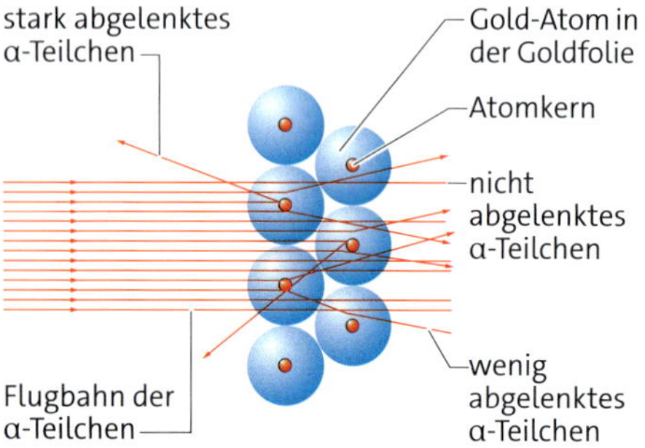

3 *Fliegt ein α-Teilchen in die Nähe des Atomkerns, wird es abgelenkt.*

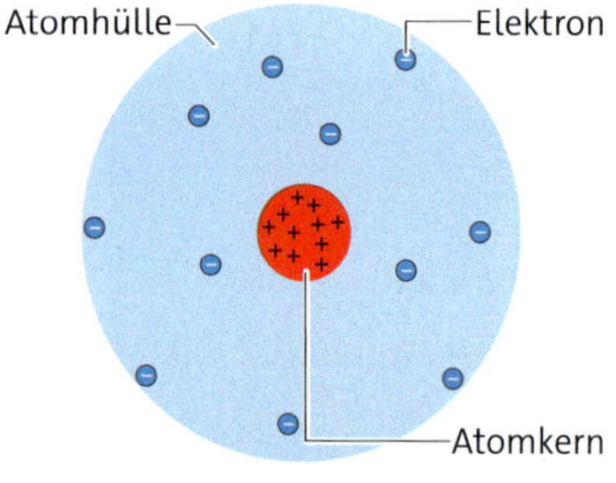

4 *Kern-Hülle-Modell*

Etwa 100 Jahre nach Daltons Atommodell hatte man so viele experimentelle Befunde gesammelt, dass man ein neues Atommodell brauchte, um diese Beobachtungen zu erklären. Dalton kannte z. B. keine Ionen. Wie aber ist ein Atom aufgebaut?

Der Rutherfordsche Streuversuch 1892 hatte der deutsche Physiker PHILIPP LENARD Aluminiumfolie mit Elektronen beschossen. Die Elektronen durchdrangen die mehrere tausend Atomlagen dicke Aluminiumfolie. LENARD schloss daraus, dass Atome nicht massiv seien wie im Dalton-Modell, sondern leer und masselos.

Der neuseeländische Physiker ERNEST RUTHERFORD führte daraufhin 1909 sein bahnbrechendes Experiment durch, bei dem er eine dünne Goldfolie mit α-Teilchen beschoss. Im Gegensatz zu Elektronen sind α-Teilchen zweifach positiv geladene Helium-Ionen und damit viel größer und schwerer als Elektronen. Sie werden von bestimmten radioaktiven Stoffen wie Radium ausgesendet.

Um das Verhalten der α-Teilchen genau zu erforschen, besaß die Apparatur von RUTHERFORD einen Leuchtschirm (↗2). Wenn ein α-Teilchen auf diesen Leuchtschirm trifft, erzeugt es einen kleinen Lichtblitz, den man mit einem Mikroskop sehen kann. Später wurden Filmstreifen verwendet, auf dem jedes auftreffende α-Teilchen einen schwarzen Fleck erzeugte.

Überraschende Ergebnisse Die im Streuversuch verwendete Goldfolie war nur etwa 1000 Atomlagen dick. RUTHERFORD erwartete daher nicht, dass die α-Teilchen reflektiert würden, sondern dass sie wie bei LENARD gerade hindurchfliegen würden.
Umso überraschter war er, als sich nach monatelanger Beobachtung zeigte, dass von etwa 100 000 α-Teilchen ein einziges nicht gerade durch die Folie flog, sondern von der Goldfolie stark abgelenkt wurde (↗2, 3). Das bedeutet: Gold-Atome können nicht „leer" sein, es muss sich in ihnen etwas kleines Festes befinden.

Kern-Hülle-Modell RUTHERFORD untersuchte die Flugbahnen und Ablenkungswinkel der gestreuten α-Teilchen genau. Er kam zu dem Ergebnis, dass sich im Zentrum des Atoms eine positiv geladene Masse befinden muss, der **Atomkern.** Er ist fast so schwer wie das gesamte Atom. Um den Atomkern befindet sich die bis zu 150 000-mal größere **Atomhülle.** Die α-Teilchen konnten die Atomhülle durchdringen, nur in der Nähe des Atomkerns wurde ihre Flugbahn verändert (↗3). Wenn der Atomkern positiv geladen ist, müssen in der Atomhülle die negativ geladenen, fast masselosen Elektronen sein, denn Atome sind ungeladen (↗4).

Ein Atom besteht aus Atomkern und Atomhülle. Der Atomkern ist positiv geladen und enthält fast die gesamte Masse des Atoms. Die Atomhülle enthält die negativ geladenen Elektronen. Dieses Modell heißt Kern-Hülle-Modell.

Ionen Mithilfe des Kern-Hülle-Modells lässt sich die Existenz von Ionen erklären: Ein Chlor-Atom hat in seiner Atomhülle 17 Elektronen. Zum Ladungsausgleich befinden sich im Atomkern genauso viele **Protonen.** Jedes Proton gleicht die Ladung eines Elektrons aus. Zudem befinden sich zwischen den Protonen im Atomkern noch **Neutronen,** die verhindern, dass sich die gleichgeladenen Protonen abstoßen.

Beim Chlorid-Anion Cl^- befinden sich in der Atomhülle 18 Elektronen. Es ist deswegen einfach negativ geladen, weil die 17 Protonen nicht mehr alle Ladungen der Elektronen ausgleichen. Das Calcium-Atom hat 20 Elektronen in der Hülle und 20 Protonen im Kern. Das zweifach positiv geladene Calcium-Ion Ca^{2+} hat zwei Elektronen weniger in der Hülle. Die verbliebenen 18 Elektronen gleichen die positive Ladung des Atomkerns nicht mehr vollständig aus. Der Atomkern ist bei Ionen also immer unverändert. Chemische Reaktionen ändern nichts an der Kernladung (↗5).

Anionen haben mehr Elektronen, Kationen haben weniger Elektronen in der Atomhülle als die entsprechenden Atome.

Größenverhältnis Die Abbildungen in diesem Buch zum Kern-Hülle-Modell können die wahren Größenverhältnisse nicht darstellen, da dann entweder der Atomkern nicht sichtbar wäre oder die Atomhülle nicht mehr dargestellt werden kann. Es ist daher sehr schwierig, sich die Größenverhältnisse beim Atom vorzustellen. Zur Veranschaulichung kann man einen Vergleich nutzen: Wenn der Atomkern eines Wasserstoff-Atoms die Größe eines Streichholzkopfes hätte, dann wäre der Eiffelturm aus Paris genauso groß wie der Durchmesser der Atomhülle (↗6).

Teilchen	Anzahl Protonen	Anzahl Elektronen	Ladung des Teilchens
Chlor-Atom	17	17	0
Chlorid-Ion	17	18	–1
Natrium-Atom	11	11	0
Natrium-Ion	11	10	+1
Calcium-Atom	20	20	0
Calcium-Ion	20	18	+2

5 Ionen sind geladen, weil sie mehr Elektronen (Anionen) oder weniger Elektronen (Kationen) als Protonen haben.

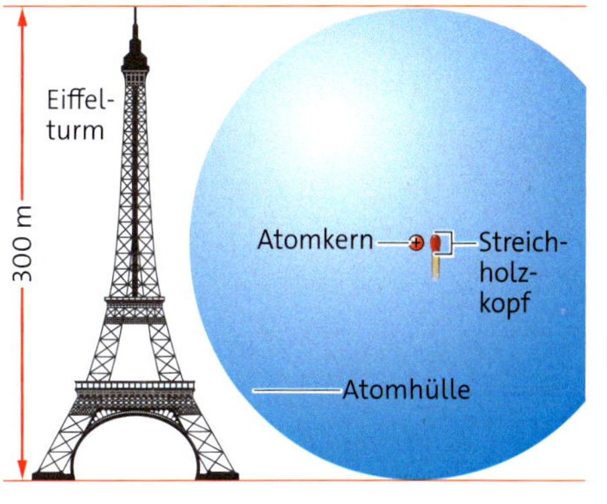

6 Größenverhältnisse, wenn der Atomkern die Größe eines Streichholzkopfes hätte.

AUFGABEN

1 Erkläre, warum die Ergebnisse vom Rutherfordschen Streuversuch im Widerspruch zum Atommodell von DALTON stehen. Beschreibe, welches Ergebnis RUTHERFORD nach dem DALTON-Modell auf dem Leuchtschirm erhalten hätte.

2 Erläutere, warum man mit dem Atommodell von DALTON die Existenz von Ionen nicht erklären kann.

3 Der Physiker THOMSON stellte 1903 „sein" Atommodell vor: Im Atom bewegen sich die Elektronen in einer gleichförmigen positiven Masse.

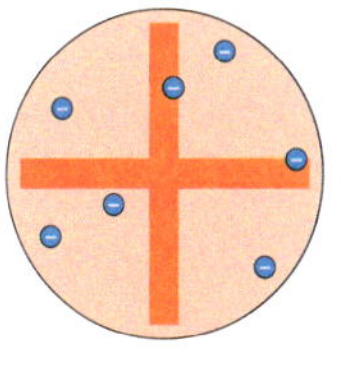

Nachdem RUTHERFORD den Streuversuch ausgewertet hatte, war ihm klar, dass THOMSON unrecht hatte. Schreibe einen kurzen Text an THOMSON, der dies erklärt.

Metalle und ihre Eigenschaften – Elektronengasmodell

Stromkabel aus dem rotglänzenden Kupfer kennt man. Bei einer Computer-Platine sind sehr viele hauchdünne Leiterbahnen aus Metall vorhanden. Dabei handelt es sich überwiegend um Kupfer, aber auch Gold wird verwendet.

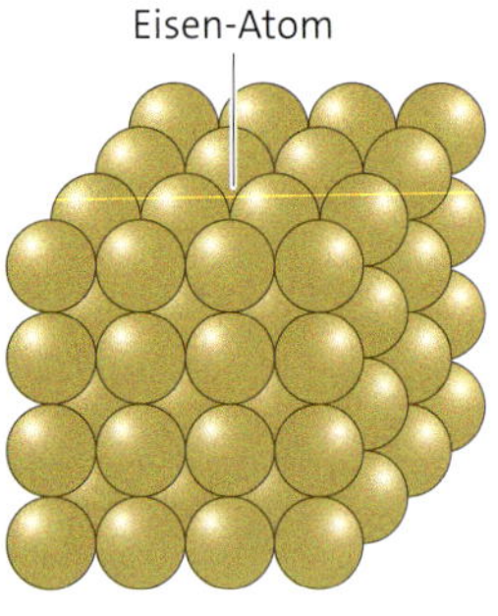

1 *Metall-Atome ordnen sich in einer dichten Packung an.*

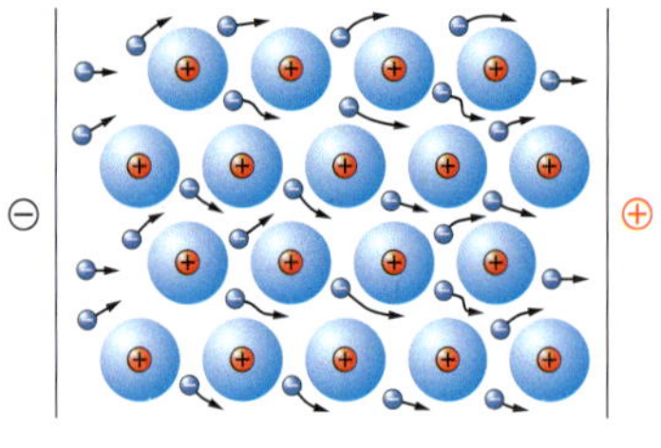

2 *Stromleitung in Metallen durch „verschobene" Elektronen*

Metalle – gute elektrische Leiter Stromkabel bestehen aus Metalldrähten. Auch auf Platinen für Computer oder Smartphones sind die geätzten Leiterbahnen aus Metall. Metalle sind gute Leiter für den elektrischen Strom. Diese Eigenschaft macht sie zu unersetzbaren Werkstoffen in der modernen Welt.

Bau der Metalle Um die elektrische Leitfähigkeit zu verstehen, ist es notwendig, den besonderen Bau der Metalle zu kennen. Im Gegensatz zu Salzen, deren Ionen im Ionengitter fest angeordnet sind, liegen im Metall elektrisch ungeladene Atome dicht gepackt aneinander (↗1), man nennt das ein **Metallgitter.** Mit dem Dalton-Modell der festen, unteilbaren Atome ließe sich die elektrische Leitfähigkeit aber nicht erklären (↗EXP. 13, S. 177). Erst mit der Vorstellung des Kern-Hülle-Modells, dass Atome aus Atomkern und Atomhülle, mit den darin befindlichen Elektronen, aufgebaut sind, lässt sich das Phänomen deuten.

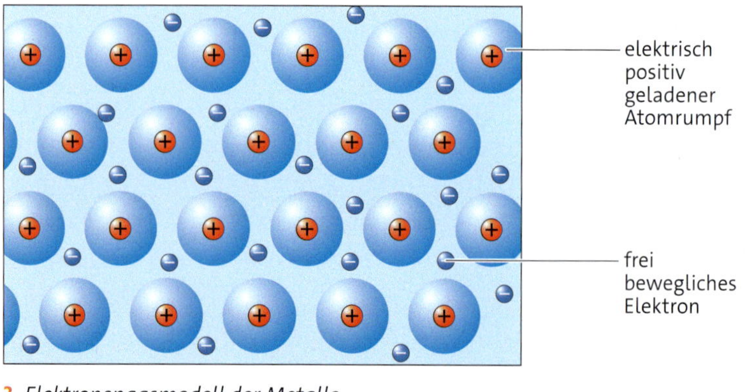

3 *Elektronengasmodell der Metalle*

Elektronengasmodell Im Metallgitter sind manche Elektronen der Atomhülle nicht mehr einem bestimmten Metall-Atom zugeordnet, sondern sie können sich zwischen den Atomen frei bewegen. Man nennt diese frei beweglichen Elektronen das **„Elektronengas“**. Fest an ihren Orten gebunden bleiben die positiv geladenen **Atomrümpfe** (↗3). Durch die elektrostatische Anziehung zwischen den negativ geladenen Elektronen des Elektronengases und den positiv geladenen Atomrümpfen entsteht die **Metallbindung.**
Legt man eine elektrische Spannung an ein Metallstück an, werden die frei beweglichen Elektronen des Elektronengases verschoben. Deshalb leiten Metalle den elektrischen Strom (↗2).

Duktilität Jeder kennt Gebrauchsgegenstände aus Metall. Sie werden durch Ziehen, Walzen oder Pressen in ihre Form gebracht. Metalle lassen sich verformen, ohne zu zerbrechen (↗4). Der Fachbegriff dafür ist **Duktilität** (lat. *ducere:* ziehen). Die Verformbarkeit kann mit dem Elektronengasmodell gedeutet werden. Bei Krafteinwirkung verschieben sich die Atomrümpfe im Metall. Sie sind aber auch nach der Verschiebung vom Elektronengas umgeben, sodass es zu keiner Abstoßung zwischen den gleichgeladenen Atomrümpfen kommt. Das Metall zerbricht nicht (↗5).

Wärmeleitfähigkeit Kochtöpfe oder Pfannen sind aus Metall, damit die Wärme des Kochfelds durch den Topfboden zum Essen gelangt. Auch bei einem metallischen Heizkörper kann die Wärme des Heizwassers an die Luft abgegeben werden.
Wird das Metall an einer Stelle erwärmt, können sich die dort stärkeren Schwingungen der Atomrümpfe durch das Elektronengas schnell innerhalb des gesamten Metallgitters ausbreiten.
Ein weiterer Vorteil ist, dass die meisten Metalle hohe Schmelztemperaturen haben, sodass sie stark erhitzt werden können.

Metalle haben eine hohe elektrische Leitfähigkeit, eine gute Verformbarkeit und Wärmeleitfähigkeit. Die Eigenschaften können mit dem Elektronengasmodell erklärt werden.

Metallischer Glanz Metalle gibt es in unterschiedlichen Farben. Gemeinsam ist allen Metallen der typische metallische Glanz. Er entsteht durch die Wechselwirkung von Licht und den freien Elektronen des Elektronengases.

4 *Eine Metalldose zerbricht bei Krafteinwirkung nicht.*

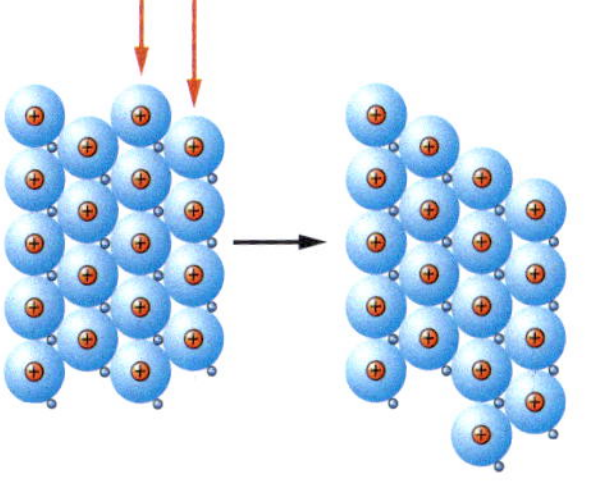

5 *Modell zur Verformbarkeit der Metalle: Die Schichten der Metall-Atome werden gegeneinander verschoben.*

Metall	elektrische Leitfähigkeit	Wärmeleitfähigkeit
Silber		
Kupfer		
Gold		
Aluminium		
Calcium		
Wolfram		
Eisen		

6 *Elektrische Leitfähigkeit und Wärmeleitfähigkeit einiger Metalle*

AUFGABEN

1 Schlägt man mit einem Hammer auf eine Blechdose, verformt sie sich. Schlägt man auf ein Glas, zerspringt es in Scherben. Erläutere.

2 Erkläre, warum man beim Umrühren eines heißen Tees mit einem Metalllöffel vorsichtig sein muss.

1 *Aluminiumfolie und Verpackungen*

Metall	Dichte in $\frac{g}{cm^3}$
Lithium	0,534
Aluminium	2,70
Eisen	7,86
Kupfer	8,96
Silber	10,49
Gold	19,30
Osmium	22,59

2 *Dichte von Metallen*

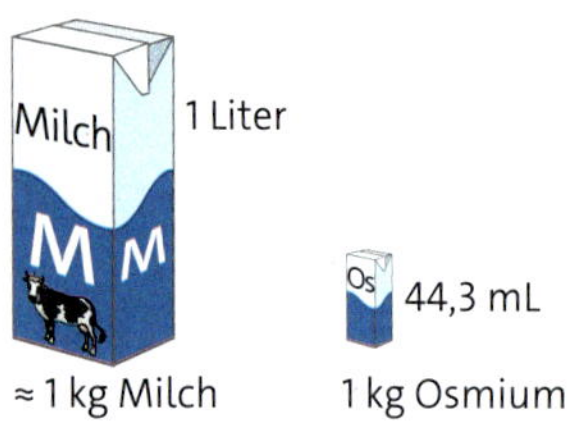

3 *Größenvergleich zur Dichte*

AUFGABEN

1 Obwohl die elektrische Leitfähigkeit von Kupfer besser ist als von Aluminium, werden für Überlandleitungen Aluminiumkabel verwendet. Was ist der Grund dafür? Begründe deine Antwort.

2 Begründe die Verwendung von Aluminium beim Bau von Flugzeugen.

3 Recherchiere die Zusammensetzung von Bronze und Messing und deren Verwendungen.

Vielfalt der Metalle Von den 118 Elementen im Periodensystem gehört mit über 90 der Großteil zu den Metallen. Hinzu kommen noch viele Legierungen. Obwohl allen Metallen gemeinsam die gute elektrische Leitfähigkeit und hohe Wärmeleitfähigkeit sowie ihre Verformbarkeit ist, unterscheiden sich die Metalle auch. Je nach Verwendung sind diese Unterschiede entscheidend. Dichte, Härte, Verformbarkeit, Beständigkeit gegenüber Umwelteinflüssen, Schmelztemperatur usw. sind wichtige Eigenschaften, an denen die Metalle unterschieden werden können.

Aus Eisen, Kupfer, Silber und Gold können Drähte hergestellt werden, z. B. für Stromkabel, Zäune („Maschendrahtzaun") und viele andere Anwendungen (↗4).
Aluminiumfolie, kurz Alufolie, wird zum Verpacken von Lebensmitteln und Medikamenten eingesetzt (↗1), aber auch als wärmereflektierende Schicht bei Baumaterialien für den Hausbau. Alufolie hat eine Dicke von etwa 0,01 mm bis 0,015 mm. Gold kann noch 100-mal dünner ausgewalzt werden als Aluminium. Die Goldfolie im Streuversuch von Rutherford war nur 0,0005 mm dick. Mit Blattgold werden z. B. Gegenstände aus Holz vergoldet.

Leicht- und Schwermetalle Auffällig sind die großen Unterschiede bei der Dichte (↗2). Das Metall mit der geringsten Dichte $\varrho = 0{,}534\ \frac{g}{cm^3}$ ist Lithium, es schwimmt sogar auf Wasser. Osmium ist das Metall mit der größten Dichte $\varrho = 22{,}59\ \frac{g}{cm^3}$. Zum Vergleich: Ein Würfel Osmium mit der Kantenlänge 1 cm hat die gleiche Masse wie über 42 solcher Würfel aus Lithium.
Allgemein teilt man die Metalle deshalb in Leichtmetalle mit $\varrho < 5\ \frac{g}{cm^3}$ und Schwermetalle mit $\varrho > 5\ \frac{g}{cm^3}$ ein. Zu den Leichtmetallen gehören u. a. Aluminium, Magnesium und Titan. Schwermetalle sind Gold, Blei aber auch Kupfer und Eisen.

Metall	Dichte in $\frac{g}{cm^3}$	Schmelztemperatur in °C	Verwendung (Beispiel)
Eisen	7,86	1540	Hauptbestandteil von Stahl
Kupfer	8,96	1083	elektrische Leitungen, Bestandteil von Bronze und Messing
Silber	10,49	961	Schmuckmetall, Spiegel
Gold	19,30	1063	Schmuckmetall, Elektronik
Blei	11,34	327	Blei-Akku (Autobatterie)
Aluminium	2,70	660	Verpackungen, Fahrzeug- und Flugzeugbau
Titan	4,51	1670	Titanstahl, Medizinimplantate

4 *Eigenschaften und Verwendung einiger Metalle*

Metalleigenschaften im Vergleich

EXP. 13 Elektrische Leitfähigkeit

Materialien: Gegenstände mit etwa 10 cm Länge z. B. Holzstab (Glimmspan), Kupferdraht, Magnesiumband (GHS 2), Tafelkreide, Batterie (4,5 oder 6 V), drei Kabel mit Krokodilklemmen, Leuchtdiode

Durchführung: Entwickle eine Leitfähigkeitstest-Apparatur aus den Materialien und baue sie auf. Überprüfe damit die elektrische Leitfähigkeit von Holzstab, Tafelkreide, Magnesiumband und Kupferdraht.

Entsorgung: Gegenstände für EXP. 16 weiterverwenden.

Auswertung: Erkläre deine Beobachtungen unter Berücksichtigung der Teilchenebene.

EXP. 14 Wärmeleitfähigkeit von Kupfer

Materialien: Kupferblech etwa 10 cm · 4 cm, Gasbrenner, Stativ mit Doppelmuffe und Klemme, 8 Streichholzköpfe

Durchführung: Baue den Versuch wie auf der Abbildung auf. Leg die Streichholzköpfe in die Mitte des Kupferblechs. Entzünde den Gasbrenner und erhitze mit nichtleuchtender Flamme am freien Ende des Kupferblechs. Notiere deine Beobachtung.

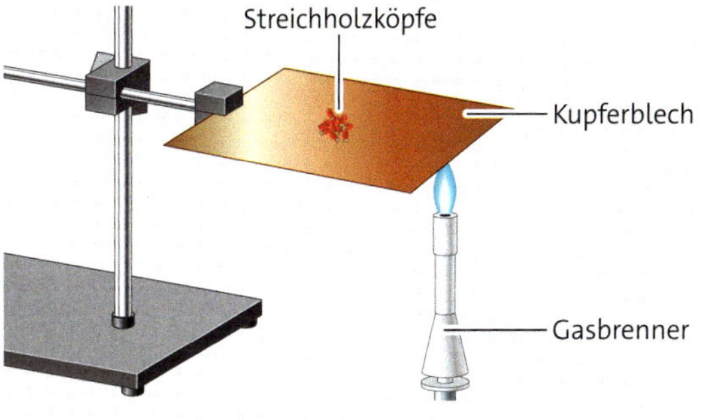

Entsorgung: Kupferblech einsammeln.

Auswertung: Erkläre deine Beobachtungen mit deinen Kenntnissen über den Bau der Metalle.

EXP. 15 Wärmeleitfähigkeit

Materialien: Jeweils etwa 20 cm langer Stab mit 1 cm Durchmesser aus Holz, Metall und Kunststoff, drei 1-Cent-Münzen, Butter, 300 mL-Becherglas (hohe Form), heißes Wasser (etwa 70 °C)

Durchführung: Klebe die Münzen mit wenig Butter jeweils an einem Ende der Stäbe fest. Fülle das heiße Wasser in das Becherglas und stelle die drei Stäbe vorsichtig und möglichst gleichzeitig hinein. Beobachte genau, in welcher Reihenfolge etwas passiert.

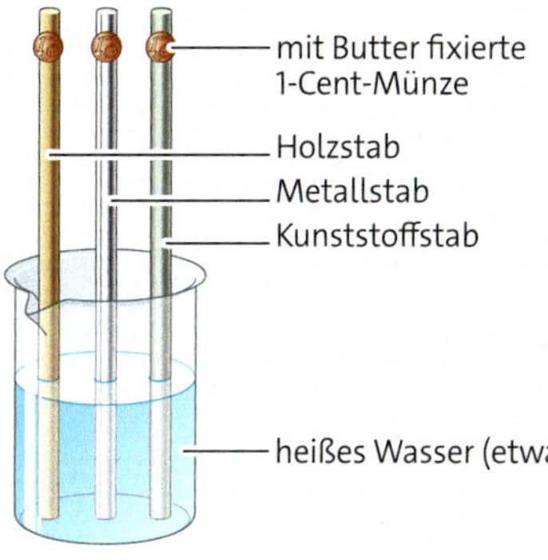

Entsorgung: Münzen und Stäbe mit einem Papiertuch reinigen und einsammeln. Papiertuch in den Hausmüll, Wasser in den Ausguss geben.

Auswertung: Gib eine Reihenfolge der Wärmeleitfähigkeit der Stoffe an. Formuliere dazu einen Merksatz.

EXP. 16 Verformbarkeit

Materialien: Gegenstände mit etwa 10 cm Länge z. B. Holzstab (Glimmspan), Kupferdraht, Magnesiumband (GHS 2), Tafelkreide

Durchführung: Nimm die Gegenstände nacheinander in die Hand und versuche, sie in der Mitte mindestens zwei Zentimeter durchzubiegen.

Auswertung: Erkläre deine Beobachtungen unter Berücksichtigung der Teilchenebene.

AUF EINEN BLICK

Sprödigkeit

kristalline Struktur

hohe Schmelztemperatur

elektrische Leitfähigkeit der Schmelzen und Lösungen

Eigenschaften

Salze haben gemeinsame Eigenschaften.

Salze

Salze bilden eine Stoffgruppe.

Aufbau

Salze sind aus Ionen aufgebaut.

Ionen
Kationen sind positiv geladene Ionen. Anionen sind negativ geladene Ionen.

Ionengitter
Kationen und Anionen sind im Ionengitter regelmäßig angeordnet.

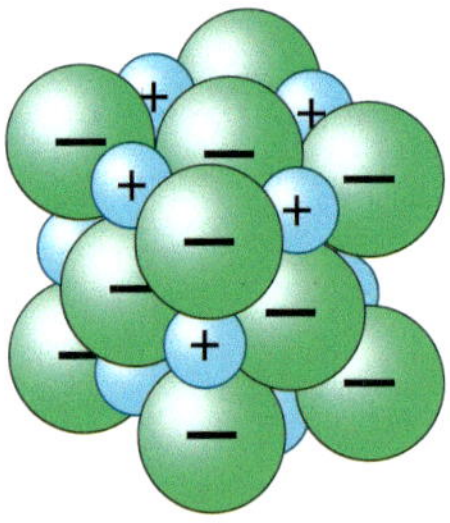

Ionenbindung
Die Ionenbindung entsteht durch die anziehende Wechselwirkung zwischen Kationen und Anionen im Ionengitter.

Verhältnisformel
Gibt das Zahlenverhältnis zwischen Kationen und Anionen im Ionengitter an.

Ionennachweise

Die Zusammensetzung eines Salzes kann durch den Nachweis von Ionen ermittelt werden.

Flammenfärbung
Die gesuchten Ionen erzeugen in der Gasbrennerflamme charakteristisches farbiges Licht.

metallischer Glanz

Duktilität (Verformbarkeit)

elektrische Leitfähigkeit

Wärmeleitfähigkeit

Eigenschaften

Metalle haben gemeinsame Eigenschaften.

Metalle

Metalle bilden eine Stoffgruppe.

Aufbau

Metalle haben einen gemeinsamen Aufbau.

Metallgitter
Die Metall-Atome sind im Metallgitter regelmäßig angeordnet.

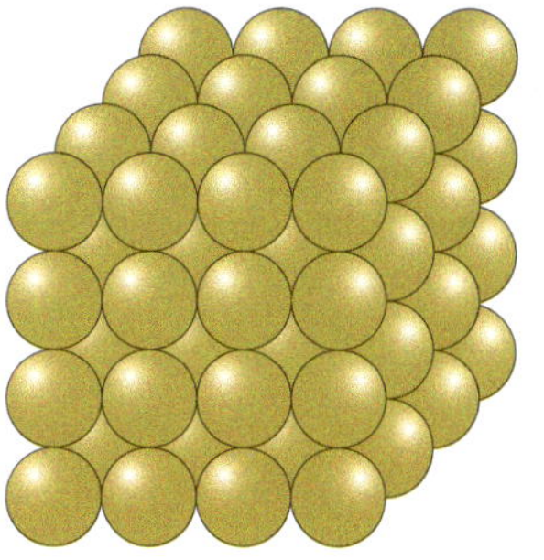

Metallbindung und Elektronengasmodell
Die Metallbindung entsteht durch die anziehende Wechselwirkung zwischen den Atomrümpfen und dem Elektronengas.

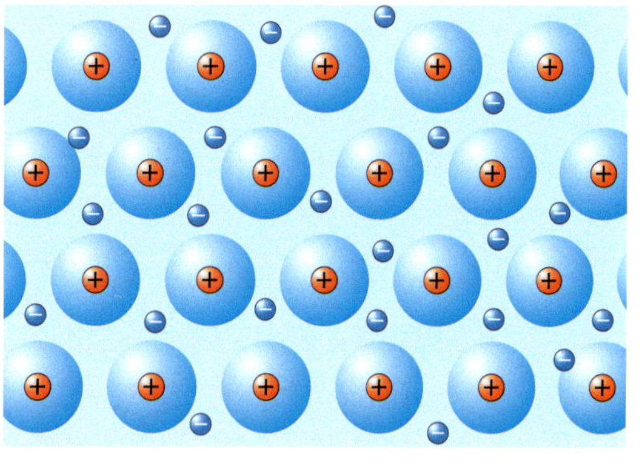

Kern-Hülle-Modell
Atome bestehen aus einer Atomhülle und einem Atomkern. Der Atomkern besteht aus Protonen und Neutronen und enthält fast die gesamte Masse. Die Atomhülle enthält negativ geladene Elektronen.

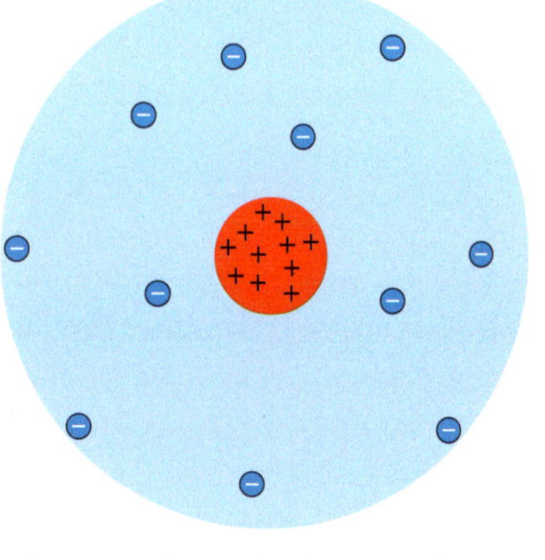

Fällungsreaktion
Die gesuchten Ionen bilden mit dem Nachweisreagenz einen schwerlöslichen Feststoff.
Beispiel Nachweis von Chlorid-Ionen Cl^- mit Silbernitratlösung:
$Ag^+(aq) + Cl^-(aq) \longrightarrow AgCl(s)\downarrow$

Farbreaktion
Die gesuchten Ionen bewirken, dass sich die Farbe der Nachweisreagenz ändert.
Beispiel:
Eisen(III)-Ionen Fe^{3+} färben Kaliumthiocyanatlösung rot.

TESTE DICH

1 Entscheide, ob folgende Aussagen richtig oder falsch sind.
- **a** Kationen sind positiv geladene Ionen.
- **b** Kationen ziehen sich gegenseitig an, Anionen stoßen sich gegenseitig ab.
- **c** Ein Ionengitter ist aus Kationen und Anionen aufgebaut.
- **d** Im Ionengitter wirkt die Ionenbindung.
- **e** Im Ionengitter wirken elektrostatische Kräfte.

2 Franz stellt sich vor, dass zwischen den Wasser-Molekülen in einer Natriumchloridlösung NaCl-Teilchen vorhanden sind. Beurteile die Vorstellung von Franz und erstelle eine Skizze der Natriumchloridlösung auf Teilchenebene.

3 Entscheide, ob folgende Aussagen richtig oder falsch sind.
- **a** Salzkristalle sind elektrisch leitfähig.
- **b** Salzlösungen sind elektrisch leitfähig.
- **c** Salzschmelzen sind elektrisch leitfähig.
- **d** Je höher geladen die Ionen, desto höher ist die Schmelztemperatur des Salzes.
- **e** Je kleiner die Ionen, desto höher ist die Schmelztemperatur des Salzes.
- **f** Wenn Salze schmelzen, wird das Ionengitter zerstört.

4 Teile die Stoffe anhand der gegebenen Informationen in Salze oder molekulare Stoffe ein und begründe deine Einteilung.
- **a** P_4O_{10}, Sublimationstemperatur: 362 °C
- **b** PbO, Schmelztemperatur: 888 °C
- **c** $SnCl_2$, Schmelztemperatur: 246 °C
- **d** SCl_2, Schmelztemperatur: −65 °C

5 Entscheide, auf welche Salze die allgemeine Verhältnisformel XY_2 passt. X steht für das Kation, Y für das Anion.
Eisen(III)-oxid, Magnesiumchlorid, Kaliumsulfid, Titan(IV)-oxid, Calciumoxid, Natriumnitrid, Bariumfluorid, Strontiumbromid, Kupfer(II)-oxid

6 Übernimm und vervollständige die Tabelle.

Name	Kation	Anion	Formel
Magnesiumfluorid	?	?	?
Eisen(II)-phosphat	?	?	?
Silbersulfid	?	?	?
Kaliumoxid	?	?	?
Blei(IV)-iodid	?	?	?
Aluminiumsulfid	?	?	?

7 Gib die vollständigen Salznamen für die folgenden Verhältnisformeln an:
LiBr, Mg_3N_2, $FeCl_3$, CuO, $CuSO_4$

8 Eine Laborantin möchte überprüfen, ob die Silbernitratlösung zum Nachweis noch in Ordnung ist. Dazu führt sie eine positive und eine negative Blindprobe durch. Beschreibe, wie die Laborantin dabei vorgeht.

9 Übernimm und vervollständige die Nachweisreaktionen mithilfe der Informationen:
- **a** $Ba^{2+}(aq)$ + ___?___ ⟶ ___?___; weißer Niederschlag, löst sich mit Salzsäure nicht auf.
- **b** $Ag^{+}(aq)$ + ___?___ ⟶ ___?___; gelber Niederschlag
- **c** $Ca^{2+}(aq)$ + ___?___ ⟶ ___?___; weißer Niederschlag, löst sich mit Salzsäure auf.

10 Für den Showversuch „Künstliches Blut" benötigt man zwei verschiedene Lösungen. Lösung A wird auf die Haut geschmiert, Lösung B haftet am stumpfen Messer. Wird das Messer über die Haut gezogen, tropft „Blut", also eine rote Flüssigkeit vom Messer. Nenne die Bestandteile von Lösung A und Lösung B.

11 Beurteile die Aussagen des Nachrichtensprechers: „... bei dem Feuer in der Chemiefabrik schlugen meterhohe knallrote Flammen aus dem Lagergebäude. Nach Aussage des Werksleiters lagerten dort mehrere Tonnen Bariumnitrat ...“

12 Korrigiere die Aussagen.
- **a** Silberchlorid ist ein gelber Feststoff.
- **b** Kalium-Ionen färben die Flamme gelb.
- **c** Eine Lösung mit Kupfer(II)-Ionen färbt sich mit Ammoniaklösung rot.
- **d** Ammonium-Ionen werden als schwerlösliches Ammoniumsulfat nachgewiesen.
- **e** Carbonat-Ionen können mit Natrium- oder Kalium-Ionen nachgewiesen werden.
- **f** Bariumsulfat löst sich mit Salzsäure unter Gasbildung auf.

13 Stelle die Reaktionsgleichungen zwischen folgenden gelösten Salzen auf.
- **a** Silbernitrat und Kaliumbromid
- **b** Bariumchlorid und Silbernitrat
- **c** Calciumiodid und Natriumcarbonat
- **d** Lithiumsulfat und Natriumchlorid
- **e** Kaliumsulfat und Bariumbromid

14 Betrachte den Versuchsaufbau:

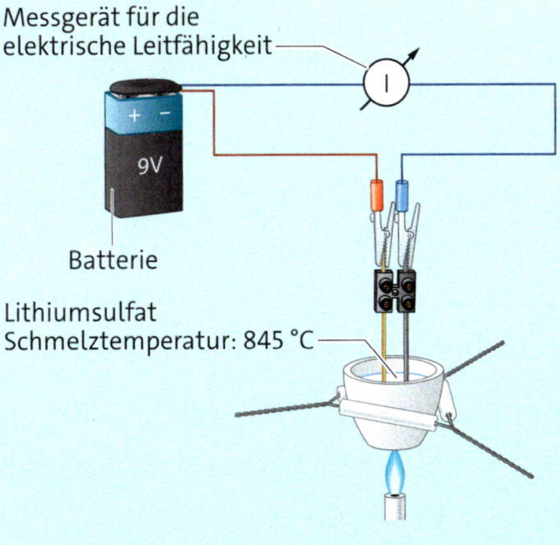

Erstelle ein Diagramm, in dem du die Leitfähigkeit in Abhängigkeit von der Temperatur von 0 °C bis 1000 °C darstellst.

15 Vervollständige den Satz.
Eine Tee- oder Kaffee-Tasse ist aus Porzellan hergestellt und nicht aus einem Metall. Die Schönheit spielt keine Rolle, der Grund ist ...

16 **a** Nenne die Eigenschaft, die die beiden Metalle Natrium und Blei unterscheidet.
b Nach dem Atommodell von Dalton sind Blei-Atome schwerer als Natrium-Atome. Mit dem Kern-Hülle-Modell kann man das genauer erklären. Formuliere eine solche Erklärung.

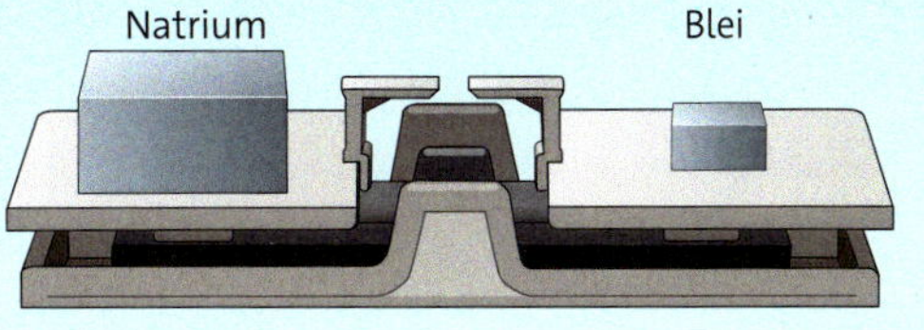

17 Übernimm die Tabelle und ergänze die Lücken.

Teilchen	Anzahl der Elektronen	Anzahl der Protonen
Na	11	?
Na^+	?	?
Mg	12	?
?	10	12
S	?	16
S^{2-}	?	?

Hilfe zu den Aufgaben findest du auf den Seiten ...

1	S. 146–147, 150	10	S. 165
2	S. 150, 154	11	S. 164
3	S. 154–155	12	S. 162–165
4	S. 151	13	S. 162–163
5	S. 151	14	S. 148, 154
6	S. 152–153	15	S. 175
7	S. 152–153	16	S. 173, 176
8	S. 163	17	S. 173
9	S. 162–163		

Die Lösungen findest du im Anhang.

Material A Salz und Zucker

In Jordanien befindet sich das Tote Meer, ein See mit einem extrem hohen Salzgehalt. Am Ufer sieht man auskristallisiertes Natriumchlorid NaCl. Vergleicht man das Aussehen der Salzkristalle mit Kristallen vom Haushaltszucker $C_{12}H_{22}O_{11}$, kann man auf dem ersten Blick keinen Unterschied erkennen und gut wasserlöslich sind die beiden Stoffe auch.

Eigenschaft	Natriumchlorid	Haushaltszucker
Schmelztemperatur	800 °C	185 °C
Dichte	2,16 $\frac{g}{cm^3}$	1,57 $\frac{g}{cm^3}$
Löslichkeit in Wasser	gut: 360 $\frac{g}{L}$	sehr gut: 2039 $\frac{g}{L}$
elektrische Leitfähigkeit der Lösung	ja	nein

A1 *Eigenschaften von Natriumchlorid und Haushaltszucker im Vergleich*

1 Ordne die Stoffe einer Verbindungsart zu. Begründe deine Zuordnung.

2 Begründe die Unterschiede in den Eigenschaften mit dem Bau der Stoffe auf der Teilchenebene.

Material B Schmelztemperaturen der Salze

Im unten stehenden Diagramm B1 sind die Schmelztemperaturen von sechs Salzen aufgetragen: Bariumoxid, Kaliumbromid, Kaliumchlorid, Kaliumiodid, Magnesiumoxid und Strontiumoxid.

1 Gib die Verhältnisformeln der genannten Salze an.

2 Ordne den Schmelztemperaturen die passenden Salze zu.
Hinweis: Die Reihenfolge oben entspricht nicht der Reihenfolge im Bild.

3 Begründe deine Zuordnung mithilfe des Aufbaus der Salze auf der Teilchenebene.

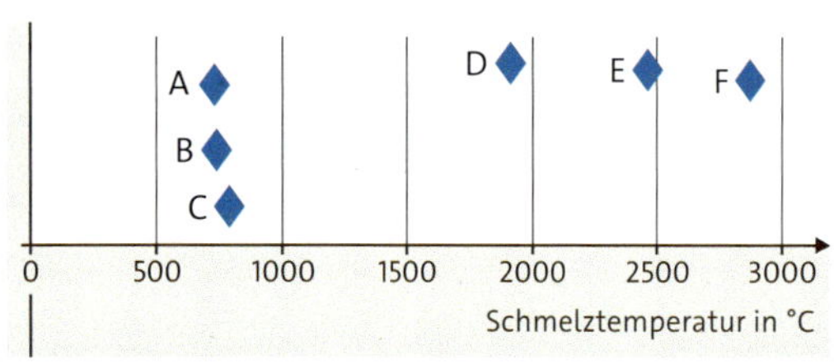

B1 *Schmelztemperatur von sechs Salzen*

Material C Seltsames Wasser

Viele Camper schwören auf den Zusatz von Silber in Wassertanks, damit das Wasser keimfrei bleibt. Entstehende Silber-Ionen im Wasser wirken dabei giftig auf die Keime.

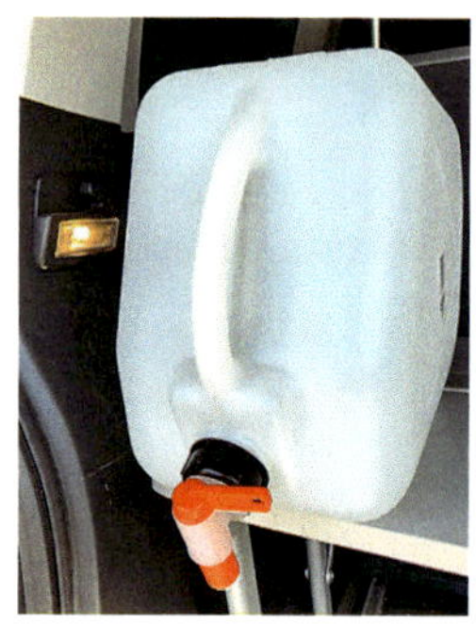

Dieses Wasser soll zum Kochen von Nudeln genutzt werden. Beim kräftigen Salzen fällt auf, dass sich das Salz scheinbar gar nicht richtig auflöst. Auch nach längerem Umrühren bleibt ein weißer Bodensatz zurück.

1 Erkläre unter Verwendung einer Reaktionsgleichung die beschriebenen Beobachtungen.

2 Entwickle ein Vorgehen, wie man mit Silber entkeimtes Wasser dennoch zum Kochen von Nudeln nutzen kann.

Material D Chaos im Labor

Im Labor stehen vier Flaschen mit weißen kristallinen Stoffen. Leider wurde vergessen, die Etiketten vorher aufzukleben.
Zur Identifizierung der Stoffe wurden die Flaschen mit Nummern markiert und anschließend folgende Versuche durchgeführt:

Versuch	Beobachtung
Lösen in Wasser	1, 2 und 3 sind wasserlöslich; 4 nicht
Leitfähigkeitsprüfung der Lösungen	1 und 3 sind leitfähig, 2 nicht
Zutropfen von Silbernitratlösung zu den Lösungen	weißer Niederschlag bei 1 und 3; bei 2 nicht
Flammenfärbung bei Lösung 1 und 3	1: gelbe Flamme; 3: rote Flamme

D1 *Versuchsbeobachtungen*

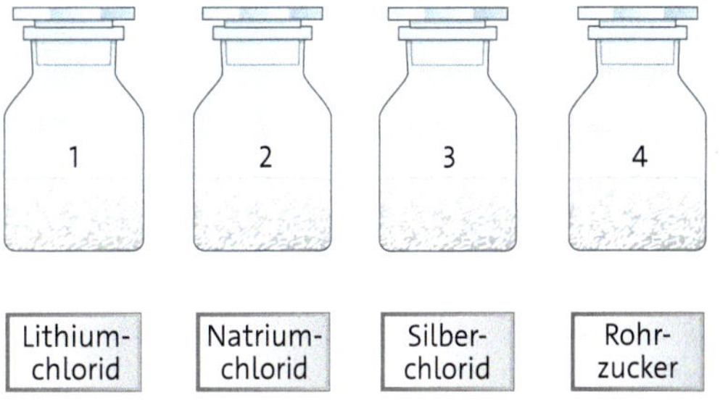

D2 *Nummerierte Chemikalienflaschen und nicht aufgeklebte Etiketten*

1 Deute die Beobachtungen der vier Versuche.
2 Ordne die Etiketten begründet zu.
3 Man hätte diese Untersuchung in vier Schritten auch abkürzen können. Mache dazu begründet Vorschläge.

Material E Temperaturabhängigkeit der elektrischen Leitfähigkeit

In zwei Versuchen wurde gemessen, wie sich die elektrische Leitfähigkeit von Kupfer und Kochsalz bei Erwärmung verändern. Die Versuchsergebnisse sind rechts dargestellt.

1 Beschreibe beide Diagramme. Gehe dabei auch auf den Verlauf der Graphen ein.
2 Stelle die Stoffe auf Teilchenebene an den mit Lupen gekennzeichneten Stellen dar.
3 Stelle eine Hypothese auf, die den Verlauf beim Kupfer auf Teilchenebene erklärt (↗E1).
4 Der blaue Pfeil kennzeichnet eine wichtige Temperatur, die mit einem Fachbegriff bezeichnet wird. Nenne diesen Fachbegriff.
5 Reines Wasser zeigt keine Leitfähigkeit, eine Kochsalzlösung hingegen schon. In einem Experiment misst man die Leitfähigkeit von Wasser und gibt nach und nach Kochsalz hinzu, das sich sofort löst. Erstelle ein Diagramm und vergleiche es mit dem Leitfähigkeits-Temperatur-Diagramm von Kochsalz.

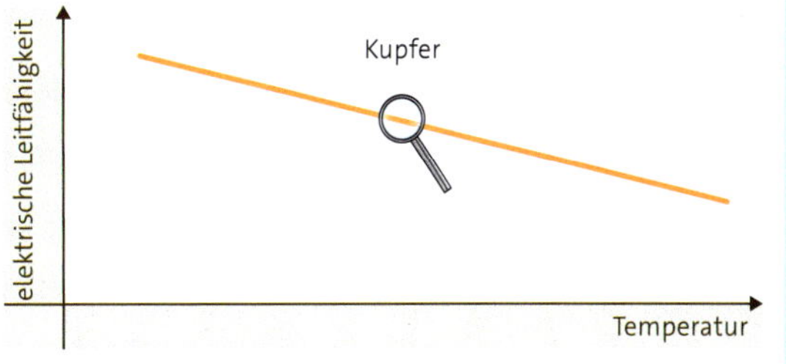

E1 *Elektrische Leitfähigkeit von Kupfer in Abhängigkeit von der Temperatur*

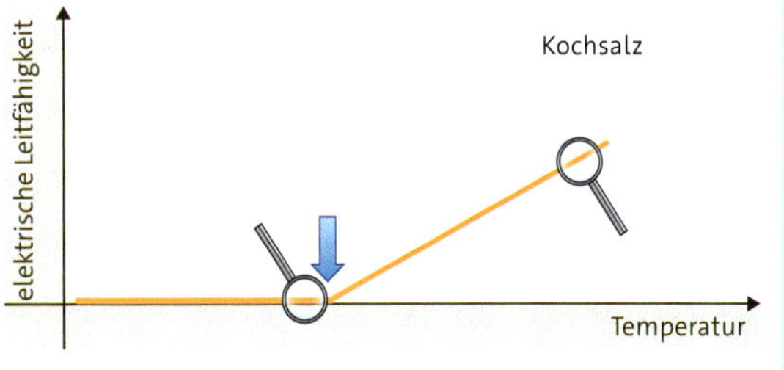

E2 *Elektrische Leitfähigkeit von Natriumchlorid in Abhängigkeit von der Temperatur*

Lösungen der Teste-dich-Aufgaben

Stoffe und ihre Eigenschaften (Seite 36–37)

1 Bei chemischen Vorgängen verschwinden Stoffe und andere Stoffe entstehen. Beim Auflösen der Brausetablette verschwinden Zitronensäure und Natron. Es entsteht das Gas Kohlenstoffdioxid.

2 **Kupfer(II)-sulfat**
GHS 7: gesundheitsschädlich, (allergische Hautreaktion,) Haut und Augen reizend; GHS 9: wassergefährdend
Kaliumnitrat
GHS 3: brandfördernd
Buttersäure
GHS 5: ätzend; GHS 7: gesundheitsschädlich, (allergische Hautreaktion, Haut und Augen reizend)
Calciumcarbid
GHS 2: entzündbar; GHS 5: ätzend; GHS 7: (gesundheitsschädlich, allergische Hautreaktion,) Haut und Augen reizend
Pikrinsäure
GHS 1: explosiv, GHS 6: giftig

3 Von vielen Chemikalien können Gefahren ausgehen. Sie sind z. B. giftig, leicht brennbar oder ätzend. Beim Aufbewahren in Vorratsgefäßen für Lebensmittel droht Verwechslungsgefahr. Sie müssen in Behältern aufbewahrt werden, auf denen die Gefahren genau gekennzeichnet sind.

4 a

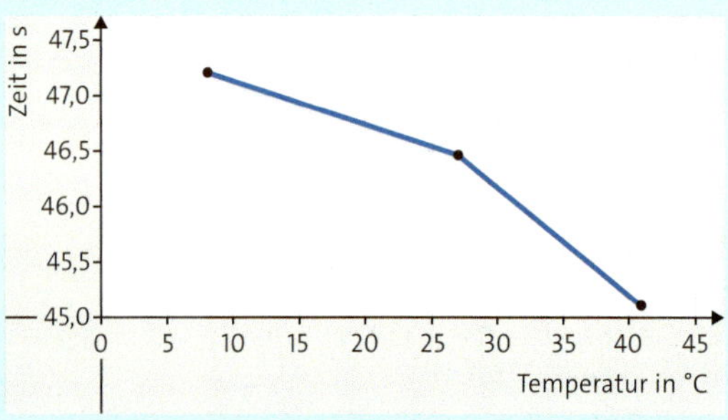

b Je höher die Temperatur ist, desto weniger Zeit vergeht, bis die Flüssigkeit vollständig aus der Pipette gelaufen ist. Die Viskosität der Flüssigkeit nimmt mit steigender Temperatur ab. Dies liegt an der stärkeren Teilchenbewegung bei höherer Temperatur. Die Anziehungskräfte zwischen den Teilchen sind geringer, die Teilchenabstände größer.

5

D	Geschlossene Luftzufuhr und Gaszufuhr am Brenner kontrollieren, Feuerzeug/Streichhölzer bereitlegen.
B	Gasschlauch am Tischanschluss befestigen.
C	Gaszufuhr am Tisch und am Brenner öffnen.
A	Feuerzeug- oder Streichholzflamme über die Öffnung des Brennerrohrs halten.
E	Luftzufuhr öffnen und regulieren.

6 a Stäbchen 1 → Position C
Stäbchen 2 → Position B

b

Position	Temperatur
A	1100 °C
B	1500 °C
C	390 °C

An Position C (Innenkegel) hat die Flamme die geringste Temperatur. Hält man ein Stäbchen dort nur kurz hin, verkohlt es nur an den heißeren Stellen außen.
Position A und B sind heiß genug, um das Stäbchen zu verkohlen. An Position B ist die Flamme aber breiter, was besser zu Stäbchen 2 passt.

7

Nummer	Laborgerät
1	Thermometer
2	Stativ mit Klemme
3	Becherglas
4	Drahtnetz
5	Dreifuß
6	Gasbrenner

8 Geräte zur Halterung: Reagenzglashalter, Tiegelzange, Stativ, Klemme, Muffe, Dreifuß mit Drahtnetz, Stativring
Geräte zum Messen: Messzylinder, Thermometer
Geräte zum Abfüllen: Reagenzglas, Becherglas, Erlenmeyerkolben, Rundkolben, Standzylinder, Spritzflasche, Tropfpipette, Spatel, Trichter

9 a

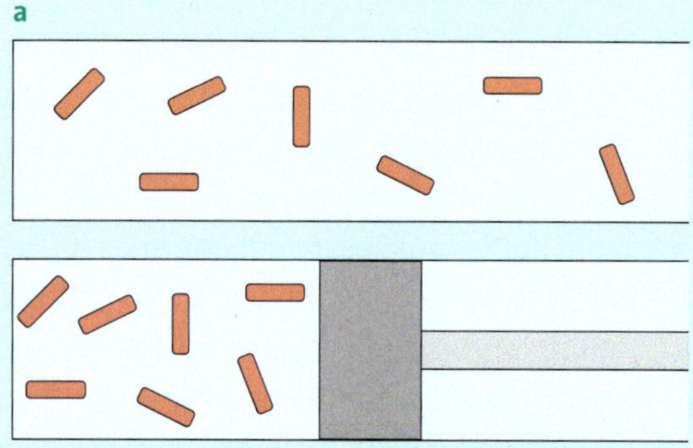

b Die Kräfte zwischen den Teilchen wirken stärker. Die mittlere Begründung ist die passende: Je kleiner die Abstände zwischen den Teilchen sind, desto stärker wirken die Anziehungskräfte.

10 In Flüssigkeiten und Gasen haben die Teilchen keine festen Plätze und sind so beweglich, dass sie z. B. aneinander vorbei gleiten können. Daher passen sich Stoffe in diesen Aggregatzuständen der Form des Gefäßes an.

Im festen Aggregatzustand sind die Teilchen sehr nah beieinander. Es wirken starke Anziehungskräfte, welche die Teilchen an ihren Plätzen festhalten.

11 Natron kann mithilfe von Rotkohlindikator identifiziert werden. Nur die Lösung mit Natron reagiert basisch.
Salz und Zucker können durch Erhitzen unterschieden werden. Zucker karamellisiert beim Erhitzen. Eine Salzlösung leitet zudem den elektrischen Strom, eine Zuckerlösung nicht.

12

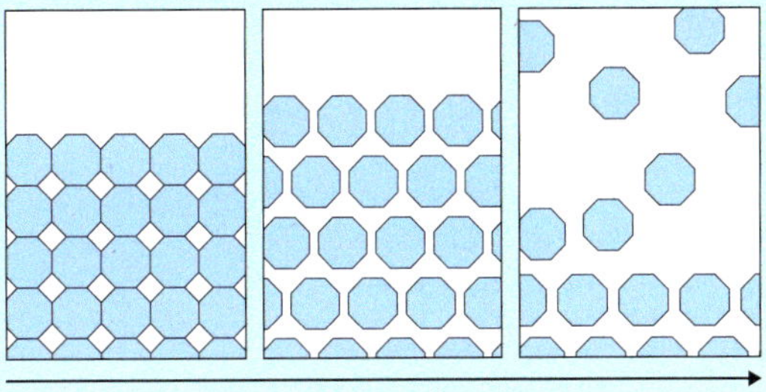

Im festen Kohlenstoffdioxid (Trockeneis) liegen die Teilchen dicht gepackt aneinander. Zwischen den Teilchen wirken starke Anziehungskräfte. Mit zunehmender Temperatur werden die Abstände größer, die Anziehungskräfte schwächer. Beim Sublimieren werden die Anziehungskräfte zwischen den Teilchen vollständig überwunden und die Abstände zwischen den Teilchen sehr groß. Sie verlassen ihre feste Anordnung und nehmen den kompletten Raum ein.

13

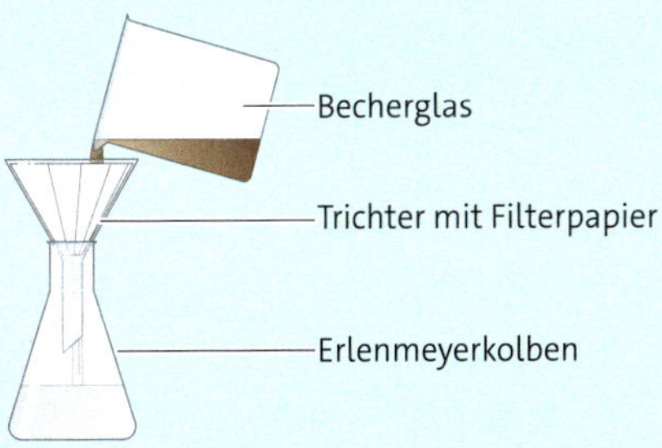

14 Die Aussage ist falsch. Denn es handelt sich immer um den gleichen Stoff: Wasser. Er liegt nur in verschiedenen Aggregatzuständen vor. Die Art der Teilchen bleibt immer gleich.

Stoffgemische und Stofftrennung (Seite 70–71)

1

Variante	Art
destilliertes Wasser	Reinstoff
Leitungswasser	homogenes Stoffgemisch, Lösung
Stilles Mineralwasser	homogenes Stoffgemisch, Lösung
Sprudelwasser	homogenes Stoffgemisch, Lösung
Meerwasser	homogenes Stoffgemisch, Lösung
Abwasser	heterogenes Stoffgemisch, Suspension
Spülwasser	heterogenes Stoffgemisch, Emulsion
Regenwasser	heterogenes Stoffgemisch, Suspension

Fast alle „Wasserarten" sind Stoffgemische. Sie unterscheiden sich in ihrer Zusammensetzung, z. B. sind in Mineralwasser Gase, Salze und andere Stoffe gelöst.

2 Butter ist kein Reinstoff, sondern ein Stoffgemisch. Je nach Zusammensetzung ergibt sich eine andere Schmelztemperatur. Daher hat jede Stoffportion Butter eine andere Schmelztemperatur und es wird für Butter ein Schmelzbereich angegeben.

3

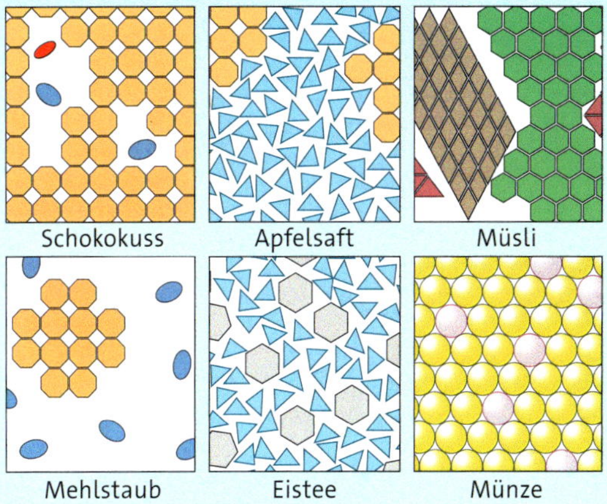

4 a Mineralwasser: Massenkonzentration
Joghurtdrink: Massenanteil

b geg.: $V(\text{Mineralwasser}) = 100\ \text{mL}$
$\beta(\text{Sulfat}) = 39\ \text{mg/L}$
ges.: $m(\text{Sulfat})$
Lösung:
$m(\text{Sulfat}) = \beta(\text{Sulfat}) \cdot V(\text{Mineralwasser})$
$= 39\ \text{mg/L} \cdot 0{,}100\ \text{L} = 3{,}9\ \text{mg}$
Antwort: In einem Glas Mineralwassers sind 3,9 mg Sulfat enthalten.

c geg.: $m(\text{Joghurtdrink}) = 1000\ \text{g}$
$w(\text{Zucker}) = 0{,}11$
ges.: $m(\text{Zucker})$
Lösung:
$m(\text{Zucker}) = w(\text{Zucker}) \cdot m(\text{Joghurtdrink})$
$= 0{,}11 \cdot 1000\ \text{g} = 110\ \text{g}$
Antwort: Im gesamten Joghurtdrink sind 110 g Zucker enthalten.

5 geg.: $m(\text{Kupfer}) = 58\ \text{g}$ ges.: $w(\text{Kupfer})$
$m(\text{Zink}) = 39\ \text{g}$ $w(\text{Zink})$
$m(\text{Blei}) = 3\ \text{g}$ $w(\text{Blei})$

Lösung: Im ersten Schritt muss aus den Massen der Metalle die Gesamtmasse des Messings berechnet werden:

$m(\text{Messing}) = m(\text{Kupfer}) + m(\text{Zink}) + m(\text{Blei})$
$= 58\text{ g} + 39\text{ g} + 3\text{ g}$
$= 100\text{ g}$

Mit der Masse Messing können die Massenanteile berechnet werden.

$$w(\text{Kupfer}) = \frac{m(\text{Kupfer})}{m(\text{Messing})} = \frac{58\text{ g}}{100\text{ g}} = 0{,}58$$

$$w(\text{Zink}) = \frac{m(\text{Zink})}{m(\text{Messing})} = \frac{39\text{ g}}{100\text{ g}} = 0{,}39$$

$$w(\text{Blei}) = \frac{m(\text{Blei})}{m(\text{Messing})} = \frac{3\text{ g}}{100\text{ g}} = 0{,}03$$

Antwort: Die Massenanteile betragen für Kupfer 0,58, für Zink 0,39 und für Blei 0,03.

6 geg.: $V(\text{Desinfektionsmittel}) = 250\text{ mL}$
$V(\text{Isopropanol}) = 175\text{ mL}$
ges.: $\sigma(\text{Isopropanol})$

$$\sigma(\text{Isopropanol}) = \frac{V(\text{Isopropanol})}{V(\text{Desinfektionsmittel})} = \frac{175\text{ mL}}{250\text{ mL}} = 0{,}7$$

Antwort: Die Volumenkonzentration von Isopropanol im Desinfektionsmittel beträgt 0,7.

7

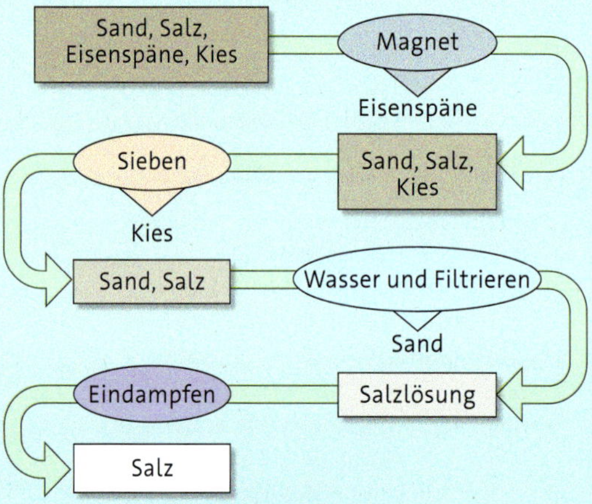

8 a

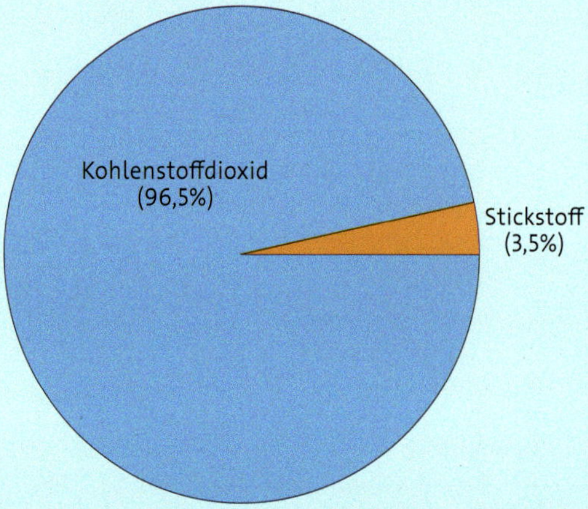

b Gemeinsamkeit: Die Gase Kohlenstoffdioxid und Stickstoff kommen in beiden Gasgemischen vor. Unterschiede: Stickstoff ist in der Luft der Hauptbestandteil (78 %), während in der Venusatmosphäre Kohlenstoffdioxid den Hauptbestandteil ausmacht. In Luft ist Kohlenstoffdioxid nur mit 0,04 % vertreten.

9 Gasnachweise: Je eine Probe der Gase wird z. B. mit einer Spritze entnommen und das Gas wird jeweils in ein Reagenzglas geleitet, z. B. durch Luftverdrängung oder pneumatisch aufgefangen.
Wasserstoff wird mit der Knallgasprobe nachgewiesen. Die Öffnung des Reagenglases wird an eine Flamme gehalten. Kommt es zu einem pfeifenden Geräusch, handelt es sich um Wasserstoff.
Sauerstoff wird mit der Glimmspanprobe nachgewiesen. Ein glimmender Holzspan wird in das Reagenzglas gehalten. Glüht er auf, ist das Gas Sauerstoff.

10 Beobachtung: Die Kerzenflammen erlöschen von unten nach oben.
Erklärung: Kohlenstoffdioxid hat eine höhere Dichte als Luft und sinkt daher im Gefäß zu Boden und füllt das Gefäß von unten nach oben. Dabei verdrängt es die Luft (den Sauerstoff). Da dieser für die Verbrennung nötig ist, erlöschen die Flammen.

11 Die Wirkung der Senkung des Gefrierpunkts sollte ähnlich sein, wie die von Salz. Zucker ist jedoch ein Nährstoff. Es wäre daher Verschwendung von Nahrungsmitteln, diese auf die Straße zu streuen. Zudem könnte der Zucker Tiere anlocken und er wäre vielleicht klebrig.

12 Beim Komprimieren wird der Druck erhöht. Die Teilchen der Luft werden beschleunigt und treffen im kleineren Raum häufiger aufeinander. Dies führt zu einer Erwärmung. Bei der Expansion wird der Druck wieder verringert, die Teilchen entfernen sich voneinander und werden langsamer. Es kommt zu einer Abkühlung.

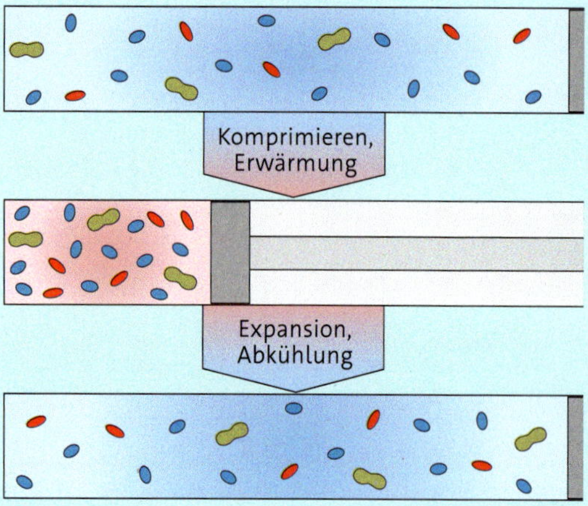

13 a Massenkonzentration
b Es werden zunächst genau 9 g Kochsalz abgewogen. Dann wird das Kochsalz in einen Messzylinder

gegeben und mit entmineralisiertem Wasser auf ein Volumen von 1 Liter aufgefüllt.

c Ein genau abgemessenes Volumen der Kochsalzlösung wird eingedampft. Das zurückbleibende Salz wird gewogen. Die Masse des Salzes bezogen auf das abgemessene Volumen ergibt die Massenkonzentration.

Chemische Reaktionen (Seite 112–113)

1 Aussagen **a** und **e** treffen zu. Alle anderen Aussagen nicht.

2 a Beim Vermischen der beiden Stoffe ist eine Temperaturabnahme von 23 auf 4 °C beobachtbar (Temperaturabnahme von −19 °C).
b Es ist eine endotherme Reaktion. Die Temperaturabnahme deutet darauf hin, dass Wärme/Energie aus der Umgebung aufgenommen wurde, damit eine Reaktion ablaufen kann.

3 Elektrischer Blitz: Physikalischer Vorgang, es wird elektrische Energie in Lichtenergie umgewandelt.
Magnesium-Blitz: Chemische Reaktion, denn bei der exothermen Reaktionen zwischen Magnesium und Kaliumchlorat wird ein Teil der Reaktionsenergie als Licht (Strahlung) abgegeben.

4 a Endotherm: Die Reaktion läuft nur ab, wenn erhitzt wird.
b Exotherm: Explosionen sind sehr schnelle exotherme Reaktionen. Der blaue Laser liefert die Aktivierungsenergie.
c Exotherm: Explosionen sind sehr schnelle exotherme Reaktionen (Knall). Die elektrische Energie durch den Gleichstrom liefert die Aktivierungsenergie.
d Endotherm: Elektrolysen laufen nur ab, solange elektrische Energie zugeführt wird.
e Exotherm: Das Erwärmen des Gemischs deutet darauf hin, dass Energie an die Umgebung abgeben wurde.

5 $S(s) + O_2(g) \rightarrow SO_2(g)$ | exotherm
SO_2: Schwefeldioxid.
Aus den Informationen ist ablesbar, dass es sich um eine exotherme Reaktion handelt. Sauerstoff und das gasförmige Reaktionsprodukt müssen die gleichen Koeffizienten in der Reaktionsgleichung haben.

6 Der Satz von Avogadro gilt nur unter gleichen Bedingungen (Temperatur und Druck). Durch die exotherme Reaktion wird Wärme abgegeben. Die Temperatur des entstehenden Wasserdampfs ist viel größer als die des Knallgasgemischs. Der Dampf dehnt sich schlagartig aus und der Stempel fliegt weg. Würde man den entstehenden Wasserdampf auf die gleiche Temperatur abkühlen wie das Knallgasgemisch (ohne das er kondensiert), würden auch 12 ml Wasserdampf erhalten werden.

7 a Stickstoff + Sauerstoff → Stickstoffmonooxid
$N_2 + O_2 \rightarrow 2\,NO$
b Schwefel + Sauerstoff → Schwefeldioxid
$S + O_2 \rightarrow SO_2$
c Diphosphortrioxid + Sauerstoff → Tetraphosphordecaoxid
$2\,P_2O_3 + 2\,O_2 \rightarrow P_4O_{10}$
d Kohlenstoffmonooxid + Wasser → Kohlenstoffdioxid + Wasserstoff
$CO + H_2O \rightarrow CO_2 + H_2$
e Triwasserstoffphosphid + Fluor → Phosphortrifluorid + Wasserstofffluorid
$PH_3 + 3\,F_2 \rightarrow PF_3 + 3\,HF$

8 Sauerstoff-Moleküle sind zweiatomig, d. h. das Sauerstoff-Molekül ist aus zwei Sauerstoff-Atomen aufgebaut (O_2). Die relative Molekülmasse beträgt 32, das Kohlenstoffmonooxid-Molekül (CO) hat die relative Molekülmasse 28. Da nach dem Satz von Avogadro gleich viele Teilchen in je einem Liter Gas sein müssen, hat der Sauerstoff-Kolben die größere Masse.

9 a $C + H_2O \rightarrow CO + H_2$
b $H_2S + 4\,F_2 \rightarrow SF_6 + 2\,HF$
c $2\,NO + O_2 \rightarrow 2\,NO_2$
d $C_7H_{16} + 11\,O_2 \rightarrow 7\,CO_2 + 8\,H_2O$

10 Distickstofftetraoxid: N_2O_4
Stickstoffdioxid: NO_2
Stickstoffmonooxid: NO
Distickstoffmonooxid: N_2O

11 a H_2S, Diwasserstoffsulfid-Molekül, b CO_2 Kohlenstoffdioxid-Molekül, c H_2O Wasser-Molekül (Diwasserstoffmonooxid), d O_2 Sauerstoff-Molekül, e N_2 Stickstoff-Molekül, f N_2O Distickstoffmonooxid-Molekül, g NO_2 Stickstoffdioxid-Molekül, h S_2Cl_2 Dischwefeldichlorid-Molekül, i SO_2 Schwefeldioxid-Molekül, j CO Kohlenstoffmonooxid-Molekül, k NO Stickstoffmonooxid-Molekül, l HCl Wasserstoffchlorid-Molekül, m H_2 Wasserstoff-Molekül, n H_2O_2 Wasserstoffperoxid-Molekül (Diwasserstoffdioxid), o SO_3 Schwefeltrioxid-Molekül

12 a C: $2\,O_2 + N_2 \rightarrow 2\,NO_2$
b A: $3\,H_2 + N_2 \rightarrow 2\,NH_3$
c D: $H_2 + Br_2 \rightarrow 2\,HBr$
d B: $CH_4 + 2\,O_2 \rightarrow CO_2 + 2\,H_2O$

Quantitative Aspekte chemischer Reaktionen (Seite 138–139)

1 geg.: $n(CH_4) = 22$ mol ges.: $V(CH_4)$
$V_m = 24{,}4$ L/mol
Lösung:
$V(CH_4) = n(CH_4) \cdot V_m = 22\text{ mol} \cdot 24{,}4\text{ L/mol} = 536{,}8\text{ L}$
Antwort: Eine Kuh gibt am Tag etwa 537 L Methan ab.

2 geg.: $m(C_{10}H_{14}N_2) = 12\text{ mg} = 0{,}012\text{ g}$
$N_A = 6{,}022 \cdot 10^{23}\text{ 1/mol}$
ges.: $N(C_{10}H_{14}N_2)$
Lösung:
$M(C_{10}H_{14}N_2) = 10 \cdot 12\text{ g/mol} + 14 \cdot 1\text{ g/mol} + 2 \cdot 14\text{ g/mol} = 162\text{ g/mol}$

LÖSUNGEN

$n(C_{10}H_{14}N_2) = \frac{m(C_{10}H_{14}N_2)}{M(C_{10}H_{14}N_2)} = \frac{0{,}012\ g}{162\ \frac{g}{mol}} = 7{,}41 \cdot 10^{-5}\ mol$

$N(C_{10}H_{14}N_2) = n(C_{10}H_{14}N_2) \cdot N_A$
$= 7{,}41 \cdot 10^{-5}\ mol \cdot 6{,}022 \cdot 10^{23}\ 1/mol$
$= 4{,}46 \cdot 10^{19}$

Antwort: Eine Zigarette enthält $4{,}46 \cdot 10^{19}$ Nikotin-Moleküle.

3 geg.: $N(C_9H_8O_4) = 8{,}363 \cdot 10^{20}$
$N_A = 6{,}022 \cdot 10^{23}\ 1/mol$
ges.: $m(C_9H_8O_4)$
Lösung:
$M(C_9H_8O_4) = 9 \cdot 12\ g/mol + 8 \cdot 1\ g/mol + 4 \cdot 16\ g/mol$
$= 180\ g/mol$
$m(C_9H_8O_4) = n(C_9H_8O_4) \cdot M(C_9H_8O_4)$

$n(C_9H_8O_4) = \frac{N(C_9H_8O_4)}{N_A} = \frac{8{,}363 \cdot 10^{20}}{6{,}022 \cdot 10^{23}\ \frac{1}{mol}}$
$= 1{,}389 \cdot 10^{-3}\ mol$

$m(C_9H_8O_4) = M(C_9H_8O_4) \cdot n(C_9H_8O_4)$
$= 1{,}389 \cdot 10^{-3}\ mol \cdot 180\ g/mol = 0{,}25\ g$

Antwort: In einer Kopfschmerztablette sind 0,25 g Acetylsalicylsäure enthalten.

4

Formel	molare Masse	Masse	Stoffmenge
NH_3	*17 g/mol*	5 g	*0,29 mol*
CF_4	*88 g/mol*	*132 g*	1,5 mol
N_2O	*44 g/mol*	*528 g*	12 mol
C_8H_{18}	*114 g/mol*	0,2 g	*$1{,}75 \cdot 10^{-3}$ mol*
CO_2	*44 g/mol*	22 g	*0,5 mol*
C_2H_6O	*46 g/mol*	*11,5 g*	0,25 mol
$C_6H_{12}O_6$	*180 g/mol*	18 g	*0,1 mol*

5 geg.: $m(Al) = 150\ g$
$M(Al) = 27\ g/mol$
$N_A = 6{,}022 \cdot 10^{23}\ 1/mol$
ges.: $N(Al)$
Lösung: $N(Al) = n(Al) \cdot N_A$

$n(Al) = \frac{m(Al)}{M(Al)} = \frac{150\ g}{27\ \frac{g}{mol}} = 5{,}56\ mol$

$N(Al) = 5{,}56\ mol \cdot 6{,}022 \cdot 10^{23}\ 1/mol = 3{,}35 \cdot 10^{24}$

Antwort: In einer Rolle Aluminiumfolie sind $3{,}35 \cdot 10^{24}$ Aluminiumatome enthalten.

6 geg.: $n(X) = 2{,}5\ mol$
$m(X) = 492{,}4\ g$
ges.: $M(X)$
Lösung: $M(X) = \frac{m(X)}{n(X)} = \frac{492{,}4\ g}{2{,}5\ mol} = 197{,}0\ g/mol$
X = Au

Antwort: Das gesuchte Element ist Gold (Au), da im Periodensystem der Elemente die relative Atommasse der Gold-Atome 197 und damit molare Masse von Gold mit 197 g/mol angegeben ist.

7 **a** geg.: $V = 46{,}6\ cm^3$
$m = 1\ kg = 1000\ g$
ges.: ϱ(Urkilo)
Lösung:
$\varrho(\text{Urkilo}) = \frac{m}{V} = \frac{1000\ g}{46{,}6\ cm^3} = 21{,}5\ g/cm^3$

Antwort: Die Dichte des Urkilo-Zylinders beträgt $21{,}5\ g/cm^3$.

b geg.: $w(Pt) = 0{,}9$
$M(Pt) = 195\ g/mol$
$w(Ir) = 0{,}1$
$M(Ir) = 192\ g/mol$
$m = 1000\ g$
ges.: $N(Pt)$
$N(Ir)$

Lösung: Um die Anzahl der Atome abzuschätzen, muss man die Masse der einzelnen Metalle und daraus die Stoffmenge berechnen. Der 1000 g schwere Zylinder besteht aus 900 g Platin ($w(Pt) = 0{,}9$) und 100 g Iridium ($w(Ir) = 0{,}1$). Daraus lässt sich jeweils die Stoffmenge berechnen.

$n(Pt) = \frac{m(Pt)}{M(Pt)} = \frac{900\ g}{195\ g/mol} = 4{,}62\ mol$

$N(Pt) = n(Pt) \cdot N_A = 4{,}62\ mol \cdot 6{,}022 \cdot 10^{23}\ 1/mol$
$= 2{,}78 \cdot 10^{24}$

$n(Ir) = \frac{m(Ir)}{M(Ir)} = \frac{100\ g}{192\ g/mol} = 0{,}52\ mol$

$N(Ir) = n(Ir) \cdot N_A = 0{,}52\ mol \cdot 6{,}022 \cdot 10^{23}\ 1/mol$
$= 3{,}14 \cdot 10^{23}$

Antwort: Der Zylinder enthält $2{,}78 \cdot 10^{24}$ Platin-Atome und $3{,}14 \cdot 10^{23}$ Iridium-Atome.

8 geg.: $m(N_2) = 10\ g$
$M(N_2) = 28\ g/mol$
$N_A = 6{,}022 \cdot 10^{23}\ 1/mol$
$V_m = 24{,}4\ L/mol$
ges.: $N(N_2)$
$V(N_2)$
Lösung:

$n(N_2) = \frac{m(N_2)}{M(N_2)} = \frac{10\ g}{28\ \frac{g}{mol}} = 0{,}36\ mol$

$N(N_2) = 0{,}36\ mol \cdot 6{,}022 \cdot 10^{23}\ 1/mol = 2{,}15 \cdot 10^{23}$
$V(N_2) = n(N_2) \cdot V_m = 0{,}36\ mol \cdot 24{,}4\ L/mol = 8{,}71\ L$

Antwort: In 10 g flüssigen Stickstoff sind $2{,}15 \cdot 10^{23}$ Stickstoff-Moleküle vorhanden, die unter Standardbedingungen ein Volumen von 8,71 L einnehmen.

9 geg.: σ(Koffein) = 100 mg/L
V(Cola) = 200 mL = 0,2 L
ges.: n(Koffein)
Lösung:
$M(C_8H_{10}N_4O_2) = 8 \cdot 12\ g/mol + 10 \cdot 1\ g/mol$
$+ 4 \cdot 14\ g/mol + 2 \cdot 16\ g/mol = 194\ g/mol$
$m(C_8H_{10}N_4O_2) = \sigma(C_8H_{10}N_4O_2) \cdot V(\text{Cola}) = 100\ mg/L \cdot 0{,}2\ L$
$= 20\ mg = 0{,}02\ g$

$$n(C_8H_{10}N_4O_2) = \frac{m(C_8H_{10}N_4O_2)}{M(C_8H_{10}N_4O_2)} = \frac{0{,}02\ g}{194\ \frac{g}{mol}} = 1{,}0 \cdot 10^{-4}\ mol$$

Antwort: Ein Glas Cola enthält 0,1 mmol Koffein.

10 geg.: $m(C_{22}H_{46}) = 200\ g$
ges.: $V(CO_2)$
Lösung:
$M(C_{22}H_{46}) = 22 \cdot 12\ g/mol + 46 \cdot 1\ g/mol = 310\ g/mol$
$2\ C_{22}H_{46} + 67\ O_2 \rightarrow 44\ CO_2 + 46\ H_2O$

$$\frac{n(CO_2)}{n(C_{22}H_{46})} = \frac{44}{2}$$

$$n(CO_2) = 22 \cdot n(C_{22}H_{46})$$

$$V(CO_2) = \frac{22 \cdot m(C_{22}H_{46}) \cdot V_m}{M(C_{22}H_{46})}$$

$$V(CO_2) = \frac{22 \cdot 200\ g \cdot 24{,}4\ \frac{L}{mol}}{310\ g/mol} = 346{,}3\ L$$

Antwort: Bei der vollständigen Verbrennung der Kerze entstehen 346,3 L Kohlenstoffdioxid.

11 **a** $6\ CO_2 + 6\ H_2O \rightarrow C_6H_{12}O_6 + 6\ O_2$
b Kohlenstoffdioxid + Wasser
→ Traubenzucker + Sauerstoff
6 Kohlenstoffdioxid-Moleküle + 6 Wasser-Moleküle
→ 1 Traubenzucker-Molekül + 6 Sauerstoff-Moleküle
6 mol Kohlenstoffdioxid + 6 mol Wasser
→ 1 mol Traubenzucker + 6 mol Sauerstoff
$6 \cdot 6{,}022 \cdot 10^{23}$ Kohlenstoffdioxid-Moleküle +
$6 \cdot 6{,}022 \cdot 10^{23}$ Wasser-Moleküle
→ $1 \cdot 6{,}022 \cdot 10^{23}$ Traubenzucker-Moleküle +
$6 \cdot 6{,}022 \cdot 10^{23}$ Sauerstoff-Moleküle
6 L Kohlenstoffdioxid + 6 L Wasserdampf
→ *Traubenzucker* + 6 L Sauerstoff

c geg.: $m(C_6H_{12}O_6) = 1\ g$
$V_m = 24{,}4\ L/mol$
ges.: $V(CO_2)$
$m(H_2O)$
Lösung:
$6\ CO_2 + 6\ H_2O \rightarrow C_6H_{12}O_6 + 6\ O_2$
$M(C_6H_{12}O_6) = 6 \cdot 12\ g/mol + 12 \cdot 1\ g/mol + 6 \cdot 16\ g/mol = 180\ g/mol$

$$\frac{n(CO_2)}{n(C_6H_{12}O_6)} = \frac{6}{1}$$

$$n(CO_2) = 6 \cdot n(C_6H_{12}O_6)$$

$$V(CO_2) = \frac{6 \cdot m(C_6H_{12}O_6) \cdot V_m}{M(C_6H_{12}O_6)}$$

$$V(CO_2) = \frac{6 \cdot 1\ g \cdot 24{,}4\ \frac{L}{mol}}{180\ \frac{g}{mol}} = 0{,}81\ L$$

$$\frac{n(H_2O)}{n(C_6H_{12}O_6)} = \frac{6}{1}$$

$$n(H_2O) = 6 \cdot n(C_6H_{12}O_6)$$

$$m(H_2O) = \frac{6 \cdot m(C_6H_{12}O_6) \cdot M(H_2O)}{M(C_6H_{12}O_6)}$$

$$m(H_2O) = \frac{6 \cdot 1\ g \cdot 18\ \frac{g}{mol}}{180\ \frac{g}{mol}} = 0{,}6\ g$$

Antwort: Für die Herstellung von 1 g Traubenzucker werden 0,81 L Kohlenstoffdioxid und 0,6 g Wasser benötigt.

12 geg.: m(Steinkohle) = 1 t = 1000 kg = 10^6 g
$w(S) = 1{,}5\,\% = 0{,}015$
$V_m = 24{,}4\ L/mol$
ges.: $V(SO_2)$
Lösung:
$S\ (s) + O_2\ (g) \rightarrow SO_2\ (g)$
$m(S) = w(S) \cdot m(\text{Steinkohle}) = 0{,}015 \cdot 10^6\ g = 15\,000\ g$

$$\frac{n(SO_2)}{n(S)} = \frac{1}{1}$$

$$n(SO_2) = n(S)$$

$$V(SO_2) = m(S) \cdot \frac{V_m}{M(S)} = \frac{15\,000\ g \cdot 24{,}4\ \frac{L}{mol}}{32\ \frac{g}{mol}} = 11\,437{,}5\ L$$

Antwort: Bei der Verbrennung von 1 t Steinkohle entstehen unter Standardbedingungen 11 437,5 L Schwefeldioxid.

13 **a** $8\ NH_3 + 6\ NO_2 \rightarrow 7\ N_2 + 12\ H_2O$
b geg.: $V(NO_2) = 50\ L$ ges.: $V(NH_3)$
Lösung:

$$\frac{n(NH_3)}{n(NO_2)} = \frac{V(NH_3)}{V(NO_2)} = \frac{8}{6}$$

$$V(NH_3) = \frac{4}{3} \cdot V(NO_2) = \frac{4}{3} \cdot 50\ L = 67\ L$$

Antwort: Um 50 L Stickstoffdioxid umzusetzen, werden 67 L Ammoniak benötigt.

14 **a** $C_9H_{20} + 14\ O_2 \rightarrow 9\ CO_2 + 10\ H_2O$
b geg.: $V(C_9H_{20}) = 60\ L$
$\varrho(C_9H_{20}) = 0{,}714\ g/mL$
$V_m = 24{,}4\ L/mol$
ges.: $V(O_2)$
Lösung:
$M(C_9H_{20}) = 9 \cdot 12\ g/mol + 20 \cdot 1\ g/mol = 128\ g/mol$
$m(C_9H_{20}) = \varrho(C_9H_{20}) \cdot V(C_9H_{20}) = 0{,}714\ g/mL \cdot 60\,000\ mL = 42\,840\ g$

$$\frac{n(O_2)}{n(C_9H_{20})} = \frac{14}{1}$$

$$n(O_2) = 14 \cdot n(C_9H_{20})$$

$$V(O_2) = \frac{14 \cdot m(C_9H_{20}) \cdot V_m}{M(C_9H_{20})}$$

$$V(O_2) = \frac{14 \cdot 42\,840\ g \cdot 24{,}4\ \frac{L}{mol}}{128\ \frac{g}{mol}} = 114\,329\ L$$

Antwort: Für die Verbrennung werden 114 329 L Sauerstoff benötigt.

LÖSUNGEN

c ges.: $V(CO_2)$, $m(CO_2)$
Lösung:

$$V(CO_2) = \frac{9}{14} \cdot V(O_2) = 73\,497\ \text{L}$$

$$m(CO_2) = \frac{V(CO_2) \cdot M(CO_2)}{V_m} = \frac{73\,497\ \text{L} \cdot 44\ \frac{\text{g}}{\text{mol}}}{24{,}4\ \frac{\text{L}}{\text{mol}}}$$

$$= 132\,536\ \text{g}$$

Antwort: Bei der Verbrennung entstehen 73 497 L bzw. 132 536 g Kohlenstoffdioxid.

15

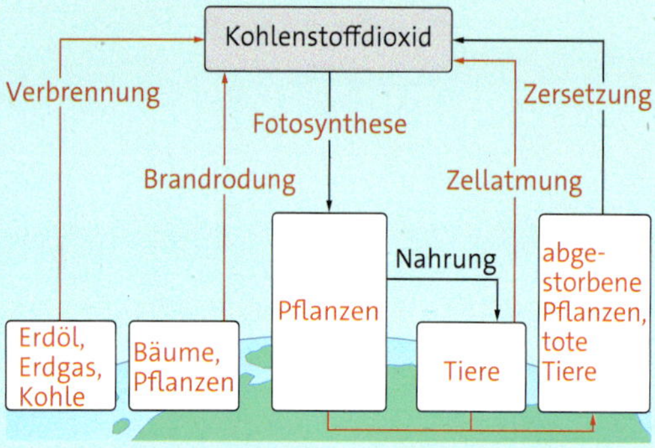

Grüne Pflanzen verbrauchen Kohlenstoffdioxid aus der Luft. Mithilfe der Energie des Sonnenlichts werden bei der Fotosynthese aus Kohlenstoffdioxid und Wasser energiereiche Verbindungen wie Traubenzucker gebildet. Die Kohlenstoff-Atome, die in den Kohlenstoffdioxid-Molekülen enthalten waren, sind nun in diesen energiereichen Verbindungen. Bei der Zellatmung und Zersetzung werden diese Stoffe wieder abgebaut. In einer chemischen Reaktion mit Sauerstoff entsteht wieder Kohlenstoffdioxid und Wasser. Die Kohlenstoff-Atome gelangen so zurück in die Atmosphäre.
Fossile Brennstoffe wie Erdöl, Erdgas und Kohle sind vor Jahrmillionen aus abgestorbenen Pflanzen und Kleinstlebewesen entstanden. Die dabei gebildeten chemischen Verbindungen haben Kohlenstoff-Atome gebunden, die dem Kohlenstoffatomkreislauf dauerhaft entzogen wurden. Bei der Verbrennung fossiler Brennstoffe entsteht zusätzliches Kohlenstoffdioxid, das in die Atmosphäre gelangt und zu einem dauerhaften Anstieg des Kohlenstoffdioxidgehalts führt.

Chemische Verbindungen und ihre Eigenschaften (Seite 180–181)

1 a, c, d, e sind richtig, nur b ist falsch
2 Franz' Vorstellung ist falsch, denn es gibt keine NaCl-Teilchen, sondern in der Natriumchloridlösung sind Natrium- und Chlorid-Ionen zwischen den Wasser-Molekülen verteilt.

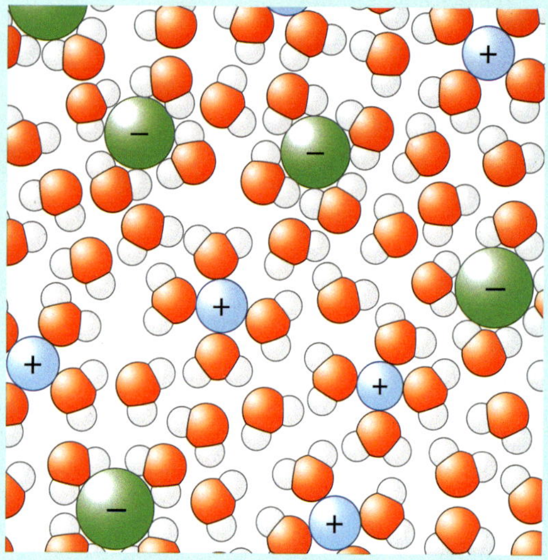

3 b, c, d, e, f sind richtig, nur a ist falsch
4 a Molekularer Stoff: Phosphor und Sauerstoff gehören zu den Nichtmetallen. Moleküle sind aus Nichtmetall-Atomen aufgebaut.
b Salz: Aufbau aus Pb^{2+}- und O^{2-}-Ionen. (Metall und Nichtmetall)
c Salz: Aufbau aus Sn^{2+}- und Cl^{-}-Ionen. (Metall und Nichtmetall)
d molekularer Stoff: Schwefel und Chlor gehören zu den Nichtmetallen. Moleküle sind aus Nichtmetall-Atomen aufgebaut.
Die Schmelz- bzw. Sublimationstemperaturen geben hier keinen ausreichenden Hinweis.
5 Magnesiumchlorid ($MgCl_2$), Titan(IV)-oxid (TiO_2), Bariumfluorid (BaF_2) und Strontiumbromid ($SrBr_2$)
6

Name	Kation	Anion	Formel
Magnesiumfluorid	Mg^{2+}	F^{-}	MgF_2
Eisen(II)-phosphat	Fe^{2+}	PO_4^{3-}	$Fe_3(PO_4)_2$
Silbersulfid	Ag^{+}	S^{2-}	Ag_2S
Kaliumoxid	K^{+}	O^{2-}	K_2O
Blei(IV)-iodid	Pb^{4+}	I^{-}	PbI_4
Aluminiumsulfid	Al^{3+}	S^{2-}	Al_2S_3

7 LiBr: Lithiumbromid
Mg_3N_2: Magnesiumnitrid
$FeCl_3$: Eisen(III)-chlorid
CuO: Kupfer(II)-oxid
$CuSO_4$: Kupfer(II)-sulfat

8 **Positive Blindprobe:** Die Laborantin löst etwas Natriumchlorid (oder ein anderes wasserlösliches Metallchlorid) in Wasser. Dann gibt sie ihre zu testende Silbernitratlösung dazu. Wenn die Silbernitratlösung in Ordnung ist, muss jetzt ein weißer Niederschlag von Silberchlorid ausfallen: Die Blindprobe ist positiv.
Negative Blindprobe: Die Laborantin gibt ihre zu testende Silbernitratlösung in reines Wasser. Jetzt sollte kein weißer Niederschlag ausfallen: Die Blindprobe ist negativ.

9 a Ba^{2+} (aq) + SO_4^{2-} (aq) → $BaSO_4$ (s)
b Ag^+ (aq) + I^- (aq) → AgI (s)
c Ca^{2+} (aq) + CO_3^{2-} (aq) → $CaCO_3$ (s)

10 Lösung A: Kaliumthiocyanatlösung,
Lösung B: Eisen(III)-chloridlösung

11 Der Nachrichtensprecher hat keine korrekten Informationen: Knallrote Flammen können nicht durch Bariumnitrat hervorgerufen werden, dieses verursacht eine grüne Flammenfärbung. Vermutlich lagerte dort Lithium- oder Strontiumnitrat.

12 a Silberchlorid ist ein weißer Feststoff. Oder: Silberiodid ist ein gelber Feststoff.
b Kalium-Ionen färben die Flamme violett. Oder: Natrium-Ionen färben die Flamme gelb.
c Eine Lösung mit Kupfer(II)-Ionen färbt sich mit Ammoniaklösung blau.
d Ammonium-Ionen werden als gasförmiges Ammoniak mit feuchtem Indikatorpapier nachgewiesen.
e Carbonat-Ionen können mit Calcium- oder Barium-Ionen nachgewiesen werden.
f Bariumcarbonat löst sich mit Salzsäure unter Gasbildung auf. Oder: Bariumsulfat löst sich mit Salzsäure nicht auf.

13 a $AgNO_3$ (aq) + KBr (aq) → AgBr (s) + KNO_3 (aq)
b $BaCl_2$ (aq) + 2 $AgNO_3$ (aq) → 2 AgCl (s) + $Ba(NO_3)_2$ (aq)
c CaI_2 (aq) + 2 Na_2CO_3 (aq) → 2 NaI (aq) + $CaCO_3$ (s)
d Li_2SO_4 (aq) + NaCl (aq) → Li_2SO_4 (aq) + NaCl (aq)
e K_2SO_4 (aq) + $BaBr_2$ (aq) → $BaSO_4$ (s) + 2 KBr (aq)

14
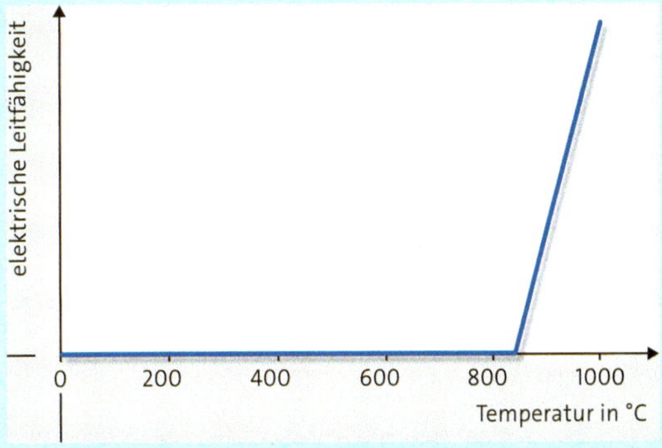

15 ... die schlechtere Wärmeleitfähigkeit von Salzen gegenüber Metallen. Das Heißgetränk würde in einer Metalltasse viel zu schnell abkühlen.

16 a Dichte
b Der Atomkern des Blei-Atoms enthält viel mehr Nukleonen und damit deutlich mehr Masse als der Natrium-Atomkern.

17

Teilchen	Anzahl der Elektronen	Anzahl der Protonen
Na	11	*11*
Na^+	*10*	*11*
Mg	12	*12*
Mg^{2+}	10	12
S	*16*	16
S^{2-}	*18*	*16*

Einstufung von Gefahrstoffen nach dem GHS-System

Seit 2009 erfolgt die Einstufung von Chemikalien nach dem GHS (*Globally Harmonised System of Classification and Labelling of Chemicals*). Dabei werden Gefahrstoffe mit international einheitlichen Gefahrenpiktogrammen, Gefahrenhinweisen (H-Sätze) und Sicherheitshinweisen (P-Sätze) versehen. Die Übergangsfristen für die bisherigen Verordnungen sind seit dem 1. Juni 2017 ausgelaufen.

Gefahrenpiktogramm und Piktogrammcode	**Mit dem Gefahrenpiktogramm gekennzeichnete Stoffe und Gemische**	**Signalwort**	**Zugehörige Gefahrenhinweise (H-Sätze)**
GHS 1 1 	explosive und sehr gefährliche selbstzersetzliche Stoffe und Gemische sowie sehr gefährliche organische Peroxide	Gefahr	H200, H201, H202, H203, H240, H241 (mit GHS02)
		Achtung	H204
GHS 2 2 	entzündbare, selbsterhitzungsfähige und gefährliche selbstzersetzliche Stoffe und Gemische, pyrophore Stoffe sowie Stoffe und Gemische, die bei Berührung mit Wasser entzündbare Gase entwickeln	Gefahr	H220, H222, H229, H224, H225, H228 (Kat. 1), H250, H251, H260, H261 (Kat. 2)
		Achtung	H221, H223, H229, H226, H228 (Kat. 2), H252, H261 (Kat. 3)
GHS 2 2 	selbstzersetzliche Stoffe und Gemische sowie gefährliche organische Peroxide	Gefahr oder Achtung	H242
GHS 3 3 	Stoffe und Gemische mit oxidierender Wirkung	Gefahr	H270, H271, H272 (Kat. 2)
		Achtung	H272 (Kat. 3)
GHS 4* 4 	Gase unter Druck	Achtung	H280, H281
GHS 5 5 	Stoffe und Gemische, die korrosiv auf Metalle wirken	Achtung	H290
GHS 5 5 	Stoffe und Gemische, die schwere Verätzungen der Haut und/oder schwere Augenschäden verursachen	Gefahr	H314, H318
GHS 7 7 	Stoffe und Gemische, die Haut- und/oder schwere Augenreizungen verursachen können	Achtung	H315, H319
GHS 6 6 	lebensgefährliche und giftige Stoffe und Gemische	Gefahr	H300, H310, H330, H301, H311, H331
GHS 7 7 	gesundheitsschädliche Stoffe und Gemische	Achtung	H302, H312, H332
GHS 8 8 	Stoffe und Gemische, die bei Verschlucken und Eindringen in die Atemwege tödlich sein können und/oder eine Gefahr für die Gesundheit darstellen. Diese Stoffe und Gemische schädigen bestimmte Organe und/oder können Krebs erzeugen, die Fruchtbarkeit beeinträchtigen, das Kind im Mutterleib schädigen und/oder genetische Defekte und/oder beim Einatmen Allergien, asthmaartige Symptome oder Atembeschwerden verursachen.	Gefahr	H304, H334, H340, H350, H350i, H360, H360F, H360D, H360FD, H370, H372
		Achtung	H341, H351, H361, H361f, H361d, H361fd, H371, H373
GHS 7 7 	Stoffe oder Gemische, die allergische Hautreaktionen, Reizungen der Atemwege und/oder Schläfrigkeit und Benommenheit verursachen können	Achtung	H317, H335, H336
GHS 9 9 	Stoffe und Gemische, die sehr giftig oder giftig für Wasserorganismen sind	Achtung	H400, H410, H411 (kein Signalwort)

* Die in den Experimenten verwendeten Gase stehen meist nicht unter Druck, daher wird dort in der Regel auf diese Kennzeichnung verzichtet. In der Gefahrstoffliste sind alle Gase auch mit GHS 4 gekennzeichnet.

Gefahrenhinweise (H-Sätze)

Gefahrenhinweise für physikalische Gefahren

H200 Instabil, explosiv.
H201 Explosiv, Gefahr der Massenexplosion.
H202 Explosiv; große Gefahr durch Splitter, Spreng- und Wurfstücke.
H203 Explosiv; Gefahr durch Feuer, Luftdruck oder Splitter, Spreng- und Wurfstücke.
H204 Gefahr durch Feuer oder Splitter, Spreng- und Wurfstücke.
H205 Gefahr der Massenexplosion bei Feuer.
H220 Extrem entzündbares Gas.
H221 Entzündbares Gas.
H222 Extrem entzündbares Aerosol.
H223 Entzündbares Aerosol.
H224 Flüssigkeit und Dampf extrem entzündbar.
H225 Flüssigkeit und Dampf leicht entzündbar.
H226 Flüssigkeit und Dampf entzündbar.
H228 Entzündbarer Feststoff.
H229 Behälter steht unter Druck: kann bei Erwärmung bersten.
H230 Kann auch in Abwesenheit von Luft explosionsartig reagieren.
H231 Kann auch in Abwesenheit von Luft bei erhöhtem Druck und/oder erhöhter Temperatur explosionsartig reagieren.
H240 Erwärmung kann Explosion verursachen.
H241 Erwärmung kann Brand oder Explosion verursachen.
H242 Erwärmung kann Brand verursachen.
H250 Entzündet sich in Berührung mit Luft von selbst.
H251 Selbsterhitzungsfähig; kann in Brand geraten.
H252 In großen Mengen selbsterhitzungsfähig; kann in Brand geraten.
H260 In Berührung mit Wasser entstehen entzündbare Gase, die sich spontan entzünden können.
H261 In Berührung mit Wasser entstehen entzündbare Gase.
H270 Kann Brand verursachen oder verstärken; Oxidationsmittel.
H271 Kann Brand oder Explosion verursachen; starkes Oxidationsmittel.
H272 Kann Brand verstärken; Oxidationsmittel.
H280 Enthält Gas unter Druck; kann bei Erwärmung explodieren.
H281 Enthält tiefkaltes Gas; kann Kälteverbrennungen oder -verletzungen verursachen.
H290 Kann gegenüber Metallen korrosiv sein.

Gefahrenhinweise für Gesundheitsgefahren

H300 Lebensgefahr bei Verschlucken.
H301 Giftig bei Verschlucken.
H302 Gesundheitsschädlich bei Verschlucken.
H304 Kann bei Verschlucken und Eindringen in die Atemwege tödlich sein.
H310 Lebensgefahr bei Hautkontakt.
H311 Giftig bei Hautkontakt.
H312 Gesundheitsschädlich bei Hautkontakt.
H314 Verursacht schwere Verätzungen der Haut und schwere Augenschäden.
H315 Verursacht Hautreizungen.
H317 Kann allergische Hautreaktionen verursachen.
H318 Verursacht schwere Augenschäden.
H319 Verursacht schwere Augenreizung.
H330 Lebensgefahr bei Einatmen.
H331 Giftig bei Einatmen.
H332 Gesundheitsschädlich bei Einatmen.
H334 Kann bei Einatmen Allergie, asthmaartige Symptome oder Atembeschwerden verursachen.
H335 Kann die Atemwege reizen.
H336 Kann Schläfrigkeit und Benommenheit verursachen.
H340 Kann genetische Defekte verursachen <*Expositionsweg angeben, sofern schlüssig belegt ist, dass diese Gefahr bei keinem anderen Expositionsweg besteht*>.
H341 Kann vermutlich genetische Defekte verursachen <*Expositionsweg angeben, sofern schlüssig belegt ist, dass diese Gefahr bei keinem anderen Expositionsweg besteht*>.
H350 Kann Krebs erzeugen <*Expositionsweg angeben, sofern schlüssig belegt ist, dass diese Gefahr bei keinem anderen Expositionsweg besteht*>.
H350i Kann beim Einatmen Krebs erzeugen.
H351 Kann vermutlich Krebs erzeugen <*Expositionsweg angeben, sofern schlüssig belegt ist, dass diese Gefahr bei keinem anderen Expositionsweg besteht*>.
H360 Kann die Fruchtbarkeit beeinträchtigen oder das Kind im Mutterleib schädigen <*konkrete Wirkung angeben, sofern bekannt*> <*Expositionsweg angeben, sofern schlüssig belegt ist, dass die Gefahr bei keinem anderen Expositionsweg besteht*>.
H360F Kann die Fruchtbarkeit beeinträchtigen.
H360D Kann das Kind im Mutterleib schädigen.
H360FD Kann die Fruchtbarkeit beeinträchtigen. Kann das Kind im Mutterleib schädigen.
H360Fd Kann die Fruchtbarkeit beeinträchtigen. Kann vermutlich das Kind im Mutterleib schädigen.
H360Df Kann das Kind im Mutterleib schädigen. Kann vermutlich die Fruchtbarkeit beeinträchtigen.
H361 Kann vermutlich die Fruchtbarkeit beeinträchtigen oder das Kind im Mutterleib schädigen <*konkrete Wirkung angeben, sofern bekannt*> <*Expositionsweg angeben, sofern schlüssig belegt ist, dass die Gefahr bei keinem anderen Expositionsweg besteht*>.
H361f Kann vermutlich die Fruchtbarkeit beeinträchtigen.
H361d Kann vermutlich das Kind im Mutterleib schädigen.
H361fd Kann vermutlich die Fruchtbarkeit beeinträchtigen. Kann vermutlich das Kind im Mutterleib schädigen.
H362 Kann Säuglinge über die Muttermilch schädigen.
H370 Schädigt die Organe <*oder alle betroffenen Organe nennen, sofern bekannt*> <*Expositionsweg angeben, sofern schlüssig belegt ist, dass diese Gefahr bei keinem anderen Expositionsweg besteht*>.
H371 Kann die Organe schädigen <*oder alle betroffenen Organe nennen, sofern bekannt*> <*Expositionsweg angeben, sofern schlüssig belegt ist, dass diese Gefahr bei keinem anderen Expositionsweg besteht*>.
H372 Schädigt die Organe <*alle betroffenen Organe nennen*> bei längerer oder wiederholter Exposition <*Expositionsweg angeben, wenn schlüssig belegt ist, dass diese Gefahr bei keinem anderen Expositionsweg besteht*>.
H373 Kann die Organe schädigen <*alle betroffenen Organe nennen, sofern bekannt*> bei längerer oder wiederholter Exposition <*Expositionsweg angeben, wenn schlüssig belegt ist, dass diese Gefahr bei keinem anderen Expositionsweg besteht*>.

Gefahrenhinweise für Umweltgefahren

H400 Sehr giftig für Wasserorganismen.
H410 Sehr giftig für Wasserorganismen, mit langfristiger Wirkung.
H411 Giftig für Wasserorganismen, mit langfristiger Wirkung.
H412 Schädlich für Wasserorganismen, mit langfristiger Wirkung.
H413 Kann für Wasserorganismen schädlich sein, mit langfristiger Wirkung.
H420 Schädigt die öffentliche Gesundheit und die Umwelt durch Ozonabbau in der äußeren Atmosphäre.

Ergänzende Gefahrenmerkmale

Physikalische Eigenschaften

EUH001 In trockenem Zustand explosionsgefährlich.
EUH014 Reagiert heftig mit Wasser.
EUH018 Kann bei Verwendung explosionsfähige/entzündbare Dampf/Luft-Gemische bilden.
EUH019 Kann explosionsfähige Peroxide bilden.
EUH044 Explosionsgefahr bei Erhitzen unter Einschluss.

Gesundheitsgefährliche Eigenschaften

EUH029 Entwickelt bei Berührung mit Wasser giftige Gase.
EUH031 Entwickelt bei Berührung mit Säure giftige Gase.
EUH032 Entwickelt bei Berührung mit Säure sehr giftige Gase.
EUH066 Wiederholter Kontakt kann zu spröder oder rissiger Haut führen.
EUH070 Giftig bei Berührung mit den Augen.
EUH071 Wirkt ätzend auf die Atemwege.

Ergänzende Kennzeichnungselemente/Informationen über bestimmte Stoffe und Gemische

EUH201 Enthält Blei. Nicht für den Anstrich von Gegenständen verwenden, die von Kindern gekaut oder gelutscht werden könnten.
EUH201A Achtung! Enthält Blei.
EUH202 Cyanacrylat. Gefahr. Klebt innerhalb von Sekunden Haut und Augenlider zusammen. Darf nicht in die Hände von Kindern gelangen.
EUH203 Enthält Chrom (VI). Kann allergische Reaktionen hervorrufen.
EUH204 Enthält Isocyanate. Kann allergische Reaktionen hervorrufen.
EUH205 Enthält epoxidhaltige Verbindungen. Kann allergische Reaktionen hervorrufen.
EUH206 Achtung! Nicht zusammen mit anderen Produkten verwenden, da gefährliche Gase (Chlor) freigesetzt werden können.
EUH207 Achtung! Enthält Cadmium. Bei der Verwendung entstehen gefährliche Dämpfe. Hinweise des Herstellers beachten. Sicherheitsanweisungen einhalten.
EUH208 Enthält <*Name des sensibilisierenden Stoffes*>. Kann allergische Reaktionen hervorrufen.
EUH209 Kann bei Verwendung leicht entzündbar werden.
EUH209A Kann bei Verwendung entzündbar werden.
EUH210 Sicherheitsdatenblatt auf Anfrage erhältlich.
EUH401 Zur Vermeidung von Risiken für Mensch und Umwelt die Gebrauchsanleitung einhalten.

Sicherheitshinweise (P-Sätze)

Sicherheitshinweise – Allgemeines

P101 Ist ärztlicher Rat erforderlich, Verpackung oder Kennzeichnungsetikett bereithalten.
P102 Darf nicht in die Hände von Kindern gelangen.
P103 Vor Gebrauch Kennzeichnungsetikett lesen.

Sicherheitshinweise – Prävention

P201 Vor Gebrauch besondere Anweisungen einholen.
P202 Vor Gebrauch alle Sicherheitshinweise lesen und verstehen.
P210 Von Hitze/Funken/offener Flamme/heißen Oberflächen fernhalten. Nicht rauchen.
P211 Nicht gegen offene Flamme oder andere Zündquelle sprühen.
P220 Von Kleidung/.../brennbaren Materialien fernhalten/entfernt aufbewahren.
P221 Mischen mit brennbaren Stoffen/... unbedingt verhindern.
P222 Kontakt mit Luft nicht zulassen.
P223 Kontakt mit Wasser wegen heftiger Reaktion und möglichem Aufflammen unbedingt verhindern.
P230 Feucht halten mit ...
P231 Unter inertem Gas handhaben.
P232 Vor Feuchtigkeit schützen.
P233 Behälter dicht verschlossen halten.
P234 Nur im Originalbehälter aufbewahren.
P235 Kühl halten.
P240 Behälter und zu befüllende Anlage erden.
P241 Explosionsgeschützte elektrische Betriebsmittel/Lüftungsanlagen/Beleuchtung/... verwenden.
P242 Nur funkenfreies Werkzeug verwenden.
P243 Maßnahmen gegen elektrostatische Aufladungen treffen.
P244 Druckminderer frei von Fett und Öl halten.
P250 Nicht schleifen/stoßen/.../reiben.
P251 Behälter steht unter Druck: Nicht durchstechen oder verbrennen, auch nicht nach der Verwendung.
P260 Staub/Rauch/Gas/Nebel/Dampf/Aerosol nicht einatmen.
P261 Einatmen von Staub/Rauch/Gas/Nebel/Dampf/Aerosol vermeiden.
P262 Nicht in die Augen, auf die Haut oder auf die Kleidung gelangen lassen.
P263 Kontakt während der Schwangerschaft und der Stillzeit vermeiden.
P264 Nach Gebrauch ... gründlich waschen.
P270 Bei Gebrauch nicht essen, trinken oder rauchen.
P271 Nur im Freien oder in gut belüfteten Räumen verwenden.
P272 Kontaminierte Arbeitskleidung nicht außerhalb des Arbeitsplatzes tragen.
P273 Freisetzung in die Umwelt vermeiden.
P280 Schutzhandschuhe/Schutzkleidung/Augenschutz/Gesichtsschutz tragen.
P282 Schutzhandschuhe/Gesichtsschild/Augenschutz mit Kälteisolierung tragen.
P283 Schwer entflammbare/flammhemmende Kleidung tragen.
P284 Atemschutz tragen.
P231 + P232 Unter inertem Gas handhaben. Vor Feuchtigkeit schützen.
P235 + P410 Kühl halten. Vor Sonnenbestrahlung schützen.

Sicherheitshinweise – Reaktion

P301 BEI VERSCHLUCKEN:
P302 BEI BERÜHRUNG MIT DER HAUT:
P303 BEI BERÜHRUNG MIT DER HAUT (oder dem Haar):
P304 BEI EINATMEN:
P305 BEI KONTAKT MIT DEN AUGEN:
P306 BEI KONTAMINIERTER KLEIDUNG:
P308 BEI Exposition oder falls betroffen:
P310 Sofort GIFTINFORMATIONSZENTRUM oder Arzt anrufen.
P311 GIFTINFORMATIONSZENTRUM oder Arzt anrufen.
P312 Bei Unwohlsein GIFTINFORMATIONSZENTRUM oder Arzt anrufen.
P313 Ärztlichen Rat einholen/ärztliche Hilfe hinzuziehen.
P314 Bei Unwohlsein ärztlichen Rat einholen/ärztliche Hilfe hinzuziehen.
P315 Sofort ärztlichen Rat einholen/ärztliche Hilfe hinzuziehen.
P320 Besondere Behandlung dringend erforderlich (siehe ... auf diesem Kennzeichnungsetikett).
P321 Besondere Behandlung (siehe ... auf diesem Kennzeichnungsetikett).
P330 Mund ausspülen.
P331 KEIN Erbrechen herbeiführen.
P333 Bei Hautreizung oder -ausschlag:
P334 In kaltes Wasser tauchen/nassen Verband anlegen.
P335 Lose Partikel von der Haut abbürsten.
P336 Vereiste Bereiche mit lauwarmem Wasser auftauen. Betroffenen Bereich nicht reiben.
P337 Bei anhaltender Augenreizung:
P338 Eventuell Vorhandene Kontaktlinsen nach Möglichkeit entfernen. Weiter ausspülen.
P340 Die betroffene Person an die frische Luft bringen und in einer Position ruhig stellen, die das Atmen erleichtert.
P342 Bei Symptomen der Atemwege:
P351 Einige Minuten lang behutsam mit Wasser ausspülen.
P352 Mit viel Wasser und Seife waschen.
P353 Haut mit Wasser abwaschen/duschen.
P360 Kontaminierte Kleidung und Haut sofort mit viel Wasser abwaschen und danach Kleidung ausziehen.
P361 Alle kontaminierten Kleidungsstücke sofort ausziehen.
P362 Kontaminierte Kleidung ausziehen und vor erneutem Tragen waschen.
P363 Kontaminierte Kleidung vor erneutem Tragen waschen.
P364 Und vor erneutem Tragen waschen.
P370 Bei Brand:
P371 Bei Großbrand und großen Mengen:
P372 Explosionsgefahr bei Brand.
P373 KEINE Brandbekämpfung, wenn das Feuer explosive Stoffe/Gemische/Erzeugnisse erreicht.
P374 Brandbekämpfung mit üblichen Vorsichtsmaßnahmen aus angemessener Entfernung.
P375 Wegen Explosionsgefahr Brand aus der Entfernung bekämpfen.
P376 Undichtigkeit beseitigen, wenn gefahrlos möglich.
P377 Brand von ausströmendem Gas: Nicht löschen, bis Undichtigkeit gefahrlos beseitigt werden kann.
P378 ... zum Löschen verwenden.
P380 Umgebung räumen.
P381 Alle Zündquellen entfernen, wenn gefahrlos möglich.
P390 Verschüttete Mengen aufnehmen, um Materialschäden zu vermeiden.
P391 Verschüttete Mengen aufnehmen.
P301 + P310 BEI VERSCHLUCKEN: Sofort GIFTINFORMATIONSZENTRUM oder Arzt anrufen.
P301 + P312 BEI VERSCHLUCKEN: Bei Unwohlsein GIFTINFORMATIONSZENTRUM oder Arzt anrufen.
P301 + P330 + P331 BEI VERSCHLUCKEN: Mund ausspülen. KEIN Erbrechen herbeiführen.
P302 + P334 BEI KONTAKT MIT DER HAUT: In kaltes Wasser tauchen/nassen Verband anlegen.
P302 + P352 BEI KONTAKT MIT DER HAUT: Mit viel Wasser und Seife waschen.
P303 + P361 + P353 BEI KONTAKT MIT DER HAUT (oder dem Haar): Alle kontaminierten Kleidungsstücke sofort ausziehen. Haut mit Wasser abwaschen/duschen.
P304 + P340 BEI EINATMEN: An die frische Luft bringen und in einer Position ruhig stellen, die das Atmen erleichtert.
P305 + P351 + P338 BEI KONTAKT MIT DEN AUGEN: Einige Minuten lang behutsam mit Wasser spülen. Vorhandene Kontaktlinsen nach Möglichkeit entfernen. Weiter spülen.
P306 + P360 BEI KONTAKT MIT DER KLEIDUNG: Kontaminierte Kleidung und Haut sofort mit viel Wasser abwaschen und danach Kleidung ausziehen.
P308 + P311 Bei Exposition oder falls betroffen: GIFTINFORMATIONSZENTRUM, Arzt oder ... anrufen.
P308 + P313 BEI Exposition oder falls betroffen: Ärztlichen Rat einholen/ärztliche Hilfe hinzuziehen.
P332 + P313 Bei Hautreizung: Ärztlichen Rat einholen/ärztliche Hilfe hinzuziehen.
P333 + P313 Bei Hautreizung oder -ausschlag: Ärztlichen Rat einholen/ärztliche Hilfe hinzuziehen.
P335 + P334 Lose Partikel von der Haut abbürsten. In kaltes Wasser tauchen/nassen Verband anlegen.
P337 + P313 Bei anhaltender Augenreizung: Ärztlichen Rat einholen/ärztliche Hilfe hinzuziehen.
P342 + P311 Bei Symptomen der Atemwege: GIFTINFORMATIONSZENTRUM oder Arzt anrufen.
P361 + P364 Alle kontaminierten Kleidungsstücke sofort ausziehen und vor erneutem Tragen waschen.
P362 + P364 Kontaminierte Kleidung ausziehen und vor erneutem Tragen waschen.
P370 + P376 Bei Brand: Undichtigkeit beseitigen, wenn gefahrlos möglich.

P370 + P378 Bei Brand: ... zum Löschen verwenden.
P370 + P380 Bei Brand: Umgebung räumen.
P370 + P380 + P375 Bei Brand: Umgebung räumen. Wegen Explosionsgefahr Brand aus der Entfernung bekämpfen.
P371 + P380 + P375 Bei Großbrand und großen Mengen: Umgebung räumen. Wegen Explosionsgefahr Brand aus der Entfernung bekämpfen.

Sicherheitshinweise – Aufbewahrung

P401	... aufbewahren.
P402	An einem trockenen Ort aufbewahren.
P403	An einem gut belüfteten Ort aufbewahren.
P404	In einem geschlossenen Behälter aufbewahren.
P405	Unter Verschluss aufbewahren.
P406	In korrosionsbeständigem/... Behälter mit korrosionsbeständiger Auskleidung aufbewahren.
P407	Luftspalt zwischen Stapeln/Paletten lassen.
P410	Vor Sonnenbestrahlung schützen.
P411	Bei Temperaturen von nicht mehr als ... °C aufbewahren.
P412	Nicht Temperaturen von mehr als 50 °C aussetzen.
P413	Schüttgut in Mengen von mehr als ... kg bei Temperaturen von nicht mehr als ... °C aufbewahren.
P420	Von anderen Materialien entfernt aufbewahren.
P422	Inhalt in/unter ... aufbewahren.
P402 + P404	In einem geschlossenen Behälter an einem trockenen Ort aufbewahren.
P403 + P233	Behälter dicht verschlossen an einem gut belüfteten Ort aufbewahren.
P403 + P235	Kühl an einem gut belüfteten Ort aufbewahren.
P410 + P403	Vor Sonnenbestrahlung geschützt an einem gut belüfteten Ort aufbewahren.
P410 + P412	Vor Sonnenbestrahlung schützen und nicht Temperaturen von mehr als 50 °C aussetzen.
P411 + P235	Kühl und bei Temperaturen von nicht mehr als ... °C aufbewahren.

Sicherheitshinweise – Entsorgung

P501 Inhalt/Behälter ... zuführen.

Entsorgungsratschläge (E-Sätze)

E1 Verdünnen, in den Ausguss geben (WGK 0 bzw. 1)
E2 Neutralisieren, in den Ausguss geben
E3 In den Hausmüll geben, gegebenenfalls im Polyethylenbeutel (Stäube)
E4 Als Sulfid fällen
E5 Mit Calcium-Ionen fällen, dann E 1 oder E 3
E6 Nicht in den Hausmüll geben
E7 Im Abzug entsorgen
E8 Der Sondermüllbeseitigung zuführen (Adresse zu erfragen bei der Kreis- oder Stadtverwaltung), Abfallschlüssel beachten
E9 Unter größter Vorsicht in kleinsten Portionen reagieren lassen (z. B. offen im Freien verbrennen)
E10 In gekennzeichneten Behältern sammeln:
1. „Organische Abfälle – halogenhaltig"
2. „Organische Abfälle – halogenfrei", dann E 8

E11 Als Hydroxid fällen (pH = 8), den Niederschlag zu E 8
E12 Nicht in die Kanalisation gelangen lassen
E13 Aus der Lösung mit unedlem Metall (z. B. Eisen) als Metall abscheiden (E 14, E 3)
E14 Recycling-geeignet (Redestillation oder einem Recyclingunternehmen zuführen)
E15 Mit Wasser vorsichtig umsetzen, frei werdende Gase absorbieren oder ins Freie ableiten
E16 Entsprechend den speziellen Ratschlägen für die Beseitigungsgruppen beseitigen

Entsorgung von Chemikalienabfällen

Nach dem Experimentieren werden die Reste in die dafür vorgesehenen Sammelbehälter gegeben:

nicht gefährliche und wasserlösliche Chemikalien	nicht gefährliche und feste Chemikalien	Säuren und Laugen	giftige anorganische Chemikalien	halogenfreie organische Chemikalien	halogenhaltige organische Chemikalien
z. B. Natriumchlorid, Natriumcarbonat, Wasserstoffperoxidlösung	z. B. Eisen, Indikatorpapier	z. B. Salzsäure, Natronlauge	z. B. Kupfersulfat	z. B. Petroleumbenzin, Methanol	z. B. Trichlormethan

Die weitere Behandlung und Entsorgung bzw. Übergabe der Abfälle zur Sondermüllentsorgung erfolgt durch die Lehrerin bzw. den Lehrer.

Liste der Gefahrstoffe nach der GHS-Verordnung

Gefahrstoff	Signalwort	Piktogrammcode	H-Sätze und EUH-Sätze	E-Sätze
Ammoniak, wasserfrei	Gefahr	GHS 4 GHS 6 GHS 5 GHS 9	H221 H280 H331 H314 H400 EUH071	2-7
Ammoniaklösung 10 % ≤ *w* < 25 %	Gefahr	GHS 5	H314 H335	2
5 % ≤ *w* < 10 %	Achtung	GHS 7	H315 H319 H335	2
Ammoniumchlorid	Achtung	GHS 7	H302 H319	2
Bariumchlorid, wasserfrei	Gefahr	GHS 6	H301 H332	1-3
Bariumchloridlösung 3 % ≤ *w* < 25 %	Achtung	GHS 7	H302	1
Bariumnitrat	Gefahr	GHS 3 GHS 6	H272 H301 H332 H319	8
n-Butan	Gefahr	GHS 2 GHS 4	H220 H280	7
Butan-1-ol	Gefahr	GHS 2 GHS 5 GHS 7	H226 H302 H335 H315 H318 H336	10
Calciumchlorid	Achtung	GHS 7	H319	1
Calciumhydroxid (Löschkalk)	Gefahr	GHS 5 GHS 7	H315 H318 H335	2
Calciumhydroxidlösung (gesättigt, Kalkwasser)	Gefahr	GHS 5	H315 H318	2
Calciumnitrat	Gefahr	GHS 3 GHS 5 GHS 7	H272 H302 H318	2
Chlor	Gefahr	GHS 3 GHS 4 GHS 6 GHS 9	H270 H280 H330 H319 H335 H315 H400 EUH071	16
Chlorwasserstoff	Gefahr	GHS 4 GHS 6 GHS 5	H280 H331 H314 EUH071	2
Citronensäure	Gefahr	GHS 7	H319	3
Diiodpentaoxid	Achtung	GHS 3 GHS 7	H272 H315 H319	1-3
Eisen, Pulver	Achtung	GHS 2	H228 H251	3
Eisen(III)-chlorid	Gefahr	GHS 5 GHS 7	H290 H302 H315 H318	2

Gefahrstoff	Signalwort	Piktogrammcode	H-Sätze und EUH-Sätze	E-Sätze
Eisen(III)-nitrat-9-Wasser oder wasserfrei	Achtung	GHS 3 GHS 7	H272 H315 H319	1-3
Essigsäure (Ethansäure) *w* ≥ 90 %	Gefahr	GHS 2 GHS 5	H226 H314	2-10
25 % ≤ *w* < 90 %	Gefahr	GHS 5	H314	2-10
10 % ≤ *w* < 25 %	Achtung	GHS 7	H319 H315	2-10
Ethanol (Brennspiritus)	Gefahr	GHS 2 GHS 7	H225 H319	1-10
n-Heptan	Gefahr	GHS 2 GHS 8 GHS 7 GHS 9	H225 H304 H315 H336 H410	10-12
Iod	Achtung	GHS 7 GHS 8 GHS 9	H312 H315 H319 H332 H335 H372 H400	1-16
Kaliumbromid	Achtung	GHS 7	H319	1
Kaliumiodid	Gefahr	GHS 8	H372	1
Kaliumnitrat	Achtung	GHS 3	H272	1
Kaliumpermanganat	Gefahr	GHS 3 GHS 5 GHS 7 GHS 8 GHS 9	H272 H302 H314 H361 H373 H410	1-6
Kaliumpermanganatlösung *w* ≥ 10 %	Gefahr	GHS 3 GHS 5 GHS 8 GHS 9	H272 H314 H373 H410 H361d	1-6
Kohlenstoffmonooxid	Gefahr	GHS 2 GHS 4 GHS 6 GHS 8	H220 H280 H360D H331 H372	7
Kupfer, Pulver	Gefahr	GHS 2 GHS 9	H228 H410	3
Kupfer(II)-chlorid	Gefahr	GHS 5 GHS 7 GHS 9	H302 H318 H315 H312 H400	11
Kupfer(II)-chloridlösung *w* = 25 %	Achtung	GHS 5 GHS 7 GHS 9	H302 H315 H318 H410	11
Kupfer(II)-nitrat	Gefahr	GHS 3 GHS 7 GHS 9	H272 H302 H315 H319 H410	11
Kupfer(II)-sulfat, Kupfer(II)-sulfat-Pentahydrat	Achtung	GHS 7 GHS 9	H302 H319 H315 H410	11

Gefahrstoff	Signalwort	Piktogrammcode	H-Sätze und EUH-Sätze	E-Sätze
Kupfer(II)-sulfatlösung $w \geq 25\,\%$	Achtung	GHS 7 GHS 9	H302 H319 H315 H410	11
Lithiumchlorid	Achtung	GHS 7	H302 H319 H315	1
Magnesium, Pulver oder Späne (phlegmatisiert)	Gefahr	GHS 2	H228 H261 H251	3
Magnesiumnitrat	Gefahr	GHS 3 GHS 7	H272 H315 H319 H335	1
Mangan(IV)-oxid (Braunstein)	Gefahr	GHS 7 GHS 8	H273 H332 H302	3
Methan	Gefahr	GHS 2 GHS 4	H220 H280	7
Natriumcarbonat	Achtung	GHS 7	H319	1
Natriumhydroxid (Ätznatron)	Gefahr	GHS 5	H290 H314	2
Natriumhydroxidlösung (Natronlauge) $w \geq 2\,\%$	Gefahr	GHS 5	H290 H314	2
$\leq 1\,\%$	Achtung	GHS 5	H290 H315 H319	1
Natriumnitrat	Achtung	GHS 3 GHS 7	H272 H319	1
Pentan-1-ol	Achtung	GHS 2 GHS 7	H226 H315 H332 H335	10-14
Petrolether (Leichtbenzin) Petroleumbenzin	Gefahr	GHS 2 GHS 8 GHS 7 GHS 9	H225 H304 H315 H336 H361f H373 H411	10-12
Petroleum	Gefahr	GHS 7 GHS 8 GHS 9	H304 H315 H336 H411	10-12
Propan	Gefahr	GHS 2 GHS 4	H220 H280	7
Propan-1-ol	Gefahr	GHS 2 GHS 5 GHS 7	H225 H318 H336	10
Propan-2-ol	Gefahr	GHS 2 GHS 7	H225 H319 H336	10
Salzsäure $w \geq 25\,\%$	Gefahr	GHS 5 GHS 7	H290 H314 H335	2
$10\,\% \leq w < 25\,\%$	Achtung	GHS 5 GHS 7	H290 H315 H319 H335	2
Sauerstoff	Gefahr	GHS 3 GHS 4	H270 H280	7
Schwefel	Achtung	GHS 7	H315	3
Schwefeldioxid	Gefahr	GHS 4 GHS 6 GHS 5	H331 H314 H280 EUH071	7
Silberbromid	Achtung	GHS 9	H410	12-13-14
Silberchlorid	Achtung	GHS 5 GHS 9	H290 H410	12-13-14
Silberiodid	Achtung	GHS 9	H410	12-13-14
Silbernitrat	Gefahr	GHS 9	H410	12-13-14
Silbernitratlösung $5\,\% \leq w \leq 10\,\%$	Achtung	GHS 5 GHS 9	H290 H315 H410	12-13-14
Strontiumchlorid	Gefahr	GHS 5 GHS 7	H318 H315 H335	1-11
Wasserstoff	Gefahr	GHS 2 GHS 4	H220 H280	7
Wasserstoffperoxidlösung $30\,\% \leq w < 50\,\%$	Gefahr	GHS 3 GHS 5 GHS 7	H271 H332 H302 H314 H335	1
$8\,\% \leq w < 30\,\%$	Gefahr	GHS 5 GHS 7	H302 H318	1
$5\,\% \leq w < 8\,\%$	Achtung	GHS 7	H332 H302 H319	1
Zink, Pulver o. Staub (stabilisiert)	Achtung	GHS 9	H410	3
Zinkchlorid	Gefahr	GHS 5 GHS 7 GHS 9	H302 H314 H410	1-11
Zinkchloridlösung $5\,\% \leq w < 10\,\%$	Achtung	GHS 7	H319 H315	1-11

Glossar

A

Aggregatzustand: Zustandsform aller Stoffe. Man unterscheidet zwischen den drei Aggregatzuständen fest (gleichbleibende Form, gleichbleibendes Volumen), flüssig (veränderliche Form, gleichbleibendes Volumen) und gasförmig (veränderliche Form, veränderliches Volumen).

Aktivierungsenergie: Energie, die zum Auslösen einer ↗ chemischen Reaktion für das Erreichen des reaktionsbereiten Zustands der Teilchen der Ausgangsstoffe, z. B. durch Wärme- oder Lichtzufuhr, notwendig ist.

Alkane: Stoffe mit der allgemeinen Molekülformel C_nH_{2n+2}. Ihre Moleküle enthalten nur Wasserstoff- und Kohlenstoff-Atome, weshalb Alkane zu den Kohlenwasserstoffen gehören. Die Alkane bilden eine homologe Reihe und verbrennen zu Kohlenstoffdioxid und Wasser.

Anion: Negativ elektrisch geladenes ↗ Ion.

Atom: Teilchen, aus denen Stoffe aufgebaut sein können. Jede Atomart besitzt eine spezifische Anzahl ↗ Protonen im Atomkern.

Atomartensymbol International einheitliches chemisches Zeichen, das eine Atomart oder ein ↗ Atom eines Elements kennzeichnet. In Reaktionsgleichungen kann das Symbol auch stofflich für das Element interpretiert werden.

Atommasse: Die Masse eines ↗ Atoms ist unvorstellbar klein. Deshalb wird die Atommasse in der atomaren Masseneinheit unit (u) angegeben. 1 u entspricht ungefähr der Masse eines Wasserstoff-Atoms.

Atommodell nach Dalton: Atome sind die kleinsten, kugelförmigen, nicht weiter teilbaren Bausteine aller Stoffe. Atomarten unterscheiden sich in der Masse und Größe der Atome.

Avogadro-Konstante: Wert, der angibt, wie viele Teilchen in einem Mol eines Stoffes enthalten sind.
$N_A = 6{,}022 \cdot 10^{23} \frac{1}{\text{mol}}$

B

Blindprobe: Mit der Blindprobe wird getestet, ob eine Nachweisreagenz funktioniert. Bei der negativen Blindprobe wird geprüft, ob die Nachweisreagenz nicht auch mit anderen Stoffen positiv reagiert. Bei der positiven Blindprobe wird getestet, ob die Nachweisreagenz überhaupt den gesuchten Stoff nachweist.

Brennstoff: Stoff, der stark exotherm verbrennt. Die freiwerdende Wärmeenergie wird zum Heizen oder zum Antrieb von Verkehrsmitteln genutzt. Es wird zwischen fossilen Brennstoffen (z. B. Kohle, Erdgas) und nachwachsenden Brennstoffen (z. B. Bioethanol aus Mais) unterschieden.

C

Chemische Bindung: Zusammenhalt von Teilchen (↗ Atomen oder ↗ Ionen) in Stoffen durch anziehende Kräfte.

Chemische Formel: Chemisches Zeichen für Verbindungen. Sie kennzeichnet jeweils den Stoff und bei ↗ Salzen eine Baueinheit und deren Zusammensetzung (↗ Verhältnisformel) sowie bei ↗ molekularen Stoffen ein ↗ Molekül und dessen Zusammensetzung (↗ Molekülformel).

Chemische Reaktion: Bei einer chemischen Reaktion werden neue Stoffe mit anderen Eigenschaften gebildet. Jede chemische Reaktion ist durch Energieumwandlung gekennzeichnet. Dabei unterscheidet man ↗ exotherme und ↗ endotherme Reaktionen. Bei chemischen Reaktionen gruppieren sich die ↗ Atome der Ausgangstoffe zu der in den Produkten charakteristischen Anordnung um.

Chemische Verbindung: ↗ Reinstoffe, die durch ↗ chemische Reaktion in die ↗ Elemente zerlegt oder aus diesen gebildet werden können. Chemische Verbindungen sind aus mindestens zwei verschiedenen Atomarten aufgebaut.

D

Dichte: Kenneigenschaft eines Stoffes, die zu seiner Charakterisierung dient. Die Dichte ist der Quotient aus Masse und Volumen einer Stoffportion. Sie ist unabhängig von Form und Größe der Stoffportion.
$\varrho = \frac{m}{V}$, Einheit $\frac{\text{g}}{\text{cm}^3}$, $\frac{\text{g}}{\text{L}}$

Diffusion: Eigenständiges Durchmischen zweier Stoffe (z. B. zweier Flüssigkeiten) aufgrund der Teilchenbewegung (Brownsche Bewegung).

E

Elektrolyse: Chemische Reaktion, bei der eine ↗ chemische Verbindung mithilfe von elektrischer Energie zerlegt wird. Elektrolysen verlaufen endotherm.

Elektron: Negativ elektrisch geladenes Teilchen in der Atomhülle von ↗ Atomen.

Elektronengasmodell: Modell zur Erklärung der ↗ Metallbindung. Im Elektronengas können frei bewegliche Elektronen nicht mehr einem bestimmten Metall-Atom zugeordnet werden. Das Elektronengas erklärt die elektrische Leitfähigkeit von Metallen.
Element: ↗ Reinstoff, der nur aus einer Atomart besteht.
Elementmoleküle: Moleküle, die aus nur einer Atomart aufgebaut sind. Beispiele sind Sauerstoff-, Wasserstoff-, Stickstoff- sowie Fluor-, Chlor-, Brom- und Iod-Moleküle.
Endotherme Reaktion: ↗ Chemische Reaktion, die unter Aufnahme von Wärme aus der Umgebung abläuft. Die innere Energie der Ausgangsstoffe ist kleiner als die innere Energie der Reaktionsprodukte.
Energieumwandlung: Umwandlung von einer Energieform in eine andere, z. B. innere Energie in Wärmeenergie. Die Energieumwandlung ist ein Merkmal chemischer Reaktionen.
Exotherme Reaktion: ↗ Chemische Reaktion, die unter Abgabe von Wärme an die Umgebung abläuft. Die innere Energie der Ausgangsstoffe ist größer als die innere Energie der Reaktionsprodukte.

G

Gesetz der konstanten Massenverhältnisse: In jeder ↗ chemischen Verbindung sind die ↗ Elemente in einem bestimmten konstanten Massenverhältnis gebunden.
Glimmspanprobe: Nachweis für Sauerstoff. In reinem Sauerstoff flammt ein glimmender Holzspan hell auf.

H

Halbmetalle: ↗ Elemente, die mit ihren Eigenschaften zwischen ↗ Metallen und Nichtmetallen stehen.

I

Indikator: Stoffe, die anzeigen, ob eine Lösung sauer, basisch oder neutral ist. Beispiele für Indikatoren: Blaukrautsaft, Universalindikatorpapier
Ion: Positiv oder negativ elektrisch geladenes Teilchen in der Größenordnung von ↗ Atomen. Salze sind aus Ionen aufgebaut.
Ionenbindung: Art der ↗ chemischen Bindung, die durch Anziehung zwischen ungleichnamig elektrisch geladenen ↗ Ionen bewirkt wird. Die gebundenen Teilchen sind Ionen. Sie liegt in ↗ Salzen vor, z. B. im Kaliumchlorid und im Magnesiumchlorid.
Ionengitter: Dreidimensionale Struktur, in der sich ↗ Ionen in einem ↗ Salz gleichmäßig anordnen.
Ionennachweis: Ionen werden durch verschiedene Nachweisreaktionen nachgewiesen. Dabei kommen vor allem Fällungs- und Farbreaktionen sowie der Nachweis durch charakteristische Flammenfärbung zum Einsatz.

K

Kalkwasserprobe: Nachweis für Kohlenstoffdioxid. Eine Calciumhydroxidlösung trübt sich milchig weiß bei Einleitung von Kohlenstoffdioxid, weil sich der Feststoff Kalk bildet.
Katalysator: Stoffe, die die ↗ Aktivierungsenergie einer ↗ chemischen Reaktion herabsetzen, ohne selbst dabei verbraucht zu werden.
Kation: Positiv elektrisch geladenes ↗ Ion.
Kenneigenschaften: Eigenschaften wie Schmelz- und Siedetemperatur, Dichte und molare Masse. Durch Kombination verschiedener Kenneigenschaften ist ein Stoff eindeutig identifizierbar.
Kern-Hülle-Modell: Modellvorstellung vom ↗ Atom. Nach diesem Modell bestehen Atome aus einem Atomkern und einer Atomhülle. Im Atomkern befinden sich positiv elektrisch geladene ↗ Protonen und ungeladene ↗ Neutronen. In der Atomhülle befinden sich negativ elektrisch geladene ↗ Elektronen. Atome sind elektrisch neutral, da die Anzahl der Protonen und die Anzahl der Elektronen übereinstimmen.
Knallgasprobe: Nachweis für Wasserstoff. Ein Gasgemisch aus Wasserstoff und Luft bzw. Sauerstoff reagiert explosionsartig unter einem lauten Knall.
Kohlenstoffatomkreislauf: In chemischen Verbindungen wie Kohlenstoffdioxid, Traubenzucker und z. B. Alkanen als fossile Brennstoffe sind Kohlenstoff-Atome gebunden. Durch natürliche und anthropogene Prozesse durchlaufen die Kohlenstoff-Atome den Kohlenstoffatomkreislauf.
Kohlenstoffdioxid: Luftbestandteil, der sich durch die Verbrennung von Erdöl, Kohle und Erdgas in der Atmosphäre anreichert und den natürlichen Treibhauseffekt verstärkt.

L

Legierung: Homogene Stoffgemische aus verschiedenen ↗ Metallen. Legierungen unterscheiden sich in ihren Eigenschaften von den reinen ↗ Metallen, aus denen sie hergestellt wurden.
Linde-Verfahren: Verfahren zur Verflüssigung von Luft. Die Luft wird durch wiederholte Kompression und Expansion soweit abgekühlt, bis sie kondensiert. Anschließend werden die Bestandteile durch Destillation getrennt.

Löslichkeit: Gibt an, welche Masse eines festen Stoffes sich in einer bestimmten Menge Lösungsmittel, z. B. 1 Liter, höchstens löst.
Lösung: Homogene Stoffgemische aus mindestens zwei reinen Stoffen. Sie bestehen aus gelöstem Stoff und Lösungsmittel, z. B. eine Kochsalzlösung.
Luft: Homogenes Stoffgemisch aus mehreren Gasen. Hauptbestandteile sind Stickstoff (78 %) und Sauerstoff (21 %). Weitere Luftbestandteile sind die Edelgase und Kohlenstoffdioxid.

M

Massenanteil: beschreibt die Masse eines Stoffes X bezogen auf die Masse des gesamten Stoffgemisches.

$$w(X) = \frac{m(X)}{m(\text{Stoffgemisch})}$$

Massenkonzentration: beschreibt den Gehalt eines gelösten Feststoffes in einer Lösung

$$\beta(X) = \frac{m(X)}{V(\text{Lösung})}, \text{ Einheit } \frac{g}{L}$$

Massenspektrometrie: Verfahren zur Bestimmung der Masse von Atomen und Molekülen. Die zu messenden Teilchen werden verdampft, elektrisch geladen und stark beschleunigt. Aus der anschließenden Ablenkung im elektrischen Feld kann auf die Masse geschlossen werden.
Metall: Stoffe, die Wärme und den elektrischen Strom gut leiten. Sie lassen sich verformen und zeigen einen für Metalle typischen Glanz. Sie bilden aufgrund ihrer charakteristischen Eigenschaften eine eigene Stoffgruppe.
Metallbindung: Im Elektronengasmodell entsteht die Bindung in Metallen durch die elektrostatische Anziehung zwischen den negativ geladenen ↗ Elektronen des Elektronengases und den positiv geladenen Atomrümpfen.
Molare Masse *M*: Quotient aus der Masse *m* und der ↗ Stoffmenge *n* einer Stoffportion mit der Einheit $\frac{g}{mol}$. Sie ist für jeden Stoff charakteristisch. Aus der molaren Masse eines Stoffes lässt sich die Masse eines Mols dieses Stoffes ableiten.

$$M(X) = \frac{m(X)}{n(X)}, \text{ Einheit } \frac{g}{mol}$$

Moleküle: Teilchen, die aus zwei oder mehr fest miteinander verbundenen Nichtmetall-Atomen zusammengesetzt sind.
Molekülformel: Aus der Molekülformel ist erkennbar, welche ↗ Atomarten und wie viele ↗ Atome dieser Art im Molekül miteinander verbunden sind. Die Molekülformel gibt die genaue Zusammensetzung eines ↗ molekularen Stoffs wieder.
Molekulare Stoffe: Meist gasförmige oder flüssige, aus ↗ Molekülen aufgebaute Stoffe mit relativ niedrigen Siedetemperaturen. Sie sind nicht elektrisch leitend. Beispiele: Brom, Wasserstoffchlorid, Wasser.

N

Neutronen: Elektrisch neutrale Teilchen im Atomkern von ↗ Atomen.
Nichtmetalle: Element, das nicht die typischen Eigenschaften eines Metalls aufweist.

O

Oxide: ↗ Chemische Verbindungen, die aus der Reaktion eines ↗ Metalls oder eines ↗ Nichtmetalls mit dem Element Sauerstoff hervorgehen.

P

Periodensystem der Elemente: Übersicht, in der die ↗ Elemente auf der Grundlage der Masse und der Anzahl der Protonen im Kern (Kernladungszahl) der dazugehörigen Atome und ihrer chemischen Eigenschaften angeordnet sind. Die Elemente sind in waagerechten Zeilen, den Perioden, und in senkrechten Spalten, den Gruppen, angeordnet. Aus dem PSE lassen sich Informationen zum Element und der dazugehörigen Atomart ablesen.
Proton: Positiv elektrisch geladenes Teilchen im Atomkern von ↗ Atomen.

R

Reaktionsgleichung: Beschreibt eine ↗ chemische Reaktion mithilfe chemischer Zeichen. Sie kennzeichnet die an der Reaktion beteiligten Stoffe und die Teilchen der Stoffe. Aus Reaktionsgleichungen lassen sich quantitative Aussagen über die kleinstmögliche Anzahl der reagierenden Teilchen, über die ↗ Stoffmengen aller Stoffe sowie über das Stoffmengenverhältnis der Stoffe untereinander ableiten. Beispiel:
$2\,H_2\,(g) + O_2\,(g) \rightarrow 2\,H_2O\,(l)$ | exotherm
Reaktionsschema: Beschreibt eine ↗ chemische Reaktion durch Kennzeichnen von Ausgangsstoffen und Reaktionsprodukten, z. B.
Eisen (s) + Sauerstoff (g) → Eisen(II)-oxid (s) | exotherm
Reinstoff: Stoff, der aus einer Stoffart besteht. Reinstoffe können nicht weiter getrennt werden und haben einheitlich gleichbleibende Eigenschaftskombinationen.

S

Salze: Aus ↗ Ionen aufgebaute Stoffe. Es sind harte, spröde Stoffe mit meist hohen Schmelztemperaturen. Sie besitzen keine elektrische Leitfähigkeit im festen Zustand, sind aber als Schmelzen und in ↗ Lösungen elektrisch leitend. Beispiele: Natriumchlorid, Magnesiumoxid

Satz von Avogadro: Gleiche Volumina aller Gase enthalten bei gleicher Temperatur und gleichem Druck die gleiche Anzahl Teilchen.

Satz von der Erhaltung der Masse: Bei ↗ chemischen Reaktionen im geschlossenen System ist die Gesamtmasse vor und nach der Reaktion konstant.

Sauerstoff: Nichtmetall, das aus ↗ Molekülen aufgebaut ist. Sauerstoff ist ein farb- und geruchloses Gas, das die Verbrennung anderer Stoffe fördert. Als Nachweis für Sauerstoff dient die ↗ Glimmspanprobe.

Stoffe: Alle Gegenstände bestehen aus Stoffen. Stoffe erkennt man an ihren Eigenschaften, die sich mithilfe der Sinnesorgane sowie mit Hilfsmitteln und Messgeräten ermitteln lassen. Jeder Stoff besitzt eine für ihn typische Eigenschaftskombination. Der Bau der Stoffe lässt sich mithilfe des ↗ Teilchenmodells veranschaulichen.

Stoffgemische bestehen aus mindestens zwei ↗ Reinstoffen. Sie können in Reinstoffe getrennt werden und haben keine gleichbleibenden Eigenschaftskombinationen. Es werden homogene und heterogene Stoffgemische unterschieden. Beispiele für homogene Stoffgemische: Lösung, Gasgemisch, Legierung; Beispiele für heterogene Stoffgemische: Rauch, Suspension, Emulsion, Gemenge.

Stoffmenge *n*: Größe, die der Zählbarkeit von Teilchen zugeordnet ist. Die Stoffmenge $n = 1$ mol gibt an, dass diese Stoffportion aus etwa $6{,}022 \cdot 10^{23}$ gleichartigen Teilchen besteht.

T

Teilchenmodell: Einfache Modellvorstellung zum Aufbau der Materie, die davon ausgeht, dass jeder Stoff aus Teilchen besteht, wobei alle Teilchen eines Reinstoffes gleich sind. Teilchen unterschiedlicher Stoffe unterscheiden sich in ihrer Größe, ihrer Masse, ihrer Form und Stärke der Anziehungskräfte. Die charakteristischen Eigenschaften eines Stoffs kommen erst durch das Zusammenwirken sehr vieler Teilchen zustande.

Treibhauseffekt: Temperatur erhöhender Effekt, der durch Treibhausgase in der Atmosphäre zustande kommt. Ursache ist, dass die Atmosphäre weitgehend durchscheinend für die von der Sonne ankommende Strahlung ist, jedoch weniger durchlässig für die Wärme-Strahlung, die von der Erde zurückgestrahlt wird. Die Freisetzung von zusätzlichen Treibhausgasen verstärkt den Treibhauseffekt und sorgt damit für eine globale Erwärmung.

Trennmethode: Verfahren zur Trennung von Stoffgemischen. Beim Trennen wird der Unterschied in einer Eigenschaft der einzelnen Bestandteile des zu trennenden Stoffgemischs ausgenutzt, z. B. die unterschiedliche Siedetemperatur der Bestandteile bei der Destillation. Weitere Trennmethoden sind unter anderem: Extrahieren, Chromatografieren, Filtrieren, Zentrifugieren

V

Verbindungsmoleküle: Moleküle, die aus mindestens zwei verschiedenen Atomarten aufgebaut sind. Beispiele sind Wasser-, Kohlenstoffdioxid- und Ammoniak-Moleküle.

Verbrennung: ↗ Chemische Reaktion, bei der ein Stoff mit dem Element Sauerstoff unter Entwicklung hoher Temperatur und Lichterscheinungen reagiert. Bei einer Verbrennung von Alkanen entstehen als Reaktionsprodukte ↗ Kohlenstoffdioxid und ↗ Wasser.

Verhältnisformel: Aus der Verhältnisformel ist ableitbar, aus welchen ↗ Atomarten eine ↗ chemische Verbindung aufgebaut ist und in welchem Anzahlverhältnis die ↗ Atome der Elemente in der Verbindung vorkommen.

Volumenkonzentration: Gibt das Volumen eines Stoffes X bezogen auf das Volumen der gesamten Lösung an.

$$\sigma(\mathrm{X}) = \frac{V(\mathrm{X})}{V(\text{Lösung})}$$

W

Wasser: Reines Wasser ist eine ↗ chemische Verbindung. In einem Wasser-Molekül sind zwei Wasserstoff-Atome mit einem Sauerstoff-Atom verbunden.

Wasserstoff: ↗ Nichtmetall, das aus ↗ Molekülen aufgebaut ist. In jedem Wasserstoff-Molekül sind zwei Wasserstoff-Atome miteinander verbunden. Wasserstoff ist farblos, geruchlos und brennbar. Er hat die geringste Dichte aller Stoffe. Mit ↗ Luft und ↗ Sauerstoff bildet er ein Gasgemisch, das mit lautem Knall verbrennt. Als Nachweis dient die ↗ Knallgasprobe.

Register

Bildquellenverzeichnis

Cover: Shutterstock.com/Africa Studio
Fotos: **S. 3 ob.li.:** Shutterstock.com/Denis Burdin, **S. 3 ob.re.:** Shutterstock.com/Netfalls Remy Musser; **S. 4 ob.li.:** Shutterstock.com/Lijuan Guo, **S. 4 ob.re.:** Shutterstock.com/Oleksiy Mark; **S. 5 ob.li.:** sciencephotolibrary/ Winters, Charles D.; **S. 6-7:** Shutterstock.com/Denis Burdin; **S. 8 A1:** Shutterstock.com/SpeedKingz, **S. 8 B2:** Shutterstock.com/Olena Yakobchuk; **S. 9 C2 (ob.li):** Shutterstock.com/Africa Studio, **S. 9 C2 (ob.re):** shutter-stock.com/Nataliya Turpitko, **S. 9 C2 (un.li):** Shutterstock.com/Singkham, **S. 9 C2 (un.re):** Shutterstock.com/ Teerasak Ladnongkhun, **S. 9 D1:** Shutterstock.com/Couperfield; **S. 10 ob.re.:** Cornelsen/Frank Orlik, **S. 10.1:** Shutterstock.com/Chubykin Arkady; **S. 11.2:** Bridgeman Images/Universal History Archive/UIG; **S. 11.4 (Erdöl):** Shutterstock.com/Duda Vasilii, **S. 11.4 (Kunststoffe):** Shutterstock.com/Africa Studio, **S. 11.4 (Eisenerz):** Shutter-stock.com/Levent Konuk, **S. 11.4 (Stahl):** Shutterstock.com/Ksander, **S. 11.4 (Olivenöl):** Shutterstock.com/Angel Simon, **S. 11.4 (Seife):** Shutterstock.com/Vasileios Karafillidis; **S. 12 un.li.:** Imago Stock & People GmbH/CHRO-MORANGE; **S. 13.1 (li.):** Cornelsen/Stephan Röhl; **S. 13.1 (re.):** Cornelsen/Volker Döring (Bearbeitung durch Detlef Seidensticker); **S. 13.2:** Cornelsen/Volker Minkus, **S. 13 un.re.:** stock.adobe.com/U. J. Alexander; **S. 14 2a:** stock.adobe.com/Stefan Müller, **S. 14 2b:** mauritius images/SZ Photo Creative, **S. 14 2c:** stock.adobe.com/tour-nee; **S. 17.2:** Cornelsen/Volker Döring; **S. 18 A1:** Frank Orlik; **S. 19 B1:** Shutterstock.com/Dr.Pixel, **S. 19 B2:** Shut-terstock.com/Syda Productions, **S. 19 B4:** Shutterstock.com/fotoliza; **S. 20 ob.re.:** mauritius images/ROSEN-FELD, **S. 20.1:** Shutterstock.com/phloen; **S. 22 ob.re.:** Cornelsen/Sven Wilhelm; **S. 23.2:** stock.adobe.com/ mm_201, **S. 23.3:** stock.adobe.com/Nuvola; **S. 24.1:** Shutterstock.com/Oleksiy Mark, **S. 24.3:** stock.adobe.com/ marcel, **S. 24.4:** Shutterstock.com/phloen; **S. 26 ob.re.:** Cornelsen/Volker Döring, **S. 26 ob.re. (Ausschnitt):** dpa Picture-Alliance/Frank May, **S. 26.2:** mauritius images/Science Source; **S. 27.3:** Cornelsen/Volker Döring; **S. 33.3:** Benutzeroberfläche aus Microsoft Excel 2013; **S. 37 ob.re.:** Cornelsen/Sven Wilhelm, **S. 37 mi.re.:** Shutterstock. com/Just. ASC; **S. 38 A1:** Shutterstock.com/Sichon, **S. 38 C1:** Cornelsen/Sven Wilhelm; **S. 39 D1:** Cornelsen/Sven Wilhelm; **S. 39 E2:** Shutterstock.com/science photo; **S. 40–41:** Shutterstock.com/Netfalls Remy Musser; **S. 42 A1:** Shutterstock.com/DragonPhotos; **S. 42 B1:** mauritius images/Firstlight; **S. 43 C1 (A):** Shutterstock.com/Pe-lin Oleg and Nathalia; **S. 43 C1 (B):** Shutterstock.com/Elena Pavlovich; **S. 43 C1 (C):** Shutterstock.com/Danila Shtantsov; **S. 43 C1 (D):** Shutterstock.com/malialeon; **S. 43 C1 (E):** Shutterstock.com/Rich Carey; **S. 43 C1 (F):** Shutterstock.com/Fredy Thuerig; **S. 43 D1:** Cornelsen/Sven Wilhelm; **S. 44 ob.re.:** Shutterstock.com/Hayati Kayhan; **S. 44.2:** Shutterstock.com/A.S.Floro; **S. 45.4:** stock.adobe.com/flyingcowboy; **S. 46 ob.re.:** Shutterstock. com/Grandiflora; **S. 46.1:** Shutterstock.com/Dudarev Mikhail; **S. 47.2:** Shutterstock.com/isak55; **S. 47.3:** Shutter-stock.com/Andrey_Kuzmin; **S. 47.3 (Ausschnitt):** Science Photo Library/POWER AND SYRED; **S. 47.4:** Shutter-stock.com/Somwang Issaramala; **S. 48 mi.ob.:** Shutterstock.com/Business stock; **S. 48 mi.2.v.ob.:** Shutterstock. com/Igor Klimov; **S. 48 mi.3.v.ob.:** Shutterstock.com/Mega Pixel; **S. 48 mi.4.v.ob.:** Shutterstock.com/Doikanoy; **S. 48 mi.4.v.un.:** Shutterstock.com/Ihor Matsiievskyi; **S. 48 mi.3.v.un.:** Shutterstock.com/Elena Veselova; **S. 48 mi.2.v.un.:** Shutterstock.com/RachenStocker; **S. 48 mi.un.:** Shutterstock.com/Nazzu; **S. 50 ob.re.:** Shutterstock. com/G-Stock Studio; **S. 50 ob.re. (Ausschnitt), 50.1:** Cornelsen/Sven Wilhelm; **S. 51.2:** mauritius images/alamy stock photo/Jeffrey Blackler; **S. 51.3:** Cornelsen/Sven Wilhelm; **S. 52 A1:** Shutterstock.com/Mariusz Szczygiel; **S. 52 A3:** dpa Picture-Alliance/KEYSTONE/Martin Ruetschi; **S. 53 B1:** Shutterstock.com/petereleven; **S. 53 B4:** Science Photo Library; **S. 56 ob.re.:** stock.adobe.com/airborne77; **S. 56.1:** Frank Orlik; **S. 57.4:** mauritius images/ Science Source; **S. 57.5:** mauritius images/alamy stock photo/MShieldsPhotos; **S. 58.1:** Cornelsen/Sven Wil-helm; **S. 58.2:** Shutterstock.com/Orapin Joyphuem; **S. 60 ob.re.:** stock.adobe.com/bischy; **S. 61.3:** mauritius images/alamy stock photo/NASA Image Collection; **S. 62.1:** akg-images; **S. 64 ob.re.:** Shutterstock.com/padu_ foto; **S. 64.1:** mauritius images/Jutta Ulmer; **S. 64.2:** sciencephotolibrary; **S. 65.3:** Cornelsen/Volker Döring; **S. 65.5:** Cornelsen/Volker Minkus; **S. 66.1:** Shutterstock.com/MaraZe; **S. 66 (Icons):** Shutterstock.com/Titov Ni-kolai; **S. 70 ob.re.:** Shutterstock.com/furtseff; **S. 70 mi.li. (beide):** Cornelsen/Sven Wilhelm; **S. 70 un.re.:** mauri-tius images/alamy stock photo/Pailin Pinrarainon; **S. 71 mi.li.:** sciencephotolibrary/Giphotostock; **S. 72 A1:** Shutterstock.com/lukep; **S. 72 B1 u. B2:** Cornelsen/Sven Wilhelm; **S. 73 D1:** Cornelsen/Sven Wilhelm; **S. 74–75:** Shutterstock.com/Lijuan Guo; **S. 76 ob.li.:** Shutterstock.com/sam-whitfield1; **S. 76 ob.re. (beide):** Shutterstock. com/ninikas; **S. 76 mi.re.:** Shutterstock.com/molekuul_be; **S. 76 un.li.:** stock.adobe.com/Pavel Korotkov; **S. 77**

B1 (li.): Shutterstock.com/Melica; **S. 77 B1 (2.v.li.):** Shutterstock.com/Pavel Hlystov; **S. 77 B1 (2.v.re.):** Shutterstock.com/Santi S; **S. 77 B1 (re.):** stock.adobe.com/kyrien; **S. 77 C1 (A u. B):** Cornelsen/Volker Minkus; **S. 78 ob.re. (beide):** Cornelsen/Volker Döring; **S. 78.1 (A):** Shutterstock.com/reptiles4all; **S. 78.1 (B):** mauritius images/alamy stock photo/FLPA; **S. 79.2 (A u. B):** Cornelsen/Volker Minkus; **S. 79.3 (alle):** Shutterstock.com/ravl; **S. 82 ob. re.:** stock.adobe.com/stockfotocz; **S. 82 ob.mi.:** Shutterstock.com/Edalin Photography; **S. 83.2:** Britta Frese; **S. 84 ob.re.:** mauritius images/SuperStock; **S. 85.3:** stock.adobe.com/Ivan Kuzmin; **S. 85.4:** stock.adobe.com/Nikolai Sorokin; **S. 85.5:** mauritius images/fact; **S. 88 ob.mi.:** stock.adobe.com/Colibri; **S. 88 ob.re.:** stock.adobe.com/schankz; **S. 88.2 (beide):** Britta Frese; **S. 89.3:** mauritius images/ROSENFELD; **S. 89.4:** dpa Picture-Alliance/Stringer; **S. 89.5:** Shutterstock.com/loraks; **S. 90 A1:** Shutterstock.com/photosis; **S. 91 B2:** Shutterstock.com/ann131313; **S. 92 ob.mi.:** stock.adobe.com/Mary Evans Library; **S. 92 ob.re.:** Bridgeman Images/Granger; **S. 94 ob.re.:** akg-images/Science Photo Library; **S. 94.3:** akg-images/World History Archive; **S. 95.4:** akg-images/Porträtaufnahme um 1895; **S. 95.5:** stock.adobe.com/natros; **S. 96 ob.re.:** Bridgeman Images/COUNT AMEDEO AVOGADRO (1776-1856). Italian chemist and physicist. Lithograph; Italian; 1856; **S. 100.1:** Shutterstock.com/Romolo Tavani; **S. 104 ob.re.:** Birger Pistohl; **S. 106 ob.re.:** Shutterstock.com/Anselmo Aguado; **S. 108 ob. re.:** Shutterstock.com/Art Konovalov; **S. 108.2:** stock.adobe.com/Stefan Müller; **S. 109.3:** ClipDealer GmbH/Hans-Joachim Schneider; **S. 109.4:** stock.adobe.com/Matze; **S. 114 B1:** bpk/adoc-photos; **S. 115 C1:** NASA/JPL; **S. 116–117:** Shutterstock.com/Oleksiy Mark; **S. 118 B1:** sciencephotolibrary/TREVOR CLIFFORD PHOTOGRAPHY; **S. 119 ob.re.:** Shutterstock.com/pio3; **S. 120.1:** Science Photo Library/TEK IMAGE; **S. 121.6:** stock.adobe.com/Jack-Stock; **S. 122 ob.re.:** Shutterstock.com/Nyura; **S. 122.1:** Cornelsen/Sven Wilhelm; **S. 122.2:** Cornelsen/Volker Döring; **S. 123.3:** Shutterstock.com/Raksha Shelare; **S. 126 ob.re.:** Shutterstock.com/Nikonaft; **S. 128 ob.re.:** dpa Picture-Alliance/dpa - Report/Heiko Wolfraum; **S. 130.1:** Shutterstock.com/Brigitta Rudolf; **S. 132 ob.re.:** Shutterstock.com/Gubin Yury; **S. 135.1:** stock.adobe.com/PhotoSG; **S. 138 ob.re.:** dpa Picture-Alliance/Physikalisch-Technische Bundesanstalt, **S. 138 mi.re.:** Shutterstock.com/Wolfgang Zwanzger; **S. 140 (alle):** Shutterstock.com/Dream Master; **S. 142–143:** sciencephotolibrary/Winters, Charles D.; **S. 144 A1:** Birger Pistohl, **S. 144 A2:** Shutterstock.com/Deep OV, **S. 144 A3:** Birger Pistohl; **S. 145 C1:** Cornelsen/Stephan Röhl; **S. 146 ob.re.:** dpa Picture-Alliance/fStop/Ragnar Schmuck; **S. 147.4:** Cornelsen/Volker Döring; **S. 148 A1:** Birger Pistohl; **S. 149 C1:** sciencephotolibrary/Giphotostock; **S. 149 C2:** Shutterstock.com/Dream Master; **S. 150 ob.re.:** imago images/Science Photo Library; **S. 150 ob.mi.:** mauritius images/Science Source; **S. 152.1:** mauritius images/Science Source; **S. 153.3:** Birger Pistohl; **S. 154 ob.re.:** stock.adobe.com/Gernot Krautberger; **S. 154.1:** Cornelsen/Volker Döring; **S. 155.3:** Birger Pistohl; **S. 157.2:** imago images/imagebroker; **S. 157.3:** akg-images/North Wind Picture Archives; **S. 157.4:** Birger Pistohl; **S. 158 ob.re.:** Birger Pistohl; **S. 158 1A:** Shutterstock.com/Victor Moussa; **S. 158 1B:** Shutterstock.com/photo33mm; **S. 158.2:** imago images/imagebroker/puchinger; **S. 159.3:** sciencephotolibrary/MSF/JAVIER TRUEBA; **S. 159.4:** Shutterstock.com/Albert Russ; **S. 159.6:** Birger Pistohl; **S. 161 un.li.:** Birger Pistohl; **S. 162 ob.re.:** Birger Pistohl; **S. 162.2:** Cornelsen/Volker Döring; **S. 163.3, 4 u.5:** Birger Pistohl; **S. 164 ob.re.:** stock.adobe.com/KURT AMTHOR FOTODESIGN; **S. 164.1:** Shutterstock.com/frantic00; **S. 164.2 (alle):** Cornelsen/Volker Döring; **S. 165.3, 4 u. 5:** Birger Pistohl; **S. 168.3 (alle):** Cornelsen/Volker Döring; **S. 169.1:** mauritius images/alamy stock photo/LianeM; **S. 170 A1:** Panther Media GmbH/Vitalii Borovyk; **S. 170 A2 (alle):** Shutterstock.com/Dream Master; **S. 171 C1:** imago images/Lackovic; **S. 172.1:** mauritius images/Science Source; **S. 174 ob.mi.:** Shutterstock.com/demarcomedia; **S. 174 ob.re.:** Shutterstock.com/Svetoslav Radkov; **S. 175.4:** Birger Pistohl; **S. 176.1:** Cornelsen/Volker Minkus; **S. 182 ob.li.:** imago images/Panthermedia; **S. 182 mi.re.:** Birger Pistohl;

Illustrationen:
Cornelsen/Hannes von Goessel: S. 11.3, S. 12 un.re., S. 12.1, S. 16.1,2 u. 3, S. 17.1, S. 21.3, S. 21.2, S. 22.1, S. 25 mi.re., S. 27 un.re., S. 28.3, S. 29.2, S. 29.1, S. 30 mi. (beide), S. 31 un.li. u. re., S. 32.1 u. 2, S. 33.4, S. 34 un., S. 35 un., S. 36 (alle), S. 37 mi.li., S. 38 B1, S. 42 B2 u. B3, S. 43 E1, S. 44.1, S. 45.5, S. 45.3, S. 48 re.ob., S. 48 re.2.v.ob., S. 48 re.3.v.ob., S. 48 re.4.v.ob., S. 48 re.4.v.un., S. 48 re.3.v.un., S. 48 re.2.v.un., S. 48 re.un., S. 52 A2, S. 53 B2, S. 54 un.re., S. 54 mi.re., S. 55 mi.li. u. re., S. 56.2, S. 57.3, S. 58.3, S. 59 (alle), S. 60.2, S. 60.1, S. 62.2, S. 63 ob.re., S. 63 mi.li., S. 67 mi. mi., S. 69 ob.re., S. 80 mi.re., S. 81 mi.re., S. 81 mi.li., S. 82.1, S. 83.3, S. 84.1 u. 2, S. 85.6, S. 86.1 u. 2, S. 87 mi.li., S. 88.1, S. 90 A2 u. A3, S. 91 C1, S. 91 B1, S. 92.1, 2 u. 3, S. 93.5, S. 95.7, S. 96.1, S. 96 mi. u. un. (alle), S. 97.4, S. 98 (alle), S. 99 mi.re., S. 100.2, S. 100.3, S. 101 (alle), S. 102 mi.li., S. 103 (alle), S. 104.1, S. 105 (alle), S. 106.1, S. 108.1, S. 110 un. (beide), S. 111 un.li., S. 112 un.re., S. 112 mi.li., S. 113 (alle), S. 114 A2 u. B2, S. 115 C2, S. 118 A1, S. 119 C1, S. 120.2, S. 123.5, S. 124.3, S. 124.1, S. 124.2, S. 125.2, S. 125.1, S. 126 un., S. 127.2, S. 128.1, S. 129 (alle), S. 130.2, S. 130.3, S. 131 mi.mi. (beide), S. 132.1, S. 132.2, S. 133.3, S. 133.4, S. 136 un.re., S. 139 (alle), S. 141 ob.re., S. 145 B1, C2 u. C3, S. 146.2 u. 3, S. 147.5 u. 6, S. 148 ob.re., S. 148 A2, S. 149 B2, S. 149 B1, S. 150.1 u. 2, S. 151.3, S. 152 ob.re., S. 153.4, S. 154.2, S. 155.4, S. 156 mi.li., S. 157.1, S. 159.5, S. 160 mi.li., S. 161 mi.re., S. 167 mi.re., S. 170 B1, S. 171 C4, S. 171 C2 u. C3, S. 172.2, 3 u. 4, S. 173.6, S. 173 un.re., S. 174.1, 2 u. 3, S. 175.5, S. 176.3, S. 177 mi.re., S. 177 un.li., S. 178 mi.li., S. 179 (alle), S. 181 mi.re. u. un.li., S. 182 B1, S. 183 D2, S. 183 E1, S. 183 E2, S. 184 (alle), S. 185 (alle), S. 186 (alle), S. 190 ob.li., S. 191 ob.re., S. 208;
Cornelsen/Matthias Pflügner: S. 15.3 (alle);
Cornelsen/newVision! GmbH, Bernhard A. Peter, Pattensen: S. 13.3, S. 23.4, S. 24.2, S. 28.2, S. 71 un.li., S. 73 C2, S. 107.2, S. 120.3, S. 123.4, S. 137 un.li.;
Cornelsen/Tom Menzel: S. 14.1, S. 190 ob.re., S. 195 un.;
Cornelsen/Tom Menzel, bearbeitet durch: newVision! GmbH, Bernhard A. Peter, Pattensen: S. 73 C1, S. 95.6;

Periodensystem der Atome und Ionen

Gruppe (Ladung)	I (+1)	II (+2)	Nebengruppen III	IV	V	VI	VII	VIII	VIII	VIII	I	II	III (+3)	IV (+4)	V (−3)	VI (−2)	VII (−1)	VIII
Periode 2	Li, Li^+	Be, Be^{2+}											B	C	N, N^{3-}	O, O^{2-}	F, F^-	Ne
3	Na, Na^+	Mg, Mg^{2+}											Al, Al^{3+}	Si	P, P^{3-}	S, S^{2-}	Cl, Cl^-	Ar
4	K, K^+	Ca, Ca^{2+}	Sc, Sc^{3+}	Ti, Ti^{4+}	V, V^{5+}	Cr, Cr^{3+}, Cr^{6+}	Mn, Mn^{2+}, Mn^{4+}	Fe, Fe^{2+}, Fe^{3+}	Co, Co^{2+}, Co^{3+}	Ni, Ni^{2+}, Ni^{3+}	Cu, Cu^+, Cu^{2+}	Zn, Zn^{2+}	Ga, Ga^{3+}	Ge, Ge^{4+}	As, As^{3-}	Se, Se^{2-}	Br, Br^-	Kr
5	Rb, Rb^+	Sr, Sr^{2+}	Y, Y^{3+}	Zr, Zr^{4+}	Nb, Nb^{5+}	Mo, Mo^{6+}	Tc, Tc^{7+}	Ru, Ru^{3+}	Rh, Rh^{3+}	Pd, Pd^{2+}	Ag, Ag^+	Cd, Cd^{2+}	In, In^{3+}	Sn, Sn^{2+}, Sn^{4+}	Sb	Te, Te^{2-}	I, I^-	Xe
6	Cs, Cs^+	Ba, Ba^{2+}	La, La^{3+}	Hf, Hf^{4+}	Ta, Ta^{5+}	W, W^{6+}	Re, Re^{7+}	Os, Os^{2+}, Os^{4+}	Ir, Ir^{3+}	Pt, Pt^{2+}, Pt^{4+}	Au, Au^+, Au^{3+}	Hg, Hg^+, Hg^{2+}	Tl, Tl^{3+}	Pb, Pb^{2+}, Pb^{4+}	Bi	Po	At	Rn

Periodensystem der Elemente

Farbe	Bedeutung
blau	Metall
grün	Halbmetall
gelb	Nichtmetall

schwarz = Feststoff
weiß = Flüssigkeit
rot = Gas
hellblau = künstliches Element
* = radioaktives Element

[1] = Gruppennummerierung IUPAC (1989): Gruppennummern 1 bis 18

Periode	1[1] I. Hauptgruppe	2 II. Hauptgruppe	3 III. Nebengruppe	4 IV. Nebengruppe	5 V. Nebengruppe	6 VI. Nebengruppe	7 VII. Nebengruppe	8 VIII. Nebengruppe	9 VIII. Nebengruppe
1	1 1,008 H Wasserstoff								
2	3 6,94 Li Lithium	4 9,01 Be Beryllium							
3	11 22,99 Na Natrium	12 24,31 Mg Magnesium							
4	19 39,10 K Kalium	20 40,08 Ca Calcium	21 44,96 Sc Scandium	22 47,88 Ti Titan	23 50,94 V Vanadium	24 51,996 Cr Chrom	25 54,94 Mn Mangan	26 55,85 Fe Eisen	27 58,93 Co Cobalt
5	37 85,47 Rb Rubidium	38 87,62 Sr Strontium	39 88,91 Y Yttrium	40 91,22 Zr Zirconium	41 92,91 Nb Niob	42 95,94 Mo Molybdän	43 [98] Tc* Technetium	44 101,07 Ru Ruthenium	45 102,91 Rh Rhodium
6	55 132,91 Cs Caesium	56 137,33 Ba Barium	57 138,91 La ● Lanthan	72 178,49 Hf Hafnium	73 180,95 Ta Tantal	74 183,84 W Wolfram	75 186,21 Re Rhenium	76 190,23 Os Osmium	77 192,22 Ir Iridium
7	87 [223] Fr* Francium	88 226,03 Ra* Radium	89 227,03 Ac* ●● Actinium	104 [261] Rf* Rutherfordium	105 [262] Db* Dubnium	106 [266] Sg* Seaborgium	107 [264] Bh* Bohrium	108 [277] Hs* Hassium	109 [268] Mt* Meitnerium

● Elemente der Lanthanreihe (Lanthanoide)

Periode					
6	58 140,12 Ce Cer	59 140,91 Pr Praseodym	60 144,24 Nd Neodym	61 [145] Pm* Promethium	62 150,36 Sm Samarium

●● Elemente der Actiniumreihe (Actinoide)

Periode					
7	90 232,04 Th* Thorium	91 231,04 Pa* Protactinium	92 238,03 U* Uran	93 [237] Np* Neptunium	94 [244] Pu* Plutonium

Ordnungszahl — 7
Atommasse in u — 14,007
Symbol — N
Name — Stickstoff

Die Atommassen in eckigen Klammern beziehen sich auf das längstlebige gegenwärtig bekannte Isotop des betreffenden Elements.